"一带一路"沿线重点国家油气合作国别报告

中国石油集团经济技术研究院项目组 编著

石油工业出版社

图书在版编目（CIP）数据

"一带一路"沿线重点国家油气合作国别报告 / 中国石油集团经济技术研究院项目组编著. —北京：石油工业出版社，2024.3

ISBN 978-7-5183-6549-4

Ⅰ.①一… Ⅱ.①中… Ⅲ.①"一带一路"–油气资源–国际合作–研究报告 Ⅳ.①F416.2

中国国家版本馆CIP数据核字（2024）第019242号

"一带一路"沿线重点国家油气合作国别报告
中国石油集团经济技术研究院项目组　编著

出版发行：石油工业出版社
　　　　　（北京市朝阳区安华里二区1号楼 100011）
网　　址：www.petropub.com
编 辑 部：(010) 64523609　图书营销中心：(010) 64523633
经　　销：全国新华书店
印　　刷：北京中国石油彩色印刷有限责任公司

2024年3月第1版　2024年3月第1次印刷
710毫米×1000毫米　开本：1/16　印张：27.75
字数：420千字

定　价：128.00元
（如发现印装质量问题，我社图书营销中心负责调换）
版权所有，翻印必究

《"一带一路"沿线重点国家油气合作国别报告》项目组

顾　　问：余　国　陆如泉

指导专家：徐建山　刘克雨　朱　和

组　　长：杨　艳　刘　佳　张燕云

副组长：余功铭　冯　贺　尚艳丽　王轶君　张　晶　王　莹
　　　　段艺璇　彭盈盈　郎峰翘

研究人员：王　莹　王轶君　余功铭　冯　贺　梁　萌　钟文新
　　　　彭盈盈　张　晶　张燕云　张思琪　尚艳丽　李博媛
　　　　赵　洁　闫百慧　罗继雨　金焕东　段艺璇　傅　雷
　　　　孙依敏　郎峰翘

序 言
PREFACE

自2013年习近平主席提出共建"丝绸之路经济带"和"21世纪海上丝绸之路"以来,"一带一路"建设取得了重大进展和丰硕成果,迈入高质量发展新阶段。当前,世界正面临"百年未有之大变局",全球国际秩序加速转换、地缘政治发生深刻变化、经济进入动荡变革期,油气供需格局发生深刻调整,"一带一路"建设面临的外部环境复杂程度前所未有,国际油气合作也面临新的挑战和机遇。为保障中国与"一带一路"区域内各国油气合作的顺利推进,需要对区域内各国的油气投资环境进行深化研究。

本书是对2016年出版的《"一带一路"油气合作国别报告》系列丛书的完善和更新。经过7年的发展,一些重点资源国的政治环境、合作政策、油气行业等情况发生了重大改变。中国石油集团经济技术研究院(ETRI)海外投资环境研究所在长期跟踪研究基础上,对在"一带一路"沿线有重大项目合作的20个资源国的情况及时梳理更新,包括俄罗斯中亚地区的俄罗斯、哈萨克斯坦、土库曼斯坦、乌兹别克斯坦等6个国家,中东地区的伊拉克、伊朗、卡塔尔、沙特阿拉伯、阿曼等7个国家,亚太地区的印度、印度尼西亚、缅甸等7个国家,内容涵盖各国的地缘环境、政治经济形势、油气对外合作政策、油气工业现状及发展趋势、油气合作机会和产业发展重点等。研究成果将为进一步推进"一带一路"重大油气合作项目走深走实,防范化解重大合作风险,助力破解海外项目瓶颈问题发挥重要决策支持作用。

中国石油集团经济技术研究院海外投资环境研究所专业从事海外油气投资环境研究,本书系研究团队多年来研究成果。项目组在分析和研究过程中,基于对这些国家文化背景、产业政策、油气发展规律的认识和理解,采用定性和定量相结合的研究方法，通过数据和事实较为全面地反映和分析各国的合作机会和风险，以供相关研究人员、企业和政府部门研读和思考。

本书由海外投资环境研究所项目组人员集体完成。第一章俄罗斯中亚地区编写人员有张晶、彭盈盈、冯贺等；第二章中东地区编写人员有尚艳丽、郎峰翘、王莹、张燕云、张思琪等；第三章亚太地区参加编写的人员有余功铭、王轶君、段艺璇等。杨艳、徐建山和张燕云组织了全书的框架设计和总结提升工作；刘克雨、朱和等专家指导并审核了全书内容。

本书在编写过程中还得到了中国石油天然气集团有限公司国际部和中国石油集团下属单位的大力支持，特别是集团公司国际部中亚俄罗斯处（韩文阁、毕明、胡培瑶），美洲亚太处（孙公海、吕大维、吴兵），西亚非洲处（曹灿），中国石油集团俄罗斯办事处（常福权），土库曼斯坦办事处（张少祥），塔吉克斯坦分公司（鲁兵），阿姆河天然气公司（梁明），中国寰球工程有限公司（李昊阳、张媛媛、魏宾宾），中油国际管道有限公司（关新来、辛世磊、刘志广），中国石油国际事业哈萨克斯坦分公司（王俭）等单位领导和专家的指导。在此一并表示感谢。

本书收录的只是我们"一带一路"研究中的部分成果，也是阶段成果。我们将在今后研究过程中，不断更新内容，扩大研究范围。

编著者

2023 年 10 月

目 录
CONTENTS

第一章　俄罗斯中亚地区

第一节　俄罗斯 ………………………………………………… 3

第二节　哈萨克斯坦 …………………………………………… 36

第三节　土库曼斯坦 …………………………………………… 53

第四节　乌兹别克斯坦 ………………………………………… 77

第五节　塔吉克斯坦 …………………………………………… 99

第六节　吉尔吉斯斯坦 ………………………………………… 112

第二章　中东地区

第一节　伊朗 …………………………………………………… 127

第二节　伊拉克 ………………………………………………… 151

第三节　阿拉伯联合酋长国 …………………………………… 174

第四节　卡塔尔 ………………………………………………… 195

第五节　沙特阿拉伯 …………………………………………… 216

第六节　阿曼 …………………………………………………… 238

第七节　埃及 …………………………………………………… 257

第三章 亚太地区

第一节　缅甸·· 281

第二节　泰国·· 305

第三节　印度尼西亚··· 325

第四节　马来西亚·· 351

第五节　印度·· 374

第六节　蒙古国··· 400

第七节　新加坡··· 415

第一章

俄罗斯中亚地区

第一节　俄罗斯

俄罗斯联邦（简称俄罗斯）位于欧洲东部和亚洲北部，横跨欧亚大陆，北邻北冰洋，东濒太平洋，与十多个国家相邻。其东南部同中国、蒙古国、朝鲜接壤，南连哈萨克斯坦、格鲁吉亚、阿塞拜疆，西南连接乌克兰，西北有挪威与芬兰，西面有白俄罗斯、爱沙尼亚、拉脱维亚、立陶宛、波兰。其加里宁格勒州与波兰、立陶宛相邻。东面与日本和美国隔海相望。领土 36% 在北极圈内。俄罗斯幅员辽阔，是世界上领土面积最大的国家，面积 1709.82 万平方千米，人口 1.46 亿人。

一、国际关系

1. 地缘政治

俄罗斯是传统大国，是世界地缘政治格局重要的决定性力量之一。

对全球事务影响力大。俄罗斯地大物博，政治、经济、军事影响延伸到欧亚，远播中东、非洲，甚至拉美，在历次大国地缘政治博弈中无不见俄罗斯的身影。自 20 世纪 70 年代起，苏联与美国分庭抗礼，是两极世界的重要一极。苏联解体后，在一超独霸、多级制衡的世界地缘政治格局中，俄罗斯仍扮演着重要的角色。乌克兰危机爆发后，俄罗斯在国际上面临空前的孤立，只能争取让更多国家在制裁和谴责俄罗斯的问题上适度"中立"，不站在美西方的一边。但俄罗斯仍对全球事务具有影响力。

欧美打压迫使俄罗斯从西向转而"东进南下"，频繁参与国际事务以提高话语权。北约东扩不断压缩俄罗斯战略空间，乌克兰危机爆发后，俄罗斯与西方政治博弈进入对抗新阶段。为应对地缘政治压力，俄罗斯以亚洲、中东、非洲、拉美为外交优先目标，深化与中国、印度、沙特阿拉伯、南非、巴西等国的关系，并不断出手参与伊朗、叙利亚、委内瑞拉等国事务，寻求突破口，提高话语权，力图打造新的"多极世界"格局。

在地区地缘政治中占有决定性地位。俄罗斯保持与独联体国家间传统的政治、经济、能源、军事联系，并对其政治经济发展起着至关重要的影响作用。俄罗斯与哈萨克斯坦、白俄罗斯建立欧亚联盟，努力营造可靠的战略后方。

力图东山再起，恢复大国地位。俄罗斯始终有恢复大国地位的情结。苏联解体后，俄罗斯一度希望通过走西方道路实现梦想，实行私有化和"休克疗法"，但却陷入经济困境。普京执政后，强化了国家权力，维护国家的地缘政治利益，注重俄罗斯在国际事务中发挥大国的作用和影响力。

油气资源丰富，是主导全球能源格局的重要力量。俄罗斯油气产储量均居世界前列，政府主导本国石油工业发展，一直以来，通过提高产量、开发新区、加大出口巩固资源权，大力兴建跨境管道控制通道权。俄罗斯是欧洲传统的油气进口来源国，乌克兰危机升级以来，欧洲大幅缩减俄罗斯能源进口，与俄罗斯能源脱钩，迫使俄罗斯加快扩大向亚洲的油气出口，并积极修建东进南下的大型油气运输通道，全球能源供给格局与流向发生了改变。

2. 外交政策

（1）俄罗斯实行全方位外交战略

发展"东西兼顾、欧亚并重"的全方位平衡外交。俄罗斯全方位外交基于两点：一是国家利益原则，与俄罗斯作为欧亚大国的地缘因素有关；二是对世界多极化的认识，这与俄罗斯自身在当今世界中的定位构想有关。其全方位外交中具有一定的平衡策略，即在全球实行欧亚平衡，对西方实行欧美平衡，对亚洲实行中国、印度平衡，在朝鲜半岛实行韩国、朝鲜平衡等。俄罗斯外交政策与其安全战略紧密相连，将国内安全、周边安全和国际大环境安全结合起来，通过修改安全战略和军事学说，带动外交政策的调整，提高核遏制潜力，捍卫国家主权，维护民族尊严，增强大国地位。乌克兰危机升级后，俄罗斯外交上出现新的调整，加速"战略东转"，看重"后苏联空间"的影响力。俄罗斯努力加强与盟友和伙伴的关系，首先是在"后苏联空间"国家强化其主导的联盟；其次是与金砖国家扩大合作；再次是和土耳其、伊朗、沙特阿拉伯等地区大国进行利益交换，最后是向广大非西方国家投送力量。

俄美关系不断恶化。一直以来，美国对俄罗斯采取弱化其综合国力、打压其战略空间的方针。俄罗斯要从衰落中崛起，必须创造良好的外部环境，特别是引进西方资金和技术。因此，俄罗斯在外交上对美国采取软硬兼施的策略。在危及其国家安全的事务上，绝不让步；在国际事务上主动出击，与美国相抗衡，提高话语权；在国际事务的处理中，充分考虑自身诉求，务实处置。乌克兰危机升级后，俄美关系继续下滑，双方的对抗甚至超过了冷战时期。美国不仅是乌克兰最大的军援输出地，还在各个重要领域不断对俄罗斯全面施压制裁。美国敌视俄罗斯的政策也影响了乌克兰，乌克兰坚决拒绝与俄罗斯谈判。

难以改善与欧洲关系。苏联解体后，俄罗斯一直试图重建地区影响力，而欧洲则希望通过与俄罗斯建立密切关系来保障自身利益。但随着俄欧在乌克兰问题和中东地区问题上的分歧不断加大，俄欧关系发生了质的变化，俄欧之间的贸易、投资和技术联系中断，政治上更是互相敌对，英国在支持乌克兰问题上不遗余力，法、德等欧盟大国也与俄罗斯拉开了距离，俄罗斯则将所有欧盟国家列为"不友好国家"，俄欧关系不断恶化，短期内难以改善。

重视发展与独联体关系。独联体是俄罗斯外交的绝对优先方向。俄罗斯注重把控独联体地区复杂动荡的局势，通过遏制伊斯兰极端主义泛滥，积极协调解决地区冲突，推进独联体一体化进程，维持其在独联体国家中的领导地位。因此，俄罗斯将独联体视为"外交中的内政，内政中的外交"。俄罗斯对乌克兰的特别军事行动引起了独联体国家，尤其是中亚五国的恐惧不安，西方对俄罗斯制裁等因素也引发了中亚五国对俄罗斯的离心倾向。白俄罗斯是欧亚国家中唯一在乌克兰问题上公开支持俄罗斯的国家，这使得俄罗斯与白俄罗斯的关系进一步升华。

深化发展与中国关系。俄罗斯将发展同中国关系视为其外交政策"最重要"的方向之一。中俄关系之所以能持续发展，是基于两国政治上互信、经济上互补、文化上互通、军事上互动和外交上互商的全面优势。俄罗斯总统普京认为，中俄作为邻邦，在近几十年来建立了当今世界独一无二的关系。这种关系的确是建立在互利的基础之上。习近平主席认为，中俄两国彼此互为牢固稳定依托，相互给予坚定有力支持，维护了两国主权、安全、发展利益，捍卫了地区及世界和平稳定和公平正义。乌克兰危机发生后，俄罗斯对与中国关系更加重视，中国在乌克兰问题上秉持客观公正的立场，使俄罗斯深感中国的同情和理解，因而中俄战略协作伙伴关系经受住了考验，政治互信持续增进。

支持"一带一路"倡议，积极与欧亚经济联盟战略对接。俄罗斯积极支持和参与"一带一路"建设，并欢迎中国在"一带一路"倡议框架内开发北方海航道。2015年，中俄签署《中华人民共和国与俄罗斯联邦关于丝绸之路经济带建设和欧亚经济联盟建设对接合作的联合声明》，开启"一带一路"建设与欧亚经济联盟对接合作进程。2019年10月，《中国与欧亚经济联盟经贸合作协定》正式生效，为双方在经贸领域开展互利合作和建设性对话提供了重要的制度性保障。2023年10月，普京总统应邀访华，参加第三届"一带一路"国际合作高峰论坛。

（2）俄罗斯以能源为重点，与中国开展首脑外交

两国领导高度重视能源合作。习近平主席指出，能源合作一直是两国务实合作中分量最重、成果最多、范围最广的领域。双方密切协作，为维护公平、公正、合理、有序的国际能源秩序发挥了积极作用。普京总统指出，能源合作已经成为俄中全面战略协作伙伴关系的重要组成部分，也是两国合作发展最快的领域，对双方都有利。两国领导多次会晤推进中俄能源合作，促成了中俄跨境油气管道和亚马尔、北极LNG2等大型天然气项目的建设，以及中俄能源商务论坛的举办。

建立能源对话机制，增进合作互信。2008年，中俄两国建立副总理级能源

谈判机制（现更名为中俄能源合作委员会），为俄罗斯制定长远的对华能源政策提供了保障，也巩固了俄罗斯视中国作为可靠能源合作伙伴的角色预期。该机制的建立，推动了中俄高层领导直接对话，消解了俄罗斯政府对于中国能源企业进军俄罗斯上游以及扩大地缘政治影响的担心。

二、政治社会形势

1. 政体

俄罗斯是"强总统、弱议会、小政府"的联邦国家。实行民选总统制的国家领导体制，总统权力巨大，集内政、外交、立法、行政、司法和军事权力于一身，拥有解散议会和政府的权力，对政府、司法、军事机构的人事任免权，重大会议的主持权，大政方针的决策权，以及赦免权等。此外，总统还有根据联邦宪法和法律规定的程序确定公决权、任命政府总理的权力等。俄罗斯议会由联邦委员会和国家杜马组成，其权力被其他权力机构分割，范围有限，权力孱弱。政府作为国家行政机构的最高执行机关，在现行政治制度下受到总统和议会的双重约束。

2. 政局

总统对政局控制能力强。普京对俄罗斯政局保持很强的控制力，政局相对稳定。乌克兰危机升级后，尽管俄罗斯民生水平有所下降，国内安全形势恶化，但普京的支持率仍保持稳定。

反对派势力较弱。俄罗斯政治和经济权力掌握在政治精英手中，自由派和强力派存在一定的斗争，但这种内部斗争在短期内不会直接影响普京的地位。乌克兰危机爆发以来，俄罗斯反对派受到一定打压，大部分已离开俄罗斯境内。当前，其国内反对派力量松散，难以团结起来威胁普京的执政地位。

未来政局将保持长期稳定。2020年，俄罗斯修宪获得通过，修宪内容包括"现任总统任期归零"条款，意味着普京可能继续执政。此外，新宪法赋予总统更大、更灵活的权限，进一步强化了俄罗斯的"超级总统制"。乌克兰危机升级后，瓦格纳等突发事件体现出俄罗斯政治派别间的矛盾激化，但总统普京对各派别的控制能力强，能够很快消除隐患，维持政局稳定。未来，除非乌克兰危机急剧恶化，并对俄罗斯政局产生重大影响，预计俄罗斯政局仍将保持稳定。

3. 安全形势

安全形势不断恶化，未来不确定性加大。近年来随着乌克兰危机不断发酵，乌克兰开始对俄罗斯境内进行打击，克里姆林宫遭遇无人机袭击，克里米亚大桥屡次遇袭，俄乌边境安全形势急剧恶化。俄罗斯国内安全状况不断恶化，时有发生的无人机袭击事件对俄罗斯正常社会生活秩序产生一定影响。

俄罗斯不同地区的安全环境差异很大。城市中的暴力风险主要来自民族主义和有组织犯罪。北高加索伊斯兰极端分子的叛乱持续，针对地方官员、宗教领袖和安全部队的枪击事件和炸弹袭击不断，是俄罗斯社会安全的一大威胁，但不会威胁俄罗斯整体安全。

同时，阿富汗毒品交易增长令有组织犯罪活动增加，极端民族主义团体针对来自中亚和北高加索人员的暴力犯罪不断增加，也是俄罗斯存在的主要安全问题之一。

三、经济形势

1. 总体形势

经济发展停滞。2022年，俄罗斯GDP为2.24万亿美元，人均GDP为15345美元（表1-1），在俄罗斯中亚地区均排名第一。西方制裁严重影响俄罗斯经济发展。2013年以来，俄罗斯与乌克兰关系持续恶化，西方不断加强对俄制裁，俄罗斯经济发展持续乏力。2022年虽然西方加强对俄制裁，但俄罗斯经济好于预期，同比仅下降约2.1%，是近十年俄罗斯经济第三次负增长，此前分别出现在2015年（-2.8%）和2020年（-2.6%）。2022年俄罗斯经济没有大幅下滑原因有二：一是俄罗斯企业的原材料等物资储存充足；二是俄罗斯央行采取措施保持卢布汇率稳定，将通货膨胀保持在可控水平，同时放宽面向私营企业的贷款条件。联合国预计，如果乌克兰危机持续发酵，2023年俄罗斯经济或将下降2.9%。

表1-1 2000—2022年俄罗斯主要经济指标

经济指标	2000年	2005年	2010年	2015年	2018年	2019年	2020年	2021年	2022年
GDP（亿美元，现价）	2597	7637	15249	13660	16468	16900	14930	18368	22404
人均GDP（美元）	1775	5311	10671	9271	11200	11500	10194	12593	15345
GDP增速（%，不变价）	10	6.4	4.5	−2.8	2.3	1.3	−2.6	5.6	−2.1
通货膨胀率（%）	20.7	12.7	6.9	12.9	4.3	3	3.4	6.7	12
失业率（%）	10.6	7.1	7.3	5.6	4.9	4.9	5.6	4.7	3.5
外汇储备（亿美元）	2766	1822	4792	3855	4685	5544	5967	6322	5817
财政盈余（亿美元）	49	622	−522	−464	485	327	−427	48	−483
总债务（亿美元）	1613	1275	1388	1844	2668	2924	3434	3839	3719
外国直接投资净流入（亿美元）		155	432	69	88	318	95	404	−431

资料来源：世界银行，俄罗斯央行。

外债规模较高，以长期债务为主。近年来，俄罗斯外汇储备持续增长，2022年外汇储备为5817亿美元。俄罗斯外债一直处在较高水平，2022年外债3719亿美元，占GDP的16.6%。俄罗斯主要以长期债务为主，2022年短期债务约860亿美元，占外债总额比例23.1%。2022年6月，俄罗斯出现两笔总额约1亿美元的债务违约，主要是由于西方制裁切断了俄罗斯偿还外债的渠道，并非经济因素导致。

2. 经济结构

产业结构不合理。2021年，俄罗斯第一产业（农、林、牧、渔业）产值占GDP的3.8%，俄罗斯轻工、食品市场大部分被外国商品占领，影响了其农业等第一产业的发展；第二产业产值（采矿业、制造业、电力、燃气及水的生产和供应业、建筑业）占33.2%，俄罗斯能源开采业因其特殊性和重要性成为外商首选行业，产业结构的能源化倾向较重；第三产业产值占 63%。

油气是俄罗斯的经济支柱。油气是俄罗斯主要的外汇和财政收入来源。2022 年，俄罗斯油气出口收入超过 3100 亿美元。近年来，俄罗斯不断降低对油气行业的依赖，2022 年油气工业收入占政府预算收入的比例从 2012 年的超过 50% 降至约 30%。2023 年前 7 个月，俄罗斯油气收入比去年同期大幅下降 41%。

3. 货币政策

货币可自由兑换，自由汇出。俄罗斯外汇调节监管法规定，在俄罗斯的任何金融机构、兑换点，卢布与美元和欧元可随时相互兑换。外国人可以在指定银行自由开立外汇账户，存入资金，接收经营或投资收益、利息等，也可使用账户内的资金支付商品和劳务的对价，或用于储蓄生息。账户内的资金可不受限制地汇出境外，包括投资收益和分红。利润为税后部分，可以自由汇出。2022 年，西方公司因俄罗斯受到制裁而从俄罗斯撤资，俄罗斯政府和央行出台各类应急措施限制资金外流，包括临时性休市、限制"不友好国家"资本交易，暂停做空交易等。

货币稳定性差，未来仍有贬值风险。俄罗斯卢布的汇率实行"钉住美元、欧元货币篮子 + 日浮动区间"货币制度，美元买卖是俄罗斯银行进行外汇市场干预的最主要方式。2014 年以来，俄罗斯卢布兑世界主要货币呈贬值趋势。2022 年美西方对俄罗斯金融制裁对卢布汇率产生剧烈冲击，卢布兑美元汇率从 2022 年 2 月中下旬起一路贬值，3 月中旬跌至 120 卢布兑 1 美元的历史低点。随后，俄罗斯政府和央行出台一系列资本管制措施，有效稳定了卢布汇率。天然气卢布结算令的颁布支持了卢布汇率的迅速反弹。未来，在不发生重大地缘政治事件的情况下，对卢布构成主要威胁的仍将是国际油价。

4. 外资吸引力

外国投资不断下滑。近年来，俄罗斯与西方不断恶化，受西方制裁影响，外国公司大举撤离俄罗斯。虽然俄罗斯政府出台相关法律，通过资产减记、政府部门临时接管等措施，对外国公司的退出设置各种障碍，但欧美公司仍不断退出俄罗斯市场。2022年,俄罗斯外国直接投资净流入为 –431 亿美元。

四、油气对外合作

1. 油气合作政策

保守、谨慎地对外开放。俄罗斯鼓励外商直接投资油气行业,但又明确限制外企对战略性油气企业和资产的并购。2008 年出台的《关于外国资本对保障国防和国家安全具有战略意义的经营公司进行投资的程序法》明确规定,外资对联邦地下资源公司的控股权不得超过 5%,对其他部门战略性公司的控股权不得超过 25%~50%。若外资企业希望按法律规定对具有战略意义的公司或在地下资源区块项目中取得 10% 以上的控股权,必须向相关机构提交申请,并经专门委员会审核。近年来,中俄关系持续向好,2015 年俄罗斯政府表示,中国投资者持有俄罗斯战略油气田逾 50% 股份不存在任何政治障碍,但不包括海上油气田。

北极和远东新区对外开放力度较大。俄罗斯为吸引外资发展北极和远东新区,设立远东超前发展区,并扩大北极投资优惠区,在这些地区出台减免矿产开采税等优惠政策。俄罗斯大陆架油气开发由国家石油公司主导,外国公司或合资公司如果要参加大陆架油气田开发,首先需要与俄罗斯国有公司(简称俄气的俄罗斯天然气工业股份公司和简称俄油的俄罗斯石油公司)组建合资企业。目前,俄政府正在起草允许俄罗斯独立石油公司和外国公司投资北极和太平洋大陆架的法律草案,拟放开大陆架准入条件。

对外合作法律不断完善,合作门槛有所降低。俄罗斯有关外国油气投资的法律主要有《俄罗斯联邦外国投资法》《产品分成协议法》《租赁法》以及关于保护有价证券市场投资者权利和合法利益的联邦法、土地法、税法和私有化法等。涉及油气勘探与生产经营的主要适用法律是《矿产资源法》及其补充法规。近年来,俄罗斯着手修改法律,降低对外合作门槛,修改法律以提高外国公司参与俄罗斯战略性油田的比例；放宽了特定能源领域进入条件；允许非国有公司和外国公司参与其海上大陆架的勘探开发；简化了外资收购俄经济领域战略企业股权的程序；批准了对外国投资者发现属于战略性资源的补偿条例。

油气上游勘探开发对外合作采用矿税制和合资模式。苏联解体初期，西方石油公司通过努力，在俄罗斯签署3个产量分成合同（埃克森美孚的萨哈林1号、壳牌的萨哈林2号和道达尔在俄罗斯西北的小型项目），2000年后，俄罗斯未再签署此类合同。中游基本不对外开放。下游采用合资模式或置换模式。

实行三级税收，税赋较高。俄罗斯的税制包括联邦税、联邦主体税（地区税）和地方税。原油资源开采税和原油出口税是俄罗斯最重要的两项税收，这两项税收均与国际油价挂钩，俄联邦政府利用税收工具，通过修改税制和税率，使石油企业的税赋高达60%以上，尽管增加了政府收入，但也使其财政收入过度依赖国际油价。产自俄罗斯东西伯利亚、里海和北极地区的石油出口关税为零。

油气价格由联邦物价局制定，低于全球平均水平。俄罗斯国内天然气消费量的近70%由俄气供应。该公司及其联营企业生产的天然气批发价格，依据定价前三年期的社会经济发展水平预测，实行政府定价，每年年底由俄罗斯联邦物价局颁布法令，实行公布下一年的气价。2021年，俄罗斯工业用气价格0.08美元/米^3；民用气价格0.09美元/米^3；汽油价格0.68美元/升；柴油价格0.73美元/升，低于全球平均水平。

行业标准与国际不接轨。俄罗斯执行的是军民统一的标准体系。标准初版由苏联国家标准委员会制定，委员会下设武器装备标准化局。标准制定时，委员会要求与国防部结合起来制定。标准中明确规定，国防部指令研制的产品必须执行本标准，其他产品推荐执行。俄罗斯政府对石油工业极为重视，因此石油工业的大部分行业标准参照军用标准。

2. 油气合作监管

油气管理体系主要由决策机构和执行管理机构两部分构成。图1-1为俄罗斯行业监管结构图。能源发展战略和生态安全委员会是该国能源行业决策机构，普京亲自担任该委员会主席，俄油总裁谢钦担任该委员会责任秘书。该委员会拥有制定行业发展规划、行业立法和税收、价格政策的职能，以及颁发矿产开发许可证、确定开发条件的权力。

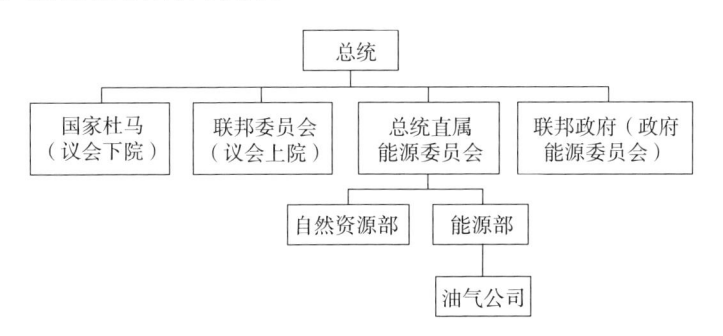

图 1-1 俄罗斯行业监管结构图

国家部委负责执行管理。俄罗斯联邦能源部、自然资源和生态环境部是俄罗斯能源权力执行和管理部门，主要职责是根据国家政策方针调控整个俄罗斯油气行业，并监管各大油气公司，部长均由总统亲自任命。俄罗斯能源行业主要人物关系如图 1-2。

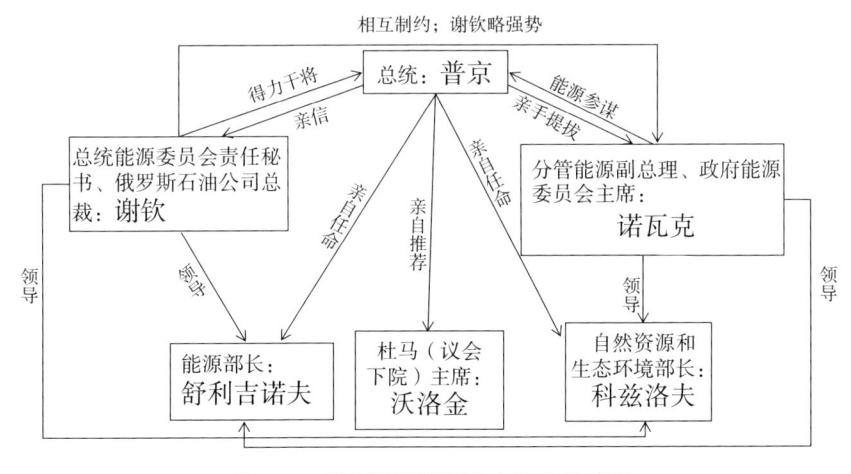

图 1-2 俄罗斯能源行业主要人物关系

俄油公司是俄罗斯石油工业发展的领头羊。俄油公司引领俄罗斯石油工业发展，为俄罗斯经济发展提供动力，执行俄罗斯与其他国家签订的石油贸易协定，在石油行业推行科技进步政策和投资优惠政策。图 1-3 为俄油公司组织框架图。

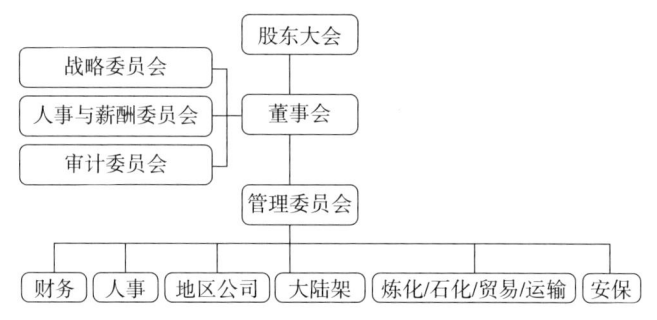

图 1-3 俄油公司组织构架图

俄气公司是俄罗斯的外交利器。俄气公司代替政府管理俄罗斯天然气工业，监督和确保向俄罗斯供应天然气，执行俄罗斯与其他国家签订的天然气贸易协定，拥有管道天然气出口垄断权。公司利益与国家战略紧密结合，为实现俄罗斯的地缘政治利益，提升俄罗斯大国地位作出重要贡献。图 1-4 为俄气公司组织框架图。

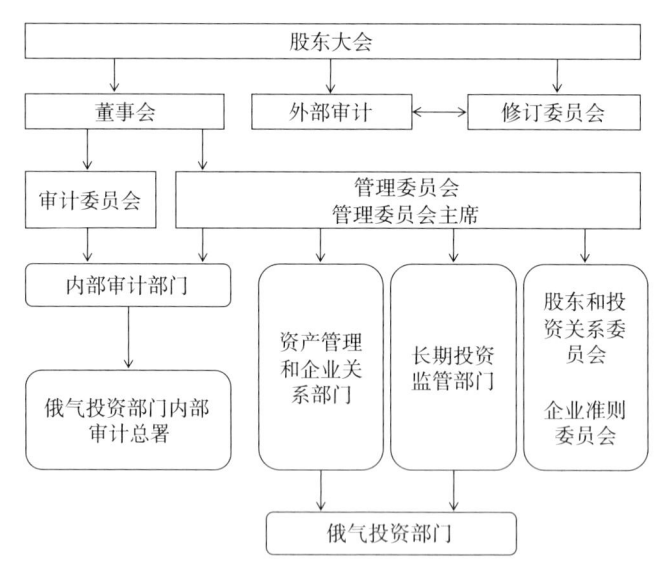

图 1-4 俄气公司组织构架图

利用监管权，将外资项目收归国有。俄罗斯在对外合作中，较为重视控股权。在外资项目经营较好的情况下，会利用职权便利，低价收回控股权。

3. 国际油气合作

（1）勘探开发

西方公司大举退出俄罗斯。2022年，受西方制裁影响，大批国际石油公司主动或被动地退出俄罗斯油气项目。如2022年3月，壳牌宣布分阶段退出俄罗斯油气项目，包括萨哈林2号液化天然气（LNG）项目，俄罗斯诺瓦泰克天然气公司已准备在2023年底前接管壳牌退出的股份；2022年7月，俄罗斯政府因埃克森美孚不作为，"单方面终止"其在萨哈林1号项目的权益，由俄罗斯政府控股公司接管。2023年2月，俄罗斯总统普京签署临时接管外国资产的法令，若因外国对俄罗斯采取"不友好行动"而被剥夺俄境外财产所有权，则将"不友好国家"法人在俄罗斯企业法定资本中的股份交由俄罗斯临时管理机构接管。德国Uniper SE、Fortum Russia B.V.和Fortum Holding B.V.等公司的俄罗斯资产已被临时接管。目前，仅道达尔保留与诺瓦泰克公司在亚马尔LNG项目和北极LNG 2项目合作，印度石油天然气公司和日本财团均未退出俄罗斯合作项目（表1-2）。

表1-2 国际大石油公司主要合作项目

项目名称	外国企业	签约年份	项目类型	备注（股份占比）
萨哈林1号项目	印度石油天然气公司（ONGC）、日本财团	1996	勘探开发	俄油（20%），日本伊藤忠商事、日本丸红、日本国家石油公司（合计30%），ONGC（20%）；权益储量3123万吨和101亿立方米；产量288万吨和27亿立方米
万科项目	印度石油天然气公司	2015	公司股份	ONGC（15%），俄油（85%）；权益储量6225万吨和545亿立方米；权益产量330万吨和15亿立方米
萨哈林2号项目	日本财团	1996	勘探开发	俄气（50%）、日本三菱（10%）、日本三井（12.5%）

资料来源：IHS。

中俄合作以国企为主。目前运营5个上游项目，2个LNG一体化项目（表1-3）。此外，中国石油工程建设有限公司（CPECC）签署价值25亿美元的阿穆尔天然气处理厂EPC总承包项目。中国石化和丝路基金各收购西布尔石化10%的股权。

表 1-3 中国企业主要合作项目

项目名称	中国企业	签约年份	项目类型	备注（股份占比）
亚马尔LNG项目	中国石油	2014	LNG	中国石油持股（20%），丝路基金（9.9%），诺瓦泰克（50.1%），道达尔（20%）；中企权益油气储量712万吨和1374亿立方米
	丝路基金	2015		
乌德穆尔特项目	中国石化	2006	勘探开发	中国石化（49%），俄油（51%）；中国石化权益油储量6000万吨，产量329万吨
图伊马达公司	天狼星	2011	勘探开发	天狼星（75%），俄公司（25%）；预计石油资源量8亿吨，天然气资源量2631亿立方米
上乔油田项目	北京燃气	2017	勘探开发	北京燃气（20%），俄油（80%）；北京燃气权益油储量3680万吨，权益产量200万吨
萨哈林3号维宁区块	中国石化	2007	勘探开发	中国石化（25.1%），俄油（74.9%）；中国石化预计权益油气储量432万吨和597亿立方米
东方能源项目	中国石油	2006	勘探开发	中国石油（49%），俄油（51%）；2015年中国石油退出
北极LNG 2项目	中国石油 中国海油	2019	LNG	诺瓦泰克（70%），道达尔（10%），中国石油、中国海油计划分别持股10%

资料来源：ETRI。

俄罗斯主要有5家公司开展海外业务（表1-4至表1-8）。业务遍及20多个国家和地区，运营着超过50个上游项目。

表 1-4 俄油公司海外油气主要合作项目

项目名称	国家	签约年份	项目类型	备注（股份占比）
祖尔气田项目	埃及	2017	勘探开发	俄油（30%），埃尼（50%），bp（10%），穆巴达拉（10%）；2019年天然气产量234亿立方米
Solimoes区块项目	巴西	2015	勘探开发	俄油（100%）；2017年开始钻勘探井，目前已钻4口勘探井
伊拉克	伊拉克	2017	勘探开发	俄油（80%）；拥有5个产量分成协议
第12区块项目	伊拉克	2012	勘探开发	巴什石油（100%）；已钻两口勘探井
A5-B、Z5-C、Z5-D区块项目	莫桑比克	2018	勘探开发	俄油（20%），埃克森美孚（40%），ENH（20%），卡塔尔石油（10%），埃尼（10%）
EP-4区块项目	缅甸	2016	勘探开发	巴什石油（90%）；计划2020年开始钻井
06.1区块项目	越南	2013	勘探开发	俄油（35%），ONGC（45%），越南国油（20%）；该项目为产量分成合同，2019年天然气产量41.6亿立方米

续表

项目名称	国家	签约年份	项目类型	备注（股份占比）
05.3/11 区块项目	越南	2013	勘探开发	俄油（100%）；2018年6月钻第二口勘探井获得油气发现
Nam Kon Son 海底管道项目	越南	2013	管道	俄油（32.67%），Perenco（16.33%），越南国油（51%）；运力77亿米³/年，2019年运量70亿立方米，合同期至2035年，可延期

资料来源：IHS。

表1-5 俄气公司海外油气主要合作项目

项目名称	国家	签约年份	项目类型	备注（股份占比）
El Assel 项目	阿尔及利亚	2008	勘探开发	俄气（49%），Sonatrach（51%）；目前已钻9口勘探井，获得油气发现，并制订开发计划
Ipati 和 Akio 区块项目	玻利维亚	2010	勘探开发	俄气（20%），道达尔（50%），玻利维亚国油（10%），Tecpetrol（20%）；2016年 Ipati 区块投产，产量约24亿米³/年
俄越车用燃气勘探开发项目	越南	2015	合资	俄气（71%），越南国油（29%）
里海 Imashevskoe 和中央油田	哈萨克斯坦	2008	勘探开发	俄气（25%），卢克（25%），哈国油（50%）；中央油田预计储量2800万吨油当量，Imashevskoe 气田预计投天然气储量1000亿立方米
塞尔维亚石油和天然气公司 NIS 项目	塞尔维亚	2009	勘探开发	俄气（56.15%），塞尔维亚政府（29.87%），其他（13.98%）
沙赫巴赫德油气田勘探开发项目	乌兹别克斯坦	2004	勘探开发	俄气（100%）
乌斯秋尔特油气田勘探开发项目	乌兹别克斯坦	2006	勘探开发	预计天然气储量1200亿立方米，凝析油储量700万吨
M25 气田勘探开发项目	乌兹别克斯坦	2006	勘探开发	俄气（6.25%），ALTMAX（75%），乌国油（12.5%），Centrex（6.25%）；天然气储量612亿立方米，预计2020年投产，2025年达到高峰产量43亿立方米

资料来源：IHS。
注：哈国油为哈萨克斯坦国家石油天然气公司；乌国油为乌兹别克斯坦国有石油天然气公司。

表 1-6　卢克公司海外油气主要合作项目

项目名称	国家	签约年份	项目类型	备注（股份占比）
沙赫德尼兹	阿塞拜疆	1996	勘探开发	卢克（10%）、bp（28.8%）、TPAO（19%）、Petronas（15.5%）、阿塞拜疆国家石油公司（16.7%）、NICO（10%）；2019年卢克权益产量1000万桶
西古尔纳2号项目	伊拉克	2009	勘探开发	卢克（75%）、伊拉克北方石油（25%）；石油可采储量140亿桶，2014年投产，2019年卢克权益产量1100万桶
10区块项目		2012	勘探开发	卢克（60%）、INPEX（40%）
卡拉恰干纳克	哈萨克斯坦	1997	勘探开发	卢克（13.5%）、壳牌（29.25%）、埃尼（29.25%）、雪佛龙（18%）、哈国油（10%）
田吉兹		1997	勘探开发	卢克（5%）、雪佛龙（50%）、埃克森美孚（25%）、哈国油（20%）
库姆科尔		1995	勘探开发	卢克（50%）、中国石油（50%）
沙尼斯		2019	勘探开发	卢克（50%）、哈国油（50%）
里海管道财团项目		1996	管道	卢克（12.5%）、俄罗斯（31%）、哈萨克斯坦（20.75%）、雪佛龙（15%）、埃克森美孚（7.5%）、俄油/壳牌里海管道公司（7.5%）、壳牌（2%）、埃尼（2%）、ORYX（1.75%）；管道全长1500千米，运力6700万吨/年
肯德姆	乌兹别克斯坦	2004	勘探开发	卢克（90%）、乌国油（10%）；2019年天然气产量104亿立方米

资料来源：IHS。

表 1-7　俄扎鲁别日公司海外油气主要合作项目

项目名称	国家	签约年份	项目类型	备注（股份占比）
09-1区块项目	越南	2010	勘探开发	扎鲁别日（49%）、越南国油（51%）；2018年石油产量467万吨
09-3区块项目		2002		扎鲁别日（100%）；2018年石油产量9.4万吨
04-3区块项目		2009		扎鲁别日（49%）、越南国油（51%）；2018年石油产量17万吨
12/11区块项目		2012		扎鲁别日（100%）；2018年勘探投资2300万美元
42、04-1、09-3/12、16-1/15区块项目				扎鲁别日（49%）、越南国油（51%）
Boca de Haruko	古巴	2011		扎鲁别日（100%）；2018年勘探投资约590万美元

资料来源：IHS。
注：越南国油为越南国家油气集团。

表 1–8　俄海外石油公司（Roszarubezhneft）海外油气主要合作项目

项目名称	国家	项目类型	备注
Petromonagas	委内瑞拉	勘探开发	俄海外石油公司（32%），俄气石油（8%），PDVSA（60%）；俄罗斯五家公司2010年成立财团投资委内瑞拉项目，2013年俄油收购TNK-BP进入委内瑞拉，除俄气石油外，财团内公司逐步将股份转让给俄油，2019年，俄油将委内瑞拉业务转让给俄海外
Petroperija			
Boqueron			
Petromiranda			
Petrovictoria			

资料来源：IHS。

（2）炼油化工

俄罗斯主要由俄油、俄气和卢克三家公司发展海外炼油业务（表1–9）。目前，三家公司在欧洲和亚太的8个国家运营着8座炼厂，总炼油能力超过1亿吨/年。俄罗斯向这些炼厂出口原油，从而稳定占据这部分石油市场。

表 1–9　俄罗斯海外炼厂项目

公司	国家	炼厂名称	炼油能力（万吨/年）	股权结构
俄油	印度	Essar Oil Limited	2000	俄油：49.13%；印度Nayara Energy Limited：50.87%
	印度尼西亚	Pertamina	1500	俄油：45%；印尼Pertamina：55%
	白俄罗斯	莫济里炼厂	1400	俄油：21%；俄气：50%；白俄：29%
俄气	塞尔维亚	NIS	1460	俄气：56.15%；塞尔维亚：43.85%
	白俄罗斯	莫济里炼厂	1400	俄气：50%；俄油：21%；白俄：29%
卢克	罗马尼亚	普洛耶什蒂	270	卢克：100%
	保加利亚	亚布尔加斯	700	卢克：100%
	意大利	NPK ISAB	1600	卢克：100%
	荷兰	泽兰炼厂	360	卢克：45%；道达尔：55%
合计			10690	

资料来源：Woodmac。

（3）技服装备

俄罗斯具备传统石油工程技术服务能力，高端工程技术服务市场则依赖西方工程技术服务公司。其中，70%以上地震勘探服务、常规钻完井服务、测录试服务、修井服务由本土工程技术服务市场主导；固井服务与外国公司平分市场；高端工程技术服务，如水平钻井服务、水力压裂，由西方石油公司主导，本土石油工程技术服务公司逐渐失去高端技术市场；北极大陆架油田生产和建设、东西伯利亚极寒油田生产和建设服务则主要依赖西方石油公司。受乌克兰危机影响，2022年，斯伦贝谢、威德福、哈里伯顿等国际大型油服公司纷纷退出俄罗斯市场。

部分装备产能不足，高端装备制造能力缺乏。俄罗斯具备常规油田开发设备生产能力，但大陆架和LNG生产设备完全依赖进口。俄罗斯24%的油气开采设备、35%的油气加工和石化设备、100%的大陆架开采和液化天然气生产设备、45%的燃气轮机、50%的变压器，以及30%的水力涡轮机依赖国外进口。

实施进口替代政策，发展本国油气装备制造业。自2014年以来，西方不断加强对俄制裁，禁止向俄罗斯出口相关油气装备，以遏制其油气行业发展。俄罗斯政府出台油气装备进口替代战略，不断提高本土企业的研发生产能力。截至2023年初，俄罗斯油气装备企业已研发并生产出140余种进口替代产品，俄罗斯自产油气装备在俄罗斯市场份额从43%提高至62%，2023年将突破65%的门槛。

五、油气工业

1. 油气生产

（1）油气资源

石油资源丰富。2022年俄罗斯石油资源量为246亿吨，其中陆上石油资源占87.4%，主要分布在西西伯利亚、伏尔加—乌拉尔、东西伯利亚—远东、季曼—伯朝拉、高加索；海上石油资源占12.6%，主要分布在北极海、鄂霍次克海和里海等陆架油气区。俄罗斯石油资源探明程度达45%。

天然气资源丰富。2022年俄罗斯天然气资源量为212万亿立方米。其中陆上天然气资源占67.9%，主要分布在亚马尔—涅涅茨地区，海上占32.1%。天然气资源探明程度约35%。

待发现油气资源潜力巨大。石油待发现资源量为99亿吨。近十年，俄罗斯每年新增石油储量均在5亿~6亿吨，可以覆盖当年产量。俄罗斯天然气待发现资源量32.4万亿立方米。特别是东西伯利亚及远东地区和沿海大陆架（北极海和萨哈林沿海）的勘探程度低，是俄罗斯未来天然气储量增长的重要地区。但这些新区的环境恶劣、地质条件复杂，对资金、技术要求高，基础设施建设也是开发的瓶颈。近十年，俄罗斯年均新发现天然气在5000亿~8000亿立方米，基本可补足当年天然气产量。

剩余油气储量保持稳定。2022年俄罗斯石油剩余探明储量146亿吨，与2010年基本持平，占世界石油探明储量的6.2%，居世界第6位，储采比25.5。2022年天然气剩余探明储量38万亿立方米，占世界天然气探明储量的19.1%，居世界第1位，储采比55.9。

（2）油气生产

石油工业历史悠久。俄罗斯石油工业始于1846年，在位于巴库附近的阿布歇隆半岛钻出世界第一口油井。20世纪初，俄罗斯是全球最大的石油生产国之一，占据30%的市场份额。1917年十月革命、俄国内战以及石油公司国有化一度使石油行业发展停滞。1923年，苏联石油工业发展恢复正常，石油出口恢复至十月革命前水平。高加索地区和里海地区当时仍然是苏联最重要的石油产区。第二次世界大战结束后，苏联又发现新的产油区。20世纪50年代，伏尔加地区和乌拉尔地区的油田产量约占苏联石油总产量的45%。20世纪60年代，国家启动对西西伯利亚地区的石油开采。20世纪80年代，苏联石油工业进入衰退期，原因在于油井过于密集导致原油枯竭，以及缺乏勘探新油田的投资。苏联解体后，真正的危机开始出现。国内需求、出口量和开采量均有所减少。行业垄断和私有化导致少数石油巨头控制了石油从勘探到出口的整条产业链。1997年，石油生产量恢复，危机解除。

石油产量处于稳步增长期。西西伯利亚地区石油产量约占俄罗斯石油产量的三分之二。近年来，受美西方制裁影响，俄罗斯新产区发展缓慢，石油生产重点已从新区开发转至提高老油田采收率。2017年以来，俄罗斯海上勘探主要集中在萨哈林和鄂毕湾。2022年，在受到美西方制裁的情况下，俄罗斯通过大幅降低原油出口价格保证了本国产量规模不下滑，当年石油产量5.35亿吨，同比增长2%。

俄罗斯的油气产量主要来自西西伯利亚、北高加索、伏尔加—乌拉尔和蒂曼—伯朝拉4个油气生产基地。这4个油气生产基地的产量已过高峰期，正在快速递减。为稳产或增产，俄罗斯加大了新区和大陆架的开发力度。远东、东西伯利亚和北极海上等新产区是未来俄罗斯石油产量的增长点。

俄罗斯天然气工业历史悠久，目前产量受制裁影响有所下降。自1961年苏联在西伯利亚发现蓬加气田后，苏联天然气工业发生剧烈变化。之后10年，由于相继发现乌连戈伊、麦德维热、亚姆堡和波万宁科等超巨型气田，西伯利亚跃居世界最大的产气区。苏联解体后，俄罗斯石油产量大幅下降，但天然气却保住了产量，成为能源生产部门中最有生机的部门。2022年，欧洲减少俄罗斯天然气进口，致使俄罗斯天然气产量出现大幅下滑，当年天然气产量6738亿立方米，同比下降11.6%。

天然气生产主要集中在大型气田。俄罗斯共有21个储量大于5000亿立方米的特大气田，可以保证全国93%产量，其中包括乌连戈伊、巴瓦涅科、梅德维任、扎巴梁尔、哈拉萨维、奥伦堡等气田。

俄罗斯天然气储量探明程度仍较低，增储上产潜力大。亚马尔半岛是未来西西伯利亚天然气产量的增长点。同时，俄罗斯将加强远东天然气产区建设，以增加对亚太市场的供应。

2. 基础设施

（1）油气管道

俄罗斯石油管网发达。输送能力约6.5亿吨/年，石油管道总长度超过25万千米，其中原油管道5.4万多千米，成品油管道1.6万千米，油田现场管道约18万千米。俄罗斯主要石油管道见表1–10。

表 1-10　俄罗斯主要石油管道

管道名称	起点	终点	管道长度（千米）	管输能力（万吨/年）
友谊管道	洛帕蒂诺、萨马拉地区（俄罗斯）	白俄罗斯、德国、匈牙利、捷克、斯洛伐克	8900	11000
波罗的海管道	乌萨、科米共和国	普利莫尔斯克港	3262	4900
波罗的海 2 管道	乌涅恰、布良斯克地区	乌斯季—卢加港		3800
里海管道财团	田吉兹（哈）	新罗西斯克港	1511	7000
东西伯利亚—太平洋管道（ESPO）	泰舍特	科兹米诺港	4740	8000

俄罗斯石油管道主要由俄罗斯石油管道运输公司（Transneft）运营，该公司的子公司俄罗斯成品油运输公司（Transnefteproduct）运营大部分成品油运输管道。俄罗斯约 90% 的原油和成品油由 Transneft 公司负责运输。2023 年 6 月，欧盟通过对俄罗斯第 11 轮制裁方案，正式关闭了俄罗斯友谊管道通往波兰和德国的北部分支管道。

天然气管道系统庞大。俄罗斯天然气管道和基础设施组成了统一天然气供应系统（UGSS），占俄罗斯天然气运输基础设施的 98%（远东的诺里尔斯克和雅库茨克除外）。该系统由俄气公司运营，总长度 17.2 万千米，包括 254 座压缩站。UGSS 系统采用大尺径（大于 40 英寸）的多条并行管道，将俄罗斯西西伯利亚地区所产天然气输往俄罗斯和欧洲的消费中心。俄罗斯主要天然气管道见表 1-11。

表 1-11　俄罗斯主要天然气管道

管道名称	起点	终点	管道长度（千米）	管输能力（亿米^3/年）
兄弟	西西伯利亚	北极光系统、俄罗斯多地	8562	1000
北极之光	蓬加	欧洲多国	7377	516
亚马尔—欧洲	亚马尔	德国	663	330
波万宁科	波万宁科	托尔若克	1240	600
北溪	维堡	德国	1224	550

续表

管道名称	起点	终点	管道长度（千米）	管输能力（亿米³/年）
联盟	奥伦堡	欧洲多国	2755	330
蓝溪	朱巴加	土耳其	396	160
萨哈林—哈巴罗夫斯克—符拉迪沃斯托克（SKV）	萨哈林	符拉迪沃斯托克	1837	55（300）
西伯利亚力量	科维克金	布拉戈维申斯克	3247	380
土耳其流	阿纳帕	东南欧		315
北溪2号	维堡	德国	1224	550
西伯利亚力量2号（西线）	阿尔泰斯克	中国	2600	300
俄蒙中线	阿尔泰斯克	中蒙边境	3000	500
中俄远东线	符拉迪沃斯托克	中国	50	120

管道年久失修。俄气公司负责UGSS系统的维护和翻新。UGSS系统规模庞大，多为苏联时期建成，年久失修，特别是1991年苏联解体后，该系统缺乏投资，运营状况堪忧。俄罗斯新开发气田所产天然气均需通过该系统的旧管道设备运输，管道沿线的恶劣地形和气候环境也增加了该系统运营的风险。目前，全俄输气管道15%以上已超过规定使用期。

西向为主，东向不足。天然气主要向欧洲及前独联体国家出口，向东比例较小，目前仅有刚投产的中俄东线天然气管道。

规划新建多条管道。为绕开过境国直接向欧洲出口天然气，俄罗斯新建成土耳其流天然气管道；北溪2号天然气管道虽然建成，但已于2022年9月被炸毁。乌克兰危机爆发后，俄罗斯政府加大了开拓亚太市场的力度，目前正在规划建设中俄远东线、中俄西线和中蒙俄线等多条天然气管道。

（2）石油港口

俄罗斯通过港口出口的原油约占原油出口总量的65%，总出口能力超过1.6亿吨。主要通过普利莫尔斯克港、乌斯季—卢加港、新罗西斯克港和科兹米诺港四个港口出口（表1–12）。

表 1-12 俄罗斯主要原油港口

港口名称	位置	吞吐能力（万吨/年）	备注
普利莫尔斯克港	波罗的海	6000	油源来自波罗的海原油管道，冬季冰封期达 5 个月
乌斯季—卢加港	波罗的海	3000	油源来自波罗的海 2 原油管道，2012 年投产，约 70% 的原油出口到鹿特丹现货市场
新罗西斯克港	黑海	4000	包括 Sheskharis 和 Grushovaya 两个码头，只有两个泊位可以停靠大型油轮，最大的泊位水深 24.4 米，可停靠 15 万吨级油轮
科兹米诺港	远东	3200	油源来自 ESPO 原油管道，2012 年投产，可停靠 15 万吨级油轮，主要向亚太地区出口，2017 年 73% 原油运往中国，未来计划根据 ESPO 管道的运力进行扩建

（3）LNG

现有两个大型 LNG 项目。分别为萨哈林 2 号 LNG 项目和亚马尔 LNG 项目（表 1-13），总产能 2730 万吨。

表 1-13 俄罗斯现有和计划建设的液化天然气项目

LNG 项目	位置	运营商	生产能力（万吨/年）	状态	投产（计划投产）时间（年）
萨哈林-2 T1-2	远东	俄气	1080	投产	2009
亚马尔 T1-3	北极	诺瓦泰克	1650	投产	2017—2018
亚马尔 T4	北极	诺瓦泰克	100	投产	2020
Portovaya	波罗的海	俄气	150	在建	2020
Cryogaz-Vysotsk T1-2	波罗的海	诺瓦泰克	132～154	在建	2018—2020
Gorskaya	波罗的海	Gorskaya	126	在建	2020 后
北极-2 T1-3	北极	诺瓦泰克	1980	在建	2023—2025
符拉迪沃斯托克 T1-2	远东	俄气	1000	计划改变	2018—2020
萨哈林-2 T3	远东	俄气	540	拟建	2023—2024
萨哈林-1（远东）	远东	俄油	500～600	推迟	2023
波罗的海 T1-2	波罗的海	俄气	1000	拟建	2023—2024
北极-3	北极	诺瓦泰克	1980	拟建	

续表

LNG 项目	位置	运营商	生产能力（万吨/年）	状态	投产（计划投产）时间（年）
Pechora	北极	Alltech	280	拟建	
产能合计			10518～10640		

计划大力发展LNG行业。受亚马尔LNG项目成功建成投产的鼓舞，俄罗斯判断，全球LNG市场有重要机遇。为此，俄罗斯于2018年3月出台新的LNG发展战略。主要内容有：①到2035年，俄罗斯LNG产能达到1亿吨/年（约1320亿米^3/年），约占全球LNG需求增量的一半。②将储量极其丰富、开发成本极低的北极天然气资源变现，全力以赴地实现更高的天然气产量和预算收入的增长，其战略目标是创造一个全新的工业。③从中国、印度等LNG需求激增的国家引进资本，同时吸引如道达尔、壳牌这些主要的全球LNG合作伙伴。④配套建立以大型模块为主的液化装备技术建造基地，发挥其对俄罗斯国内经济的倍增效应；计划在劳动力较丰富、基础设施条件较好的摩尔曼斯克建造大型模块浮式装备，然后运移到目的地，以便在条件极其恶劣的北极濒海岸边最大限度地减少就地施工；利用北极丰富、易开采的天然气资源和本土化装备制造和服务来降低单位投资费用。⑤将北极东北航道发展成重要的海上船运航线，沿线港口打造成为运输船舶提供后勤支持的工业基地，充分发挥其对俄罗斯经济的促进作用。⑥将俄罗斯天然气全方位推向世界市场，而不限于陆上管道运输。⑦随着亚马尔LNG项目的成功，诺瓦泰克公司抓住机遇果断出击，走出俄罗斯国内市场，成为一个真正的全球LNG玩家。其愿景是，LNG产能相当于全俄罗斯LNG产能的一半（约5000万吨/年）。

LNG行业发展受阻。乌克兰危机升级后，美西方加大对俄罗斯的制裁力度，限制对俄罗斯出口LNG项目所需的高端设备，壳牌等国际石油公司退出俄罗斯LNG项目，使得俄罗斯规划或在建的LNG项目面临推迟和搁置的风险加大。

（4）仓储设施

俄罗斯储气库均由俄气公司运营。截至2022年底，俄气公司在俄罗斯境内拥有23座储气库，总储气能力达722亿立方米。此外，俄气公司在德国、奥地利、塞尔维亚和捷克等欧洲国家拥有7座储气库，总储气能力约85亿立方米。未来，俄罗斯计划新建5座储气库，将本国储气库每日最大调峰能力提高至10亿立方米。

3. 炼油工业

俄罗斯现有大型炼厂38座和超过200座的小型炼厂（部分能力不足10万吨/年），总炼油能力超过4亿吨/年。其中，千万吨级以上炼厂11座，500万吨级以上炼厂28座（表1-14）。

表1-14 俄罗斯主要炼厂情况

炼厂名称	炼油能力（万吨/年）	所属公司	炼厂名称	炼油能力（万吨/年）	所属公司
鄂木斯克炼厂	2290	俄气石油	新库比舍夫炼厂	880	俄油
基里希炼厂	2050	苏尔古特	共青城炼厂	800	共青城公司
梁赞炼厂	1695	RN控股	乌法炼厂	750	巴什石油
下诺夫哥罗德炼厂	1686	卢克	乌斯季—卢加炼厂	740	诺瓦泰克
亚诺斯炼厂	1520	斯拉夫石油	下涅卡姆斯克炼厂	734	鞑靼石油
伏尔加格勒炼厂	1450	卢克	新乌法炼厂	710	巴什石油
萨拉瓦特炼厂	1330	萨拉瓦特	阿钦斯克炼厂	702	阿钦斯科公司
彼尔姆炼厂	1310	卢克	萨拉托夫炼厂	700	RN控股
莫斯科炼厂	1215	莫斯科公司	塔内科炼厂	700	鞑靼石油
Tuapse炼厂	1200	俄油	萨马拉炼厂	680	俄油
安加尔斯克炼厂	1103	安加尔斯克石化	奥尔斯克炼厂	660	私人公司
乌法石化厂	950	巴什石油	阿菲普斯基炼厂	600	NefteGaz工业
安提宾炼厂	900	安提宾公司	哈巴罗夫斯克炼厂	500	NK Alyans
赛兹兰炼厂	889	俄油	新沙克汀斯克炼厂	500	私人公司

资料来源：Woodmac。

现有炼厂设备陈旧。俄罗斯炼油工业起步于1823年，俄罗斯南部莫兹多克城建立了第一座炼厂，采用加热的方式加工重油。38座大型炼厂中有28座是在1991年之前建造的，1991年之后建造了10座大型炼厂。2022年俄罗斯石油加工量2.72亿吨，同比减少3%，炼油加工深度83.9%。

炼厂布局不合理。41.7%的炼油能力分布在伏尔加联邦区，2.6%的能力分布在原油产量占总产量63%的乌拉尔联邦区，造成其国内油品生产与消费地区不平衡。

俄罗斯炼厂生产的油品主要是汽油、煤油、柴油、燃料油、液化石油气（LPG）、石脑油。2022年成品油产量近1.79亿吨，其中汽油4258万吨、柴油8514万吨、煤油1066万吨、燃料油4040万吨，分别占比24%、48%、6%、23%（表1-15）。

表1-15　2000—2022年俄罗斯成品油产量　　　　（单位：万吨）

成品油	2000年	2005年	2010年	2015年	2019年	2020年	2021年	2022年
汽油	2719	3205	3595	3924	4017	3842	4080	4258
柴油	4925	6000	6998	7600	7838	7781	8030	8514
煤油	880	1011	1112	1219	1031	1040	1220	1066
燃料油	5335	6237	7500	7596	4566	4080	4436	4040
合计	13859	16453	18205	20339	17452	16743	17766	17878

4. 石化工业

石化产能与其资源条件不匹配设备陈旧，效率低下。俄罗斯大部分石化装置为苏联时期建造，苏联解体后，俄罗斯基本没有新建大型石化装置，仅有一些装置改造和扩能。俄罗斯石化产能占中东欧地区的三分之一，其中乙烯产能820万吨/年，聚乙烯产能710万吨/年，丙烯产能470万吨/年。

技术相对落后，产品成本较低。特别是乙烯工业发展明显滞后，据俄罗斯能源部分析，俄罗斯国内石化企业的技术和工艺水平与国外先进国家相比差距约 15～20 年。俄罗斯石化产品主要以石脑油为原料。俄罗斯越来越多地使用乙烷作为石化原料，保证了其未来石化产品的成本优势。

多数是拥有石化业务的综合性石油公司。俄罗斯石化产业主要由大型企业主导，主要参与者包括西布尔控股公司（Sibur）、塔伊夫集团（TAIF）、俄罗斯石油公司、卢克石油公司和俄罗斯天然气工业公司。与陶氏化学（DOW）和巴斯夫（BASF）等许多国际石化巨头不同，这些俄罗斯公司都不是纯石化公司，大多是拥有上下游业务的综合性石油公司。

制裁和营商环境限制石化行业发展。尽管近年来，俄罗斯一些领先的石化生产商已进行了一些现代化改造，但是目前俄罗斯石化产业面临的两大主要问题仍然是技术落后和固定资产折旧过高。这导致俄罗斯缺乏关键石化品生产，尤其是特种复合材料和添加剂。引进新技术有助于解决这个问题。企业也愿意积极引进新技术，扩大高附加值产品的范围，然而，这些新技术大多由西方国家掌握，目前西方国家对俄罗斯制裁使技术引进复杂化。同时，俄罗斯国内施工能力也是一个关键因素：目前俄罗斯大型石化项目的工程与建设服务水平并不是很高，项目经常不能按期完工。此外国内烦琐的税务、环保审批等都让投资者望而却步。俄罗斯虽然计划斥资数十亿美元新建多个石化中心，并建设包括管道和铁路在内的基础设施，以支持石化行业发展，但是随着乌克兰危机持续发酵，俄罗斯主要石油公司资金压力不断加大，这些新建石化产能的计划将会放缓甚至搁置。

六、油气消费与进出口

1. 原油

俄罗斯是原油净出口国，2022 年出口原油 2.42 亿吨（表 1-16），其中向中国出口 8625 万吨，占比 35.6%。2023 年 3 月，俄罗斯能源部长舒利吉诺夫表示，为避免欧盟和 G7 集团通过禁运造成俄罗斯石油收入下降，俄罗斯已经完成了出口流向的分配调整，增加了向亚洲、非洲、拉美和中东国家的石油和石油产品供应。2022年，印度大幅增加俄罗斯原油进口，当年进口量3321万吨，同比增长超过10倍。未来，俄罗斯将增加原油加工量，推进高附加值产品出口，但原油出口量仍将保持在2.5亿~2.7亿吨的水平。

表1-16 2000—2022年俄罗斯油气供需平衡

类别	2000年	2005年	2010年	2015年	2018年	2019年	2020年	2021年	2022年
原油（亿吨）									
产量	3.27	4.75	5.12	5.42	5.63	5.6	5.13	5.34	5.35
加工量	1.78	2.07	2.49	2.86	2.87	2.86	2.75	2.85	2.7
出口量	1.44	2.53	2.51	2.45	2.61	2.69	2.33	2.3	2.42
成品油（万吨）									
产量	13858	16452	19205	20338	17663	17452	16743	17766	17878
消费量	6605	6730	7505	7977	8300	8706	8182	8200	10518
出口量	6260	9710	13320	17170	15030	14300	14180	14450	12600
天然气（亿立方米）									
产量	5584	6119	6408	6220	7196	7300	6929	7623	6739
消费量	3784	4148	4550	4321	4908	4987	4652	4825	4885
进口量	362	531	354	193	161	202	110	151	81
出口量	1754	2326	2229	2075	2669	2730	1992	2056	1844

数据来源：俄罗斯央行，国际能源署（IEA）。
注：成品油产量统计的是汽、柴、煤和重油，消费量和出口量统计的是所有的石油产品。部分数据不平衡，因为有库存误差。

2. 成品油

近年来，俄罗斯石油消费量呈持续上升趋势，仅2014—2016年受制裁限制经济发展影响，消费量出现过小幅下滑。2022年，俄罗斯成品油产量1.78亿吨，成品油出口量1.26亿吨，同比大幅减少。这主要是由于受乌克兰危机影响，欧洲大幅缩减俄罗斯成品油进口。2022年，俄罗斯成品油消费量近1.05亿吨，石油消费主要包括汽油、柴油、煤油、燃料油和其他石油产品，其中汽柴煤油消费占比超过50%（表1-17）。

表1-17　2022年俄罗斯成品油消费结构　　　　　（单位：万吨）

品种	交通	工业	农业	其他	合计
汽油	2719	0	0	0	2719
柴油	1223	197	53	1171	2644
煤油	391	0	0	0	391
其他	533	586	156	3489	4764
总计	4866	783	209	4660	10518

数据来源：ETRI。

3. 石化产品

俄罗斯是全球化肥供应大国。联合国粮农组织报告显示，2021年，俄罗斯化肥产量超5000万吨，占全球化肥总产量约13%。在满足国内需求的情况下，俄罗斯化肥产品还大量出口海外市场。根据俄罗斯化肥生产商协会数据，2021年，俄罗斯氮、磷、钾三种化肥产品的出口贸易值稳居世界前三，是国际市场上重要的化肥供应方；2022年后，受乌克兰危机影响，欧美国家对俄罗斯采取了严格的经济制裁，俄罗斯的化肥出口目的地逐渐从欧美国家转向印度、亚洲及部分中东国家。

合成橡胶是俄罗斯主要出口的石化产品之一，主要出口到中国、波兰和印度，品种包括丁腈橡胶等。俄罗斯每年大量进口合成树脂，主要从德国、韩国和中国进口，主要进口的合成树脂品种为氨基树脂、酚醛树脂及聚氨酯类、聚丙烯酸酯和聚乙烯。同时，俄罗斯也向周边国家大量出口合成树脂，主要出口到白俄罗斯、中国、印度，主要出口的合成树脂品种为聚丙烯和聚氯乙烯。合成纤维也是俄罗斯主要依赖进口的石化产品。

4. 天然气

俄罗斯天然气管网发达，全国天然气化水平达68.6%。2020年，俄罗斯天然气消费量达4652亿立方米，其中发电供热用气占50%以上，居民用气占17.7%，工业用气约占12.3%（表1-18）。

表 1-18　2000—2020 年俄罗斯天然气消费结构　（单位：亿立方米）

类别	2000年	2005年	2010年	2015年	2018年	2019年	2020年
发电	2247	2442	2645	2461	2415	2450	2380
居民	512	453	480	502	805	813	822
工业	417	482	517	565	621	625	570
交通	320	402	390	323	383	398	380
其他	288	332	466	453	600	700	500
合计	3784	4111	4498	4304	4824	4986	4652

数据来源：IEA。

根据俄罗斯《2035 年前能源战略》，到 2024 年，俄罗斯天然气化水平将提高到 74.7%，到 2035 年将提高到 82.9%。因此，未来俄罗斯居民用气量将有所提高。

俄罗斯科学院能源研究院联合莫斯科斯科沃管理学院能源中心共同公布的《全球和俄罗斯能源发展展望 2019》对俄罗斯天然气市场发展形势作出了乐观的预期。到 2040 年，俄罗斯天然气消费量有望增至 5500 亿立方米（与 2018 年相比，增长 10%~15%），届时天然气在俄罗斯能源结构中的占比将从 2018 年的 53% 增至 56%~57%。这主要得益于发电厂、住宅和公共设施以及工业企业中天然气消费量的增长。

俄罗斯既是天然气出口国，又是天然气进口国。俄罗斯从哈萨克斯坦、土库曼斯坦、乌兹别克斯坦、阿塞拜疆进口天然气，天然气进入俄罗斯中央管网系统后再出口。俄罗斯国内生产的天然气大部分通过管道出口，少量以 LNG 形式出口。2013 年 11 月 30 日普京总统签署"扩大 LNG 出口自由化"法令，打破了之前由俄气垄断 LNG 出口的局面，但管道气出口仍由俄气垄断。预计未来 LNG 在天然气出口的比重会上升，亚太地区将成为除欧盟和独联体国家外重要的天然气出口目的地。

2022 年，俄罗斯出口管道天然气 1420 亿立方米，同比下降 30%，主要是由于欧洲大幅缩减俄罗斯天然气进口，而北溪管道也被破坏。2022 年，俄罗斯向中国出口管道天然气 154 亿立方米，同比增长 48%。2022 年俄罗斯出口 LNG 约 3300 万吨，同比增长 8.6%，其中约 1700 万吨出口到欧洲，同比增长约 20%，部分抵消了俄罗斯向欧洲管道天然气出口的急剧下降；向中国出口约 650 万吨，同比增长 35.2%。

七、合作风险评价

1. 政治风险

政治风险中。俄罗斯总统普京对政局把控能力强，修宪公投通过后，其任期可延续至 2036 年，政局将长期保持稳定。中俄关系良好，政治互信度高。俄罗斯受到以美国为首的西方国家打压，西方国家在政治、经济、军事和能源方面削弱俄罗斯在国际事务中的影响力。目前俄罗斯已适应在长期高压下发展，西方制裁已难以对其造成颠覆性影响。但是，瓦格纳"叛乱"等突发事件体现出乌克兰危机的发展具有很大的不确定性，未来影响俄罗斯政局稳定的因素也将随之增加。

2. 安全风险

安全风险中。俄罗斯境内存在少数地方分裂主义分子、民族极端分子和少量反政府武装，主要活动范围在车臣共和国、鞑靼斯坦共和国境内。同时，图瓦共和国、楚瓦什共和国、北奥塞梯共和国也时有民族极端分子活动。但俄罗斯军事力量较强，政府对恐怖极端主义的打击力度强，可以保障社会稳定。俄乌边境安全风险上升。乌克兰危机呈现长期化态势，俄罗斯黑海钻井平台遇袭，俄乌边境地区受军事打击风险高企。

3. 政策风险

政策风险高。俄罗斯投资政策不稳，尽管俄罗斯政府为推动经济和社会改革发展做出诸多努力，也取得显著成果，但投资政策、法律法规依然处于调整中，俄罗斯投资政策的不确定性给国际投资者带来较高风险。西方制裁使得国际石油公司纷纷退出俄罗斯上游项目。2022年5月俄罗斯央行出台政策限制部分外资股交易；2023年3月，俄罗斯政府出台政策，要求"不友好国家"公司撤出俄罗斯时，必须向俄罗斯预算自愿缴纳金额不低于资产评估报告中显示的相应资产市场价值一半的10%。西方对俄罗斯石油限价和禁运等措施使得俄罗斯油气收入不断下滑，未来俄罗斯政府提高石油企业税负的可能性较大。

4. 经济风险

经济风险高。乌克兰危机和西方制裁使俄罗斯经济增长放缓，财政赤字不断扩大，短期内经济难有大的起色。俄罗斯外汇储备虽有下降，但基础雄厚，短期债务无忧，长期债务偿付能力较强，债务违约风险较小。俄罗斯卢布汇率仍将持续波动，卢布实现可自由兑换，但外资大量外流、国内金融市场动荡，甚至可能遭受外国金融打击等，卢布贬值风险和利率变动风险较大。

八、产业发展重点

中俄油气贸易规模持续提升，合作领域不断扩大。新形势下，中俄油气合作面临诸多风险和机会，需重点规避美西方带来的油气通道运营安全、贸易结算等风险，把握油气贸易、上中游、产业发展与技术能力方面等诸多领域的合作机会。在油气贸易方面，中国和俄罗斯是资源和消费大国，需要确保供应和消费安全，双方互补性很强。未来需进一步扩大原油贸易，积极提升天然气贸易量。在勘探开发方面，俄罗斯油气资源丰富，勘探程度较低，老油田产量快速递减；中国拥有先进的提高采收率技术和雄厚的资金实力，需积极开展在远东、东西伯利亚和北极海上的勘探开发合作。在炼油工业方面，俄罗斯小型炼厂多，布局和油品结构不合理；中国拥有现代化炼厂全流程成套装置技术，具备千万吨级炼厂建设和运营能力。在石化工业方面，俄罗斯石化设备陈旧，效率低下，石化产品品种较少，高附加值高性能品种稀缺；中国石化技术总体已接近世界先进水平，品种齐全，具备依靠自有技术和装备建设百万吨级乙烯装置、芳烃装置及其配套装置与系统的能力。在管道建设方面，俄罗斯油气管道老旧，布局不合理；中国拥有先进的成套的管道工程建设施工技术与经验，可进一步拓展陆上油气通道的合作。

［本节撰写人：冯贺］

第二节　哈萨克斯坦

哈萨克斯坦共和国（简称哈萨克斯坦）位于亚洲中部，西濒里海，北邻俄罗斯，东连中国，南与乌兹别克斯坦、土库曼斯坦、吉尔吉斯斯坦接壤，国土面积272.49万平方千米，是世界最大的内陆国家，人口1983.3万人。

一、国际关系

1. 地缘政治

哈萨克斯坦是连接欧亚大陆的要道。该国因其特殊的地理位置、辽阔的疆域和丰富的油气资源一直是俄罗斯、美国等大国争夺的对象。俄罗斯一直将中亚视为自己的"后院"，试图通过直接签订经济协定和双边协议，以及建立地区组织等方式，对哈萨克斯坦施加政治和经济影响力。美国重视发展与哈萨克斯坦的关系，通过提出新丝绸之路经济带构想，增进与包括哈萨克斯坦在内的中亚国家的合作。中国是哈萨克斯坦的近邻，发展对哈萨克斯坦友好合作是中国外交优先方向之一。

哈萨克斯坦将自身定位为"有实力的地区大国"，积极参与地区事务。哈萨克斯坦是上海合作组织、独联体、欧亚经济联盟等区域性组织的成员国，并努力谋求加入亚太经济合作组织。

哈萨克斯坦石油资源丰富，是重要的石油出口国。不同的出口方向代表了不同国家的利益。西向，通过里海将原油出口至欧洲，代表美国与西方国家的利益；北向，通过管道出口至俄罗斯，代表俄罗斯的利益；东向，出口至中国则代表了中国的利益。

2. 外交政策

哈萨克斯坦奉行全方位务实平衡的多元外交政策，优先发展与中亚周边国家的关系，积极发展与俄罗斯、中国、美国和欧盟的关系。

哈俄战略关系稳步发展。哈萨克斯坦与俄罗斯同为苏联加盟共和国，具有传统友好关系和紧密的政治经济联系。哈萨克斯坦支持俄罗斯推动独联体一体化，是欧亚经济共同体、集体安全条约组织和关税同盟的主要成员。虽然哈萨克斯坦在乌克兰事件中的表态让俄方措手不及，但哈萨克斯坦对俄罗斯的依赖在短期内不会改变，俄罗斯对哈萨克斯坦的影响力仍然远远大于其他国家。

哈美关系持续发展。乌克兰危机爆发后，哈萨克斯坦为降低对自身潜在不利影响，加强了与美国交流。双方在阿富汗、中亚地区安全、防核扩散问题和禁毒问题上继续保持合作，希望通过与美国在这些领域的紧密合作，实现其多元外交策略，摆脱对俄罗斯的过分依赖。两国签署《21世纪扩大战略合作伙伴关系协议》，决定共同应对中亚地区面临的挑战，继续开展"C5+1"会晤机制等。

哈萨克斯坦积极发展与中国的关系。两国在各领域的友好交往和互利合作日益扩大，在联合国、上合组织、亚洲相互协作与信任措施会议（亚信会议）等多边框架内的合作不断加强。2013年9月习近平主席访哈期间，正式提出了欧亚共同建设"丝绸之路经济带"的区域经济合作构想，得到了哈萨克斯坦的积极响应。哈萨克斯坦认为，"丝绸之路经济带"建设将为哈中经贸合作创造更大空间。2015年4月，哈萨克斯坦成为亚投行意向创始成员国。2019年9月，双方宣布发展永久全面战略伙伴关系。2022年9月，中哈双方宣布朝着打造世代友好、高度互信、休戚与共的中哈命运共同体的愿景和目标努力。

哈萨克斯坦实行多元化石油外交战略。通过石油外交实现本国石油利益的多元化，推动与中国、美国、俄罗斯利益关系的平衡，进而实现本国利益最大化。哈萨克斯坦油气管线主要是向北通向俄罗斯的CPC管道。该管道从哈萨克斯坦西北部田吉兹油田出发，途经俄罗斯北高加索西部城市季霍列茨克最后到达俄罗斯黑海的新罗西斯克港，这条管道出口的原油主要是供应美国、西欧等国家。2005年中哈原油管道建成投产，实现石油的东向出口。

二、政治社会形势

1. 政体

哈萨克斯坦为总统制共和国。哈萨克斯坦独立后，实行渐进式的民主改革。国家政权以宪法和法律为基础，根据立法、执法、司法既分立又相互作用和制衡的原则行使职能。总统为国家元首，任期7年，决定国家对内对外政策和基本方针，并在国际关系中代表哈萨克斯坦的最高国家官员，是人民和国家政权统一、公民权利与自由的象征和保证。议会是国家最高立法机构，由上议院和下议院组成。政府是国家最高行政机关，其活动对总统负责。2022年6月，哈萨克斯坦经全民公投通过宪法修正案，其政体由超级总统制全面转型为拥有强有力议会的总统制共和国。

现任总统托卡耶夫现年70岁，毕业于莫斯科国际关系学院和俄罗斯外交学院，是一名优秀的外交官和国务活动家。1992年后托卡耶夫分别出任过哈萨克斯坦外交部副部长、第一副部长、部长，副总理、总理。2007年起，出任哈萨克斯坦上议院议长，2019年当选总统。2022年11月，托卡耶夫在提前举行的总统选举中再次当选总统。另外，托卡耶夫还是一个中国通。他曾在北京语言学院学习中文，熟知中国文化和历史。1981—1991年在苏联驻中国大使馆担任二等秘书、一等秘书和大使顾问。联合国前副秘书长奥尔忠尼启曾表示，托卡耶夫是使馆里中文讲得最好的工作人员。他为大使当翻译，工作非常出色。

2. 政局

政局较稳定。2022年1月，哈萨克斯坦爆发大规模政治骚乱，在集安组织的介入下迅速平息。托卡耶夫在2022年11月举行的提前大选中高票当选总统后，通过政治经济全面改革、改组内阁等措施，进一步稳定了国内局势，巩固了政权。

3.安全形势

安全形势较好。哈萨克斯坦面临的主要安全风险是伊斯兰极端组织的渗透,但哈萨克斯坦政府规范宗教事务管理,弘扬正统伊斯兰教,并加强国际合作,与中东等相关国家建立司法联系,对宗教极端分子进行驱逐和引渡,对国家安全起到了积极作用。近几年哈萨克斯坦未发生大规模的暴恐事件。

三、经济形势

1.总体形势

哈萨克斯坦是中亚地区经济大国。2022年GDP超过2200亿美元,人均GDP1.1万美元(表1-19),排名中亚地区第2位。该国经济受国际油价影响较大。2008年国际金融危机之前的5年是哈萨克斯坦经济发展的黄金时期,GDP平均增速在9%左右。金融危机后,哈萨克斯坦经济增速放缓,2017年后有所回升,2019年增速达到4.5%。2020年受疫情和低油价影响,哈萨克斯坦GDP出现负增长,2021年以来有所好转,2022年增速为3.2%。

表1-19 2000—2022年哈萨克斯坦主要经济指标

经济指标	2000年	2005年	2010年	2015年	2018年	2019年	2020年	2021年	2022年
GDP(亿美元,现价)	183	571	1480	1844	1793	1817	1710	1971	2206
人均GDP(美元)	1230	3771	9070	10510	9812	9812	9121	10373	11244
GDP增速(%,不变价)	9.8	9.7	7.3	1.2	4.1	4.5	-2.5	4.3	3.2
通货膨胀率(%)	9.8	7.6	7.8	13.6	6.0	5.2	6.8	8.0	15.0
失业率(%)	12.8	8.1	5.8	5.0	4.8	4.8	4.9	4.9	4.9
总储备(亿美元)	20.99	70.7	282.6	278.5	309.7	289.6	356.4	343.8	350.8
财政盈余(亿美元)		34	21.8	-115	46.25	-10.3	120.4	-97.7	2.05
政府净债务(亿美元)		46.3	141	356	394	336	406	442	
外国直接投资净流入(亿美元)	13	25	74	65	3	37	72	45	49

资料来源:世界银行,IMF。

外汇储备基本稳定增长。近年哈萨克斯坦外汇储备总量保持在300亿美元左右,其中黄金储备占比近50%。由于坚戈兑美元汇率持续疲软,2019年该国外汇储备较上一年下跌6.5%。

债务规模稳定,结构合理。近年来,哈萨克斯坦外债规模总体稳定,维持在1600亿美元上下,政府债只占20%左右。哈萨克斯坦外债主要以长期债务为主,丰富的石油资源可以为债务偿还提供强有力的保障。

2. 经济结构

经济结构相对多元,油气产业是国民经济的支柱产业。2021年,哈萨克斯坦第一产业GDP产值100亿美元,占GDP的5%,第二产业GDP产值690亿美元,占GDP的35%,第三产业GDP产值1044亿美元,占GDP的53%。油气行业总收入达529亿美元,占GDP的27%。

3. 货币政策

哈萨克斯坦实行自由浮动汇率制度,坚戈持续贬值。哈萨克斯坦中央银行宣布自2015年8月20日起,取消汇率波动区间限制,实施坚戈自由浮动汇率。受国际油价大跌和卢布汇率大幅波动等因素影响,坚戈汇率波动较为剧烈。2020年坚戈对美元平均汇率为412.95∶1。2021年坚戈对美元平均汇率为426.03∶1。2022年,受俄乌冲突影响,2月24日坚戈对美元汇率自437.22∶1急剧下跌至465.99∶1。哈萨克斯坦央行采取一揽子措施维持坚戈资产吸引力,减轻汇率压力,确保金融和宏观经济稳定。

哈萨克斯坦实行有条件的货币自由兑换。居民和非居民在哈萨克斯坦境内货物贸易项下购汇无限制,但资本项目外汇收支受到管制。从2007年7月1日起,哈萨克斯坦取消外汇业务许可制度,实行通报制度。企业在缴纳了各项应缴税费后,可以自由汇出利润。除银行收取必要的汇费外,无须缴纳其他费用。个人和法人在向银行提供必要的证明材料后均可通过银行向境外汇出其合法外汇收入。2010年3月,哈萨克斯坦开始实行《反洗钱法》,加强了对银行外汇流动的监管。凡超过1万美元的金融业务都将进行监管。另外,一个账户在 7 个工作日内汇出外汇超过 700 万坚戈的，银行必须向金融监管委员会报告。2019 年 10 月，哈萨克斯坦财政部与央行联合发布命令，对兑换点金额超过 50 万坚戈的交易进行监控和审查。2022 年 3 月，哈萨克斯坦政府颁布特别法令，限制携带大量外汇出境。市场参与者只能为履行合同义务购买外汇，确保外汇供应。

4. 外资吸引力

哈萨克斯坦政府坚持奉行积极吸引投资的政策，通过立法保障外资的合法权益。1997 年以来，哈萨克斯坦先后颁布了《哈萨克斯坦吸引外国直接投资的优先经济领域的清单》《与投资者签订合同时的优惠政策》《国家支持直接投资法》和《投资法》等多部与外国投资相关的法律，还批准了投资保护多边协会的《釜山公约》和投资者权利保障的《莫斯科公约》，加入了国家与自然人、或法人之间投资纠纷协调公约组织（ICSID）。哈萨克斯坦部分法律法规制定过程较仓促，法律法规调整也较为频繁。哈萨克斯坦法律规定，其所批准或加入的国际协议优先于国家法律，如果国际协议中的规则不同于国家法律中的原则，采用国际协议中的规则。

近年来，哈萨克斯坦外国投资额稳定增长，特别是 2022 年，外国直接投资额达到 280 亿美元，同比增长 17.7%，创 10 年来新高，主要投资在采矿、制造、科技、运输仓储等领域。

四、油气对外合作

1. 油气合作政策

哈萨克斯坦油气上游对外开放，但外资不得控股。哈萨克斯坦独立后，坚持油气立国方针，积极推行对外合作政策。油气上游合作主要有产量分成和合资作业两种模式。哈萨克斯坦早期合作以产量分成模式为主，但在高油价带来的高利润驱动下，哈萨克斯坦政府于 2010 年提出合资作业模式，规定对外合作中，哈萨克斯坦国家油气公司必须占合资公司50%以上权益。合资作业模式的税收涉及公司所得税、红利税、增值税、矿产资源开发税、原油出口收益税和超额利润税等主要税种。

哈萨克斯坦油气长输管道建设和运营对外资开放，但外资不得控股。2012年，哈萨克斯坦颁布《长输管道法》。根据规定，在哈萨克斯坦境内对于由国家控股或者直接（或间接）拥有50%以上股份（或表决权）的长输管道项目，国家运营公司是唯一具有提供操作运行服务权利的公司。国家运营公司可以参与制定长输管道方面的法律、法规及标准，参与编写和执行长输管道方面的国际合同，与供油商签订输油合同，为其他国家的管道系统提供服务，使用国家运营公司的长输管道为其他国家的管道系统提供油源，与其他国家的公司签订油品过境转运服务合同等。国家拥有参与新建长输管道的优先权利，并占项目总股份不少于51%，国家优先权由哈萨克斯坦政府行使。

哈萨克斯坦原油需优先保障国内供应。《长输管道法》规定，对长输管道在管输能力受限的情况下输送油品的接入顺序规定如下：第一是向哈萨克斯坦炼油厂输送原油直接用于加工的供油商；第二是拥有石油产品的管道所有者；第三是执行哈萨克斯坦政府参与的国际合同或者按照哈萨克斯坦政府命令提供石油产品的供油商；第四是为建设长输管道或扩大长输管道的输油能力或进行设备更新而进行投资的供油商；第五是与管道所有者签订了输油合同，提供年最低输油保证的供油商；第六是提供混合油产品的供油商；第七是在其石油产品与其他油品混合满足要求后，向其他国家的管道系统输送。

成品油销售对外开放，但实行价格管制。2011年哈萨克斯坦颁布《原油和成品油流通领域法》，该法对成品油经营实施许可管理，制定了较高的市场准入标准。哈萨克斯坦反垄断委员会对大部分成品油品种的批零销售统一制定中准价，统一调控。哈萨克斯坦成品油价格远低于国际油价。

天然气销售不对外开放。2012年哈萨克斯坦颁布《天然气及天然气供应法》。根据法律规定，在哈萨克斯坦生产的伴生气归国家所有，优先保障国内供应。外资在哈萨克斯坦生产的天然气需以很低的价格卖给哈萨克斯坦天然气公司，由其进行整体调配。哈萨克斯坦政府对价格进行调控，以维持较低的水平。

2. 油气合作监管

石油工业对外合作管理由三大机构负责。能源部是能源行业的主管机关，负责对石油天然气、石油化学工业和油气运输领域进行宏观管理和调控；萨姆鲁克—卡泽纳国家福利基金是实际运作机构，负责管理哈国有油气企业；哈萨克斯坦国家油气公司（KMG）代表政府行使油气对外合作的管理职能，负责与外国公司签订油气合同，共同经营国内油气业务，并监督外国公司在哈萨克斯坦的油气作业活动。

KMG是哈萨克斯坦油气行业唯一的国家公司。该公司承担部分政府的职能。KMG公司高管人员多在哈萨克斯坦政府任职，监督外国公司的生产经营活动，参与制定油气生产、利用方面的政策。KMG是国家利益的代言人，贯彻实施国家油气政策和开发战略，保证油气资源的有效、合理开发。KMG实行现代公司管理制度，由公司总裁负责公司运作，对董事会负责。2020年哈萨克斯坦原油运输公司（KazTransOil）和天然气运输公司（KazTransGas）从KMG中剥离出去，交由萨姆鲁克—卡泽纳国家基金直接管理。2022年哈萨克斯坦天然气运输公司更名为哈萨克斯坦天然气公司（QazaqGaz），负责天然气行业的勘探开发、运输销售等业务。

3. 国际油气合作

（1）勘探开发

外国公司在哈萨克斯坦石油开采方面具有突出地位。外国公司在哈萨克斯坦的油气上游领域非常活跃，大型油气上游项目由外国公司主导。该国石油产量的60%来自外国作业者参与的项目，其中田吉兹雪佛龙公司石油产量近3000万吨，占哈萨克斯坦石油产量的三分之一左右，排名第一。中国企业在哈萨克斯坦上游的合作项目中以中国石油为主（表1-20）。

表 1-20 中国企业在哈萨克斯坦主要合作项目

项目名称	中国企业	签约年份	项目类型	备注
阿克纠宾项目	中国石油（89%）	1997	勘探开发	石油产量 500 万吨/年，天然气产量 52 亿米^3/年
北布扎齐项目	中国石油（50%）	2003	勘探开发	中国石化占 25%，石油产量 100 万吨/年
KAM 项目	振华石油（75%）中国石油（25%）	2004	勘探开发	石油产量 70 万吨/年
PK 上游项目	中国石油（67%）	2005	勘探开发	石油产量 370 万吨/年，KMG 占 33%
卡沙甘油田项目	中国石油（8.3%）	2013	勘探开发	一期高峰产量 7500 万吨
阿克纠宾项目	中国石油（89%）	1997	勘探开发	石油产量 500 万吨/年，天然气产量 52 亿米^3/年
北布扎齐项目	中国石油（50%）	2003	勘探开发	石油产量 100 万吨/年，中国石化占 25%

资料来源：ETRI。

（2）炼油化工

外国公司在哈萨克斯坦下游领域参与不多。中国石油参股运营奇姆肯特炼厂（参股 50%）。哈萨克斯坦油气公司参与东欧地区石油下游合作。KMG International 在罗马尼亚拥有 Petromidia 和 Vega 两家炼油厂。

（3）技服装备

哈萨克斯坦油气工程技术服务水平参差不齐，主要石油装备依赖进口。哈萨克斯坦油气工程技术服务市场对外开放，服务公司多，水平参差不齐。当地公司技术和管理相对落后，依靠政府扶持获得工作量。哈萨克斯坦最大的油气田工程技术服务公司是 KSS 公司，这是一家由哈萨克斯坦公司和印度公司组成的合资公司，其施工能力和技术水平较中国企业有一定差距。西方服务公司以高作业标准、高服务价格占据高端市场。斯伦贝谢、哈里伯顿等国际著名油服公司把持着田吉兹、卡拉恰甘纳克等项目的定向、测井、固井和试油等技术服务业务。

哈萨克斯坦国内石油装备行业规模小，且只能生产附加值较低的产品，大量油气装备（尤其是高端技术装备）依靠进口，国内企业市场占有率很低。哈萨克斯坦国内石油装备制造企业主要生产附加值较低的移动钻探设备、起重设备，井下杆式泵、用于石油装备维修的工具、零部件，杆式泵、链接组件、气锚、加压管道，井口设备、管道配件电动机保护装置、管理装置、石油输送管理设备、能源供应站，管式换热器、油气分离器、气体分离器、气体洗涤器、液体过滤网、各类反应器等。哈萨克斯坦需要高抗硫化氢、二氧化碳腐蚀特种材料的管线管、油套管及配套的设备和施工工艺。

五、油气工业

1. 油气生产

（1）油气资源

哈萨克斯坦油气资源丰富，主要集中在滨里海和曼格什拉克盆地。该国石油和天然气资源量分别为 117 亿吨和 7 万亿立方米，待发现资源量分别为 28.8 亿吨和 3.48 万亿立方米，平均采出程度分别为 29% 和 21%。

近年来哈萨克斯坦剩余储量保持稳定。2022 年石油剩余探明储量 39 亿吨，占世界的 1.7%，居第 10 位，储采比 45.3；天然气剩余探明可采储量 2.3 万亿立方米，占世界的 1.2%，居第 13 位，储采比 71.2。近 10 年来，哈萨克斯坦获石油新发现 34 个，新增石油储量 0.6 亿吨；获天然气新发现 2 个，新增储量 120 亿立方米。

（2）油气生产

石油产量已过快速增长期，近几年石油产量保持稳定。哈萨克斯坦的油气开采始于 1911 年，20 世纪 60 年代至 80 年代快速发展，产量由 1965 年的 200 多万吨/年猛增至 2500 万吨/年。1991 年国家独立后，因缺少投资，石油产量逐年下降，由 1991 年的 2600 万吨下降至 1994 年的 2000 万吨。2000 年以来，哈萨克斯坦加强与西方石油公司合作勘探开发，油气产量大幅增长，2022 年石油产量增至8420万吨（表1-21），占世界的1.9%。

表1-21　2000—2022年哈萨克斯坦油气产量

类别	2000年	2005年	2010年	2015年	2018年	2019年	2020年	2021年	2022年
石油（万吨）	3500	6150	7970	7950	9040	9060	8570	8590	8420
天然气（亿立方米）	85	148	272	271	392	335	306	267	278

数据来源：bp。
注：天然气产量为商品气产量。

哈萨克斯坦天然气产量稳定增长。2022年天然气产量536亿立方米，商品气产量278亿立方米。哈萨克斯坦天然气产量主要来自田吉兹、卡拉恰干纳克和卡沙甘项目。

哈萨克斯坦原油产量主要来自田吉兹项目、卡拉恰干纳克项目和卡沙甘项目。2022年这三个油气田的原油产量5320万吨，占哈萨克斯坦国内总产量的63%。田吉兹项目是哈萨克斯坦最大的原油在产项目，石油储量34亿吨，剩余探明可采储量6.7亿吨，2022年产量2950万吨。目前，哈萨克斯坦主要的未来扩建项目包括田吉兹井口压力管理和控制项目（FGP-WPCP），受新冠疫情的影响，该扩建工程将推迟至2024年。该项目投产后，项目原油产量可达3900万吨。

哈萨克斯坦天然气多为伴生气，产量主要来自卡拉恰干纳克项目和田吉兹项目。2022年上述两个项目天然气产量350亿立方米，占哈萨克斯坦天然气产量的三分之二。

2. 基础设施

（1）油气管道

西部管网丰富，东部管网单一，主要运输方式为管铁结合。哈萨克斯坦原油出口管网发达，原油出口能力1.15亿吨，其中向西出口管道包括CPC管道、阿特劳—萨马拉管道，运输能力9500万吨，向东仅有中哈原油一条出口管道，出口能力2000万吨（表1-22）。哈萨克斯坦成品油运输基础条件较差，缺少长距离的成品油运输管网，炼厂出产的成品油主要是通过铁路运输到消费地区。

表 1-22 哈萨克斯坦主要的石油出口管道

管道名称	起点	终点	管道长度（千米）	输送能力（万吨）
中哈原油管道	肯基亚克	阿拉山口	3000	2000
CPC管道	田吉兹	新罗西斯克港	1580	6700
阿特劳—萨马拉管道	阿特劳	萨马拉	695	2800

天然气出口管网不断完善。哈萨克斯坦境内的天然气管道主要用于过境运输俄罗斯、土库曼斯坦和乌兹别克斯坦的天然气，出口管道包括中亚—中央输气管道、布哈拉—塔什干—比什凯克—阿拉木图管道和中国—中亚天然气管道（表1-23）。哈萨克斯坦天然气向俄罗斯的出口管道的实际运力为500亿立方米，能够满足出口需求。东向的中哈天然气管道一期设计运力550亿立方米；中哈天然气管道二期（也称哈南线）运力150亿米^3/年。

表 1-23 哈萨克斯坦主要的天然气出口管道

管道名称	起点	终点	管道长度（千米）	输送能力（亿立方米）
中亚—中央输气管道	土库曼斯坦	俄罗斯	4600	600
布哈拉—塔什干—比什凯克—阿拉木图管道	乌兹别克斯坦	哈萨克斯坦	1585	60
中国—中亚天然气管道	土库曼斯坦	中国	1830	550

（2）石油港口

石油港口运力有限，未来计划大力发展。哈萨克斯坦运送石油的国际港主要是位于里海的阿克套港。该港设计原油吞吐能力1100万吨（表1-24）。哈萨克斯坦原油通过阿克套港出口到阿塞拜疆，再转运到欧洲。随着CPC管道成功扩建，该港口原油出口量从2007年的1100万吨下降至2019年的130万吨。由于西方国家对俄罗斯的制裁，CPC管道原油出口多次受到干扰，哈萨克斯坦积极拓展通过沿跨里海航线出口原油，预计阿克套和库里克港的原油吞吐能力合计将达到2000万吨。

表1-24 哈萨克斯坦主要的原油港口

港口名称	位置	吞吐能力（万吨/年）
阿克套	阿克套	1100

3. 炼油工业

哈萨克斯坦炼油工业逐步增强，成品油需求增长。哈萨克斯坦主要有巴甫洛达尔、阿特劳和奇姆肯特三座大炼厂（表1-25）。2018年上述三座炼油厂全部完成升级改造，生产的汽柴油可达到欧Ⅳ和欧Ⅴ标准。2022年三大家炼油厂原油总加工能力1750万吨，成品油产量1370万吨，其中汽油、柴油产量分别为500万吨和520万吨。

表1-25 哈萨克斯坦主要炼厂

序号	炼厂名称	投产年份	炼油能力（万吨/年）	股份构成	备注
1	巴普洛达尔	1978	600	KMG：100%	2018年完成改造，油品质量升级到欧Ⅳ和欧Ⅴ标准
2	阿特劳	1945	550	KMG：100%	2017年完成改造，石油加工深度达到85%，油品质量升级到欧Ⅳ和欧Ⅴ标准
3	奇姆肯特	1985	600	KMG：50%；中国石油：50%	2018年完成改造，油品质量升级到欧Ⅳ和欧Ⅴ标准

随着哈萨克斯坦人口增长、经济发展，预计未来哈萨克斯坦炼油厂的产能可能再次出现不足。哈萨克斯坦计划将奇姆肯特炼厂的炼油能力从600万吨/年扩大到900万～1200万吨/年，或新建第四座炼厂。

4. 石化工业

哈萨克斯坦石化工业基础薄弱，产能较低。目前哈萨克斯坦有5家生产润滑油、聚丙烯、甲基叔丁基醚、苯和对二甲苯的工厂，总设计产能为87万吨，但实际开工率仅为41%。

哈萨克斯坦将石化工业确定为经济重点发展领域。哈萨克斯坦将依托丰富的油气资源，提高石化产品的产量和质量。根据哈萨克斯坦能源部制定的《2025年油气化工发展国家项目》，到2025年将新建5座油气化工厂，包括阿特劳州聚丙烯项目（每年生产50万吨聚丙烯）、阿特劳州工业气体项目（每年生产5700万立方米氮气和3400万立方米压缩空气）、奇姆肯特市项目（每年生产8万吨聚丙烯、6万吨汽油添加剂）、阿特劳州本甲酸乙二醇酯项目（每年生产43万吨）和乌拉尔斯克市项目（每年生产8.2万吨甲醇和10万吨乙二醇），届时化工产品产量将超过200万吨。

六、油气消费与进出口

1. 原油

哈萨克斯坦是中亚地区重要的原油出口国。2022年原油出口量6430万吨（表1-26），其中向欧洲出口5900万吨，占比超过90%，向中国出口530万吨，占比8.2%。

表1-26　2000—2022年哈萨克斯坦油气供需平衡

类别	2000年	2005年	2010年	2015年	2018年	2019年	2020年	2021年	2022年
原油（万吨）									
产量	3500	6150	7970	7950	9040	9060	8570	8590	8420
加工量	685	1115	1400	1480	1765	1800	1680	1760	1750
进口量	8	31	70	1	0	0	0	0	0
出口量	2948	5400	7400	6590	7220	7073	7030	6770	6430
成品油（万吨）									
产量	660	600	790	1070	1050	1400	1280	1310	1370
消费量	500	546	670	925	1000	1170	1125	1260	1260
净出口量	160	54	120	145	50	230	155	50	110

续表

类别	2000年	2005年	2010年	2015年	2018年	2019年	2020年	2021年	2022年
天然气（亿立方米）
产量	85	148	272	271	392	335	306	267	278
消费量	48	61	88	138	167	197	177	216	193
进口量	84	40	34	47	45	42	69	47	7
出口量	34	76	135	131	265	180	198	98	78

数据来源：哈萨克斯坦统计局，bp，IEA。

注：原油包括天然气液和凝析油等。原油和天然气供需数据不平衡是因为有库存数。

2. 成品油

2022年成品油消费量1260万吨，消费品种以汽油、柴油为主，主要用于交通、工业以及居民消费（表1-27）。汽油产量基本可以满足消费，柴油需求有缺口，需要进口。

表1-27 2022年哈萨克斯坦成品油消费结构 （单位：万吨）

品种	交通	工业	其他	合计
汽油	532	0	0	532
柴油	187	103	230	520
煤油	15	0	0	15
其他	0	193	0	193
总计	734	296	230	1260

数据来源：哈萨克斯坦统计局。

3. 石化产品

哈萨克斯坦石化产品基本依赖进口。2022年哈萨克斯坦塑料制品进口量接近50万吨，橡胶进口量12万吨，化工原料进口量7万吨。

4. 天然气

近年哈萨克斯坦天然气消费量稳步增长。2022年，天然气消费量192亿立方米，主要用于工业和居民用气。随着哈萨克斯坦国内天然气气化工程的不断推进以及天然气化工厂的不断建设，未来该国天然气消费量增长仍然主要集中在上述两个领域。

2022年哈萨克斯坦出口天然气78亿立方米。其中向中国出口44亿立方米，向俄罗斯出口34亿立方米。哈萨克斯坦政府表示，可能自2024年停止出口天然气。

七、合作风险评价

1. 政治风险

哈萨克斯坦政治风险中。托卡耶夫就任总统后，哈萨克斯坦开启政治经济全面改革。此次改革旨在树立总统权威、打破垄断、改善人民福祉，但另一方面改革将触及既得利益集团的利益。他们可能会联合反动派等发动民众进行抗议，表达对政府的不满，政治上存在不稳定因素。

2. 安全风险

哈萨克斯坦安全风险低。虽然哈萨克斯坦民族众多、关系复杂，但该国积极开展工作，化解各种矛盾，打造和谐社会。此外，哈萨克斯坦受到恐怖组织人员"回流"的影响，但是该国积极开展反恐工作，近几年未出现极端的安全事件。

3. 政策风险

政策风险高。随着哈萨克斯坦经济改革逐步深入，许多改革只停留在理念上，只是提出了改革的大致目标，许多具体内容还未落地。部分民众对改革存疑，既得利益者对政府不满，都将成为改革的阻力，导致对外合作政策调整甚至回头，使合作充满不确定性。

4.经济风险

哈萨克斯坦经济风险中。受疫情影响,哈萨克斯坦经济增长放缓、货币持续贬值,经济形势持续恶化。但随着疫情影响逐渐消退、政府出台政策改善营商环境,吸引外资,哈萨克斯坦经济形势将逐渐好转。

八、产业发展重点

哈萨克斯坦油气资源丰富,是中国最重要的合作伙伴之一。哈萨克斯坦长期致力于维持油气作为其支柱产业的地位。未来中哈油气合作存在巨大的发展空间,主要包括油气勘探开发、油气贸易、工程技术服务、装备制造、技术研发等方面。

勘探开发方面,石油是哈萨克斯坦的支柱产业,增储上产是其长远目标。深层和里海水域的勘探程度较低,是未来增储的主要地区。里海大油田开发具合作机会。哈萨克斯坦西部陆上老油田已进入开发后期,产量出现递减,需采用提高采收率技术实现稳产。

原油贸易方面,由于哈萨克斯坦过境俄罗斯出口管道不断受到干扰,哈萨克斯坦不得不加快石油出口多元化的步伐。亚太地区将逐渐成为哈萨克斯坦未来重要的石油出口目的地。

工程技术服务和装备制造方面,哈萨克斯坦工程技术服务水平不高,油气装备制造业基本空白,均需引入外资,加快产业发展,哈萨克斯坦政府也进行了相应的规划。中国石油企业已在哈萨克斯坦工程技术服务、装备贸易方面建立了良好的合作基础。

[本节撰写人:张晶]

第三节　土库曼斯坦

土库曼斯坦位于中亚西南部，北部和东北部与哈萨克斯坦、乌兹别克斯坦接壤，西濒里海，与阿塞拜疆、俄罗斯相望，南邻伊朗，东南与阿富汗交界，国土面积49.12万平方千米，人口705万人。

一、国际关系

1. 地缘政治

地理优势突出。土库曼斯坦地处中亚腹地，是中亚国土面积第二大和地形最为平坦的国家，位于国际南北、东西交通运输走廊交会部位。独特的地理位置使其成为欧亚大陆能源和交通枢纽。

地缘政治环境复杂，是大国的主要角力场。土库曼斯坦油气资源丰富，天然气储量位列全球第四，吸引世界主要大国和经济体的关注，是俄罗斯、美国、欧盟、中国在中亚地区的主要角力场之一。俄罗斯在土库曼斯坦的影响力和控制力最大，但有逐渐缩小的趋势；美国希望加强与土库曼斯坦合作，借此扩大在中亚地区的影响力。欧盟将其视为能源潜在补充来源，影响力有限；中国是土库曼斯坦天然气最大买家，在经济方面对其影响很大。

积极参与国际和地区事务。土库曼斯坦先后加入40多个国际和地区组织，与146个国家建立了外交关系；签署或参与155个国际协定和条约。土库曼斯坦与联合国等国际组织开展合作，与塔利班运动代表团会谈，积极促进阿富汗和平谈判进程，并向阿富汗提供人道主义援助。

2. 外交政策

（1）奉行永久中立外交政策

1995年12月12日，联合国通过决议，赋予土库曼斯坦永久中立国地位。2017年，土库曼斯坦政府通过《2017—2023年中立的土库曼斯坦外交政策路线方案》，明确了土库曼斯坦未来5年内的外交方针，依旧坚持宪法规定的中立原则，实行开放、友好和广泛国际合作的外交政策，特别重视发展与联合国、欧盟、独联体、上海合作组织等国际组织的合作，以巩固其作为主权国家在国际舞台上的地位。2022年土库曼斯坦新总统谢尔达尔·别尔德穆哈梅多夫上台后，重申坚持永久中立外交政策。

努力平衡与俄罗斯、美国等大国之间的关系。土库曼斯坦外交政策的着眼点是能源出口多元化及吸引外国投资和服务，注重平衡外交，积极发展与俄罗斯、美国、中国等大国之间的关系，并与中亚、中东等各国保持合作关系。谢尔达尔·别尔德穆哈梅多夫总统就任后，在永久中立基础上实行开放政策，提出"以发展促和平"理念，努力平衡同俄罗斯、美国、欧洲各国之间的关系。

积极发展与中国外交关系。中土1992年1月6日建交。建交以来，两国高层互访频繁，联系密切，极大地推动了双边关系的发展。土库曼斯坦坚定奉行一个中国原则，在国际政治舞台积极支持中国。2013年9月，双方签署了《中华人民共和国和土库曼斯坦关于建立战略伙伴关系的联合宣言》，将两国关系提升到战略伙伴关系水平。2023年1月，中土关系提升为全面战略伙伴关系。

积极促进"一带一路"与"复兴丝绸之路"战略对接。土库曼斯坦支持中国"一带一路"倡议，认为其与该国提出的"复兴丝绸之路"战略不谋而合，期待以此来推动"一带一路"相关国家的复兴。2023年1月6日，中国政府与土库曼斯坦政府签署《中华人民共和国政府与土库曼斯坦政府关于共建"一带一路"倡议和"复兴丝绸之路"战略对接的谅解备忘录》，并在发表的《中华人民共和国和土库曼斯坦联合声明》中指出：双方商定，要充分发挥中土合作委员会统筹协调作用，加紧推进"一带一路"倡议和"复兴丝绸之路"战略对接，全力落实好中土政府5年合作规划（2021—2025年），推动中土各领域合作齐头并进，全面发展。

（2）能源合作是中土关系的亮点

天然气合作是中土经贸合作的重要组成部分。2011年以来，中国连续11年保持土库曼斯坦最大贸易伙伴国地位。目前，中国是土库曼斯坦天然气贸易第一大出口国，土库曼斯坦是中国在中亚地区的第二大贸易伙伴和最大的管道天然气供应国。以土库曼斯坦为起点的中国—中亚天然气管道是21世纪"能源丝绸之路"的伟大创举。据中国海关总署统计，2020年，中土双边贸易额近65.2亿美元，同比下降28.5%。其中，中国向土库曼斯坦出口商品近4.5亿美元，同比增长3.2%；自土库曼斯坦进口商品约60.7亿美元，同比减少30.1%。国际能源市场天然气量价齐跌是导致两国贸易额出现负增长的主要原因。2022年，中土双边贸易额为111.81亿美元，同比增长52%，其中中方进口103.14亿美元（以天然气为主），同比增长50.7%；出口8.68亿美元，同比增长69.2%。乌克兰危机导致的国际天然气市场需求激增和价格飙升是导致两国贸易额出现大幅增长的主要原因。

中土重要能源合作均由两国元首亲自参与促成。2007年7月17日，中土两国元首在北京签署了《中国和土库曼斯坦关于进一步巩固和发展友好合作关系的联合声明》，双方承诺将加快能源合作谈判进程，早日完成中土天然气管道建设，以带动两国经贸、能源等各领域务实合作全面深入发展。2011年11月23日，中土两国元首会晤并签署了《关于全面深化中土友好合作关系的联合声明》和《关于土库曼斯坦向中国增供天然气的协议》。2014年两国元首举行会谈，双方认为能源合作有力促进了中土各自经济社会发展，是中土高水平战略互信的充分体现。2022年2月5日，习近平主席会见来华出席北京2022年冬奥会开幕式的土库曼斯坦总统库尔班古力·别尔德穆哈梅多夫，强调要做大两国天然气合作的体量和规模，全面挖掘合作潜力，扩大全产业链合作，将天然气合作提升到全新水平。2023年1月6日，习近平主席同来华进行国事访问的土库曼斯坦总统谢尔达尔·别尔德穆哈梅多夫举行会谈，再次强调双方要优先扩大能源合作，加快实施重大项目合作，同时全面挖掘绿色能源、天然气利用、技术装备等领域合作潜力，打造全产业链合作。

中国石油是中土能源合作稳健发展的领头羊。中土天然气合作始于1993年，经过近30年的持续探索和不懈努力，基本实现了天然气的全产业链合作（包括天然气管道建设与运营、天然气贸易、阿姆河和复兴气田一期等项目合作，以及与之配套的工程技术服务、物资装备贸易和金融服务等），有力地推进了两国的政治互信，成为两国关系的"压舱石"和"稳定器"。

二、政治社会形势

1. 政体

土库曼斯坦是"大总统、小政府、弱议会"的民主制国家。实行立法、行政和司法三权分立的总统共和制。总统为国家元首、最高行政首脑（内阁总理）和武装部队的最高统帅（控制强力部门），由全民直接选举产生。议会，又称国民会议，是国家立法机构，主要职能是制定宪法和法律，监督法律执行，确定总统、议会选举，通过内阁活动纲领，批准国家预算以及土库曼斯坦参与的国际条约等。政府，又称内阁，为国家权力执行机构，由总统直接领导。2017年10月，土库曼斯坦取消长老会，重新组建人员委员会作为国家大政方针决策的最高机构，时任总统库尔班古力·别尔德穆哈梅多夫总统亲任人民委员会主席，广泛吸纳社会各阶层代表参政。2020年9月，土库曼斯坦修改宪法，决定将议会由一院制改组为两院制，规定总统因故无法履职、尚未选举产生新总统前，由人民委员会（新议会上院）主席代为履行总统职权。2023年1月，土库曼斯坦再次修改宪法，恢复一院制议会，新设立独立的人民委员会作为人民权力最高机构，前总统别尔德穆哈梅多夫任人民委员会主席。

2. 政局

总统直接领导内阁，实际权力高于议会。土库曼斯坦总统拥有"至高无上"权力，国家的"大事小情"都需要总统亲自拍板。自1999年12月首任总统尼亚佐夫宣布自己成为土库曼斯坦终身总统起，总统的实际权力已凌驾于议会之上，且总统直接领导内阁。在中亚国家中，只有土库曼斯坦内阁不设政府总理职务，政府工作由总统直接领导，总统直接领导副总理，中间不经过总理协调，内阁成员的组成和任免均由总统决定，无须经过议会批准。土库曼斯坦将总统办事机构与政府机构整合，总统办公厅主任由一位副总理兼任，在一定程度上有助于保证政令统一和总统的绝对权威，不仅可以减少机构庞大臃肿，还可弱化总统、总理和议会之间的政权争斗。

政权平稳过渡，政局稳定。2022年3月，土库曼斯坦提前举行总统选举，时任总统之子谢尔达尔·别尔德穆哈梅多夫高票当选新一任总统，并顺利完成组阁，实现了政权平稳过渡。土库曼斯坦新任总统未对原政府班子进行大幅调整，保证了土库曼斯坦政府内部稳定和国家经济发展方针的有效执行。

总统对政局掌控能力强。尼亚佐夫奠定了稳定的政治基础，2007年执政以来，库尔班古力·别尔德穆哈梅多夫治国理政手段更加强硬，采取各种手段树立权威，不给反对派任何生存空间。通过定期更换高层官员，防止潜在的政治对手出现，牢牢控制国内政治局势，使得国内既无政治派系争斗，也没有除总统之外的利益集团或重要家族渗入政治。在军队提拔一批忠于总统的中青年军官，形成军事领导层的核心圈。目前土库曼斯坦国内的权势人物及各界精英都需与总统和政府保持良好关系，否则很难生存。

3. 安全形势

民族矛盾不突出。土库曼族是土库曼斯坦的主体民族（94.7%），大部分土库曼人是伊斯兰教逊尼派信徒，严格遵循伊斯兰教教规。各民族间关系比较融洽，民族矛盾总体不突出。但土库曼斯坦与伊朗、阿富汗、乌兹别克斯坦接壤，此三国都存在宗教极端势力，增大了民族与宗教冲突风险。

社会治安较好。土库曼斯坦政府管控严格，不允许居民拥有枪支。对宗教极端势力保持严打态势，宗教隐患小，加之对内实施严格的边境及治安管理，国内安全形势总体比较稳定。但近年来，社会治安呈现恶化趋势，吸毒、偷盗等案件逐年增多。

外部安全风险总体可控。美国从阿富汗撤军后，极端分子外溢，边境安全存在一定的风险隐患，但地理上土库曼斯坦向来都不是阿富汗的主要战略考虑对象，传统上安全威胁相对较低。随着阿富汗塔利班政权逐渐稳固，土阿边境局势趋于平稳。

三、经济形势

1. 总体形势

经济发展处于中亚地区前列。土库曼斯坦2021年人均GDP为10111美元（表1-28），位列中亚地区第2位。2021年1月至11月，土库曼斯坦商品零售额同比增长16.5%，外贸商品额指标同比增长18.6%，大中型企业工资同比增长10.5%。2022年，土库曼斯坦继续大力实施经济多元化战略，着力发展出口导向型经济、扩大进口替代产品生产。LMF公布的土库曼斯坦GDP增速为1.6%，但土库曼斯坦官方公布的数据为6.2%。欧洲复兴银行预计2023年土库曼斯坦GDP增长率为6.5%，在中亚国家中最高，2024年预计可达7%。

经济受油价波动影响大。2009—2014年间，土库曼斯坦经济保持快速增长。2015年以来国际油价持续下跌并长期低位徘徊，土库曼斯坦宏观经济增速放缓。2020年受低油价影响，GDP增速下降至–2.95%。2021年触底反弹，增速回升至4.6%。随着2022年国际油气价格暴涨，土库曼斯坦油气出口量和出口额同比均出现大幅增加，带动经济快速增长。

通货膨胀率高。外汇管制以及进口限制导致的严重商品短缺是引发通胀问题的主要原因，且短期内难以缓解。由于土库曼斯坦国内银行业不发达，政府的货币政策缺乏有效的传导机制，央行出台的货币政策对通货膨胀的遏制效果非常有限。根据国际货币基金组织2023年4月的统计数据，土库曼斯坦通货膨胀率为11.2%。

表1-28　2000—2022年土库曼斯坦主要经济指标

经济指标	2000年	2005年	2010年	2015年	2018年	2019年	2020年	2021年	2022年
GDP（亿美元，现价）	50	172	275	360	453	481	524	634	723
人均GDP（美元）	1109	3596	6838	7917	8438	8918	8775	10111	11929
GDP增速（%，不变价）	18.6	13	16.2	3	0.9	-3.4	-2.95	4.6	1.6
通货膨胀率（%）	8.04	10.7	4.4	7.4	13.3	5.1	6.1	19.5	11.2
失业率（%）	11.5	7.5	4	4.1	4.2	4.3	5.0	5.1	
外汇总储备（亿美元）				266.4	181.0	177.8			
财政盈余（亿美元）	4.12	8.75	-31.3	-76.1	24.1	14.7	13.8	42.0	44.1
政府净债务（亿美元）				4.0	8.3	8.7			
外国直接投资净流入（亿美元）	2.3	8.9	44	31	9.97	21.3	11.7	14.5	9.36

资料来源：IMF，世界银行，中国商务部。

就业基本稳定。土库曼斯坦的劳动失业率较低，近几年稳定在3%～5%的合理区间。农业提供了48.2%的就业岗位，工业提供了14%的就业岗位，服务业提供了37.8%的就业岗位。土库曼斯坦多年来实行高社会福利政策，居民储蓄率很低。土库曼斯坦官方未公布2021年失业率。根据世界银行统计数据，2021年土库曼斯坦失业率为5.1%。

财政状况良好。土库曼斯坦国家预算执行良好，保持盈余。2020年，土库曼斯坦国家财政预算收入完成率为101.0%，国家财政预算支出完成率99.9%。2020年10月，土库曼斯坦议会批准的2021年国家财政预算总额为795亿马纳特，其中中央财政预算720.75亿马纳特，地方财政预算100.73亿马纳特（包括中央财政预算转移支付的26.38亿马纳特）。

债务规模可控。土库曼斯坦不对外公布内债和外债规模、期限结构等信息。根据土库曼斯坦外经银行行长对外消息，截至2021年11月，土库曼斯坦外债不足国内生产总值的11%。土库曼斯坦举借外债的规模和条件尚未受到国际货币基金组织（IMF）等国际组织的限制。主权债务等级方面，2022年2月，惠誉评级（Fitch Ratings）给予土库曼斯坦"B+"信用评级。

2. 经济结构

加快经济的多元化和私有化调整。土库曼斯坦主要产业为油气业、纺织业、建筑业、农业、电力业、化工业、交通运输业等。2019年2月出台的《土库曼斯坦2019—2025年国家社会经济发展纲要》，将油气开采业、工业、电力、电子业、农业、交通业、通信业和旅游业作为未来七年经济发展重要领域，实施经济多元化和进口替代战略，加快工业化和私有化进程。2020年，土库曼斯坦私营经济在国民经济中（油气产业除外）占比为70%。近年来，土库曼斯坦大力实施经济多元化战略，着力发展出口导向型经济、扩大进口替代产品生产，第三产业占比逐年升高（表1-29）。

表1-29 2010—2019年土库曼斯坦三次产业占GDP比重 （单位：%）

产业类别	2010年	2015年	2016年	2017年	2018年	2019年
第一产业	11.3	9.3	10.5	11.1	11	10.8
第二产业	59.1	54.3	51.4	47	45	42
第三产业	29.6	36.4	38.1	41.9	44	47.2

数据来源：世界银行。

经济高度依赖油气工业。土库曼斯坦主要工业部门为石油和天然气开采、油气加工、电力、纺织、化工、建材、地毯、机械制造和金属加工等。能源在土库曼斯坦全国工业体系中占有突出位置。油气工业是土库曼斯坦经济的支柱产业。土库曼斯坦天然气储量居世界第四位，天然气出口是该国主要的财政收入来源和出口创汇的关键来源。油气及其附带产业占本国GDP的50%左右。

3. 货币政策

实行固定汇率制度以及严格的汇率管制政策。土库曼斯坦汇率受政府干预，没有实行自由浮动的汇率体系，承受外部经济震荡的能力较弱。

外汇不能自由买卖。仅银行和外汇管理部门能购买外汇，国内居民不允许兑换外汇。在土库曼斯坦注册的外国公司可在当地银行开设外汇账户，但不允许提取大额现金，需要美元缴费时只能通过银行转账。

货币面临较大贬值压力。由于经济形势持续低迷，马纳特在过去 10 年内实际有效汇率攀升，贬值压力不断加大。土库曼斯坦官方汇率（美元兑马纳特）自 2015 年起始终保持在 1∶3.5 的水平，但马纳特黑市汇率持续下滑，由 2019 年 8 月的 1∶19 跌至 2021 年 4 月的 1∶40，导致食品等消费品价格上涨，通货膨胀压力不断增加。目前，美元兑马纳特的黑市汇率已恢复至 1∶19。

4. 外资吸引力

外国投资呈上升趋势。近年来，土库曼斯坦政府不断加大吸引外资的宣传力度，利用各种场合宣传改革开放政策和良好的投资环境，吸引外资流量呈不断上升趋势。土库曼斯坦外资来源国主要为土耳其、中国、日本、韩国等国家，主要投资方向为能源、化工、交通和通信等领域。联合国贸发会议发布的《2022 年世界投资报告》显示，2021 年土库曼斯坦吸收外资流量为 14.53 亿美元；截至 2021 年底，土库曼斯坦吸收外资存量为 407.75 亿美元。

与多家外国金融机构合作。土库曼斯坦政府将接收的外国援助都作为吸引外资的成果来统计，但对外并不公布具体金额。2015 年 12 月，土库曼斯坦对外宣称，国际监测机构数据显示，土库曼斯坦已成为吸引直接外国投资指数世界前十名国家之一。近二十年来，土库曼斯坦共吸引外国投资 1172 亿美元。2020 年，土库曼斯坦外经银行加强国际金融合作，分别与美国 Deer Credit Inc. 公司、欧佩克国际开发基金（OPEC Fund，简称欧佩克基金）以及伊斯兰私营部门发展公司签署数笔贷款协议。2021 年土库曼斯坦外经银行与外国金融机构签署了 5 份融资协议，总金额达 2.36 亿美元，贷款来源国主要为日本（48%）、韩国（17%）、沙特阿拉伯（12%）、德国（6%）、美国（5%）、中国（3%）、瑞士（2%），其他（7%）。伊斯兰开发银行、沙特阿拉伯发展基金在 TAPI 天然气管道项目上与土库曼斯坦积极开展投资合作，分别投资 7 亿美元和 1 亿美元，并与土库曼斯坦政府签署相关合同。2022 年 3 月，欧佩克基金与土库曼斯坦签署 4500 万美元的贷款协议。

投资领域限制较多。土库曼斯坦市场开放程度有限且经济发展较为脆弱，限制或禁止外资进入的行业较多，主要集中在医药卫生、文化传媒、金融、运输等领域；鼓励的行业较少，主要集中在矿产开发、基建等领域。外资企业进入土库曼斯坦的门槛较高、注册周期长、限制多。在土库曼斯坦注册的外国公司可在该国银行开设外汇账户，但不允许提取大额现金，需用美元支付时只能通过银行转账。外资企业在土库曼斯坦融资难度较大，贷款审查极其严格而且时间长，贷款利率高，平均年利率约10%，这些都影响了外资进入土库曼斯坦的意愿。

四、油气对外合作

1. 油气合作政策

土库曼斯坦对外资参与本国油气资源勘探开发有明确的法律规定。在土库曼斯坦，涉及油气领域的法律、法规、政策等有很多种，其中与油气对外合作相关的法律主要有《油气资源法》《外国投资法》《土库曼斯坦税收法》等。在法律约束的基础上，土库曼斯坦引入外资参与本国油气开发，与外国商业公司及油气公司等开展合作。

鼓励外资进入油气领域。尼亚佐夫时期的政策主要是将西土库曼斯坦里海水域含油气区域前景区划分出32个区块，对外公开招标，吸引国际大型油气公司（以西方油气公司为主）投入技术与资金，参与开发油气资源，提升土库曼斯坦油气工业实力，帮助其扩大产能。库尔班古力·别尔德穆哈梅多夫时期则加大油气行业引资力度，采用合作、承包、合资、产品分成、技术服务5种方式引进外资，进一步挖掘油气潜力，鼓励直接投资，并欢迎所有形式的投融资合作。

实行部分开放的油气对外合作政策。外国投资者准入采用许可证制度。许可证类型包括勘探许可证、开发许可证、勘探开发许可证、油气加工许可证。许可证可通过招标和非排他性谈判两种方式取得，外国法人只有在土库曼斯坦设立分公司后才有权申领许可证。勘探许可证有效期最长不超过10年，其中初始勘探期为 6 年，可以延期两次，每次不超过 2 年；开发许可证有效期最长不超过 25 年，其中初始开发期 20 年，可以延期一次，延期期限不超过 5 年。

油气上游勘探开发对外合作采用产品分成合同和联合经营模式。产品分成合同是土库曼斯坦与外国能源公司合作的主要方式。勘探投资风险大的里海大陆架的油气勘探开发对外合作较早，且多采用产量分成合同，开放力度较大。具有代表性的项目有：里海大陆架"1 号采区"、里海大陆架"切列肯"区块、里海"11-12"号海上区块等。陆上勘探开发项目除阿姆河右岸天然气项目得到政府特批，以产量分成合同模式与中国石油开展合作外，其余项目只签订工程技术服务合同。外国直接投资与许可证模式相结合是土库曼斯坦产量分成合同实现的主要方式，较好地平衡了投资者与土库曼斯坦政府的风险和利益分配关系。投资者可以分到油气实物，对于油气资源丰富的土库曼斯坦与想要分到成品油气的投资者来说是一个双赢的选择。

大力发展油气加工尤其是天然气化工。按照土库曼斯坦天然气化工产业发展规划，未来土库曼斯坦计划建设 10 个大型天然气化工项目。2020 年 7 月，土库曼斯坦政府修订《油气资源法》，在原有的勘探开发许可证类型中专门增加了油气加工许可证，持有油气加工许可证、从事油气加工的合同者享受油气资源法规定的各项优惠政策。随着天然气化工产业发展规划和油气产能建设的推进，创办油气技术服务与维修型合资企业成为土库曼斯坦提倡的对外油气合作的新形式。

油气税费政策相对宽松。与世界上多数国家相比，土库曼斯坦税收体系相对简单，有利于吸引和鼓励外国投资。另外，土库曼斯坦的《油气资源法》《税法典》及其他相关法律法规还为具有承包商地位的外国油气企业提供了一系列税收优惠和减免政策。根据土库曼斯坦《油气资源法》，具有法人资格的承包商、分包商只缴纳利润税，无须缴纳利润税之外的其他税种和关税，包括矿产资源税、增值税等。

本地化要求严格。《外国公民赴土库曼斯坦临时工作条例》规定，外国公民在该国工作必须办理劳动许可（由其雇主办理）；土库曼斯坦移民局按照该国公民优先补缺原则以及外籍雇员数量不超过企业员工总数10%的比例颁发劳动许可；许可有效期1年，如需办理延期，则雇主须在许可到期前1个月内按规定重新递交申请文件。顺延期限一般不超过1年；劳动许可不准转让其他雇主。尽管《外国投资法》规定在土库曼斯坦的外国投资者可享受简化签证制度、签证延期等便利，但实际上该国政府并未执行此规定，并且对外籍员工劳动许可审批越来越严格，审批流程十分漫长。

制定油气行业新的发展规划。土库曼斯坦2022—2052年国家经济社会发展纲要提出了油气行业多元化发展的实施路径和任务，包括建设石油和天然气加工的现代化综合体，加速新型工业领域的发展，扩大数字技术的应用，分阶段增加中亚天然气管道的容量，扩大地质勘探，投产新油田，开发新技术，加强钻井作业，开展项目环境影响评估工作，创建高科技产业等。

提出复兴气田开发的阶段性规划。计划将复兴气田年产量提高至2000亿立方米，并提出1~7阶段开发规划，其中1期开发用于供应中亚管道ABC线气源，2期用于D线气源，3期用于TAPI管道，4期用于跨里海管道，5~7期开发用途尚未公布。

2. 油气合作监管

油气领域采取垂直管理的体制。土库曼斯坦总统直接负责制定国家油气战略、方针、政策，下设油气副总理和总统油气顾问，对内、对外油气决策权与批准权掌握在总统一人手中。内阁的油气管理权限并不大，主要负责执行总统的决定与颁布的法律、领导与监督油气相关部委机构工作。

油气管理部门变化大，人事变动频繁。2016年6月，总统别尔德穆哈梅多夫签署法令，撤销土库曼斯坦石油与天然气部和油气署。油气管理体系内的人事变动也非常频繁。近10年间，土库曼斯坦主管油气工作的内阁副总理更换了8任、天然气康采恩主席更换了13任、石油康采恩主席更换了5任。最近的一次人事变动是2023年2月，土库曼斯坦总统下令解除油气副总理沙希姆·阿布德拉赫曼诺夫的职务，由阿什尔古雷·贝格列夫接替。

五大国家油气公司负责不同领域的油气生产和运营。五大公司均直接隶属于总统和内阁，具有相应的生产、管理和经营权。其中，"土库曼天然气"国家康采恩负责境内天然气田的勘探、开采、加工和运输，"土库曼石油"国家康采恩负责境内油田的勘探、开发和运输，地质康采恩负责管理全部地质、地球物理勘探和深层钻探作业，土库曼巴什炼油综合体负责炼油和油品贸易，"土库曼化学"国家康采恩负责管理以天然气为原料的化肥厂（图 1-6）。

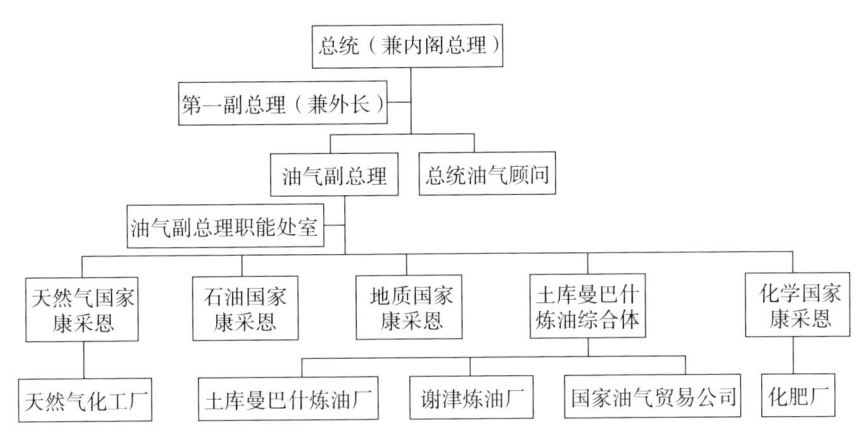

图 1-6　土库曼斯坦油气管理部门结构图

3. 国际油气合作

（1）勘探开发

上游对外合作以亚太和西方公司为主。在亚太地区，马来西亚国家石油公司是首个与土库曼斯坦政府签署里海水域油气开发合作项目协议（产品分成协议）的外国公司，该公司与土库曼斯坦油气企业建立起了长期合作关系。中国石油是唯一一个与土库曼斯坦政府签订陆上油气开发合作项目协议（产品分成协议）的外国公司，目前是该国油气领域的最大投资商。欧美地区，美国雪弗龙公司、康菲公司、意大利埃尼石油公司、加拿大 Buried Hill 能源公司、德国莱茵集团以及阿联酋与英国合资的龙油公司（Dragon Oil）等均参与了该国上游勘探开发合作项目。

中国石油是在土库曼斯坦唯一有油气上游项目的中国公司。2007 年，中国石油获得阿姆河右岸天然气项目的产品分成合同，合同期限35年，中方拥有100%权益并担当作业者。2022年，权益作业产量141亿立方米。

（2）炼油化工

炼油化工对外合作逐步扩大。2007年，龙油公司在扎哈尔地区投资建立切列肯炼厂，年炼油能力250万吨。美国WTL公司则负责土库曼巴什炼厂和谢津炼油厂的升级改造项目建设。天然气化工方面，与日本、韩国、土耳其公司合作紧密，合资建设了基扬雷天然气化工厂、奥瓦丹杰佩天然气化工厂、阿哈尔州气制油工厂、卡拉博加兹化肥厂等（表1-30）。

表1-30 土库曼斯坦主要炼化合作项目

项目名称	参与企业	签约年份	项目类型	备注
切列肯炼厂	龙油公司	2007	炼化	设计年产能250万吨，主要生产柴油和石脑油
基扬雷天然气化工厂	韩国LG国际集团、韩国现代工程建设公司、日本东洋工程公司、"土库曼天然气"国家康采恩	2014	天然气化工	设计天然气年处理能力50亿立方米，每年可生产高密度聚乙烯38.6万吨、聚丙烯8.1万吨、商品燃料气45亿立方米
奥瓦丹杰佩天然气化工厂	"土库曼天然气"国家康采恩、日本川崎重工业株式会社、土耳其Ronesans Endustri Tesisleri Insaat A.S.公司	2014	天然气制油	设计天然气年处理能力17.85亿立方米，每年可生产60万吨符合欧V环保标准的RON-92号汽油、1.2万吨柴油及11.5万吨液化石油气
卡拉博加兹化肥厂	"土库曼化学"国家康采恩、日本三菱商事株式会社和土耳其Gap Insaat建筑公司	2014	天然气化工	计划年产尿素115.5万吨（用气量10亿立方米）

（3）技服装备

土库曼斯坦油气技术服务市场具有一定的规模。目前在土库曼斯坦具备油气田地面建设能力的当地公司仅有土库曼斯坦油气建设公司一家，其技术能力和水平较低，缺乏执行大型石油炼化装置、天然气处理装置、大型石油储罐等技术难度高、施工难度大的项目组织和实施能力。目前在该国的外国技术服务公司主要包括斯伦贝谢、贝克休斯、LG国际、比利时Enex、土耳其Polimks、俄气建设、中国石油和中国石化下属的油服公司等。

土库曼斯坦当地仅能制造部分低端石油器材与机械产品，以及进行简单的机修、机械加工，油气田开采过程中所需的大量油管、套管、钻修井设备等全部依赖进口采购。中国企业在土库曼斯坦市场多年耕耘，已占有较大的市场份额，尤其是在钻修井机、油管套管、集输管道、炉罐塔阀等物资设备领域。美国、意大利、日本、韩国、德国等国制造的各种高端设备在土库曼斯坦也有较为广泛的应用。

五、油气工业

1. 油气生产

（1）油气资源

石油资源有限，勘探程度低。土库曼斯坦石油资源量 28 亿吨，主要蕴藏在西部南里海油气区。石油待发现资源量 5 亿吨，主要分布在阿姆河盆地、滨里海盆地和南里海盆地。近年来石油储量维持稳定。2022 年，土库曼斯坦剩余探明石油可采储量 3.42 亿吨，储采比为 7.6，排名中亚地区第二位。

天然气资源极其丰富。土库曼斯坦天然气资源 50 万亿立方米，主要蕴藏在东部和中部的阿姆河盆地，以及西部的南里海大陆架。天然气待发现资源量 14.8 万亿立方米，主要集中在里海水域和阿富汗－塔吉克盆地。2010 年以来，土库曼斯坦天然气储量快速增长，之后一直保持稳定。2022 年，剩余探明可采储量 13.6 万亿立方米，占世界总储量的 10%，排名中亚第一，世界第四。天然气储采比 230.7，采出程度极低。

（2）油气生产

石油产量持续稳定增长。土库曼斯坦的石油工业历史悠久。石油开采始于 1877 年，20 世纪 70 年代中期产量达到高峰，1973 年原油产量达到 1620 万吨的历史最高点，位列中亚第一。70 年代后期随着苏联石油工业重点的转移进入萎缩阶段，80 年代中期年产量保持在 600 万～700 万吨，1995 年下降到历史最低点，产量仅有 350 万吨。自 1996 年起，土库曼斯坦石油工业开始对外开放，石油生产进入了第二个高峰期。2003 年原油产量再次超过千万吨，石油工业进入稳定的持续发展阶段。2003—2007 年石油年产量维持在 1000 万吨上下。自 2008 年起石油年产量持续增长超过 10 年，每年保持在 1000 万吨以上，2019 年达到 1253 万吨。2020 年在新冠疫情全球蔓延情况下，石油年产量下降到 1014 万吨，2021 年回升至 1200 万吨，2022 年达到 1248 万吨。

天然气产量受出口影响大。土库曼斯坦天然气工业始于 1966 年，仅有 50 多年历史。20 世纪 60 年代至 70 年代相继发现几处大型气田后进入快速发展阶段，1989 年时年产量达到了 855 亿立方米。苏联解体后，国内经济受到严重影响，产量开始下降，1998 年的年产量只有 130 亿立方米，达到历史最低点。此后，土库曼斯坦政府积极吸引外资参与油气开发。自 1999 年起，天然气产量逐年增加。近年来，天然气年开采量稳定在 650 亿立方米上下，2019 年天然气产量为 632 亿立方米。历史上，土库曼斯坦天然气生产出现大幅下滑，均是出口受阻导致，如 1997 年、2009 年的两次土俄天然气危机，2016 年、2017 年俄罗斯、伊朗由于气价及历史债务问题分别中断了土库曼斯坦天然气的进口。2020 年初受新冠疫情影响，中国压减了土库曼斯坦天然气的进口量，但土库曼斯坦加快发展天然气化工，石化产品生产能力大幅提升，两相抵消，使土库曼斯坦 2020 年天然气年产量达到 581 亿立方米。近年来，土库曼斯坦政府大力发展天然气工业，随着全球天然气需求大幅增加，2021 年、2022 年土库曼斯坦天然气年产量更是分别达到了 793 亿立方米、809 亿立方米的高位（表 1-31）。

表 1-31 2000—2022 年土库曼斯坦油气产量

类别	2000 年	2005 年	2010 年	2015 年	2018 年	2019 年	2020 年	2021 年	2022 年
石油（万吨）	728	973	1113	1323	1259	1253	1014	1200	1248
天然气（亿立方米）	424	569	401	659	615	632	581	793	809

数据来源：bp。

目前，土库曼斯坦在产油田主要有 20 多个，戈图尔 - 捷佩油田和巴尔萨 -

格利梅斯油田为主产油田，这两个油田的储量可以保证全国70%的开采量，两个油田的采出程度分别为65%和58%。天然气主力气田有阿恰克凝析气田、泽阿格利－杰尔韦泽气田群、多夫列塔巴特－多梅兹凝析气田等，这些气田产量占总产量的90%左右。未来，随着里海地区油气勘探开发投入增加，土库曼斯坦的油气产量将持续增长。

2. 基础设施

（1）油气管道

石油管道不发达。土库曼斯坦国内的石油运输主要管道有4条，年输油能力分别为400万吨、400万吨、1000万吨和150万吨，没有在用的石油外输出口管道。土库曼斯坦原油全部向欧洲出口。一是向西通过海运方式跨里海运到西岸阿塞拜疆的巴库港，再通过BTC管线将石油运到土耳其的杰伊汉，或用铁路（或管道）运到格鲁吉亚的巴统，最后出口到黑海、地中海沿岸的欧洲国家。二是向北通过海运方式跨里海运到西岸俄罗斯的马哈奇卡拉港，再通过管道或铁路运到俄罗斯的黑海港口新罗西斯克，最后用船或利用俄罗斯管道向欧洲出口。

天然气出口管道较发达。土库曼斯坦天然气全部通过管道出口。目前土库曼斯坦天然气出口主要有三个方向：一是向北，通过中亚—中央输气管道经乌兹别克斯坦和哈萨克斯坦向俄罗斯出口（500亿米^3/年）；二是向南，通过土伊天然气管道向伊朗出口（200亿米^3/年）；三是向东，通过中亚天然气管道A/B/C三线经乌兹别克斯坦和哈萨克斯坦向中国出口（550亿米^3/年），三个方向的管道年实际运力达1250亿立方米（表1-32）。总体来看，土库曼斯坦的整体管道输送能力尚不能满足出口需要，其中北向天然气管道输送能力富余，东向管道输送能力不足，南向和西向还有较大扩展空间。为落实天然气出口多元化战略，土库曼斯坦积极建设通向欧洲、中国以及印度/巴基斯坦的天然气管道，计划通过跨里海管道、中亚天然气管道D线和土阿巴印天然气管道（TAPI）分别向欧洲、中国和南亚出口更多天然气。

表 1-32 土库曼斯坦主要天然气出口管道

管道名称	起点	终点	管道长度（千米）	输送能力（亿米³/年）
中亚—中央（CAC）输气管道	土库曼斯坦	俄罗斯	4000	500
布哈拉—乌拉尔输气管道	土库曼斯坦	俄罗斯	4500	200
中亚天然气管道 A/B/C 三线	土库曼斯坦	中国	1818	550
科尔佩季—科尔德—库伊输气管道	土库曼斯坦	伊朗	226	80
道列特巴德—萨拉克斯—汉吉兰输气管道	土库曼斯坦	伊朗	180	120
中亚天然气管道 D 线（计划中）	土库曼斯坦	中国	1000	300
TAPI 管道（计划中）	土库曼斯坦	印度	1800	330
跨里海管道（计划中）	土库曼斯坦	阿塞拜疆		300

（2）石油港口

土库曼斯坦石油和成品油主要通过土库曼巴什、艾克列姆和阿拉特扎三个码头出口。土库曼巴什港是中亚最大的港口，2013 年启动国际海港重建项目，设计年吞吐能力 1500 万吨。艾克列姆码头最大装运油品能力为 120 万吨/年，计划改造后提升至 150 万吨/年。阿拉特扎码头最大装运能力 240 万吨/年，计划改造后提升至 400 万吨/年。

3. 炼油工业

炼厂数量较少。目前，土库曼斯坦境内仅有 3 座炼厂，建于苏联时期的两大主力炼厂土库曼巴什炼厂和谢津炼油厂已运营 70～80 年，总原油加工能力 2000 万吨/年。2000 年以后的新炼厂只有 1 座，且规模较小。

石化产品种类丰富。土库曼巴什炼厂是该国最大的炼厂，年加工能力 1000 万吨，产品达到欧 V 标准（表 1-33）。主要产品包括汽油、柴油、石油焦、沥青、润滑油等。目前，美国 WTL 公司正在负责土库曼巴什炼油厂延迟焦化和焦油脱沥青装置现代化改造项目建设。谢津炼油厂早期年加工能力 650 万吨/年，20 世纪 90 年代经过升级改造后年加工能力达到了 1000 万吨。目前可生产汽油、柴油、重油、沥青、聚丙烯等多种石油化工产品。2017 年和 2020 年美国 WTL

公司相继中标谢津炼油厂催化重整装置技术升级改造工程和新建石油常压蒸馏装置 EPC 工程，新装置设计原油和凝析油年加工能力 100 万吨。切列肯炼厂建于 2007 年 6 月，由龙油公司在哈扎尔（切列肯）投资建立，设计年产能为 250 万吨，专用于加工 2 号区块和龙油公司开采的原油，主要生产柴油和石脑油。土库曼斯坦所产成品油完全能够满足国内消费。

表 1-33 土库曼斯坦主要炼厂

序号	炼厂名称	投产年份	炼油能力（万吨/年）	股份构成	备注
1	土库曼巴什	1943	1000	土库曼斯坦政府：100%	油品质量升级到欧 V 标准
2	谢津	1989	1000	土库曼斯坦政府：100%	20 世纪 90 年代完成改造，石油加工深度达到 95%
3	切列肯	2007	250	龙油公司：100%	除成品油外，每年还生产一定量的液化石油气，大部分用于出口

4. 石化工业

土库曼斯坦石化工业起步晚，但政策支持力度大，发展迅速。实现天然气出口多元化、增加高附加值产品出口是土库曼斯坦天然气发展战略的重要内容。土库曼斯坦将石化工业确定为经济重点发展领域，正在加大石化工业发展力度。目前已建成 2 座大型天然气化工厂、3 座大型天然气处理厂、3 个大型化肥厂、14 座大型燃气发电厂。其中，基扬雷天然气综合化工厂设计天然气年处理能力 50 亿立方米，每年可生产高密度聚乙烯 38.6 万吨、聚丙烯 8 万吨、商品燃料气 45 亿立方米。奥瓦丹杰佩天然气化工厂设计天然气年处理能力 17.85 亿立方米，每年可生产 60 万吨符合欧 V 标准的 RON-92 号汽油、1.2 万吨柴油及 11.5 万吨液化石油气。未来，土库曼斯坦计划在巴尔坎纳州的基扬内镇、达绍古兹州、复兴气田（三期工程）等地再修建 10 余个天然气处理与加工设施，以天然气为原料生产聚丙烯、聚乙烯、烧碱、汽油、柴油、煤油、PVC、丙烯酸纤维等 17 种天然气深加工产品。

六、油气消费与进出口

1. 原油

土库曼斯坦原油产量不大，现阶段可以自给自足，并实现少量出口。2022年，土库曼斯坦原油产量1248万吨，加工量880万吨，净出口量368万吨（表1-34）。

表1-34　2000—2022年土库曼斯坦油气供需平衡

类别	2000年	2005年	2010年	2015年	2018年	2019年	2020年	2021年	2022年
原油（万吨）									
产量	728	973	1113	1323	1259	1253	1014	1200	1248
加工量	558	719	884	891	888	990	1000	1100	880
净出口量	170	254	229	432	371	263	14	100	368
成品油（万吨）									
产量	477	654	813	805	805	813	797		
消费量	387	513	570	654	657	660	653		
净出口量	90	141	243	151	148	153	144		
天然气（亿立方米）									
产量	424	569	401	659	615	632	581	793	809
消费量	72	116	183	254	284	315	313	320	330
净出口量	352	453	218	405	331	317	268	473	479

数据来源：bp，IEA，Global Trade Tracker（GTT）。
注：原油包括天然气液和凝析油等。

2. 成品油

土库曼斯坦国内所产成品油完全能够满足国内消费。2020年，土库曼斯坦成品油产量797万吨，消费量653万吨，主要用于交通运输，净出口量144万吨。成品油消费结构见表1-35。

表 1-35　2020年土库曼斯坦成品油消费结构　　（单位：万吨）

品种	交通	工业	农业	其他	合计
汽油	151	0	0	0	151
柴油	104	0	0	104	208
煤油	42	0	0	15	57
其他	0	0	0	237	237
总计	297	0	0	356	653

数据来源：IEA。

3. 石化产品

随着两座大型天然气化工厂相继投产，土库曼斯坦石化产品种类越来越丰富，生产能力大幅提升，出口量显著增加。2022年，该国塑料及其制品出口量超过11.6万吨，进口11.35万吨（表1-36）。

表 1-36　2022年土库曼斯坦主要石化产品进出口情况　　（单位：万吨）

品种	出口量	进口量	净出口量
有机化工原料	0	1.19	−1.19
塑料及其制品	11.61	11.35	0.26
人为短纤纤维	0.17	0.31	−0.14
橡胶及其制品	0.04	2.34	−2.3
合计	11.82	15.19	−3.37

数据来源：GTT。

4. 天然气

天然气在土库曼斯坦的一次能源消费量中占比最高。2022年土库曼斯坦天然气消费量330亿立方米，占产量的40.8%。土库曼斯坦天然气主要用于发电（约占总消费量的40%）和居民生活燃料（占总消费量的35%）。土库曼斯坦有7个发电站，除巴尔坎纳巴特热电厂部分用重油发电外，其他发电站均使用天然气作为燃料。土库曼斯坦居民免费使用天然气，天然气是居民的主要燃料。

随着土库曼斯坦天然气化工行业发展，未来天然气消费仍将保持增长态势。

土库曼斯坦天然气出口全部通过管道完成，主要向中国、俄罗斯和伊朗出口，不需要进口。2022 年，土库曼斯坦出口天然气 410 亿立方米，其中向中国出口 351 亿立方米。随着土库曼斯坦能源出口多元化战略的实施，未来如果中亚天然气管道 D 线和 TAPI 天然气管道顺利建成，该国天然气出口量将大幅增加，通过中亚天然气管道 A/B/C/D 四线向中国的出口量最高可达 650 亿立方米，中国将成为土库曼斯坦最大的天然气出口目标国。

七、合作风险评价

1. 政治风险

土库曼斯坦政治风险低。土库曼斯坦政局稳定，实行超级总统制，总统对政局掌控能力强。2022 年 3 月提前举行总统选举，时任总统之子谢尔达尔·别尔德穆哈梅多夫高票当选新一任总统，实现了政权平稳过渡。土库曼斯坦新任总统上台后坚持中立政策和平衡外交政策，加强与周边国家关系，未受国际动荡局势影响，地区影响力有所提升；积极参与中国与中亚五国各项外交活动，与中国保持密切外交关系。

2. 安全风险

土库曼斯坦安全风险较低。土库曼斯坦国内社会治安良好，不存在激烈的宗教和民族矛盾冲突。国内政府管控严格，民族矛盾不突出，安全形势总体比较稳定。

3. 政策风险

土库曼斯坦政策风险中等。当前土库曼斯坦对外合作政策总体比较优惠，而且能够保持相对稳定。但政府机构经常对外资企业或涉外合作项目进行行政干预，鼓励外商投资的政策难以有效落实。此外，与外国投资相关的法律法规不健全，总统令的法律效力凌驾于其他法律文件之上，加之机构办事效率不高，执法的随意性强，存在政策执行风险。现行法律对外籍劳工管理严苛，不仅有严格的本地员工比例要求，而且外国投资方无权随意解雇当地员工。

4. 经济风险

土库曼斯坦经济风险中等。土库曼斯坦经济增长主要依赖油气出口，国家经济发展存在脆弱性和不稳定性。货币受俄罗斯卢布和周边国家货币波动影响较大，外汇收入与国际能源价格高度关联，存在一定的风险。油价持续处于低位期间，土库曼斯坦经济增长乏力，货币持续贬值，通货膨胀居高不下，但随着近两年油价的逐渐回升以及天然气出口多元化战略持续推进，土库曼斯坦经济形势逐渐好转。

八、产业发展重点

土库曼斯坦天然气资源丰富，勘探开发潜力大，中土在天然气领域已有很好的合作基础。土库曼斯坦作为中国中亚天然气供应的主要来源地，未来必须进一步加大合作力度，保证天然气的安全供应。在勘探开发、工程技术服务、炼油化工、管道建设等方面还有继续深化合作的空间。

勘探开发方面，里海大陆架勘探程度较低，是未来土库曼斯坦油气产量增长的主要地区。土库曼斯坦政府已制定可再生能源发展战略，未来也可能成为新的合作方向。

工程技术服务和装备制造方面，土库曼斯坦主要依靠外部力量。目前土库曼斯坦有明确的油气增产计划，特别是复兴气田等大气田开发，对工程技术服务、地面设施建设和油气装备等有较大需求。

炼油化工方面，土库曼斯坦目前下游炼厂升级改造需求大。土库曼斯坦下游发展重心正从炼油转向化工，拟通过发展石油化工和天然气化工产业带动油气下游产业发展，中国企业有机会参与其中。

管道建设方面，出口多元化是土库曼斯坦的既定方针。土库曼斯坦拟建立向南的天然气出口通道，并扩大向东的出口管道输送能力，这将为中方企业扩大与土库曼斯坦合作提供更多机会。

［本节撰写人：彭盈盈］

第四节　乌兹别克斯坦

乌兹别克斯坦共和国（简称乌兹别克斯坦）地处中亚腹地，北部和东北与哈萨克斯坦接壤，南靠阿富汗，东、东南与吉尔吉斯斯坦和塔吉克斯坦相连。国土面积 44.89 万平方千米，人口 3620 万人。

一、国际关系

1. 地缘政治

乌兹别克斯坦是中亚的人口、文化和经济大国，一直有成为地区大国的强烈愿望。乌兹别克斯坦以帖木儿帝国的正统继承者自诩，意图对周边国家发挥其大国影响，与哈萨克斯坦一样，一直想争当本地区"老大"。此外，乌兹别克斯坦继承了苏联最精锐的军区，是中亚地区军事实力最强的国家。

俄罗斯、美国皆视乌兹别克斯坦为战略要地，对其始终保持高度关注。俄罗斯加强对中亚地区的影响，认为在中亚应当建立由俄罗斯领导的统一的安全保障体系。2020 年 2 月，美国发布名为《美国中亚战略 2019—2025：促进主权和经济繁荣》的新版中亚战略，其目标是使中亚地区成为制衡俄罗斯扩大势力范围的地缘政治支点。美国认为乌兹别克斯坦最有可能成为其在中亚地区的战略支点。乌兹别克斯坦与中国新疆相邻，自古以来是丝绸之路的必经之地，亦是中国向西连通土耳其和欧洲的战略通道之一。此外，乌兹别克斯坦也是"三股势力"的聚集地，对中国维护国家和地区安全与稳定意义重大。

2. 外交政策

乌兹别克斯坦奉行开放、务实、积极的外交政策，坚决捍卫国家独立、主权和领土完整。外交政策方面，乌兹别克斯坦视人民和国家利益为优先，将继续在国际舞台上提出倡议，持续拓展对外交往空间，重视发展与周边邻国关系，为出国务工人员提供更多支持。积极回归独联体事务，大力发展与美国、日本、韩国、欧盟等国家和国际组织之间的关系，将自身与俄罗斯的关系视为外交优先方向。

基于同俄罗斯在政治、经济、安全等各领域的传统联系，乌兹别克斯坦十分重视同俄罗斯的关系。双方人员来往频繁，各领域合作密切。1991年独立后，俄罗斯曾一直保持着乌兹别克斯坦第一大贸易伙伴的地位，2016—2020年被中国超越，居第二位，2021年又恢复第一大贸易伙伴地位。截至2023年10月，俄罗斯在乌兹别克斯坦累计投资超过85亿美元。

重视发展与美国的关系。"9·11"事件后，乌兹别克斯坦对美国的军事合作要求回应积极，开放领空、领土，提供机场、军事基地，公开支持美国军事打击伊拉克。"安集延"事件后，美国提出对该事件进行国际调查，对乌兹别克斯坦实行经济制裁，使乌美关系受到了较大的影响。近年来，特别是2016年12月米尔济约耶夫就任总统并在国内政治、经济、社会等领域推行大幅改革以来，乌美关系大幅缓和，美国对乌兹别克斯坦的援助快速增长，2017年，美国对乌兹别克斯坦援助金额1010万美元，2018年达到2810万美元，大部分援助用于乌兹别克斯坦经济改革。此外，美国明确支持乌兹别克斯坦参与阿富汗和平与重建进程。美国提出，美乌两国都希望维护中亚和阿富汗的稳定。

乌兹别克斯坦将发展与欧洲国家关系视为本国对外关系重点之一。2019年1月，乌兹别克斯坦总统米尔济约耶夫首次访问德国，会晤德国总统施泰因迈尔和时任总理默克尔，就深化两国政治对话、加强多双边合作，共同应对恐怖主义、极端主义等威胁和挑战，以及尽快启动阿富汗和平进程等问题交换意见。根据会谈成果，两国政府签署了9份合作协议，涉及经济、贸易、金融、教育和科技等领域，乌德关系得到进一步加强。

乌兹别克斯坦新一届政府致力于发展与中亚其他国家的经济合作，着力推动水资源的利用、边界划定等问题的解决。2017年，乌兹别克斯坦与吉尔吉斯斯坦之间85%的边界已划定。2021年，双方在边界问题上达成一致，所有争议边界的划线问题已全部解决。2017年2月，乌兹别克斯坦与塔吉克斯坦恢复中断近25年的首都间直航。2018年3月，乌兹别克斯坦总统米尔济约耶夫访问塔吉克斯坦，签署《加强睦邻友好联合声明》等历史性文件，并与拉赫蒙总统就合理、公平利用水资源问题进行了讨论，双边关系大幅改善。与土库曼斯坦关系得到进一步发展，2017年3月，米尔济约耶夫选择土库曼斯坦为其就任总统后首个出访的国家，体现了对乌土关系的重视。乌兹别克斯坦与哈萨克斯坦经贸合作进一步加强，哈萨克斯坦是乌兹别克斯坦在中亚最大的贸易伙伴，也是仅次于中国和俄罗斯的第三大贸易伙伴，2022年双边贸易额近50亿美元。

中乌于1992年1月2日建交，两国关系发展顺利，各领域合作不断展开。2005年5月卡里莫夫总统访华期间，两国签署了《中乌友好合作伙伴关系条约》，使中乌关系迈上新的台阶。作为上海合作组织重要成员，双方在政治、经济、反恐等领域的合作成果显著。乌兹别克斯坦高度重视与中国在"一带一路"框架下加强经济合作，鼓励中国增加对其投资。2018年乌兹别克斯坦总统来华出席上合峰会期间，中乌签署一系列文件，中国国开行向乌兹别克斯坦提供2.5亿美元贷款用于企业经营活动。丝路基金与乌兹别克斯坦对外经贸银行签署《修建"撒马尔罕城"旅游区备忘录》。2023年5月，乌兹别克斯坦总统来华参加中国—中亚峰会期间签署《中华人民共和国和乌兹别克斯坦共和国联合声明》，双方提出在能源等领域加强合作。乌兹别克斯坦各界对华友好，在文化、教育领域积极展开合作。与哈萨克斯坦、吉尔吉斯斯坦对中国投资既渴望又担忧的态度不同，乌兹别克斯坦从政府到民间对华态度积极友善，体现出乌兹别克斯坦谋求发展的务实精神。乌兹别克斯坦总统鼓励本国青年到中国留学。米尔济约耶夫总统就任以来，中乌双边贸易额迅猛增长。中国2016—2020年连续五年成为乌兹别克斯坦第一大贸易伙伴，受疫情影响，2021年中国仅以不到 8000 万美元的微弱劣势被俄罗斯反超，成为乌兹别克斯坦第二大贸易伙伴。2022 年中乌双边贸易额 89.2 亿美元，同比增长 19.7%，占乌兹别克斯坦外贸总额的 17.8%，中国为乌兹别克斯坦第一大进口来源国和第二大出口目的地国（仅次于俄罗斯）。

二、政治社会形势

1. 政体

乌兹别克斯坦 1991 年独立后，实行总统共和制，立法、行政和司法三权分立。总统为国家元首、内阁主席和武装部队最高统帅，由全民直接选举产生，任期 5 年，1991—2016 年由卡里莫夫担任总统。现任总统为米尔济约耶夫，他自 2003 年 12 月起任政府总理，2016 年 12 月 4 日以高票当选乌兹别克斯坦独立以来的第二位总统。2023 年 7 月，乌兹别克斯坦举行总统大选，米尔济约耶夫以 87.05% 得票率获胜，连任总统。

乌兹别克斯坦议会是行使立法权的国家最高代表机关，实行两院制，由最高会议参议院（上院）和最高会议立法院（下院）组成。上院有议员 100 人，下院有 150 人，均由职业议员组成。两院议员的任期均为 5 年。

参议院设 1 名主席、1 名第一副主席和 1 名副主席（卡拉卡尔帕克斯坦共和国的代表）。参议院的主要职权有：选举本院议长及副议长、各委员会主席及副主席；按总统提名选举宪法法院和最高法院成员；按总统提名任命或罢免国家环境保护委员会主席，批准总统关于任命和罢免总检察长、副总检察长、国家安全总局局长的命令；按总统提议任命或罢免乌兹别克斯坦驻外外交及其他代表；按总统提议任命或罢免国家银行行长；按总统提议颁布大赦令；按总检察长提议剥夺参议院成员的豁免权，听取总检察长、国家环境保护委员会主席、国家银行行长的工作报告，通过有关乌兹别克斯坦政治、经济、内政、外交问题的决议。本届参议院于 2020 年 1 月产生，议长为坦济拉·卡玛洛夫娜·纳尔巴耶娃。

乌兹别克斯坦从事立法工作的机构为最高会议立法院,最高会议立法院负责解决涉及立法工作的有关乌兹别克斯坦内政、外交方面的问题,以及按照总检察长的建议剥夺立法院议员的豁免权,根据总统提名投票产生宪法法院与最高法院院长和副院长。立法院的常设机构是常设委员会。立法院下设12个专项委员会,分别负责预算与经济改革,反腐败与司法,劳动与社会问题,国防与安全、国际事务与议会间关系,工业、建设与贸易,农业与水利,科教文体,民主制度、非政府组织与公民自治机构,创新发展、信息政策与信息技术,公民健康保护,生态与环保等方面的立法工作。最高会议还设有秘书处,负责处理日常事务。现任立法院主席为努尔丁江·姆伊金哈诺维奇·伊斯莫伊洛夫。

乌兹别克斯坦政府又称内阁。内阁由乌兹别克斯坦共和国总理、副总理、各部长及各国家委员会主席组成。根据乌兹别克斯坦宪法第98条规定,卡拉卡尔帕克斯坦共和国内阁主席进入乌兹别克斯坦共和国内阁担任相关职务。本届政府于2016年12月15日组成,2019年1月28日,乌兹别克斯坦总统对内阁设置进行调整,目前设1名总理、1名第一副总理、4名副总理、2名总理顾问、23个部、11个国家委员会和7个署,总理为阿里波夫。

乌兹别克斯坦政治体制的特点为"保持秩序、权威主义、世俗政权"。乌兹别克斯坦自独立以来未发生过政变,其国内也没有实际意义上的反对派。乌兹别克斯坦总统高度集权,通过强力部门掌控政权。此外,乌兹别克斯坦坚持政权的世俗性质,宗教对政治的影响较小。

2. 政局

乌兹别克斯坦政局稳定,米尔济约耶夫上台后,通过实施"2017—2021五大优先领域发展行动战略",开启了行政、司法、经济、社会保障、安全和外交等领域的全面改革,展现出"亲民、进取、务实、开放"的鲜明执政风格,获得乌兹别克斯坦人民普遍支持。2021年,米尔济约耶夫连任后提出继续建设"新乌兹别克斯坦"。

确定五大战略方向。为建设好"新乌兹别克斯坦",米尔济约耶夫提出了未来7年的五大战略方向。第一,依照新版宪法切实履行社会义务,为人民创造良好环境。第二,推动经济可持续增长。乌兹别克斯坦力争到2030年实现国内生产总值翻番目标,达到1600亿美元,将人均国内生产总值从目前的2200美元提高至4000美元。第三,节约水资源,加强环境保护。一方面,乌兹别克斯坦拟在水资源利用方面努力"节流",加紧全面推广节水灌溉技术;另一方面,乌兹别克斯坦拟在城市绿化方面全力"开源",每年将划拨专款用于增加绿地面积,改善人民生活环境。第四,确保行政机关为人民服务,提升法治水平。第五,继续奉行开放、务实、积极的外交政策,坚决捍卫国家独立、主权和领土完整。

政局持续稳定。乌兹别克斯坦政治派系没有严格的种族、宗教等限制。目前,乌兹别克斯坦最具影响力的三大政治派系是撒马尔罕派、塔什干派和费尔干纳派。米尔济约耶夫通过替换情报系统领导,打压该部门的政治影响力,持续削弱塔什干派势力,使得除撒马尔罕派以外的其他派系力量逐渐均衡,预计未来米尔济约耶夫主导的撒马尔罕派对政权掌控力度将加强,乌兹别克斯坦政局将持续稳定。

3. 安全形势

安全形势总体可控,但稳中有忧。乌兹别克斯坦人口众多,地形复杂,是中亚极端主义滋生地和恐怖组织发源地,但乌兹别克斯坦军事力量为地区最强,对恐怖极端主义打压力度强。

边境纠纷长期存在。苏联时期人为的民族国家划界,使中亚国家边界错综复杂地交织在一起,若干飞地在乌兹别克斯坦、塔吉克斯坦和吉尔吉斯斯坦等国家的复杂互嵌增加了边境地区的紧张局势。米尔济约耶夫上任以来,乌兹别克斯坦开始主动与吉尔吉斯斯坦协商边界问题,使80%以上有争议的边界在原则上得到解决,并开始重新勘界。同时,乌兹别克斯坦也加紧与塔吉克斯坦、哈萨克斯坦两国积极接触、协商,努力推动解决边界问题。这一进程在中亚地区产生了良好的示范作用，相关国家也予以积极回应。由于中亚国家间边界问题的复杂性和特殊性，短期内边境问题不可能彻底解决。

面临恐怖主义威胁。乌兹别克斯坦的恐怖主义威胁主要来源于乌兹别克斯坦伊斯兰运动（"乌伊运"）。尽管乌兹别克斯坦政府军在2011年对伊斯兰运动组织进行了大规模打击，但其势力并没有消亡，未来不排除该组织采取报复性行动。乌兹别克斯坦境内"三股势力"十分活跃，与国外恐怖主义活动相呼应。极端主义被打压后，引发暴力活动碎片化。有组织的恐怖主义活动及其影响力明显下降，但这些组织自身已发生重大改组，松散度和灵活度增加，使得乌兹别克斯坦恐怖组织难以根除。由于与阿富汗相邻，恐怖主义组织极易渗透进乌兹别克斯坦。受阿富汗局势影响，乌兹别克斯坦成为中亚运毒通道和毒品消费地区，毒品泛滥也使恐怖主义势力抬头，社会安全面临严重威胁。

三、经济形势

1. 总体形势

乌兹别克斯坦是中亚地区的经济强国，2022年GDP为804亿美元（表1-37），仅次于哈萨克斯坦，在中亚地区排名第二。乌兹别克斯坦市场开放度有限，融入全球经济程度不高，一度在全球经济危机大背景下保持了较快的增长速度。2007—2014年，乌兹别克斯坦GDP年增长率基本保持在8%以上。但近年来因经济决策长期高度集中以及受既得利益影响，乌兹别克斯坦经济改革面临诸多障碍，经济竞争力不强。受新冠疫情、国际大宗商品价格下跌、俄罗斯经济衰退等因素影响，乌兹别克斯坦资源产品出口下降，经济增速有所放缓，2020年GDP增速降至2%。随着乌兹别克斯坦政府经济改革政策的推行，乌兹别克斯坦经济恢复高速增长。

表 1-37 2000—2022 年乌兹别克斯坦主要经济指标

经济指标	2000年	2005年	2010年	2015年	2018年	2019年	2020年	2021年	2022年
GDP（亿美元，现价）	138	143	393	819	529	603	602	696	804
人均GDP（美元）	558	547	1377	2615	1604	1795	1759	1993	2255
GDP增速（%，不变价）	3.8	7	8.5	7.9	5.9	6	2	7.4	5.7
通货膨胀率（%）	25	10.7	12.3	8.5	14.3	15.2	11.1	10	12.3
失业率（%）	12.1	6.9	5.4	5.2	5.9	5.9	5.3	6	6
外汇总储备（亿美元）		29	120	243	271	293	349	354	358
财政盈余（亿美元）	-6.3	-6.1	12.6	124.9	270.7	261.6	111.4	10.5	
政府净债务（亿美元）	49	46	77	129	104	172	224	246	276
外国直接投资净流入（亿美元）	0.7	1.9	16.4	0.7	6.3	23.2	17.3	22.8	25.3

数据来源：IMF，世界银行。

2. 经济结构

产业结构相对落后，但行业分布均衡。2021年，乌兹别克斯坦第一产业占GDP的比重为24.9%，第二产业占比33.2%，第三产业占比41.8%，表明该国产业结构依然相对落后。但是，工业部门中矿产采掘业并未占过大比重，各工业部门均衡发展；服务业中各行业占比也较为合理。多元经济结构使得乌兹别克斯坦能够较好地应对外部风险，促进本国经济平稳运行。

乌兹别克斯坦经济对油气依赖程度低，2021年油气收入仅占GDP的0.9%。油气工业是乌兹别克斯坦经济中的优先领域之一，在一次能源结构中，石油和天然气占据了主导地位（88.5%），水电（7.5%）和煤（4%）占据次要地位。

3. 货币政策

乌兹别克斯坦货币为苏姆。乌兹别克斯坦政府自2017年9月5日起取消外汇兑换管制政策，允许所有自然人和法人兑换外汇，同时，以官汇贬值近一倍的代价与黑市汇率并轨，汇率由1美元兑4000苏姆调整为1美元兑8100苏姆。

目前，企业凭进口合同可兑换外汇，自然人暂时无法在当地银行使用苏姆换取外汇现金。根据乌兹别克斯坦中央银行公布的汇率，2023年7月，美元与苏姆的汇率为1∶11610。人民币与苏姆不能直接兑换。

外汇汇入乌兹别克斯坦没有限制，汇出时需提供进口合同或利润证明材料。外汇汇出时需缴费，费用为汇出金额的2%。

4. 外资吸引力

乌兹别克斯坦已将吸引外资纳入乌兹别克斯坦经济优先发展领域，并建立了坚实的基础，颁布了《外资法》《外国投资权益保障和维护措施》，2012年4月乌兹别克斯坦总统卡里莫夫签发《关于促进吸引外国直接投资补充措施》的总统令等相关法令，为外商提供了诸多便利和优惠政策。2016年12月，乌兹别克斯坦总统米尔济约耶夫就任以来，在国内掀起大规模改革开放，对外资需求进一步加大。2018年末，米尔济约耶夫总统宣布，2019年为乌兹别克斯坦"积极投资和社会发展年"，吸引外资成为乌兹别克斯坦各级政府的重要任务，亦成为各级政府考核和官员任免的重要指标。

乌兹别克斯坦政府重视招商引资，国内营商环境持续改善，行政效率不断提高。据世界银行《2020年营商环境报告》，在全球190个经济体中，乌兹别克斯坦排名第69位，比前一年上升7位。世界知识产权组织发布的《2022年度全球创新指数》显示，在132个国家和地区中，综合指数排名第82位。世界银行数据显示，2022年乌兹别克斯坦外国直接投资净流入25.3亿美元。

四、油气对外合作

1. 油气合作政策

乌兹别克斯坦油气行业对外开放程度高，且不断推出优惠政策。2000年，乌兹别克斯坦开始放宽油气对外合作政策，同年4月出台《吸引外国直接投资进行油气勘探和生产的措施》，明确规定要给投资者提供优惠待遇，以弥补其地质勘探风险；2001年通过《产量分成协议法》，将优惠待遇扩大到开采项目的所有投资者；2002年12月通过新版《矿产法》，扩大了投资者的权利。乌兹别克斯坦对外油气合作主要采用产量分成合同和联合经营合同，实际操作中部分项目采用混合合同模式，实现方式也多种多样。

乌兹别克斯坦政府积极吸引外国资金和技术参与能源基础设施改造和建设，鼓励私人资本向油气领域投资，允许外国资本进入油气勘探开发市场，帮助国内发展石油工业。2020年10月，乌兹别克斯坦总统签署第2598号总统令，对《吸引外国直接投资进行油气勘探和生产的措施》进行修订，免除外国油气勘探公司以及外国承包商和分包商的下列款项：勘探期间的利润税（不包括商业银行存款的利息）、法人财产税、法人土地税、水资源利用税；进口探矿、勘探和其他相关工作所需的设备、材料、技术及服务时的海关费用（增值税和清关费除外）。乌兹别克斯坦法律禁止原油出口，外资企业在乌兹别克斯坦开采的份额油只能供应本土炼厂。

乌兹别克斯坦国内油气价格由国家财政部调控，乌兹别克斯坦国家石油天然气公司垄断国内油气销售，总体价格较低。2022年乌国工业天然气价格为0.095美元/米^3，民用天然气价格为0.036美元/米^3，80号汽油价格为0.63美元/升，95号汽油价格为0.92美元/升。

2. 油气合作监管

乌兹别克斯坦内阁主导并监管本国油气行业。乌兹别克斯坦的能源政策由内阁副总理主管的燃料能源综合体制定，能源领域的重大决定须由内阁审议批准。内阁下设国家地质与矿产资源委员会，主要负责发放油气资源勘探和开发许可证，管理资源勘探、利润的登记与核算，以及地质矿产调查科学研究等，其主要工作依托撒马尔罕地质公司、沙尔基乌兹别克斯坦地质公司、克孜勒杰帕地质公司、乌兹别克斯坦水文地质公司四家国有地质企业完成。

乌兹别克斯坦对油气行业实行垄断经营，勘探、开采、运输、加工和销售等所有环节均由乌兹别克斯坦国有石油天然气公司（简称乌国油）掌控。乌国油是乌兹别克斯坦唯一的国家油气公司，成立于1992年，拥有员工10.3万人，拥有210个油气田，其中包括125个油田。乌国油为乌兹别克斯坦提供了80%以上的能源和电力，贡献了近20%的国家税收，占国家GDP的15%。政府持股乌国油99.99%，是最大的持股方；乌克兰顿巴斯工业联盟公司持股乌国油0.01%。

为优化低效管理结构和吸引外国投资、私人投资，2019年2月，政府开始制定国家油气公司重组改革计划。7月，乌兹别克斯坦能源部宣布，乌国油将于2024年前进行IPO（首次公开募股），出售股权份额高达49%。目前，乌国油已开始公开拍卖其非核心资产，包括房地产、服务保障公司等。2019年7月，乌兹别克斯坦颁布总统令，计划由亚洲开发银行提供技术援助，帮助乌国油制定企业转型计划，提高财务报告的透明度，提高财务纪律和效率。

乌兹别克斯坦没有强制性的国家参股比例要求，但乌国油在对外合作项目中通常参股10%~50%。乌国油应在对外合同签署之日起，开始承担权益投资，但勘探阶段，乌国油可能不会支付费用，具体取决于合作方式为勘探协议还是联合协议。外资企业将探明的有工业开采价值的油气区块转让给乌国油，政府将保证给予该外资企业应有的补偿。

3. 国际油气合作

（1）勘探开发

2000年后，乌兹别克斯坦对外开放的重点是油气勘探领域，分阶段推出了一些新的含油气远景区块，吸引外国公司投资。乌油气上游主要对外合作的地区包括乌斯丘尔特、布哈拉-希文、苏尔汉达里和费尔干纳地区，主要领域是天然气勘探开发和天然气化工。目前共有20家外国公司在乌兹别克斯坦从事油气地质勘探开发工作，多家公司从事石化生产业务。在乌油气领域的外国公司主要来自俄罗斯、中国、韩国和马来西亚等国。

油气区块主要掌握在乌国油和美国公司手中。乌兹别克斯坦有效油气区块面积6.8万平方千米，拥有有效合同区块的公司不足20家。国外公司以美国和俄罗斯公司为主,拥有有效区块面积份额超过60%;中国石油控制区块面积5762平方千米,占比8%。探明储量主要由乌国油掌控。乌国油拥有石油储量的80%,天然气储量的69%;中国石油拥有石油储量的6%,天然气储量的3%。

2004年以来,俄罗斯公司大举进入乌兹别克斯坦的天然气勘探开发领域,俄气、卢克石油等公司先后与乌兹别克斯坦签订了8项产量分成合同。目前,俄气在乌兹别克斯坦运营沙赫巴赫德和M25项目;卢克石油公司在乌兹别克斯坦运营肯德姆和西南吉萨尔项目。

中国石油自2006年进入乌兹别克斯坦,目前运作的项目有新丝路项目和中亚天然气管道项目(表1-38)。

表1-38 中国企业主要合作项目

项目名称	中国企业	签约年份	项目类型	备注
新丝路项目	中国石油	2006	勘探开发	勘探期中方100%持股,开发期中乌各持股50%,包括萨马斯克、东咸海、拉莫坦、卡拉库利和卡拉吉达等5个区块。天然气2P地质储量210.75亿立方米,凝析油2P地质储量59.57万吨
中亚天然气管道项目	中国石油	2009	油气管道	中亚天然气管道A/B/C/D四线。乌兹别克斯坦境内已建成的中亚天然气管道A、B线长1058千米,运力300亿米^3/年,C线长527千米,运力250亿米^3/年;拟建中亚D线,乌兹别克斯坦境内长213千米,运力300亿米^3/年

资料来源:ETRI。

(2)技服装备

乌兹别克斯坦国内油气工程技术服务水平较低,主要依靠外国公司。俄方技术服务方进入卢克和俄气市场有传统优势,目前卢克市场在乌兹别克斯坦占有率很高;斯伦贝谢技术好,但价格偏高,目前斯伦贝谢对乌兹别克斯坦市场已经调整了自己的价格策略,报价逐渐低于中方;中国长城和西探的设备动迁、人员组织和高端设备统筹配比,灵活性相对较强,一旦需要进入乌兹别克斯坦承担作业,可以从土库曼斯坦、哈萨克斯坦等中亚国家动迁到乌兹别克斯坦。总体来说,中资企业在物探、钻井、测井等上游服务行业所占比重达到

30%~50%，油田地面建设、油品炼制等下游服务行业所占比重较少，在 30% 以下，俄罗斯公司和西方公司所占比重较大。

乌兹别克斯坦的石油装备制造和维修服务力量很薄弱，主要是受到原材料和技术两方面条件的制约。乌兹别克斯坦炼油化工装置制造能力中等，其他装备制造能力低（电缆测井装备制造能力低下，录井装备制造能力中等）。乌兹别克斯坦石油机械制造公司下属有三个厂，主要产品是热交换器、脱水装置、压力容器、油水罐、钻机配件，同时也承担一部分设备维修任务。乌兹别克斯坦石油钻井公司各地方分公司一般都有一个机修车间，可以进行一些简单的设备维修。乌兹别克斯坦油气装备市场对外依赖程度高，外资石油装备制造公司主要有卢克石油、越南国家石油公司、韩国国家石油公司和 Eriell 钻井公司。

五、油气工业

1. 油气生产

（1）油气资源

乌兹别克斯坦有 6 个油气盆地，其中费尔干纳和北乌斯丘尔特盆地大部分位于乌兹别克斯坦境内，其余跨境盆地在乌兹别克斯坦境内面积份额很少。乌兹别克斯坦 70% 的油气田分布在阿姆河盆地，20% 分布在费尔甘纳盆地。根据乌兹别克斯坦官方数据，石油探明储量 5.3 亿吨，天然气探明储量 1.8 万亿立方米。乌兹别克斯坦待发现石油可采资源量 2.8 亿吨，主要分布在阿姆河盆地、北乌斯丘尔特和费尔干纳盆地，合计占全国的近 90%；天然气待发现可采资源量 2.85 万亿立方米，主要分布于阿姆河盆地，占全国的近 90%。

勘探程度高于世界平均水平。乌兹别克斯坦共发现油气田 273 个。曼格什拉克和北乌斯丘尔特盆地发现程度高，分别为 81% 和 68%；阿富汗－塔吉克和费尔干纳盆地发现程度低，锡尔河盆地至今没有发现；阿姆河盆地油气储量丰富，增产潜力大。

（2）油气生产

石油产量不断下滑。20世纪90年代后期和21世纪初为乌兹别克斯坦石油产量高峰期。高峰平台期仅持续不到10年，峰值产量出现在1999年，为870万吨。受大油田产量自然递减和投入减少的影响，石油产量持续下滑10余年。2022年降至仅280万吨（表1-39），为高峰产量的三分之一。乌兹别克斯坦原油产量主要来自西南部的卡克杜马拉克，乌兹别克斯坦石油产量下降也是因大油田减产导致。乌兹别克斯坦石油产量以凝析油为主，产量普遍较小，四大油田产量在乌兹别克斯坦石油总产量中占比超过50%。

表1-39　2000—2022年乌兹别克斯坦油气产量

类别	2000年	2005年	2010年	2015年	2018年	2019年	2020年	2021年	2022年
石油（万吨）	754	545	370	273	289	280	230	290	280
天然气（亿立方米）	545	587	637	528	595	575	490	509	489

数据来源：bp。

天然气产量逐步下滑。乌兹别克斯坦天然气产量1999年进入生产高峰期，2007年高峰产量为610亿立方米。近年来产量均在500亿立方米左右，2022年产量为489亿立方米。五大气田产量在乌兹别克斯坦天然气总产量中占比近60%。

2. 基础设施

（1）油气管道

乌兹别克斯坦没有原油出口管道。中亚原油管道是穿越乌兹别克斯坦的唯一原油干线管道，该管道乌兹别克斯坦段已于1995年停用。原油运输严重依赖铁路。此外，乌兹别克斯坦每年通过奇姆肯特—布哈拉和奇姆肯特—帕赫塔管道从俄罗斯、哈萨克斯坦、土库曼斯坦进口少量原油。

天然气管网发达，但主要是过境管线（表1-40）。乌兹别克斯坦位于中亚中心，是土库曼斯坦输送天然气至俄罗斯和中国的中转站，天然气运输干线较为完善，总长度超过1.3万千米。管网设备老旧，管网主要于1960—1970年投产，现运输能力已无法达到设计运力，目前外输能力930亿立方米，可供乌兹别克斯坦出口的运力仅185亿立方米。2022年底，俄罗斯提议联合哈萨克斯坦和乌兹别克斯坦建立"天然气联盟"。2023年1月，俄罗斯与乌兹别克斯坦签署天然气合作路线图，计划扩建中亚—中央天然气管道，以实现俄罗斯对乌兹别克斯坦供气。

表1-40 乌兹别克斯坦主要天然气管道

管道名称	起点	终点	管道长度（千米）	管输能力（亿立方米）
中亚—中央（CAC）	土库曼斯坦	俄罗斯	4633	544
布哈拉—乌拉尔	乌兹别克斯坦	俄罗斯	630	145
中亚ABC线	土库曼斯坦	中国	1840	550
中亚D线	土库曼斯坦	中国	1000	300
加兹里—奇姆肯特	乌兹别克斯坦	哈萨克斯坦	313	134

（2）仓储设施

乌兹别克斯坦共有3座地下储气库，分别是布哈拉地区的加兹里储气库、科坎特地区的北索赫储气库和费尔干纳地区的霍德扎阿巴特储气库，总库容量为50亿立方米。此外，乌兹别克斯坦还租借了哈萨克斯坦波尔托拉茨科耶和吉尔吉斯斯坦马里苏两座储气库。

2018年，乌国油与俄气成立合作公司，计划于2025年将布哈拉地区的乌国最大的加兹里储气库容量扩建一倍。该扩建项目总投资约8.5亿美元，计划分两个阶段实施，第一阶段为2020年至2025年，将储气库容量从目前的30亿立方米扩建至60亿立方米；第二阶段将储气库容量扩建至100亿立方米。

3. 炼油工业

炼油工业落后。乌兹别克斯坦主要有三家炼厂，均由乌国油控股，总加工能力约1100万吨/年。由于原油短缺，炼厂处于亏损状态。费尔干纳炼厂和布哈拉炼厂开工率分别为26%和65%，年均亏损超过1亿美元。乌兹别克斯坦炼厂运营模式为原油代加工。布哈拉炼厂由以法国德希尼布公司为主的财团建设，加工卡克杜马拉克油田生产的凝析油。费尔干纳炼厂主要加工来自俄罗斯西西伯利亚的原油，1995年后，该厂转向加工本国高含硫原油。2000年，日本三井和东洋工程出资2亿美元对该厂进行现代化改造。阿尔特－阿雷克炼厂属于费尔干纳炼厂的分厂。

乌兹别克斯坦新建的吉扎克炼厂于2017年开工建设，投资22亿美元，原计划2023年投产，目前处于搁置状态（表1-41）。2019年3月，吉扎克炼厂因原油短缺问题延期，复工日期暂不确定。乌国油考虑到现实情况，决定对布哈拉炼厂和费尔干纳炼厂进行现代化改造，新炼厂建设暂时搁置。吉扎克炼厂将加工来自俄罗斯和哈萨克斯坦的进口原油。

表1-41 乌兹别克斯坦主要炼厂

序号	炼厂名称	投产年份	炼油能力（万吨/年）	股份构成	备注
1	布哈拉炼厂	1997	250	乌国油：100%	生产欧Ⅲ标准成品油，计划改造后生产欧Ⅴ标准成品油
2	费尔干纳炼厂	1959	550	乌国油：100%	生产欧Ⅲ标准成品油，计划改造
3	阿尔特－阿雷克炼厂	1906	320	乌国油：100%	生产欧Ⅲ标准成品油
4	吉扎克炼厂		500	乌国油：100%	新炼厂，暂时处于搁置状态

推出炼厂改造计划。2019年，乌兹别克斯坦宣布于2020年开始对布哈拉炼厂进行升级改造，总投资5.5亿美元。改造完成后，将生产欧Ⅴ标准成品油（120万吨汽油，20万吨航油，75万吨柴油和3万吨燃料油）。费尔干纳炼厂将采用吸引外国投资的方式进行改造，乌国油与印度尼西亚RT Trans Asia Resources公司达成协议，计划向其出售费尔干纳炼厂100%的股权，由该公司对炼厂进行改造。

4. 石化工业

石化工业以天然气化工为主。乌兹别克斯坦石化产品较为单一，主要生产乙烯、聚乙烯和化肥。

乌兹别克斯坦现有3个天然气工业设施，包括2个天然气化工厂和1个天然气合成油（GTL）厂。

乌兹别克斯坦丘尔特天然气化工厂由乌国油和韩国财团共同投资建设，总投资39亿美元（包括Surgil项目上游开发），双方的出资比例为50∶50。承包商为韩国GS工程建设公司、韩国三星工程公司、韩国现代工程建设公司。韩国财团包括乐天化学公司（持24.5%股权）、韩国燃气公司（持22.5%股权）和GS E&R（持3%股权）。加工来自苏尔吉尔（Surgil）气田的天然气。2015年10月底开始生产聚乙烯，11月初开始生产聚丙烯。2015年12月开始向东亚国家和土耳其出口化工产品。

舒尔坦天然气化工厂2001年投产，总投资10亿美元，承包商为美国ABB鲁玛斯集团（ABB Lummus）、ABB Soimi、日商岩井公司（Nissho Iwai）、三井和东洋工程公司（Mitsui and Toyo Engineering）。未来，乌兹别克斯坦计划投资17亿美元扩建舒尔坦天然气化工厂。投资承包商为Enter Engineering和迈克德莫特（McDermott），2021年完成扩建。增加43万吨石脑油加工能力（原料来自乌兹别克斯坦GTL厂），将聚合物产量增加至50万吨，其中增加28万吨聚乙烯、10万吨聚丙烯和5万吨裂解汽油。

舒尔坦GTL厂由乌国油、南非沙索公司（Sasol）和马来西亚国家石油公司（Petronas，简称马国油）合资建设，2013年投产。该工厂加工乌兹别克斯坦舒尔坦气田的天然气，加工能力35亿米^3/年。每年生产67万吨柴油、28万吨煤油、28万吨喷气燃料、36万吨石脑油和6万吨液化石油气。

此外，乌兹别克斯坦正在新建一个GTL厂。乌兹别克斯坦GTL厂位于乌兹别克斯坦南部卡什卡达里亚（Kashkadarya），乌国油持股44.5%，南非沙索公司持股44.5%，马国油持股11%，计划投资36亿美元，承包商为南非沙索公司、韩国现代工程建设公司、德国伍德公司（Wood）、丹麦托普索（HaldorTopsoe）公司和雪佛龙公司。该厂设计天然气加工能力35亿米^3/年，计划2021年投产，可生产74万吨柴油、43万吨石脑油、31万吨航空煤油和5万吨液化石油气。

乌兹别克斯坦计划新建两个天然气化工项目。一是2019年乌国油与美国Air Products公司和Enter工程公司签订协议，建设MTO工厂。该工厂的年加工能力为15亿立方米天然气，可生产50万吨聚合物。二是苏尔汗（Surhan）天然气化工厂项目，其原料来自M25项目二期，年加工能力为15亿立方米天然气，可生产50万吨石化产品。

六、油气消费与进出口

1. 原油

乌兹别克斯坦禁止出口原油。随着原油产量的不断下降，乌兹别克斯坦于2006年开始进口原油，主要从俄罗斯、哈萨克斯坦和土库曼斯坦进口。2022年，受新冠疫情影响，乌兹别克斯坦原油产量下降至280万吨，进口量45万吨（表1-42）。

表1-42　2000—2022年乌兹别克斯坦油气供需平衡

类别	2000年	2005年	2010年	2015年	2018年	2019年	2020年	2021年	2022年
原油（万吨）									
产量	754	545	370	273	289	280	230	290	280
加工量	732	529	418	345	334	299	283	343	325
进口量	0	0	60	79	45	19	53	53	45
成品油（万吨）									
产量	719	547	413	363	402	400	318		
消费量	712	526	409	347	388	400	387		
出口量	7	21	4	16	14	0	−69	0	0
天然气（亿立方米）									
产量	545	587	637	528	595	575	490	509	489
消费量	496	484	510	401	467	411	440	465	483
进口量	16	11	0	0	0	0	0	0	0
出口量	66	120	126	116	144	164	50	45	25

数据来源：bp，IEA。

注：原油包括天然气液和凝析油等。部分年份数据不平衡是因为有库存数。

2. 成品油

2020年，乌兹别克斯坦石油消费量387万吨（表1-43）。石油消费品种主要包括汽油、煤油、柴油和其他石油产品，其中汽、柴、煤油消费占总消费量的67%。汽油、柴油、煤油主要用于交通领域，LPG则主要用于居民和交通领域。

表1-43　2020年乌兹别克斯坦成品油消费结构　　（单位：万吨）

品种	交通	工业	公共部门	其他	合计
汽油	106	0	14	0	120
柴油	122	7	0	0	129
煤油	10	1	1	0	12
其他	29	22	0	75	126
总计	267	30	15	75	387

数据来源：IEA。

乌兹别克斯坦没有成品油出口。乌兹别克斯坦成品油产量由原油加工和天然气合成油两部分组成。2020年，乌兹别克斯坦生产成品油318万吨，全部用于国内消费。

3. 石化产品

乌兹别克斯坦石化产品种类很少，主要进口合成树脂和少量化肥。2022年，乌兹别克斯坦进口合成树脂45万吨，主要从中国、伊朗和俄罗斯进口；进口化肥16.3万吨，主要从哈萨克斯坦进口。乌兹别克斯坦主要出口合成树脂，2022年出口量为25万吨。

4. 天然气

2022年，乌兹别克斯坦天然气消费量483亿立方米，主要用于居民供气和工业用气，分别占比47%和21%。2020年，受新冠疫情和低油价的影响，乌兹别克斯坦暂停对俄罗斯天然气出口，并大幅缩减对华天然气出口，2022年天然气出口量仅为25亿立方米。乌兹别克斯坦政府计划2025年停止天然气出口，生产的天然气全部用于本国消费。

七、合作风险评价

1. 政治风险

政治风险低。2023年，米尔济约耶夫连任总统，执政根基牢固，保障了其推行改革的连贯性。目前，乌兹别克斯坦国内无明显具备实力的反对派。在对外交往领域呈现灵活务实、谋求发展的鲜明特点，为与中亚邻国建立"相互依存"关系而努力，重视与俄罗斯、中国、美国等大国发展外交关系，抗干扰能力强。

2. 安全风险

安全风险中。恐怖势力和边界纠纷是影响乌兹别克斯坦安全的两大因素。乌兹别克斯坦人口众多，地形复杂，是中亚极端主义滋生地和恐怖组织发源地。近年来，乌兹别克斯坦积极与阿富汗政府和塔利班接触，主导中亚地区反恐。此外，乌兹别克斯坦军事力量在地区最强，对恐怖极端主义打压力度强。米尔济约耶夫上台后，乌兹别克斯坦加紧与邻国协商解决边界问题。乌兹别克斯坦与吉尔吉斯斯坦80%以上的有争议边界在原则上得到解决。乌兹别克斯坦与哈萨克斯坦、塔吉克斯坦两国积极接触、协商，正在努力推动解决边界问题。未来，在不发生重大突发事件的前提下，乌兹别克斯坦安全形势将呈"基本可控、隐患犹存"的总体特征。

3. 政策风险

政策风险低。政治稳定性保证了乌兹别克斯坦政策的连贯性。米尔济约耶夫上台后，乌兹别克斯坦大力推行改革开放，对外合作环境更为宽松，政策收紧的可能性不大。但是，乌兹别克斯坦法律不完善，在实际操作中，常以总统令、内阁规定等文件调节外商和外国投资，政策较为多变。乌兹别克斯坦计划经济色彩浓厚，行政干预严重，容易出现权力寻租现象。当地相关部门在落实外资企业相关税收优惠政策时，执行标准不一，时常走样。

4. 经济风险

经济风险中。随着乌兹别克斯坦市场化改革的推进，其经济发展前景乐观，但短期内通货膨胀压力较大。根据世界银行数据，2020年侨汇收入在乌兹别克斯坦GDP的占比达到11.8%，2021年达到13.3%，2022年达到20%以上。乌兹别克斯坦赴俄罗斯务工人数较多，受乌克兰危机影响，在俄罗斯务工人数有所下降，从2022年的290万人降至2023年的170万人。尽管乌兹别克斯坦经济复苏强劲，但侨汇收入在GDP的占比仍在增长，收入总量呈下降趋势。乌兹别克斯坦政府采取趋紧的货币政策，以应对通胀压力。乌兹别克斯坦不断推进汇率自由化，由于其对国际市场的参与度低，汇率稳定性较强。受俄罗斯等周边国家货币贬值的影响，乌兹别克斯坦苏姆近年来持续贬值，但贬值幅度不大，处于可控范围之内。

八、产业发展重点

乌兹别克斯坦天然气资源丰富，是中亚天然气管道的重要过境国，但乌兹别克斯坦油气工业发展滞后，缺乏资金、技术，成品油和石化产品依赖进口。随着"一带一路"建设的推动，中乌在勘探开发、提高采收率、工程技术服务、装备制造、成品油和石化产品贸易、管道安全共保等领域合作潜力巨大。

勘探开发方面，乌兹别克斯坦石油产量大幅下降，天然气上产日趋困难，增储上产是乌兹别克斯坦政府当前主要的任务之一。乌兹别克斯坦迫切需要外资进入油气勘探开发领域，进行新区勘探。中国可加强与乌兹别克斯坦的油气风险勘探合作，重点关注阿姆河盆地油气富集区的风险勘探合作机会；重视主力气田提高天然气产量的合作，开展老油田提高采收率合作。

工程技术服务和装备制造方面，技术装备落后和资金匮乏是制约乌兹别克斯坦油气行业发展的主要障碍。乌兹别克斯坦上游工程技术服务市场前景广阔，技术装备需求潜力大，但当地服务能力较弱。中国可加强与乌兹别克斯坦的技术服务和装备合作，提升上游合作的服务能力和保障能力。

成品油和石化产品贸易方面，乌兹别克斯坦汽油、煤油、柴油及大部分石化产品均需进口，中国可利用新疆的炼化设施，辐射中亚地区，向乌兹别克斯坦出口其所需的成品油和石化产品，满足其国内需求。

管道安全共保方面，乌兹别克斯坦是中亚天然气管道的重要过境国和气源地，对保障中国能源安全和促进乌兹别克斯坦经济发展具有重要意义，中乌两国可在上合组织框架内，协同建立管道安全共保机制，保障管道安全平稳运营。

［本节撰写人：冯贺］

第五节　塔吉克斯坦

塔吉克斯坦共和国（简称塔吉克斯坦）位于中亚东南部，东与中国接壤，南与阿富汗接壤，西与乌兹别克斯坦毗邻，北部与吉尔吉斯斯坦相连。面积14.31万平方千米，人口1001万人。

一、国际关系

1. 地缘政治

塔吉克斯坦是中亚地区经济欠发达国家，是中亚五国中唯一的主体民族非突厥族系的国家。塔吉克斯坦是阻止阿富汗动乱向中亚蔓延的前哨，是防止伊斯兰原教旨主义和毒品走私进入中亚的前沿阵地，地理位置极为重要。

塔吉克斯坦是俄罗斯阻隔外部大国势力进入中亚的缓冲区。普京上台以来，俄罗斯加强对中亚的整合力度。俄罗斯在塔吉克斯坦驻有俄罗斯境外最大的军事基地——201军事基地，这也是塔吉克斯坦国家安全的重要保障。2022年乌克兰危机爆发后，俄罗斯总统普京首次外访的目的地就是塔吉克斯坦，塔吉克斯坦拉赫蒙总统亲赴机场迎接，两个人会谈至深夜，重点讨论双边关系和阿富汗局势。2023年3月，俄罗斯总理米舒斯京访塔吉克斯坦，会晤拉赫蒙、鲁斯塔姆、拉苏尔佐达等塔吉克斯坦领导人，讨论续推俄塔经贸合作等议题。

对美国而言，塔吉克斯坦可助其稳定阿富汗局势，扩大美国在中亚地区的影响力。"9·11"事件后，美国借反恐之名入驻中亚，向塔吉克斯坦提供经济、军事援助，但一直未能在塔吉克斯坦建立军事基地。乌克兰危机爆发后，趁俄罗斯无暇东顾，美国试图扩大在中亚地区的影响力，强化自美国从阿富汗撤军后趋弱的地缘政治影响力。美国一方面将对塔吉克斯坦合作纳入"中亚五国＋美国"多边合作框架，重申其对确保塔吉克斯坦独立、主权和领土完整的承诺，大力兜售"价值观外交"，警告塔吉克斯坦不要助俄罗斯规避制裁。另一方面，美国加强与塔吉克斯坦双边各领域合作，尤其聚焦安全合作。2022年8月，美国与地区多国在塔吉克斯坦首都杜尚别举办"区域22"联合军演，系历史上美国在中亚最大规模的军事演习。同年11月，美国向塔吉克斯坦民警卫队移交10辆总价值达85.8万美元的越野车。2023年2月，美国再次向塔吉克斯坦移交新一批防弹背心、特种军用车等军用物资。但是，美国与塔吉克斯坦的安全合作整体水平不高。2023年9月，借联合国开会期间，美国总统拜登与中亚五国领导人在联合国总部举行了首届"C5+1"首脑峰会，力图进一步拉拢包括塔吉克斯坦在内的中亚五国，将它们作为美国与俄罗斯、中国博弈的前哨之地。

欧洲国家对塔吉克斯坦政策相对超脱，态度也基本以附和美国的中亚政策为主。

塔吉克斯坦与吉尔吉斯斯坦、乌兹别克斯坦存在划界争端，但各方较为克制。塔吉克斯坦地处阿姆河上游，与处于下游的邻国乌兹别克斯坦在跨境民族、领土争议等问题上存在矛盾，尤其在水资源利用问题上冲突激烈。乌兹别克斯坦以影响下游棉花灌溉为由反对塔吉克斯坦兴建大坝。但双方政府均不愿扩大事态，表示将尽快解决水资源问题。

塔吉克斯坦与中国和阿富汗接壤，对联合打击恐怖主义极端组织、遏制阿富汗动乱扩散具有重要意义。塔吉克斯坦是中亚五国里最抵触阿富汗塔利班政权的国家。2022年以来，塔吉克斯坦与阿富汗两国的边防军在边界时有交火。双方在阿北部塔吉克族人权利问题上分歧巨大，且不见缓和迹象。

2. 外交政策

塔吉克斯坦奉行大国平衡的外交政策，将巩固独立地位、维护国内稳定、争取外部经济援助作为外交中心任务。优先发展与俄罗斯、中国、美国的关系。

目前，塔吉克斯坦已加入联合国、欧洲安全与合作组织（简称"欧安组织"）、独立国家联合体（简称"独联体"）、上海合作组织、经济合作与发展组织、欧亚经济共同体、伊斯兰会议组织等30多个国际和地区性组织。自1992年独立以来，塔吉克斯坦一直视俄罗斯为主要的战略伙伴，积极参与在独联体框架内的一体化合作。塔吉克斯坦重视发展与美国的关系，"9·11"事件后两国交往日趋频繁，在安全、禁毒、边防等领域合作密切。

塔吉克斯坦在独立之初就与中国建立外交关系，目前两国的政治经贸关系处于历史最好时期。2013年，中塔建立战略伙伴关系，全面深化合作。2017年两国建立全面战略伙伴关系。2023年5月，塔吉克斯坦总统拉赫蒙来华出席中国—中亚峰会并对华进行国事访问。习近平主席同拉赫蒙总统举行会谈，两国元首共同签署并发表《中华人民共和国和塔吉克斯坦共和国联合声明》。塔吉克斯坦支持"一带一路"建设，并于2015年1月成为亚投行第26个意向创始成员国。

二、政治社会形势

1. 政体

塔吉克斯坦宪法规定，塔吉克斯坦是世俗、民主、法治国家；实行总统制。总统为国家元首、政府首脑和武装部队统帅，由全民直接选举产生，每届任期7年，可连任一届。议会为两院制，是国家最高代表机关和立法机关。上院为民族院，主要职能是确定、修改或撤销国家行政区划；根据总统提议选举和罢免宪法法院院长、最高法院院长、总检察长等。下院为代表会议，下院的主要职能是组建选举及全民公决委员会；就法律草案提请全民公决；批准国家经济和社会发展计划；批准获取和发放国家贷款；批准总统令等。

2. 政局

拉赫蒙自1994年担任总统至今，2020年10月以超过90%的得票率再次连任。拉赫蒙总统实行威权政治，牢固掌控强力部门，政治地位较为稳固。2016年5月，塔吉克斯坦通过全民公决再次修宪，拉赫蒙总统可无限期连任；同时，总统候选人最低年龄制由35岁降为30岁，为总统接班人做准备。拉赫蒙总统已年近70岁，总统的继任者与权力交接是该国政局最大变数。拉赫蒙的儿子鲁斯塔姆·埃莫马利是总统继任者的热门人选。

鲁斯塔姆·埃莫马利，1987年12月19日出生，毕业于塔吉克斯坦国立大学国际经济关系系，是俄罗斯外交部外交学院专训班的学员。2006年，年仅19岁的鲁斯塔姆出任塔吉克斯坦经济发展与贸易部世贸组织合作部门首席专家，从此步入政坛，曾担任塔吉克斯坦海关总署主席、反腐败局局长。2017年1月起，任塔吉克斯坦首都杜尚别市市长；2020年2月，被选为塔吉克斯坦议会上院议员；同年4月任上院议长，成为塔吉克斯坦2号人物。

3. 安全形势

塔吉克斯坦是中亚地区安全的薄弱环节。近年来，受中东和南亚安全形势影响，该国安全形势复杂化。一是分裂势力兴风作浪。塔东部的戈尔诺—巴达赫尚地区（简称戈州）一直是塔吉克斯坦的安全软肋，该地区语言和民族异于其他地区，内战期间曾是叛军大本营，后被中央政府收复。近年来，戈州民族分裂势力再度活跃，塔吉克斯坦当局实行"全面清剿"，虽可一时控局但难以化解根本矛盾。二是阿富汗安全形势恶化，威胁国家和社会安全。塔利班重新掌权后，与拉赫蒙政府围绕阿北部塔吉克族权利等问题龃龉不断。三是塔吉边界冲突不断。2021年，塔吉爆发"一日战争"。2022年10月，两国再次爆发边界冲突，伤亡人数、冲突烈度创历史之最。当前，两国的边界谈判陷入僵局，俄罗斯也未展现出协助解决的意图。

塔吉克斯坦是受阿富汗毒品影响最为严重的国家。毒品走私给塔吉克斯坦人民的正常生活造成了严重干扰。中亚地区成为国际贩毒活动的重要中转站，而塔吉克斯坦又是毒品走私进入中亚的前沿阵地。

三、经济形势

1. 总体形势

近年来，塔吉克斯坦经济保持平稳发展，连续多年的通货紧缩局面得以改善，国家收入有所增加。但该国经济规模相对较小，对国际社会依赖严重。近年来，受新冠疫情和乌克兰危机影响，塔吉克斯坦经济增速有所下滑。2020年该国GDP增速仅4.4%，2022年恢复至8%，在中亚地区处于中等水平（表1-44）。截至2021年初，塔吉克斯坦外债余额为70.5亿美元，主要为长期贷款。塔吉克斯坦外债主要用于能源、交通等基础设施建设。塔吉克斯坦举借外债的规模和条件受到IMF的限制，其外债规模不得超过GDP的40%。为满足国内大型战略项目（如罗贡水电站）建设融资需求，塔吉克斯坦政府正尝试提高外债比例，目前正同IMF等国际组织进行磋商。

表1-44 2000—2022年塔吉克斯坦主要经济指标

经济指标	2000年	2005年	2010年	2015年	2018年	2019年	2020年	2021年	2022年
GDP（亿美元，现价）	8.6	23.1	56.4	82.7	77.6	83	81.3	89.4	104.9
人均GDP（美元）	137	334	740	970	850	889	852	917	1054
GDP增速（%，不变价）	8.3	6.7	6.5	6	7.6	7.4	4.4	9.4	8
通货膨胀率（%）	22.6	9.5	12.5	6.9	2.5	3.7	1.7	10	6
失业率（%）	15.1	13.1	10.9	7.6	7	7	7.5	7.7	7.8
外汇总储备（亿美元）	0.9	1.9	4	4.9	12.8	14.7	22.4	24.9	38.5
财政盈余（亿美元）	-0.6	-0.7	-1.7	-1.5	-5.7	-5.2	-3.6	-0.6	-1.4
政府净债务（亿美元）	11.4	11.2	35.6	51.4	60.9	66.4	69.5	70.5	
外国直接投资净流入（亿美元）	0.2	0.5	0.9	4.5	2.2	2.1	1.1	0.8	1.7

资料来源：IMF，世界银行。

2. 经济结构

塔吉克斯坦主要收入来源是农业生产、铝材出口和境外侨民汇款。新冠疫情期间，塔吉克斯坦加大了对农业生产的支持力度，特别是扩大了土豆的种植面积，但国际市场贵金属、有色金属、棉纱等价格下跌，境外移民汇款大幅减少，对塔吉克斯坦外汇收入和居民生活水平造成负面影响。2021年国内生产总值中，农业占GDP的40.2%，主要以棉花种植为主；工业占GDP的18.2%，电力工业和铝冶炼是该国优势产业；建筑业占GPD的8.1%；服务业占GDP的23.7%。该国所需燃料、油料、轻工业产品、日用消费品和部分食品都依赖进口。

3. 货币政策

塔吉克斯坦货币是索莫尼，为可自由兑换货币。根据塔吉克斯坦《投资法》规定，投资者有权在塔吉克斯坦开立本币及外币账户，完税后有权将塔吉克斯坦本国货币自由兑换成其他货币，同样可认购其他外币用于支付塔吉克斯坦境外业务。外汇汇进汇出自由，投资者有权将合法投资和经营利润所得外币收入汇出，利润汇出到中国需要缴纳8%的税费。2015年，人民币与塔吉克斯坦货币索莫尼跨境结算正式启动。2016年5月，一些商业银行出现财政危机后，塔吉克斯坦开始限制向境外汇款，塔吉克斯坦公民每天向境外汇款上限为2.7万索莫尼（约3000美元）。2018年4月，塔吉克斯坦国家银行对《对无银行账户个人的汇款程序》规定进行修改，放松向境外汇款管制。修改后，塔吉克斯坦公民每天向境外汇款上限为8.75万索莫尼（约1万美元），且无须提交随附文件。自然人携带3000美元以上现金出入境需要申报。

塔吉克斯坦实行有管理的浮动汇率机制，塔吉克斯坦国家银行（NBT）在外汇市场中对其汇率进行调控。由于经济缺乏动力、常年巨额贸易赤字、外汇储备水平很低，索莫尼长期处于逐步贬值的趋势。2019—2021年，索莫尼兑美元的汇率从9.53：1、10.32：1降至11.31：1。

4. 外资吸引力

塔吉克斯坦鼓励外资在水电、煤炭、石油和天然气等领域的投资。根据塔吉克斯坦国家投资和国有资产委员会数据，2021年，塔吉克斯坦吸引境外投资7.18亿美元，其中直接投资3.42亿美元，直接投资主要用于矿产开采业、金融业、加工业、旅游业等。2021年中国对塔吉克斯坦直接投资2.11亿美元，占塔吉克斯坦外国直接投资总额的61.7%，主要投资行业为金属、宝石等矿产开采行业。

四、油气对外合作

1. 油气政策

1994年塔吉克斯坦通过《地下资源法》，并分别于1995年、2008年和2010年对该法进行了修订。该法规定，所有能源领域的勘探生产活动必须得到相关部门的批准和授权。塔吉克斯坦于2007年通过《产量分成合同法》，规定采用油气领域产量分成合同进行对外合作。2011年，塔吉克斯坦对《地下资源法》进行修订，进一步明确招标的公开性、勘探开发与生产的联系性，以及外资企业与政府之间的权利义务等，油气合作政策总体朝有利于投资者的方向变动。2015年塔吉克斯坦通过《油气法》。该法规定，塔吉克斯坦油气资源归国家所有，但生产的油气归公司所有。

2. 油气监管

塔吉克斯坦能源与水资源部是其油气行业的主管部门。该部门于2013年成立，主要负责授予油气区块、制定环保安全标准以及开展国际合作。塔吉克斯坦石油天然气公司负责油气资源的开发。天然气运输公司负责天然气的进口、运输与销售。石油产品公司负责石油产品的进口、运输和销售。

3. 国际合作

(1) 勘探开发

目前,塔吉克斯坦油气上游对外合作的项目主要有10个,包括伯格达天然气项目(Bokhtar)、苏尔赫西莫和卡罗登油田项目(Surkhsimo and Qarordon fields)以及费尔干纳盆地油田项目等。

2012年,中国石油、加拿大克能石油和法国道达尔公司获得伯格达天然气项目的产量分成合同(表1-45)。2013年Edgo能源公司获得苏尔赫西莫和卡罗登油田项目的产量分成合同。2012年Somon石油公司获得费尔干纳盆地区块的产量分成合同。

表1-45 中国企业在塔吉克斯坦主要合作项目

项目名称	中国企业	签约年份	项目类型	备注
伯格达天然气项目	中国石油	2012	勘探开发	中国石油持股33.335%、加拿大克能石油持股33.33%、道达尔公司持股33.335%
中亚天然气管道D线项目	中国石油	2014	油气管道	规划中

资料来源:ETRI。

此前,俄罗斯天然气工业公司在塔吉克斯坦曾拥有楞冈(Rengan)、萨尔加松(Sargazon)、萨里卡梅什(Sarikamysh)和西朔哈姆巴雷(West Shaambary)四个区块。但2012年后逐步退出。先是2012年退出了楞冈和萨尔加松区块,2016年又退出了萨里卡梅什和西朔哈姆巴雷。

(2) 炼油化工

中塔合资"TK-Oil"公司在哈特隆州丹加拉市投资建设的炼油厂已完成全部的建设和安装工作,做好了开工准备。该炼厂由中国山东东营和力发展有限公司投资,投资额超过9000万美元,初期将每年加工50万吨石油,主要生产柴油、低辛烷值A-80及A-92汽油、建筑沥青,未来年加工能力可达到120万吨,可生产欧Ⅳ及欧Ⅴ标准的汽油、液化石油气、柴油、石蜡及建筑沥青。

（3）工程业务

塔吉克斯坦国内工程技术服务水平较低，塔吉克斯坦财力不足，也没有足够的技术人员，不能独立完成油气田开发的工程技术服务，相应工作主要依靠外国公司。塔吉克斯坦油气技术服务工作主要集中在油气田勘探开发、油气储运和处理，外国油田服务公司在塔吉克斯坦的市场占有率超过70%。目前在塔吉克斯坦从事油气工程技术服务的外国公司主要有俄罗斯天然气工业公司和中国石油。

塔吉克斯坦工业基础薄弱，科研经费投入有限，装备研发能力极低，且国内物资匮乏，油气田物资装备基本依赖进口。目前，塔吉克斯坦地震勘探装备主要由中国公司提供，占比超过70%；钻完井等设备主要由中国公司和俄罗斯公司提供。

五、油气工业

1. 油气生产

（1）油气资源

塔吉克斯坦油气资源并不丰富，石油和天然气待发现资源量分别为0.3亿吨和1075亿立方米，油气资源主要分布于费尔干纳盆地和阿富汗–塔吉克盆地。该国油气探明储量维持在较低水平，2022年石油剩余探明储量仅为260万吨，天然气剩余探明储量30亿立方米。

（2）油气生产

受资源禀赋的限制，塔吉克斯坦油气产量一直较低，2022年石油产量约2万吨，天然气产量约0.01亿立方米（表1-46）。近年，塔吉克斯坦没有重要的油气发现，且开采条件复杂，钻井深度达8000～9000米，未来增产潜力不大。

表 1-46　2000—2022 年塔吉克斯坦油气产量

类别	2000 年	2005 年	2010 年	2015 年	2018 年	2019 年	2020 年	2021 年	2022 年
石油（万吨）	2	2	3	2	2	2	2	2	2
天然气（亿立方米）	0.4	0.3	0.2	0.04	0.01	0.01	0.01	0.01	0.01

数据来源：ETRI。

2. 基础设施

塔吉克斯坦油气管网不发达，目前仅有一条穆巴拉克－杜尚别天然气管道，通过该管道从乌兹别克斯坦进口天然气。该国成品油主要从俄罗斯、哈萨克斯坦和土库曼斯坦通过铁路和公路进口。塔吉克斯坦是中亚天然气管道 D 线主要过境国，该线塔吉克斯坦段长 410 千米，在各过境国中长度最长，管道建成后将为塔吉克斯坦提供 3000 多个就业岗位，在 35 年协议期内将为塔吉克斯坦带来 37 亿美元的财政收入。

3. 炼油工业

塔吉克斯坦炼油工业尚处于起步阶段。目前，该国只有一座在产炼厂，位于沙赫利纳夫区，总投资 1500 万美元，加工能力 10 万吨/年，可生产两种柴油和 80 号汽油（相当于欧Ⅱ标准）。目前中塔合资的丹加拉市炼油厂已完成建设工作。

4. 石化工业

塔吉克斯坦石化工业基本空白，石化产品需求全部依赖进口。

六、油气消费与进出口

塔吉克斯坦是中亚油气资源最贫乏的国家，95% 以上的油气消费依靠进口。

1. 原油

塔吉克斯坦原油产量极低，无法满足本国炼厂需求。2022年，塔吉克斯坦原油产量约2万吨，全部用于本国炼厂加工。

2. 成品油

塔吉克斯坦成品油产量极低，无法满足本国需求。据塔吉克斯坦统计局数据，2022年，塔吉克斯坦生产汽油510吨、柴油4000吨、燃料油5100吨和沥青3200吨。

塔吉克斯坦进口成品油90%以上来自俄罗斯。2022年，塔吉克斯坦进口约85.3万吨石油产品，其中包括：38.7万吨柴油，32万吨汽油，6万吨航空燃料，4.06万吨石油焦，3万吨沥青和燃料油，其他石油产品0.12万吨。

3. 石化产品

塔吉克斯坦石化产品需求较小，且全部依赖进口，进口种类主要为合成树脂和合成橡胶。2022年，塔吉克斯坦进口合成树脂10.8万吨，进口合成橡胶1.6万吨。短时间内该国不会摆脱需进口石化产品的局面。

4. 天然气

塔吉克斯坦天然气消费量很低，主要从周边国家进口。90%以上的液化天然气从哈萨克斯坦进口。2022年，该国进口液化天然气39.7万吨。

七、合作风险评价

1. 政治风险

政治风险中。近年来，塔吉克斯坦延续务实多元的外交政策，以经济、安全和能源为重点，为国内经济发展营造良好的周边和国际环境。总统拉赫蒙牢固掌控强力部门，政治地位较为稳固。但拉赫蒙年事已高，塔吉克斯坦面临政权更迭的风险。

2. 安全风险

塔吉克斯坦安全风险高。塔吉克斯坦与阿富汗的边境线长达 1300 千米，由于军事力量较弱，塔吉克斯坦无法有效保障其边境安全。塔阿边境已经成为毒品和恐怖主义的自由走廊。俄罗斯、乌兹别克斯坦对此极为头疼，也曾经多次对塔吉克斯坦提供援助，但收效甚微。在美军撤出阿富汗之后，中亚重新面临阿富汗问题的困扰，一旦极端势力卷土重来，塔吉克斯坦将首当其冲面临恐怖主义的困扰。此外，塔吉克斯坦和吉尔吉斯斯坦的边界冲突不断，导致塔国安全风险高企。

3. 政策风险

塔吉克斯坦政策风险低。塔吉克斯坦政府对合同的执行力与保护均较弱，政府毁约是外国投资者在塔吉克斯坦面临的主要风险。未能履行政府规定义务的企业，存在被政府取消相关合同的风险。但是，与政府及拉赫蒙家族签订的对外合作合同风险相对较小。

4. 经济风险

塔吉克斯坦经济风险高。塔吉克斯坦货币稳定性差，因乌克兰危机、俄罗斯卢布贬值等引发塔国货币大幅贬值的可能性大。由于俄罗斯经济受制裁影响较大，塔吉克斯坦经济发展也不容乐观。塔吉克斯坦金融体系不完善，偿债能力低，在关键商品进出口价格和供应量出现不利变化时，塔吉克斯坦经济容易出现剧烈动荡。

八、产业发展重点

近年来，中塔两国政经关系不断加强，油气领域合作已经起步。随着中亚天然气管道 D 线的建设，中塔两国在资源普查、勘探开发、管道建设、技术服务和装备、油气贸易、管道安全保障等领域存在新的合作机会。

资源普查方面，塔吉克斯坦有一定的油气资源潜力，但资源量不清晰，国内尚无能力进行资源普查工作。

油气勘探开发方面，塔吉克斯坦探明程度低，需要加强勘探。

管道建设方面，除稳步推进中亚天然气管道 D 线的建设外，塔吉克斯坦新建丹加拉等炼厂项目需要配套的原油管线建设，中国的管道建设队伍可从中发现新的合作机会。

工程技术服务和装备方面，塔吉克斯坦石油勘探开发工程技术落后，为中国石油企业发挥其在技术、人员和国际合作等方面的相对优势、扩大油气领域的工程承包和装备出口合作创造了条件。

油气贸易方面，塔吉克斯坦成品油、天然气和化工产品均不能满足本国需求。中国可通过新疆的油气产业园区向其提供成品油和化工产品，利用中亚天然气管道 D 线，向其提供天然气，满足其国内需求。

管道安全保障方面，中亚天然气管道 D 线投入运营后存在一定的安全风险，中塔两国可在上合组织框架内，建立过境管道安全共保机制，防止管道被破坏，保障中塔两国天然气稳定供应和塔吉克斯坦过境费收入的稳定。

[本节撰写人：冯贺]

第六节　吉尔吉斯斯坦

吉尔吉斯共和国（简称吉尔吉斯斯坦）位于中亚东北部，是内陆国家。北部和东北部与哈萨克斯坦毗邻，南部与塔吉克斯坦相连，西南部与乌兹别克斯坦交界，东部和东南部与中国接壤。国土面积 19.99 万平方千米，人口 703.76 万人。

一、国际关系

1. 地缘政治

吉尔吉斯斯坦位于欧亚大陆腹心地带，是连接欧亚大陆和中东的要冲，在中亚地区具有战略通道的作用。吉尔吉斯斯坦与中国新疆紧密相连，是中亚地区与中国连接的门户，对"一带一路"的建设战略意义重大。

中亚地区是俄罗斯传统的势力范围。俄罗斯高度重视与吉尔吉斯斯坦的战略伙伴关系。吉尔吉斯斯坦因其地理位置的重要性，也是美国全球战略链条中的重要国家。

2. 外交政策

吉尔吉斯斯坦资源贫乏、经济以及军事实力较弱，一直奉行多元平衡外交政策。出于国家利益最大化的考虑，吉尔吉斯斯坦在坚持多元平衡外交政策的同时，也有所侧重，具体表现为稳固与俄罗斯的战略伙伴关系、积极推动和改善与周边邻国之间的关系；加强在突厥语国家组织框架内的合作，以及在"一带一路"倡议下加强与中国的合作。

吉尔吉斯斯坦视对华关系为对外政策的优先发展方向之一。近年来吉中关系健康顺利发展，各领域合作不断扩大。2018年6月，双方将中吉关系提升为全面战略伙伴关系。2019年6月，习近平主席访问吉尔吉斯斯坦并出席上海合作组织成员国元首理事会第十九次会议。

二、政治社会形势

1. 政体

吉尔吉斯斯坦属政教分离的世俗国家，政治上推行民主改革并实行多党制。2021年1月10日吉尔吉斯斯坦举行总统选举并就国家政体进行全民公投，国家体制由议会制改回总统制，萨德尔·扎帕罗夫在总统大选中获胜。总统任期为5年，最多只能连任一届。政府首脑为内阁主席，无固定任期，由总统任命，马里波夫为现任政府内阁主席。

2. 政局

吉尔吉斯斯坦政局不稳，政治生态复杂。2020年10月，吉尔吉斯斯坦议会选举中未进入议会的党派支持者对选举结果不满，要求重新投票，后爆发冲突，导致近600人死亡，时任总统被迫下台。此事件被称为"十月事件"。"十月事件"引发了吉尔吉斯斯坦独立以来的第三次非正常权力更迭，反对派领袖扎帕罗夫由阶下囚跃至权力之巅，成为新一届总统。扎帕罗夫执政后积极推动全面改革，消除"十月事件"影响，稳固政治局势。具体来说，通过加强国家顶层设计，完善司法制度，加大反腐力度，推进社会建设等举措，大体上实现了国家局势的稳定，为经济社会等领域的发展奠定了基础。但改革推行的各项改革举措触动了部分既得利益者的利益，加之，受新冠疫情及国内经济下行的影响，民众生活困难，为反对派质疑政府执政能力提供了借口。

3. 安全形势

吉尔吉斯斯坦边境安全形势紧张且风险大，非传统安全形势依旧严峻，毒品走私和非法越境有增无减，极端组织仍旧活跃。

边境安全形势紧张。吉塔边境争议主要由未划界地区的归属问题引起。近年来，吉塔边境安全形势日趋紧张，2021年4月与2022年9月发生的两起大规模武装冲突，造成双方多人死亡。

宗教极端主义组织活跃。吉尔吉斯斯坦国内固有的社会问题以及政府治理能力的不足、恐怖分子流窜等都为宗教极端组织的发展提供了生存空间。"伊扎布特"（"伊斯兰解放党"）是目前在吉尔吉斯斯坦活动最频繁的宗教极端组织。该组织旨在通过发动非暴力的和平"圣战"，建立单一的伊斯兰教法统治的哈里发国家。

社会问题激化，国内犯罪案件仍居高。受新冠疫情影响，吉尔吉斯斯坦国内大批企业歇业，国外劳务移民也暂时失去收入来源，社会问题突出，加之国内腐败现象屡禁不止，这些都为国内犯罪、毒品走私以及宗教极端主义的滋生创造了条件。2021年上半年，吉尔吉斯斯坦已登记了至少2.35万起违法犯罪案件，这些案件严重影响了人民正常的生产生活。

三、经济形势

1. 总体形势

吉尔吉斯斯坦是中亚地区最贫穷的国家之一，经济规模较小，经济发展受外部影响较大。新冠疫情发生后吉尔吉斯斯坦边境关闭、对外贸易急剧减少，中小企业经营陷入困境；疫情导致吉尔吉斯斯坦在俄罗斯劳务人员收入锐减甚至失业，2020年吉尔吉斯斯坦GDP增速为−8.6%（表1-47）。2021年初扎帕罗夫就任总统后，推出一系列经济改革措施，初显成效，主要包括优化产业发展，推动基础设施建设，促进运输及物流领域发展，实现库姆科尔金矿国有化，增加税收，改善投资环境，支持企业发展等。2021年吉尔吉斯斯坦GDP实现了自新冠疫情暴发以来的首次增长，2022年GDP大幅增长，达到7%。

表1-47　2000—2022年吉尔吉斯斯坦主要经济指标

经济指标	2000年	2005年	2010年	2015年	2018年	2019年	2020年	2021年	2022年
GDP（亿美元，现价）	13.7	24.6	46.2	65.7	82.7	84.5	77.4	85.4	109.3
人均GDP（美元）	279	476	843	969	1308	1309	1167	1266	1358
GDP增速（%，不变价）	5.4	-0.2	-1.4	3.5	3.7	4.5	-8.6	3.6	7%
通货膨胀率（%）	27.2	7.1	10.0	6.5	1.5	1.1	6.3	11.9	13.9
失业率（%）	7.5	8.1	8.6	7.6	6.0	6.3	6.5	6.7	6.8
总储备（亿美元）	2.6	6.1	17.2	17.8	21.6	24.3	28	29.78	
财政盈余（亿美元）	-0.3	0.1	-2.8	-1.6	-0.5	-0.1	-2.5	-1.4	-4.6
政府净债务（亿美元）	14.0	18.8	28.6	44.8	45.3	45.8	52.7	52.1	59.2
外国直接投资净流入（亿美元）	0	0.4	4.3	11.4	-1.1	1.4	-4.0	2.5	

数据来源：IMF。

2. 经济结构

吉尔吉斯斯坦经济以农牧业为主，工业基础薄弱，严重依赖金矿产业。2021年吉尔吉斯斯坦GDP中，农业占14.7%，工业占18.4%，服务业占45.2%。

3. 货币政策

吉尔吉斯斯坦货币为索姆，可自由兑换。目前，人民币与索姆不能直接结算，但可以在部分当地货币兑换点进行少量兑换。在吉尔吉斯斯坦注册的商业银行可在吉尔吉斯斯坦境内和境外自由买进或卖出外汇。任何个人、机构、团体都可在商业银行、金融机构以及兑换点将索姆与美元进行自由兑换，不需要任何手续，不受额度限制。

吉尔吉斯斯坦实行浮动汇率制度。索姆稳定性差，主要受俄罗斯卢布和周边国家货币影响。此外，全球范围内的美元波动等外部环境变化也会对吉尔吉斯斯坦货币稳定性产生影响。近年索姆持续贬值，2021年平均汇率为1美元兑85索姆，同比贬值10.4%。乌克兰危机爆发后索姆曾大幅贬值，达到1美元兑105索姆左右，此后吉尔吉斯斯坦通过出售美元等干预手段，索姆汇率恢复到1美元兑85索姆的水平。随着乌克兰危机升级，不排除索姆再次贬值的可能性。

4. 外资吸引力

吉尔吉斯斯坦的经济自由度较高，市场准入较宽松。过境运输优势明显。但同时法制建设仍处于完善之中，执法标准不一、外资项目受到各种检查、部分官员腐败现象等情况仍对吉尔吉斯斯坦投资环境有较大影响。世界银行发布的《2020年营商环境报告》显示，吉尔吉斯斯坦在全球190个经济体中营商容易度排名第80位。世界知识产权组织发布的《2022年度全球创新指数》显示，在132个国家和地区中，吉尔吉斯斯坦综合指数排名第94位。

2021年扎帕罗夫就任总统后致力于改善营商环境、吸引更多投资者，先后签署《保护财产和支持企业家和投资者》《关于向中小企业提供支持》《关于支持中小企业，创造有利税收环境》等总统令，旨在保护私有财产，消除国家对商业实体经济活动的非法干预，创造有利的投资和商业环境，进而刺激经济增长。此外，扎帕罗夫还签署了《关于吉尔吉斯斯坦税法》等法律。新税法首次提出，每年对税收激励措施进行评估，以监测其与国家发展优先事项的相关性。这使得政府能根据每项税收激励措施的效率，及时做出继续或取消的决定。同时，也将使政府能够为国家发展战略优先事项吸引更多私人投资。

四、油气对外合作

1. 油气合作政策

吉尔吉斯斯坦油气行业上下游均实施对外开放，采用产量分成合同模式与外资合作。吉尔吉斯斯坦现行政策鼓励外国投资者开发矿产资源，既允许外国投资者与吉尔吉斯斯坦方面合资合作开展勘探和开采，也允许外国公司独资从事矿产资源勘探和开采,并将开采出来的矿产品依法向境外出口。1998年,为提高国家能源供应的安全性和有效性,通过招商引资提高本国油气产量,吉尔吉斯斯坦颁布《油气法》,规范了本国的油气勘探、生产、加工、储运和销售活动。但由于该国资源条件不理想,虽有外国公司参与,油气领域并没有获得较大发展。

2. 油气合作监管

吉尔吉斯斯坦国家地质和矿产资源管理署是该国能源行业的主管部门,监管本国的油气行业。该部门下属的国家地下矿产资源调查处负责油气资源勘探和开发许可证的发放,并与外国公司签订油气勘探、开发、运输、销售和进口协议。外国公司必须向该调查处提交申请后才能在吉尔吉斯斯坦从事油气活动。吉尔吉斯斯坦石油天然气公司垄断经营吉尔吉斯斯坦境内油气资源的勘探开发,吉尔吉斯斯坦天然气公司负责天然气运输和销售。

2014年,俄罗斯天然气工业公司与吉尔吉斯斯坦签署为期25年的协议,全资收购吉尔吉斯斯坦国家天然气公司。吉尔吉斯斯坦国家天然气公司更名为俄气公司吉尔吉斯斯坦分公司,下设7个地区公司,获得吉尔吉斯斯坦境内的天然气进口、管道、分销网络、储存设施、土地等资产。

3. 国际油气合作

(1) 勘探开发

吉尔吉斯斯坦于1994年进行了第一轮油气勘探开发国际招标,但外界反应冷淡,结果不理想。1997年,吉尔吉斯斯坦进行第二轮招标,虽然合作方式仍为产量分成模式,但对招标条款和标准合同做了一些修改。近年来,吉尔吉斯斯坦加大对外开放力度,积极吸引外国石油公司参与本国油气的勘探开发。

中国企业已经进入吉尔吉斯斯坦,在勘探开发和管道建设领域的合作取得了一些成果(表1-48)。现有三家中企投资吉尔吉斯斯坦勘探开发领域三个项目,其中延长石油取得了11个勘探开发区块许可证。2012年4月,延长石油所属吉尔吉斯斯坦区块两口探井试油成功。2014年8月,中国熔盛重工(2022

年更名中国华荣能源有限公司,简称华荣能源)收购吉尔吉斯斯坦费尔干纳油气项目60%权益,参与吉尔吉斯斯坦4个油田(包括马利苏Ⅳ、东伊斯巴克特、伊斯巴克特、羌格尔塔什及奇克尔奇克5个石油区块)的开发。2014年12月,甘肃元方集团全资收购吉尔吉斯斯坦格拉芙公司,并获得吉尔吉斯斯坦北索赫油田和琼尕拉油田的油气开发权和销售权。

表1-48 中国企业在吉尔吉斯斯坦主要合作项目

项目名称	中国企业	签约年份	项目类型	备注
巴特肯油气公司	中国能建	2007	管道建设	中国能建持股100%
吉尔吉斯斯坦油气项目	延长石油	2011	勘探开发	延长石油持股100%,项目包括930和932两个勘探区块,面积达1.1万平方千米
费尔干纳项目	熔盛重工	2014	勘探开发	熔盛重工持股60%;Central Point Worldwide有限公司持股40%
格拉芙公司	元方集团	2014	勘探开发	元方集团持股100%
中亚天然气管道D线项目	中国石油	2014	管道建设	中亚天然气管道D线吉尔吉斯斯坦段全长215千米,设计运力为每年300亿立方米
中大石油炼油项目	中亚能源	2015	炼油	中亚能源持股100%

资料来源:ETRI。

(2)炼油化工

中国企业在吉尔吉斯斯坦有三座炼厂。陕西煤业在吉尔吉斯斯坦投资建设的卡拉巴德炼厂(Kara-Balta)于2013年投产,建设了80万吨/年常压减压蒸馏、50万吨/年重油催化裂化、10万吨异构化、10万吨非临氢、5万吨润滑油等生产装置以及配套的污水处理厂、输变电、铁路专运线等辅助设施。该炼厂炼油能力85万吨/年,项目二期投资计划将产能扩大到150万吨。新疆中油化工集团有限公司及其子公司投资6000万美元在吉尔吉斯斯坦建设的托克马克炼厂(Tokmok)于2015年投产,炼油能力约50万吨/年。2015年12月7日,中亚能源公司在吉尔吉斯斯坦投资运营中大中国石油公司(以下简称中大石油)

炼油项目，中亚能源公司持有中大石油全部股权。中大石油炼油项目位于吉尔吉斯斯坦秋雨州热伊尔区卡拉巴德市东方工业园，项目于2013年12月底基本建成并投入使用。项目设计加工原油80万吨/年，加工外购重油20万吨，总加工能力100万吨。该项目是中资企业在吉尔吉斯斯坦投资最大的项目之一。

（3）技服装备

吉尔吉斯斯坦工程技术服务水平很低，没有石油天然气领域的高水平技术人员，基本不能独立完成油气田的工程技术服务工作。吉尔吉斯斯坦工程技术服务主要由中国公司和俄罗斯公司提供。俄罗斯公司在吉尔吉斯斯坦市场得到吉尔吉斯斯坦政府的支持，拥有较强的竞争力。

吉尔吉斯斯坦几乎没有装备研发和制造能力，主要依靠外国公司。吉尔吉斯斯坦整体由于高山地形和水侵问题，原油生产困难，采收率很低，综合开发成本很高，不适合大型作业，只有中国的中小企业在吉尔吉斯斯坦开展一些开采和炼化业务，没有特需物资和装备。这些企业为吉尔吉斯斯坦提供炼油设备及其他小型设备，业务保持稳定，但采购量较小。

五、油气工业

1. 油气生产

（1）油气资源

吉尔吉斯斯坦共有三个含油气盆地，即费尔干纳盆地、阿富汗－塔吉克盆地和西天山山间盆地。三个盆地均为跨境盆地，在吉尔吉斯斯坦面积较小。

吉尔吉斯斯坦油气资源贫乏，境内油气田分布在该国西南部的费尔干纳盆地，石油和天然气待发现资源量分别为0.41亿吨和288亿立方米。近年来，吉尔吉斯斯坦勘探效果不佳，油气储量维持在较低水平，油气剩余探明储量分别为550万吨和56亿立方米。

（2）油气生产

吉尔吉斯斯坦油气产量极低。2022年，吉尔吉斯斯坦石油产量15万吨，天然气产量0.2亿立方米（表1-49）。

表1-49　2000—2022年吉尔吉斯斯坦油气产量

类别	2000年	2005年	2010年	2015年	2018年	2019年	2020年	2021年	2022年
石油（万吨）	7.7	7.8	8.3	10.7	20	23	24	27	15
天然气（亿立方米）	0.3	0.2	0.2	0.3	0.3	0.2	0.2	0.2	0.2

数据来源：ETRI。

2. 基础设施

（1）石油管道

吉尔吉斯斯坦主要依靠公路和铁路运输石油，境内仅有两条从油田到炼厂的石油管道（表1-50）。

表1-50　吉尔吉斯斯坦主要石油管道

管道名称	起点	终点	管道长度（千米）	管输能力（万吨/年）
Mailisu Ⅳ–Izbaskent–Asaka	Mailisu Ⅳ	Asaka	65	50
Varik–North Sokh–Altiarik	Varik	Altiarik	90	75

（2）天然气管道

2014年，俄气公司用1美元收购吉尔吉斯斯坦的天然气管道系统。目前吉尔吉斯斯坦境内天然气管道均由俄气公司运营。吉尔吉斯斯坦境内天然气管道主要以进口和过境管道为主，其中一条是从乌兹别克斯坦布哈拉至比什凯克然后再通向哈萨克斯坦南部地区的管道。该管道管输能力58亿立方米（表1-51）。

表1-51　吉尔吉斯斯坦主要天然气管道

管道名称	起点	终点	管道长度（千米）	管输能力（亿立方米）
布哈拉—比什凯克—阿拉木图	布哈拉	阿拉木图	1585	58

吉尔吉斯斯坦是中亚天然气管道 D 线的主要过境国，该管道建设正在稳步推进中。

3. 炼油工业

吉尔吉斯斯坦炼化工业十分落后。吉尔吉斯斯坦有四家炼厂，炼油能力 285 万吨（表 1-52）。2020 年吉尔吉斯斯坦成品油加工量只有 37 万吨，产量 10 万吨。

表 1-52　吉尔吉斯斯坦主要炼厂

序号	炼厂名称	投产年份	炼油能力（万吨/年）	股份构成
1	贾拉拉巴德	1996	50	吉尔吉斯斯坦国家天然气公司：50%；英国 Petrofac 国际公司：50%
2	卡拉巴德	2013	85	陕西煤业：100%
3	中大石油	2013	100	西安中亚能源：100%
4	托克马克	2015	50	新疆中油化工：100%

六、油气消费与进出口

1. 原油

吉尔吉斯斯坦原油产量极小，无法满足本国炼厂的需求，每年从周边国家进口少量原油。2020 年，吉尔吉斯斯坦进口原油 13 万吨（表 1-53）。

表 1-53　2000—2020 年吉尔吉斯斯坦油气供需平衡

类别	2000 年	2005 年	2010 年	2015 年	2018 年	2019 年	2020 年
原油（万吨）							
产量	7.7	7.8	8.3	10.7	20	23	24
加工量	9.8	9.3	11.3	33.1	61	36	37
进口量	2.1	1.5	3	22.4	41	13	13

续表

类别	2000年	2005年	2010年	2015年	2018年	2019年	2020年
成品油（万吨）							
产量	14.1	8.6	9.7	32	27	14	10
消费量	40	46	91	154	192	138	142
净进口量	25.9	37.4	81.3	122	165	124	132
天然气（亿立方米）							
产量	0.3	0.2	0.2	0.3	0.3	0.2	0.2
消费量	2	4	2	2	2	2	2.2
进口量	1.7	3.8	1.8	1.7	1.7	1.8	2

数据来源：IEA。

注：原油包括天然气液和凝析油等。

2. 成品油

2020年，吉尔吉斯斯坦成品油消费量为142万吨（表1-54）。成品油消费主要包括汽油、柴油、煤油和其他石油，其中汽油、柴油消费占比超过80%。

表1-54　2020年吉尔吉斯斯坦成品油消费结构　　（单位：万吨）

品种	交通	工业	农业	其他	合计
汽油	18	0	0	39	57
柴油	35	1	0	25	61
煤油	0	0	0	0	0
其他	1	2	0	21	24
总计	54	3	0	85	142

数据来源：IEA。

吉尔吉斯斯坦成品油产量较低，主要依靠从俄罗斯、哈萨克斯坦、乌兹别克斯坦进口。2020年，吉尔吉斯斯坦进口成品油132万吨。2020年，吉尔吉斯斯坦进口汽油79.4万吨，柴油57.7万吨，煤油5.6万吨，重油2.04万吨。

3. 石化产品

吉尔吉斯斯坦石化产品全部依靠进口，主要从乌兹别克斯坦和俄罗斯进口合成树脂和化肥。

4. 天然气

吉尔吉斯斯坦天然气化率较低。2020 年，吉尔吉斯斯坦消费天然气 2.2 亿立方米。其中，居民用气 1.7 亿立方米，占吉尔吉斯斯坦天然气消费总量的近 80%。

七、合作风险评价

1. 政治风险

政治风险高。吉尔吉斯斯坦政党林立，政治派系较多，相互斗争激烈，未来的政局稳定性较差。

2. 安全风险

安全风险高。吉尔吉斯斯坦政府一直未能对国内民族矛盾问题提出有效解决方案，吉尔吉斯族和乌兹别克族可能发生新一轮冲突。吉尔吉斯斯坦临近阿富汗，容易受到塔利班势力外溢影响，且有参加叙利亚"圣战"的极端分子回国，极端势力蔓延可能对吉尔吉斯斯坦国内安全形势造成负面影响。新冠疫情暴发后，吉尔吉斯斯坦失业率大幅增加，吉尔吉斯斯坦在俄罗斯务工人员回国，导致大批青壮年劳动力待业，宗教极端主义通过手机等网络媒体迅速传播，民粹主义抬头迹象明显。

3. 政策风险

政策风险较低。吉尔吉斯斯坦对外国直接投资采取积极鼓励的政策，与外国投资相关的法律较为完备，各党派执政的优先任务均为吸引外资、维护国家经济稳定。虽然吉尔吉斯斯坦政府引资态度积极，但缺乏相应的有效措施，鼓励政策落实不力。

4. 经济风险

经济风险高。吉尔吉斯斯坦经济增长乏力，政权更迭频繁，引发社会动荡，经济下滑。外汇储备水平低，外债负担沉重，在政局动荡和大宗商品价格下降情况下，吉尔吉斯斯坦汇率难以维持稳定。此外，吉尔吉斯斯坦经济受俄罗斯经济衰退带来的负面外溢性影响大。

八、产业发展重点

吉尔吉斯斯坦资源相对贫乏，油气工业基本空白，上游领域勘探程度低，是中亚天然气管道 D 线的重要过境国。未来中吉两国合作的重点包括油气及化工品贸易、管道建设及安全保障等。

油气及化工品贸易方面，吉尔吉斯斯坦成品油、天然气和化工产品均不能满足本国需求。吉尔吉斯斯坦还没有发展炼化工业的计划，中国可通过新疆油气产业园区向其提供成品油和化工产品，利用中亚天然气管道 D 线向其提供天然气，满足其国内需求。

管道建设及安全保障方面，吉尔吉斯斯坦政府欢迎油气过境吉尔吉斯斯坦，可推进中亚天然气管道 D 线建设。同时，中亚天然气管道 D 线投入运营后存在一定的安全威胁，中吉两国可在上合组织框架内，建立管道安全共保机制，防止管道遭到破坏，保障中吉两国天然气稳定供应和吉尔吉斯斯坦过境费收入的稳定。

［本节撰写人：张晶］

第二章

中东地区

第一节　伊朗

伊朗伊斯兰共和国（简称伊朗）位于波斯湾以北，北接土库曼斯坦、阿塞拜疆和亚美尼亚，濒临里海，与俄罗斯和哈萨克斯坦隔海相望；西与土耳其和伊拉克接壤；东临阿富汗和巴基斯坦。面积164.5万平方千米，人口8502万人。

一、国际关系

1. 地缘政治

伊朗是中东地区大国，也是世界石油地缘政治的角逐重心之一。伊朗南扼波斯湾航运要道、北靠里海和中亚，素有"欧亚陆桥"和"东西方空中走廊"之称，战略位置十分重要。伊朗油气资源丰富，石油储量和产量名列世界前茅，在世界油气市场中占有举足轻重的地位。伊朗是波斯文明的发源地，拥有强烈的民族自豪感和大国心态，努力争取大国地位和发挥地区大国作用是伊朗政治家的夙愿。

美国和伊朗存在意识形态上的矛盾。美国中东政策的核心是打击反美势力，消除伊朗在地区的影响力、遏制伊朗崛起，成为近年来历届美国政府中东战略的目标之一。美国借重塑中东秩序以塑造"世界新秩序"，将伊朗视为推行大中东战略的最大障碍，先后将其列为"无赖国家""支持恐怖主义国家""暴政前哨国家"等，"遏制伊朗"已成为美国的重要战略目标。近年来，美国战略重心转向亚太，加紧实施中东战略收缩，奥巴马第二个任期内伊核协议的签署，都为伊朗提供了更大腾挪空间。伊朗借机在地区层面不断扩大影响力，团结伊拉克、叙利亚和黎巴嫩真主党，成为地区内能与沙特阿拉伯、以色列相对抗的主要力量。面对特朗普担任总统以来、美国退出伊核协议并全面恢复了对伊朗相关制裁的局面，伊朗展现出绝不向制裁妥协的态度。拜登上台后，意欲恢复伊核协议，但进展缓慢。两国矛盾根深蒂固，短期内难以化解。

欧盟在伊朗具有传统利益，在人权、反恐、伊核等问题上同伊朗存在严重分歧。21世纪以来，欧盟国家在伊核问题上既与美国保持一致，又要兼顾自身在伊朗的利益。伊朗正是利用这种心态，打"能源牌"，化解来自美国的压力。美国退出伊核协议后，欧盟积极维护伊核协议。虽然欧盟在政府层面努力维护与伊朗的经济利益，但由于欧洲跨国公司在美国有较大的业务，并严重依赖美元结算，依靠美国的银行提供资金支持，且公司多数股东来自美国，因此，不得不屈从美国而从伊朗撤离，伊核协议能否继续实施面临不确定性。

俄罗斯将伊朗作为其遏制美国大中东战略的支点。俄罗斯政府十分重视与伊朗的关系，强烈反对联合国安理会对伊朗的制裁，积极推动伊核问题政治解决，成为伊朗可依靠的政治力量。美国退出伊核协议后，俄罗斯对此表示反对，并积极维护伊核协议。

美欧大国以石油行业制裁为政治武器遏制伊朗。历史上，美欧等国际社会以制裁石油行业为手段，迫使其放弃有争议的核计划，在奥巴马和特朗普担任美国总统期间制裁最为严厉。尤其是特朗普上台后，以伊核协议存在漏洞且未与伊核协议签字国达成新的伊核协议为由，不仅退出伊核协议，还全面恢复了对伊朗的核相关制裁，导致外国公司纷纷撤离，伊朗油气行业发展遭重创。受美国制裁的影响，伊朗利用美元结算的货币通道关闭，去美元化趋势显现。

2. 外交政策

伊朗奉行独立、不结盟的外交政策。反对霸权主义、强权政治和单极世界，愿同除以色列以外的所有国家在相互尊重、平等互利的基础上发展关系。伊朗倡导不同文明间开展对话，建立公正、合理的国际政治、经济新秩序。伊朗反对西方国家以民主、自由、人权、裁军等借口干涉别国内政，主张波斯湾地区的和平与安全应由该地区各国合作实现,反对外来干涉,反对外国驻军,表示愿意成为波斯湾地区的稳定因素,愿同国际社会进行"建设性互动",改善同国际社会的关系。

伊朗与大国关系各异。1980年伊朗与美国断交以来,两国关系恶化,尚未恢复外交关系;伊斯兰革命后,伊欧关系受制于伊美关系;20世纪80年代,伊俄关系开始改善。伊朗在中国外交中具有重要的地位。中伊交往可追溯至公元前2世纪。班超的副使甘英曾到过伊朗,并打通了中国经伊朗通往罗马的交通线,即古丝绸之路。1971年8月16日,中伊建交。近年来,两国在政治、经贸等领域的友好合作关系平稳发展,高层保持密切接触。2000年6月,两国签署《关于相互促进和保护投资协定》;2002年4月,签署《关于对所得避免双重征税和防止偷漏税的协定》。习近平主席在2013—2015年期间的国际会议上三次会晤伊朗总统鲁哈尼。习近平主席在上海合作组织比什凯克峰会期间与伊朗总统鲁哈尼会晤。2016年1月,习近平主席对伊朗进行国事访问期间,中国与伊朗签署了一系列协议,这为双方合作提供了法律保障。两国建立了全面战略伙伴关系。

伊朗积极响应中国"一带一路"建设倡议。中国提出"一带一路"倡议,伊朗表示热烈欢迎,也希望积极参与其中,愿与中方拓展基础设施、能源、农业、旅游等领域的合作。为推动"一带一路"倡议在伊朗的实施,2016年,两国签订了《中华人民共和国政府和伊朗伊斯兰共和国政府关于共同推进"丝绸之路经济带"和"21世纪海上丝绸之路"建设的谅解备忘录》以及能源、产能、金融、投资、通信、文化、司法、科技、新闻、海关、气候变化、人力资源等领域多项双边合作文件。伊朗是亚投行57个意向创始成员国之一,非常重视"一带一路"倡议,在伊朗国内专门成立了一个跨部门的委员会,负责战略对接,委员来自不同的政府部门、企业和其他经济实体。除此之外,中伊之间不同的部门、研究所、学术机构交流密切。

中伊积极开展能源外交。为促进两国石油领域的合作,中伊两国开展了积极的能源外交并签订了一系列合作协议。2002年,两国签订了《中伊原油贸易长期协定》和《中伊关于在石油领域开展合作的框架协议》。2004年，为推动中伊油气领域的合作，两国签订了《中华人民共和国国家发展和改革委员会和伊朗伊斯兰共和国石油部合作谅解备忘录》等。

中伊25年全面合作进入实施阶段。2020年6月21日，在伊朗总统鲁哈尼主持的政府部长级会议上，伊朗政府批准了伊朗和中国25年全面合作计划。根据伊朗方面披露：未来25年，中国将向伊朗投资4000亿美元，其中油气投资2800亿美元，中国将持续从伊朗进口原油。该计划的部分内容是两国在2016年1月颁布的共同宣言，以及宣布建立全面战略伙伴关系时在某些领域达成共识的延续，涵盖多个领域的合作，包括石油、石化、高速公路、铁路和海路项目等。2021年3月27日，两国签署《中伊25年全面合作协议》。2022年1月14日，两国宣布启动两国全面合作计划落实工作。两国经贸合作不断走向深入。

二、政治社会形势

1. 政体

伊朗实行政教合一的神权统治。1979年霍梅尼执政后，伊朗实行政教合一的制度。神权高于一切。宗教领袖拥有至高无上的权力，凌驾于所有权力机构之上。在宗教领袖的领导下，伊朗实行行政、立法、司法三权分立制度。伊朗的宗教领袖虽不担任任何政府职务，却对整个国家事务起领导和监督作用，是一种"超政府力量"。伊朗实行总统内阁制，总统作为国家元首和政府首脑，名义上是仅次于宗教领袖的国家领导人，由公民投票直接选举产生，任期4年，可连任一届。总统拥有除最高领袖掌管事务外的行政领导权，直接负责实施国家计划、预算、行政和就业事务，负责实施宪法、签署议会和经公民投票做出的决定。总统可直接任命数位副总统、专项事务的特别代表和各部部长，但须经议会认可。2021年6月，易卜拉欣·莱希当选伊朗第13届总统。

2. 政局

伊朗政局稳定。宗教领袖高度集权，国家权力部门对政治、经济和军事等领域的把控能力强，神职人员渗透到社会的各个方面，社会动员能力极强。伊朗是伊斯兰"什叶派新月地带"的大本营，什叶派具有绝对优势地位，教派矛盾不明显。特朗普上台后，美国重启对伊朗的制裁，伊朗面临较大压力，但总体看，伊朗抵御"颜色革命"有一套成熟经验，国内民众凝聚力较强，凭借伊朗的军事实力和地缘政治优势，西方国家和反对派尚不足以撼动伊朗当局的执政地位。

不过，影响伊朗政权稳定的不确定因素仍然存在。首先，伊朗与周边国家存在意识形态冲突，伊斯兰革命后，伊朗不断向周边国家输出革命，引起以沙特阿拉伯为首的逊尼派国家的警惕和不满。其次，伊朗国内政局受宗教领袖影响比较大，现任宗教领袖哈梅内伊已经84岁，尚无确定的接班人，其健康状况对伊朗政局稳定产生影响。最后，以色列是伊朗在中东地区最主要对手，一直敦促美国制裁伊朗，甚至主张颠覆伊朗现行政治制度。此外，在以美国为首的西方国家的制裁压力下，伊朗经济增长乏力，货币大幅贬值，通货膨胀问题严重，失业率上升，民众对政府不满情绪有所上升。

3. 安全形势

国内安全形势可控。伊朗国内很少发生暴力犯罪和恐怖袭击事件；与中国一直保持良好关系，很少发生针对中国人的犯罪活动；虽与周边逊尼派国家存在教派和利益冲突，但边境地区发生武装冲突的可能性较低。此外，美国全面恢复对伊朗的制裁导致伊朗民众对伊朗政府和美国的不满情绪同时上升，抗议活动时有发生，但规模不大、总体可控。

外部安全压力较大。美国退出伊核协议后，伊朗强硬派占上风，采取更加激进的外交政策，通过支持伊拉克什叶派民兵、也门胡赛武装、叙利亚巴沙尔政府，不断对外输出影响力，与逊尼派国家的冲突进一步加剧。中东地区曾出现多起油轮、油气基础设施遇袭事件，即是斗争的结果。美国借机向中东地区增派军事力量，组建波斯湾护航联盟，也进一步加大了伊朗的外部安全压力。随着沙特阿拉伯和伊朗复交及两国关系的逐步改善，伊朗的安全形势有望得到进一步改善。

三、经济形势

1. 总体形势

美欧制裁严重影响了伊朗经济发展。2011年受国际制裁后，伊朗经济增速骤降，从2011年的2.6%下降至2012年的-3.7%，此后持续下降，GDP由2011年的4219亿美元降至2015年的4083亿美元（表2-1）；人均GDP由2011年的8322美元降至2015年的5172美元。同时，出现较为严重的通货膨胀，2011年达21.5%，2012年更是猛增至30.6%。2015年，伊核协议正式达成，部分制裁得以暂缓，伊朗经济发展有所恢复。2017年，GDP增至4868亿美元，人均GDP提高至6005美元。2018年，随着美国对伊朗制裁的重启，伊朗的石油出口下降、国内和外国公司投资不足等不利因素再现，2018年和2019年伊朗经济陷入衰退，GDP增速分别为-1.8%和-3.1%，通货膨胀率则由2017年的9.6%猛增至2018年30.2%；失业率持续保持9%以上的高位。受新冠疫情影响，伊朗经济增速放缓，2020年GDP增速为3.3%。随着疫情逐步得到控制，该国经济逐步恢复，2021年和2022年，GDP增速分别为4.72%和3.8%。

表2-1 2000—2022年伊朗主要经济指标

经济指标	2000年	2005年	2010年	2015年	2018年	2019年	2020年	2021年	2022年
GDP（亿美元，现价）	3669	2284	5179	4083	3378	2417	1955	2893	3465
人均GDP（美元）	5777	3292	6984	5172	3001	2909	2327	3410	4110
GDP增速（%，不变价）	5.8	3.2	5.8	-1.4	-1.8	-3.1	3.3	4.72	3.8
通货膨胀率（%）	12.3	10.3	12.3	11.9	30.2	34.7	36.4	40.2	45.8
失业率（%）	16.0	11.5	13.5	11.0	12.1	10.7	9.6	9.2	9.5

续表

经济指标	2000年	2005年	2010年	2015年	2018年	2019年	2020年	2021年	2022年
总储备（不含黄金，亿美元）	40	40	717	1262	1126	1225	1238	1211	1288
财政盈余（亿美元）	243	-67	-50	-61	-113	-120	-142	243	-67
政府总债务（亿美元）	80	243	228	67	77	79	82	80	243
外国直接投资净流入（亿美元）	26	160	290	451	559	574	587	601	601

数据来源：IMF，世界银行，Fitch Connect，Wind。

2. 经济结构

石油工业是伊朗的支柱产业，伊朗中央银行最新数据显示，2021—2022财年伊朗农业、石油工业、工矿业（矿业、制造业、电力/燃气和水、建筑业）和服务业占GDP的比重分别为12.7%、7.0%、31.9%和48.4%。世界银行最新数据显示，2022年，伊朗工业、农业和服务业占GDP的比重分别为12.5%、40.2%和47.3%。

3. 货币政策

伊朗货币为里亚尔，其《货币银行法》未对里亚尔是否可自由兑换做出具体规定，一般居民可到当地银行、钱庄进行自由兑换。目前，外国居民及投资者不允许在伊朗当地银行开设外汇账户，必须兑换成当地货币方可进行储蓄，外国公民储蓄需获得当地合法居民身份。

伊朗对于跨境外汇转账有限制。投资者利润汇往国外，需要得到伊朗监督委员会的批准。据部分企业反映，实际操作中外汇汇出审批会遇到较多困难。伊朗禁止携带5000美元以上的外汇或等值的其他货币出境。此外，受美国金融制裁影响，美元无法自由出入。人民币在伊朗的适用范围逐步扩大，其央行旗下的外汇网站已将人民币列为主要外汇货币。

伊朗实行浮动汇率制度。长期执行两种汇率：自由市场汇率和官方汇率。此前，伊朗政府为保障基本民生用品供给与价格稳定，实施补贴汇率政策，即为基本商品进口按 4.2 万伊朗里亚尔兑换 1 美元的官方汇率提供外汇。2022 年 5 月，伊朗政府正式废除这一政策。目前，伊朗存在两种汇率：自由市场汇率和综合外汇交易系统（NIMA）汇率。NIMA 汇率略低于自由市场汇率。在美国制裁压力下，伊朗里亚尔对美元汇价呈现持续贬值的趋势。2022 年 12 月，伊朗里亚尔兑美元汇率跌破历史新低，在非官方市场上，近 40 万伊朗里亚尔只能兑换 1 美元。

4. 外资吸引力

伊朗实行对外开放政策。自 1989 年和 1993 年拉夫桑贾尼执政后，伊朗开始实行对外开放、吸引外资和引进先进技术的新经济政策。2001 年 5 月伊朗议会批准《吸引和保护外国投资法》，2002 年 8 月通过投资法实施细则。新的投资法将外国投资领域扩大到除石油工业以外的所有工业领域，不再严格限制投资比重，允许投资的本金和利润自由汇出境外。伊朗对在工业、矿业投资采取 4 年 80% 的免税，对在不发达地区投资采取 20 年 100% 免税。伊朗在建的经济特区中，石化特殊经济区和帕斯特殊经济/能源区均为石化工业特区，在这两个特区内，石化工业的原材料进口和外国投资均享有税收、审批手续和其他政策方面的优惠。

外国直接投资增减受制裁的影响大。21 世纪前 10 年，伊朗吸引外资金额逐步增长，从 2000 年的 26 亿美元增至 2010 年的 290 亿美元。2011 年起，受制裁影响，伊朗外国投资短暂下降，之后恢复增长。2016 年伊核协议实施以来，伊朗的外国直接投资有所增长，2018 年达到了 559 亿美元。2018 年以来虽然美国重启对伊朗的制裁以及新冠疫情暴发，外国直接投资持续增长，2022 年，伊朗吸引外国直接投资存量为 601 亿美元，主要集中在原油、天然气、汽车、铜矿、石化、食品和药品行业。

四、油气对外合作

1. 油气合作政策

油气资源归国家所有。1979 年伊斯兰革命后,伊朗出台宪法规定,油气资源及其开采权属于国家所有,禁止将油气权利授予任何经营实体,禁止外国公司拥有本国的石油资源。1981 年 9 月政府宣布 1979 年伊斯兰革命前签订的"国际财团协议"及有关协议作废。

上游对外开放,采用回购合同对外合作。1987 年 11 月 16 日,伊朗开始实行新的石油法。其中第 5 条规定,允许石油部、各国家公司和外国法人实体签订合同,准许外国私人进行有限的国际合作。1995 年,政府调整石油法,在对外油气合作中推出回购合同。2002 年《鼓励和保护外国投资法》是外商在伊朗投资的法律依据,强化了回购合同制度。回购合同条款较为苛刻,受外国投资者诟病,影响了外资积极性。2013 年以来,政府对回购合同多次进行了调整,最新为第 4 个版本,有待正式推出。此次合同模式修订幅度较大,或将对伊朗油气行业发展产生较深远影响。调整后的合同模式名为"伊朗石油合同",只适用于上游项目。主要调整如下:第一,新的合同将放弃有关 10 年及以下的固定合同期限的规定;第二,允许外国公司参与整个勘探至生产作业过程;第三,伊朗向外国公司支付酬金的机制将发生改变,从固定酬金制转向以产量计算报酬费的方式,并允许外国公司修改预期的投资和成本,这比以往僵化的成本回收条款更加灵活。第四,其他条款还包括,伊朗拥有本国油气储量所有权、开发油气田时外国公司要和伊朗本土公司组建合资公司,且董事会中要有本土公司的成员。一旦伊朗新版合同正式对外发布并得以实施,伊朗油气行业对外合作将加快,国际石油公司进入伊朗面临新机会。

油气中下游对外开放一般采用工程服务合同和合资公司模式。主要通过招标或直接谈判的方式签订合同后与外国公司进行合作。伊朗《鼓励和保护外国投资法》规定,在伊朗设立外国投资的合资、合作公司,外方持股比例一般不得超过 49%。

税收体系复杂，税率水平高且多变。伊朗实际征税过程经常与法律条文不符，减免优惠政策不足，投资优惠大打折扣。该国税收体系最明显的变化是在 2002 年，政府将外国公司和国内公司的公司税统一为 25%，低于之前的 54%。2008 年 9 月 22 日，该国开始征收增值税，初始税率为 3%。2013 年初，伊朗国税局宣布，根据伊朗"五五发展规划法"第 117 条的授权，伊朗政府每年将增值税的税率提高一个百分点。2013 年，伊朗国内的增值税税率已从上一年的 3% 提高到 4%，2015 年 3 月 21 日起，为扩大因油价下跌而减少的政府收入，经议会批准，伊朗政府进一步将增值税率上调到 9%。目前，企业在日常经营活动中需要缴纳的主要税种为法人所得税（利润的 25%）及增值税（增值额的 9%）等。2020 年 1 月，伊朗议会同意向海外或向自贸区的货物和服务出口免征增值税。在伊朗开发项目前期准备工作时间较长，有时需要数年时间，项目人员入境工作签证和工作准证的签发条件比较苛刻。项目结束后，质保金和履约保函的撤销很难，往往一拖就是数年。政府部门之间缺乏协调，办事效率不高。

原油出口定价机制和市场相关，出口目的地不同，出口价格不同。伊朗石油出口到不同贸易地区所参照的基准油不同：出口到远东的原油采用"迪拜/阿曼"原油现货价格（月度平均值）作为亚洲市场的定价基准，一般每季度调整一次，如果油价波动超过了 0.1 美元/桶，则每月调整一次。而出口到地中海的原油则将俄罗斯乌拉尔原油作为定价基准，并有一定的价格差。

实施能源补贴，国内汽油和天然气价格低。长期以来，伊朗成品油价格享受政府补贴，远低于国际市场价格。为了弥补政府严重的预算赤字，2019 年 11 月 15 日，伊朗政府开始在全国范围内执行汽油价格调整方案，汽油价格上涨，从每升 1 万里亚尔（约合 0.6 元人民币）上调至 1.5 万里亚尔（约合 0.9 元人民币），每辆家庭普通汽车每月可按照这一价格购买 60 升汽油，超出部分按每升 3 万里亚尔（约合 1.8 元人民币）定价，远低于国际市场价格。该国实施天然气价格管制，政府根据不同行业特点和需求确定天然气价格，但其天然气价格仍是世界最低的。

"本地化"要求较高。伊朗法律要求外国公司优先录用本土雇员，只有在找不到合格的本土雇员时才能聘用外籍雇员。根据规定，外国员工与本地员工的比例至少应达到1∶3。除用工本地化要求之外，还要求外国企业使用当地设备、材料及服务占51%以上，否则会被罚款。在工程建设领域，工程、采购和建设（EPC）承包商的本土化率要求不低于30%，包括用工和设备材料购置。

2. 油气合作监管

伊朗对外油气合作的监管机构主要包括最高能源委员会、石油部、国家石油公司（NIOC）等3个主体。

最高能源委员会是伊朗能源领域的最高决策机构，主席由总统担任，成员包括石油部长、能源部长、经济部长、贸易部长、农业部长、矿业和工业部长、原子能机构主席、环境保护负责人以及管理和规划组织的负责人。

石油部负责监管伊朗所有上下游油气公司、化肥和石化公司的活动，监督合同的谈判及油气项目招标的批准。

NIOC负责管理石油和天然气勘探、生产、炼油和原油运输，下设17家子公司，分别负责不同地区和不同板块的油气业务。通常石油部长兼任NIOC董事长，目前该职务由贾瓦德·奥吉担任，他出生于1953年，2013年8月出任石油部长，2017年连任。

3. 国际油气合作

（1）勘探开发

受制裁影响，大批公司从伊朗撤离。1979年前，伊朗石油工业由英国、美国和法国的石油财团控制。伊斯兰革命后，伊朗对本国的石油工业实施国有化，外国公司纷纷撤出。1995年，伊朗和西方石油公司签署第一份回购合同，后因美国的单边制裁，这一合同最终授予道达尔公司。此后进行过四轮招标活动，吸引了大量国际石油公司来伊朗投资。在特朗普担任美国总统期间，受美国制裁影响，大批外国公司撤离。伊朗油气勘探开放合作的多个项目受制裁影响，处于中止状态。目前，该国油气资源开发的主体是本土公司。中国企业在伊朗主要合作项目见表 2-2。

表 2-2 中国企业在伊朗主要合作项目

项目名称	中国企业	签约年份	项目类型	备注
北阿扎德甘油田	中国石油	2009 年	勘探开发	中国石油持股 100%，面积 460 平方千米。2021 年 7 月 31 日，集团公司向伊朗移交了北阿扎德甘油田 1 期项目作业权
MIS	中国石油	2004 年	勘探开发	2022 年，MIS 油田正式全面关停，开始油田移交相关工作
亚达瓦兰油田	中国石化	2008 年	勘探开发	中国石化持股 51%，伊朗国家石油公司持股 49%
南帕斯气田第 11 期	中国石油	2017 年	勘探开发	在合同被取消后今年 2017 年重新签订。受制裁影响，2019 年退出
北帕斯气田	中国海油	2007 年	勘探开发	2011 年退出
Garmsar 区块勘探开发一体化项目	中国石化	2006 年	勘探开发	到期
南阿扎德甘油田	中国石油	2004 年	勘探开发	2014 年合同取消
3 区块勘探开发一体化项目	中国石油	2005 年	勘探开发	2009 年退出

资料来源：ETRI。

海外油气合作项目较少。伊朗在海外油气合作项目不多，上游项目仅有一个，即英国北海的 Rhum 气田开发项目。20 世纪 70 年代，bp 和 NIOC 组建合资公司开发该气田，各持股 50%，2005 年投产。受欧盟制裁的影响，2010 年 11 月关闭，获得美国制裁豁免后，2014 年重启。2018 年，英国 Serica 能源公司收购了 bp 所持该项目的股份，并担当其作业者。该气田项目天然气储量为 227 亿立方米，高峰天然气产量为 850 万米^3/日。

（2）炼油化工

受制裁影响，外资参与该国炼厂建设和运营甚少。目前，伊朗所有炼厂均由本国炼油和销售公司的子公司负责运营。

中国石油企业与伊朗的下游合作步履维艰。2006年8月，中国石化与伊朗签署阿拉克炼油厂升级改造工程建设总承包（EPC）合同，合同总金额21亿欧元，但进展缓慢。2016年11月，伊朗与中国石化下属的一家子公司正式签署阿巴丹炼厂1期项目合同，预期需投资12亿美元，合同期4年。阿巴丹炼厂是伊朗最大的炼厂，历史长达百年之久。1期项目将生产欧V标准油品，以减少环境污染，项目将通过改善技术提高汽油产量，还将减少重质燃料油产量。2018年1月，中国石化获得了伊朗阿巴丹炼厂2期项目EPC合同，价值12亿美元。2023年3月，该项目投入运营。此外，中国出口信贷保险公司还将为该项目提供30亿美元的资金支持。受新冠疫情影响，该项目的建设作业曾被暂停，但没有对该炼油厂的产能造成影响。中国还计划为伊朗建设多个石化项目，或为其提供贷款和设备支持，实际进展缓慢。

（3）技服装备

工程服务市场。伊朗工程服务市场较大，实行对外开放。油气勘探开发、石化、交通、电力等领域的众多工程服务项目为中国公司的进入提供了机会。伊朗本国企业能提供常规工程技术服务，能力普遍低于中国企业。因西方长期制裁伊朗，西方大型油气公司在伊朗无市场份额，目前伊朗的油气项目主要是中国石油和中国石化在承建，市场占有率不足5%，如亚达瓦兰油田项目等。油气服务领域主要集中在油田开发、长输管线、后期开发技术服务等领域。受金融制裁和伊朗政治的影响，投资规模有所缩小。

装备制造市场。伊朗油气储量巨大，是中东地区乃至全球范围内重要的油气资源国之一，因多年受制裁影响导致其石油工业力量薄弱，物资装备及其技术更新的需求巨大。伊朗偏好西方技术和设备，但由于受制裁严查，西方公司基本都撤出伊朗市场，虽然有人通过某些渠道能购买到一些西方设备，但占比很有限，截至目前伊朗还是以中国以及俄罗斯的设备和物资为主。

五、油气工业

1. 油气生产

（1）油气资源

伊朗石油天然气资源非常丰富，石油和天然气资源量分别达 450.8 亿吨和 56.6 万亿立方米。其中，石油储量的 70% 分布在陆上，30% 分布在海上（波斯湾）。主要的油气区包括西南部的扎格罗斯山前褶皱带、中部的中央盆地群和北部的南里海盆地。其平均石油采出程度仅为 8%。天然气平均采出程度仅为 3%。

待发现石油和天然气资源量分别为 68 亿吨和 14.5 万亿立方米。近十年来，伊朗的油气新发现 22 个，新增石油储量 46 亿桶，新增天然气储量 1.6 万亿立方米，基本能弥补老油气田产量递减。

近年来，伊朗油气剩余探明储量双增长，石油储量增幅较大，天然气剩余储量亦呈现增长态势。2022 年，伊朗石油剩余探明储量 286 亿吨，居世界第三位；天然气剩余探明储量 34 万亿立方米，居世界第二位。

（2）油气生产

伊朗石油工业经历了早期勘探、国有化、两伊战争和战后重建四个阶段。1911 年伊朗开始生产石油，1974 年原油产量达到历史最高的 3 亿吨。此后，受战争和制裁的影响，石油产量大幅下滑。2022 年，伊朗石油产量为 1.77 亿吨，居全球第 6 位。伊朗石油产量主要来自一些大型老油田项目，包括 Ahvaz、伊朗海上油田公司油田项目、Marun 油气田和南阿扎德甘油田项目等。目前，伊朗已发现但未开发的油田共有 88 个，合计可采石油储量 17 亿吨，如果增加投资，未来石油增产潜力巨大。

伊朗天然气工业发展较晚，20 世纪 60 年代以前天然气大都放空燃烧，60 年代开始重视天然气资源的开发和利用。两伊战争后，在南里海南部、伊朗南部、西南部及波斯湾海上相继取得重大天然气发现，加速了天然气工业的发展。伊朗天然气产量自 80 年代开始逐年上升，2022 年，天然气产量达 2623 亿立方米（表2-3），居全球第三位。天然气产量主要来自海上南帕斯气田项目，其天然气产量约占伊朗国内总产量的70%。南帕斯气田项目分24期开发，除第11期以外，其他期项目基本都已投产。目前，伊朗已发现未开发气田共有86个，合计可采天然气储量4.6万亿立方米，如果增加投资，未来产量增长潜力巨大。

表2-3 2000—2022年伊朗油气产量

类别	2000年	2005年	2010年	2015年	2018年	2019年	2020年	2021年	2022年
石油（万吨）	19170	20790	21200	18020	21960	15860	14440	16880	17650
天然气（亿立方米）	602	1035	1874	2267	2331	2417	2496	2571	2623

数据来源：OPEC。

2. 基础设施

（1）油气管道

伊朗国内油气管网老化严重，有待进一步改造与扩建。伊朗国内原油管道连接国内的主要油田、炼厂和港口出口设施，在20世纪60年代和70年代蓬勃发展。两伊战争以后，大部分管道被损毁，20世纪90年代中期重建以后，恢复到了战前的水平。目前伊朗国内原油主干线长1.4万千米。天然气凝析液（NGL）管道发达，长1170千米，主要位于扎格罗斯盆地，可以将NGL输送到伊朗北部。另有一条阿萨鲁耶至阿巴斯的凝析油管道，主要向波斯湾之星炼厂供应原料。

国内成品油管网密集，可将油品输送到各大消费中心。伊朗共有油品管道19条，总长度5780千米。未来计划铺设3条新的油品管线，其中1条可把波斯湾之星炼厂的汽油向伊朗全境输送。

伊朗的石油出口全部通过海上油轮运输，石油出口管道主要位于胡泽斯坦省和洛雷斯坦省，将扎格罗斯盆地开采的石油输送到波斯湾的哈格岛码头出口。目前已启动古勒—贾斯克石油出口管道建设，该管线全长1100千米，设计输油能力5000万吨/年，估计需耗资180亿美元，建成后可使伊朗绕开霍尔木兹海峡出口石油。

伊朗国内天然气管网发达，覆盖所有大城市，境内天然气管道长3.6万千米。通过国际管道进出口天然气，主要有3条出口管道，出口能力为323亿立方米（表2-4），实际出口量较低。目前，伊朗尚无液化天然气进出口设施。

表2-4 伊朗主要天然气出口管道表

管道名称	起点	终点	长度（千米）	运力（亿米^3/年）	状态（计划、在建、运营、停运）	投运时间
伊朗—土耳其	伊朗	土耳其	2577	140	运营	2002
伊朗—亚美尼亚	伊朗	亚美尼亚	180	55	运营	2007
伊朗—伊拉克	伊朗	伊拉克	270	128	运营	2017

伊朗计划新建6条天然气出口管道，分别向欧洲国家、阿曼、阿联酋、叙利亚、印度、巴基斯坦出口天然气，合计出口能力1070亿立方米。但受制裁和市场影响，进展缓慢。

（2）LNG

LNG项目受制裁搁浅。按照伊朗的LNG发展规划，伊朗与国际石油公司签订了Pars LNG、Persian LNG、伊朗LNG、Qeshm LNG和北帕斯LNG 5个LNG项目建设合同（表2-5）。但受制裁影响，外国投资者全部撤离，项目遭搁置，一些项目由本地公司接手。这些与南帕斯气田开发配套的项目面临天然气设备采购和资金困难，建设严重滞后，短期内伊朗不可能实现LNG生产，亚洲和欧洲的公司与伊朗签订的多份LNG进口谅解备忘录也难以兑现。

表2-5 伊朗计划建设的液化（气化）天然气项目

LNG项目	位置	运营商	生产能力（万吨/年）	状态	投产运营时间
Pars LNG	阿萨鲁耶	道达尔/马来西亚国家石油公司	1000	搁置	待定
Persian LNG	阿萨鲁耶	壳牌/雷普索尔	1600	搁置	待定
伊朗LNG	阿萨鲁耶	NIOC/OMV	1050	搁置	待定
Qeshm LNG	阿萨鲁耶	澳大利亚液化天然气有限公司/公民养老金	345	搁置	待定
北帕斯LNG	阿萨鲁耶	POGC/中国海油	2000	搁置	待定

(3) 仓储设施

伊朗现有6个石油出口码头，分别是哈格岛码头、拉万岛码头、锡里岛码头、居鲁士码头、南帕斯油层浮式液化天然气生产储卸装置和阿萨鲁耶码头，总出口能力为500万桶/日，由伊朗国家石油公司下属的石油码头公司负责运营，其中，哈格岛的出口能力最强，名义装载能力为400万桶/日，是伊朗陆上油田和波斯湾北部海上油田的出口终端，也用于出口和里海国家交换的石油。另外5个原油出口码头位于波斯湾南部，主要处理该国海上油田项目的原油出口。

伊朗有3个石油进口码头，位于北部里海海岸的居鲁士、巴赫拉甘和涅卡（Neka）港，用于进口土库曼斯坦、阿塞拜疆等里海周边国家交换的原油和油品，进口原油主要供应德黑兰、大不里士、伊斯法罕和阿拉克4座炼厂。2010年，伊朗和里海国家的原油交换量达到9万桶/日，曾两度中止和重启。

3. 炼油工业

伊朗炼油工业起步于1912年，主力炼厂运营年数最短的接近30年，最长的约100年。2000年以后，伊朗新建两座炼厂，一座是波斯湾之星炼厂，另外一座是Qeshm炼厂，这两座炼厂的总炼油能力为2850万吨，平均开工率为92%。

2022年，伊朗共有11座炼厂在运营，总炼油能力1.22亿吨，炼厂平均规模高于1100万吨/年，千万吨级以上炼厂6座（表2-6）。这些炼厂均由NIOC的子公司伊朗炼油与销售公司负责运营。

近年来，伊朗计划耗资约340亿美元新建或升级改造多个炼油项目，大型炼厂只有波斯湾之星项目的建设取得了一定的进展，三期项目已经投产，炼油能力提高至2000万吨/年以上，四期在建。受制裁影响，其他炼厂进展缓慢，包括阿巴丹、阿巴斯、伊斯法罕、大不里士和科曼莎炼厂等。此外，伊朗和多家外国公司签订的多份炼厂升级改造谅解备忘录也因美国制裁被取消或搁置，包括意大利赛班公司（SAIPEM）、日本日挥株式会社（JGC）、韩国现代

（HYUNDAI）、日本丸红株式会社（MARUBENI）、韩国大林（DAELIM）和韩国SK公司等，预计短期内进展仍将缓慢。

表2-6 伊朗主要炼厂

序号	炼厂名称	投产年份	炼油能力（万吨/年）	股份构成
1	阿巴丹	1912	1870	NIOC（100%）
2	科曼莎	1922	110	NIOC（100%）
3	德黑兰	1969	1225	NIOC（100%）
4	设拉子	1974	410	NIOC（100%）
5	拉万	1977	240	NIOC（100%）
6	大不里士	1978	550	NIOC（100%）
7	伊斯法罕	1985	1875	NIOC（100%）
8	阿巴斯	1990	1720	NIOC（100%）
9	阿拉克	1993	1210	NIOC（100%）
10	波斯湾之星	2017	2250	NIOC（100%）
11	格什姆	2018	775	NIOC（100%）

伊朗炼厂以满足国内消费为主，炼厂综合加工能力不足，缺乏高档润滑油和高档沥青等核心炼油技术。主要城市消费的汽柴油相当于欧Ⅳ标准，未来生产的少量汽柴油将满足欧Ⅴ标准，为供应国内石化生产，伊朗将重点发展燃料-化工原料型炼厂。

伊朗炼厂生产的油品主要是汽油、煤油、柴油和燃料油等。2022年，石油产品产量8301万吨，其中汽油2470万吨、煤油315万吨、柴油2490万吨，占比分别为30%，4%和30%，其他石油产品占36%。

4. 石化工业

伊朗石化工业处于快速发展阶段，并具有规模大、产品种类多样等特点，已经形成较为完整的大宗石化产品生产体系，生产经营主要由伊朗国家石化公司（NPC）负责。2022年，该国共运营68个石化项目，石化产品产能达9200

万吨，计划新建 37 个项目，2030 年将其石化产品产能翻一番，达到 2 亿吨/年。一旦该计划实现，伊朗将成为中东地区最大的石化产品供应国。NPC 计划建设的多数新厂位于阿巴斯港石化特别经济区和阿萨鲁耶港帕斯特别经济能源区。但受资金短缺影响，这些项目进展缓慢。目前，伊朗希望发展以出口为导向、炼油化工一体化模式的石化工业。

伊朗高端化工产品和精细化工产品等几近空白，基本不生产合成橡胶和合成纤维。本国主要的石化产品包括：三烯三苯、各种有机化工原料、聚乙烯、聚丙烯、聚氯乙烯、聚苯乙烯、ABS 等通用合成树脂，涤纶、腈纶等合成纤维，丁苯、顺丁等合成橡胶，以及合成氨、尿素等化肥和洗化产品。2022 年，伊朗乙烯产能为 1309 万吨，丙烯产能为 417 万吨，聚丙烯产能 240 万吨，聚乙烯产能 71 万吨，丁二烯产能 120 万吨，高密度聚乙烯产能 503 万吨。

外国公司参与伊朗石化项目的程度较低。在石化工业发展之初，阿莫科石油和一些日本公司曾与伊朗国家石化公司合资建设石化厂，主要生产石油化工基本原料和有机化工原料等，之后这些石化厂大多由伊朗石化公司接管，伊朗石化公司持有全部股份。

伊朗石化行业发展受到多种因素的制约：美国制裁直接导致其石化产品出口量下滑、与外国公司合作的项目被推迟或取消，难以获取外国公司资本和技术，这是伊朗石化行业发展迟滞的主因。此外，伊朗石化行业起步较晚，比卡塔尔和沙特阿拉伯等强国落后至少 10 年，境内石化产品价格低（比国际价格低 50%～70%），影响其经济性，也是重要影响因素。

六、油气消费与进出口

1. 原油

伊朗是石油净出口国。近年来，受美国制裁等因素的影响，伊朗石油出口总体呈现下降趋势，2022 年，伊朗原油出口量为 6581 万吨（表 2-7）。伊朗通过海上运输出口到亚洲的石油占其出口总量的89%，其中中国占31%。

表2-7 2000—2022年伊朗油气供需平衡

类别	2000年	2005年	2010年	2015年	2018年	2019年	2020年	2021年	2022年
原油（万吨）									
产量	19170	20790	21200	18020	21960	15860	14440	16880	17650
加工量	7987	8006	8775	8736	9920	9780	10150	10831	11069
出口量	11183	12784	12425	9284	12040	6080	4290	6049	6581
成品油（万吨）									
产量	5188	5186	6430	7965	8083	8151	7545	7997	8301
消费量	5836	7182	8712	8562	8770	8695	8016	8417	8492
净出口量	-648	-1996	-2282	-597	-687	-544	-471	-420	-191
天然气（亿立方米）									
产量	602	1035	1874	2267	2331	2417	2496	2571	2623
消费量	629	1050	1446	1849	2278	2312	2330	2430	2535
净出口量	-27	-15	428	418	53	105	166	141	88

数据来源：OPEC。

2. 成品油

伊朗石油消费主要包括汽油、煤油、柴油、燃料油等。其中汽油、柴油、煤油消费占60%以上。伊朗能源补贴高，国内成品油价格极低，导致消费量较高，近年来，受美国制裁的影响及新冠疫情等因素的影响，伊朗经济增速放缓，成品油消费量下滑，2020年为8016万吨，创近年来最低纪录（表2-8）。随着经济逐步复苏，伊朗成品油消费恢复增长，2022年达8492万吨，交通运输在成品油消费结构中占比超过80%。

从历史上看，伊朗是汽油净进口国。近年来，受美国制裁的影响，其原油出口下滑，而成品油主要在"灰色市场"打折出口，数量增加。未来，随着国内需求的日益增长，成品油出口也将呈现下降的趋势。

表 2-8　2020 年伊朗成品油消费结构　　　　　　（单位：万吨）

品种	发电	工业	交通	民用	商业和公共服务	农业	非能源使用	能源行业自用	炼厂	合计
汽油	0	4	2357	0	4	0	0	0	0	2365
煤油	242	0	0	0	0	0	0	0	0	242
柴油	403	225	1394	15	53	215	0	9	0	2314
其他	0	181	2	355	12	1	2224	286	34	3095
总计	645	410	3753	370	69	216	2224	295	34	8016

数据来源：IEA。

3. 石化产品

伊朗是石化产品出口国，主要石化产品包括有机化工原料、塑料及其制品、人为短纤纤维和橡胶及其制品。2022 年，石化产品出口量 1704 万吨，同比下降 1%。伊朗石化产品进口量较少，2022 年约 161 万吨，同比增长 23%。

4. 天然气

近年来，伊朗天然气消费量呈现增长态势。2022 年，天然气消费量为 2535 亿立方米，主要应用于发电、民用、工业、能源行业自用、非能源行业使用、交通、商业和公共服务及农业，消费比例分别占 32%、23%、20%、9%、7%、4%、4% 和 1%。长期来看，随着经济增长、基础设施建设以及利用天然气替代石油发电的情况增多，天然气消费需求将日益增长，主要用于发电和居民用电。

伊朗从邻国少量进口天然气以满足国内需求。由于伊朗北部距离位于南部的天然气产区较远，因此需进口天然气以供北部地区消费。进口气主要来自土库曼斯坦，还有少量来自阿塞拜疆。受价格争端的影响，2017 年暂停进口土库曼斯坦的天然气。伊朗是天然气净出口国，主要向邻国土耳其和伊拉克出口，向阿塞拜疆和亚美尼亚也少量出口。随着南帕斯气田项目的开发，伊朗天然气出口量逐步增长。但受美国制裁的影响和基础设施的限制，增幅有限。2022 年，伊朗天然气净出口量 188 亿立方米。未来，伊朗天然气依然主要供国内消费，约占总产量的 95% 以上。

七、合作风险评价

1. 政治风险

政治风险居高不下。伊朗政府对整个国家的控制力强，国内政治风险低。如果没有外部势力介入，现阶段政府仍将对国内政治局面保持较强控制力，基层民众虽有不满，但短期内无法撼动最高领袖的执政地位。最高领袖哈梅内伊已经84岁，尚无确定的接班人，这可能给未来局势埋下隐患。美伊矛盾根深蒂固，短期内难以改善。特朗普上台后，美国单方面宣布退出伊核协议，随后全面恢复对伊朗的制裁，并对其极限施压，地缘政治压力加剧，影响外资流入。拜登上台后，寻求重返伊核协议，进展缓慢，但解除对伊朗全部制裁的可能性不大。地缘政治风险仍然是伊朗开展油气合作的最大威胁。

2. 安全风险

安全风险中等。伊朗为伊斯兰教什叶派大本营，一派独大，国内教派矛盾不突出。与周边逊尼派海合会国家存在意识形态和利益冲突，但发生武装冲突的可能性较低。国内局势相对稳定，社会治安状况良好，恐怖袭击事件少有发生。

3. 政策风险

政策风险高。历史上，伊朗曾出现一些对外合作合同因不可抗拒力未能按计划执行而被终止或取消的情况，合同执行风险大。受美国对伊朗制裁的影响，大批外国公司撤离，外国公司与伊朗签订的合同难以执行和落实，合同面临被取消的风险。未来，外国公司与伊朗开展油气合作依然面临较高的法律和政策风险，值得高度警惕。受制裁影响，伊朗新版石油合同推出时间一拖再拖，现有项目合同执行困难，货款难以结算，外汇管制严格，资金周转缓慢，税收政策不完善，导致政策风险升高。伊朗对外籍员工的雇佣管理较为严格，手续繁杂；进出口政策复杂多变，清关、出关程序不透明。

4. 经济风险

经济风险高。受美国制裁、新冠疫情蔓延以及油价暴跌的影响，伊朗石油出口量猛跌，石油收入大幅下滑，里亚尔贬值严重，通货膨胀率上涨，失业率高企，经济形势恶化，外汇管制严格。尽管目前伊朗经济形势严峻，但政府偿债风险低。政府部门办事效率较低；受内外因素影响，国内融资较难，成本较高；国内绝大部分物资均受价格管制，能源产品实行"低价 + 补贴"的政策，企业提价须获政府批准。如果未来石油出口制裁得以解除，经济形势有望好转。

八、产业发展重点

伊朗油气资源丰富，实施油气行业全产业链对外开放和合作政策。制裁解除后，投资环境将逐步好转，合作潜力巨大。未来，在风险勘探、油气田开发、提高采收率、管道建设、码头储库建设、原油贸易、LNG设施建设、炼油化工、工程技术服务和装备制造、金融等诸多方面存在合作机会。

勘探开发方面，伊朗油气勘探程度和采出程度很低，增储上产潜力大，需要国际资本和技术的支持。

提高采收率方面，伊朗的在产油田多属老油田，投资不足，设备老化严重，产量下降明显。该国已制定了包括开发新油田和老油田提高采收率等在内的石油增产规划。

管道建设方面，伊朗已经制定了包括南北管道项目、天然气出口管道等多项规划，包括伊朗—巴基斯坦油气管道。中国石油工程建设、物资装备等相关企业有机会参与建设。

码头储库建设方面，伊朗相关设施相对薄弱，目前已制定了多个油气储库和码头建设规划，为中国工程建设企业提供了良好的合作机遇。

原油贸易方面，尽管受制裁影响，近年来中伊两国原油贸易量仍呈增长趋势，制裁解除后，两国原油贸易的潜力和空间将得到有效释放。

LNG方面，伊朗天然气资源雄厚，政府已制订了宏伟的天然气和LNG出口计划。其发展LNG面临资金、市场、技术和制裁四大难题。国际制裁已导致Pars LNG、Persian LNG、伊朗LNG、Qeshm LNG和North Pars LNG五个项目的外国投资者撤离，这些项目或搁浅或由本国公司接手，面临天然气设备采购和资金困难。制裁解除后，这五个LNG项目将成为伊朗对外合作的重点。

炼化方面，伊朗国内汽油消费严重依赖进口，为满足国内对汽油日益增长的消费需求，伊朗已制订了炼厂扩能计划。本国炼化行业不仅需要投资，也需要关键技术，这给中国炼化行业输出技术留有较大空间，带资输出技术尤其受欢迎。

工程技术服务和装备制造方面，受制裁影响，伊朗装备制造主要依靠国内自给，能够满足国内90%的需求。制裁解除后，其石油行业投资增长，工程技术服务需求和装备制造需求也将增长。

金融方面，中国可利用美欧对伊朗制裁放松的契机，发挥在伊朗的金融优势，扩大人民币结算范围。

［本节撰写人：尚艳丽］

第二节 伊拉克

伊拉克共和国（简称伊拉克）位于亚洲西南部，阿拉伯半岛东北部，东临伊朗，西毗约旦和叙利亚，北接土耳其，南接科威特和沙特阿拉伯，东南濒波斯湾，国土面积43.83万平方千米，人口4335万人。

一、国际关系

1. 地缘政治

伊拉克地处中东地区心脏地带，是连接南欧和南亚之间的陆路桥梁、世界重要的交通枢纽之一，地理位置十分重要。伊拉克是一个以阿拉伯民族为主的国家，库尔德民族和阿拉伯民族、伊斯兰什叶派和逊尼派的矛盾在此交织。

伊拉克是地区和域外大国博弈的重要战场。伊拉克战争发生后，伊拉克沦为一个四分五裂的战乱国家，沙特阿拉伯、伊朗、土耳其等地区大国借机介入并扩大其影响。沙特阿拉伯对伊拉克的政策目标是遏制伊朗势力扩张、防范伊拉克恐怖分子南下进入沙特阿拉伯；土耳其对伊拉克政策的核心是把控库尔德地区局势；伊朗通过在政治、经济、安全、宗教等各个领域施加影响，目前已成为控制伊拉克的主要外部力量；美国为削弱伊朗在伊拉克的影响力，与伊朗展开激烈博弈。

伊拉克是重要的石油资源国，石油剩余探明储量排名世界第5位，产量排名中东第2位、世界第5位。伊拉克是潜在的油气通道国，其地理位置特殊，是海湾国家建立通往欧洲油气管道的潜在过境国之一。作为中东地区重要的油气资源国，伊拉克致力于实施外交平衡战略，与美国、欧洲国家，以及沙特阿拉伯、埃及等地区国家建立合作伙伴关系，力求在平衡外交策略下实现本国利益的最大化。

2. 外交政策

伊拉克奉行积极务实的外交政策，重视发展与大国的关系。伊拉克战争结束后，伊拉克政府着力恢复与各国，尤其是大国和周边国家的外交关系，并逐步获得外界的承认和支持。目前，伊拉克已与近90个国家恢复或建立了外交关系，并恢复了在阿拉伯国家联盟（简称"阿盟"）、伊斯兰会议组织、联合国机构、国际货币基金组织、石油输出国组织等地区和国际组织内的活动。

美国在伊拉克有重大的政治、安全利益和一定的经济利益，当前伊拉克问题已成为美国国内政治的一部分，在美国的中东政策中亦有相当分量。伊拉克希望美伊两国关系成为主权国家之间的正常双边关系，在共同利益和相互尊重的基础上建立稳固、长期的伙伴关系。虽然伊拉克不希望完全受美国的控制，但伊拉克依赖美国的政治支持、军事援助和经济合作，美国的对伊政策直接影响伊拉克国运的兴衰，伊拉克无法摆脱对美国的依赖。

伊拉克是伊朗建立中东什叶派新月带、实现地缘扩张战略的重要部分，萨达姆政权被推翻后，伊拉克什叶派掌权，为伊朗拉近与伊拉克的关系提供了机会。伊朗和伊拉克均是中东地区什叶派大国，宗教联系紧密，伊拉克重建中的骨干很多是萨达姆执政时期在伊朗流亡的人士，与伊朗高层关系密切。2003年以来，伊朗有意加紧对伊拉克政治、军事、经济、贸易等各领域的渗透，尤其在打击恐怖组织"伊斯兰国"（IS）期间，伊朗对伊拉克的渗透空前扩大，目前伊朗已成为伊拉克政治决策、经济重建和安全等核心领域的主要掌控者之一。随着美国战略重心东移，伊朗在伊拉克的影响力有超越美国之势，加之美国和伊朗本身存在根本性矛盾，导致伊拉克成为美国和伊朗两国博弈的战场，被迫不断在两国间寻求平衡。

俄罗斯力求在伊拉克利益最大化。近年，随着俄罗斯国力复苏，加上美国在中东的战略收缩加快，俄罗斯开始"重返中东"，加大对伊拉克的关注度。俄伊利益共同点在油气合作、军火贸易和地区反恐。近年来，俄伊贸易额增长迅速，俄罗斯在伊拉克实施大型项目，投资额达几十亿美元。俄伊合作不仅涉及民事领域，还包括军事技术合作。在打击 IS 期间，俄罗斯是伊拉克武器装备的主要供应国，双方武器交易达 10 亿美元，俄罗斯还为伊拉克提供情报、人员训练等军事支持。

沙特阿拉伯将伊拉克作为博弈主战场。萨达姆在任期间，伊拉克综合实力、地区野心均强于沙特阿拉伯，沙特阿拉伯安全危机感强烈，乃至寻求美军的保护。萨达姆倒台后，伊拉克元气大伤，沙特阿拉伯反守为攻，将伊拉克作为地区博弈的战场和筹码。2017 年以来，两国正式展开外交互访，伊拉克总理曾多次访问沙特阿拉伯。2020 年以来，沙特阿拉伯与伊拉克的互动继续增加，伊拉克新总理卡迪米访问沙特阿拉伯，沙特阿拉伯还有意投资伊拉克的油气田开发，但此举也是美国背后推动的结果，美国希望沙特阿拉伯增加在伊拉克经济领域的投资，以取代伊朗在伊拉克经济领域的地位。

中国和伊拉克自 1958 年建立外交关系以来，两国关系发展顺利。2014 年以来，两国的首脑往来日益密切，能源合作深入。2015 年 12 月，伊拉克时任总理阿巴迪访华，两国建立战略伙伴关系，并签署 5 个协议和备忘录，包括共建"一带一路"、扩大油气合作等内容。2019 年 9 月，伊拉克时任总理阿卜杜勒马赫迪访华，两国达成为期 20 年的"石油换重建"项目，中国公司将参与伊拉克基础设施重建工作，伊拉克则承诺向中国每天提供 10 万桶石油。2020 年伊拉克新任总理卡迪米上任，表示愿继续深化双方各领域务实合作，推动伊中战略伙伴关系迈上新台阶。2020 年 8 月，在美国的压力下，伊拉克宣布冻结"石油换重建"项目。目前，中国是伊拉克最大的贸易伙伴，也是最大的原油买家，伊拉克是中国在阿拉伯国家的第三大贸易伙伴，2022 年两国双边贸易额达 533.7 亿美元，同比增长 42.9%。中国是伊拉克第一大原油出口对象国，伊拉克是中国在全球范围内的第三大原油进口来源国。

二、政治社会形势

1. 政体

伊拉克实行联邦制，地区政府拥有行使立法、行政和司法的权利。伊拉克设总统委员会（由总统和2名副总统组成）、总理府（部长内阁）和议会，实施教派分权的政治制度。总理由什叶派人士担任，总统由库尔德人担任，国民议会议长由逊尼派人士担任。实际行政权力掌握在以总理为首的部长内阁手中，内阁成员由总理推选，总理还担任武装部队总司令职务。

2014年以来，伊拉克总理最终人选均为中间派，没有加入任何党团，背后缺乏强有力的政党和民众基础，是美国和伊朗博弈的结果。本届政府成立于2022年10月，总统为阿卜杜勒·拉蒂夫·拉希德、总理为穆罕默德·苏达尼（Mohammed Sudani）。

2. 政局

伊拉克教派政党林立，拥有200多个政党，什叶派政党占议会多数席位，处于政治权力的主导地位。什叶派内部各党派在议会分布较为均衡。为获得竞选优势，什叶派党派结成联盟，其中"胜利联盟""行走者联盟""法塔赫联盟"和"法治国家联盟"占据超一半的议会席位。这四大联盟内部权力争夺激烈，在美国和伊朗的关系问题上存在严重分歧，"法塔赫联盟"和"法治国家联盟"亲伊朗，"胜利联盟"偏向美国，"行走者联盟"主张民族独立，但对伊朗态度暧昧。伊拉克对待外部势力的态度决定了美国和伊朗成为控制伊拉克政局走向的主要力量。

苏达尼担任总理获得了美国和伊朗的双重认可，短期来看，伊拉克政局将保持稳定，新政府执政合法性基础较为稳固，但如何有效协调各方利益仍然面临挑战。"萨德尔运动"和"十月革命运动"是伊拉克新政府的潜在威胁。

3. 安全形势

中北部逊尼派地区安全形势严峻。伊拉克95%的暴力袭击事件集中在巴格达、尼尼微、安巴尔、基尔库克、迪亚拉和萨拉丁六省，其中巴格达占三分之一。

南部什叶派地区安全形势可控。什叶派党团占议会多数席位，政治上能够掌控什叶派地区；什叶派民兵组织"人民动员力量"（PMF）有能力保卫地区安全；美国一方面希望利用IS阻止伊朗扩张，但另一方面也不希望IS真正做大，其活动范围仅限于中部逊尼派地区。

三、经济形势

1. 总体形势

伊拉克经济增长波动较大，国际油价、安全形势对伊拉克经济的影响较为明显。2014年后半年，受国际油价大幅下挫、"伊斯兰国"极端组织（ISIS）攻城略地、欧佩克减产等因素影响，伊拉克GDP增速经历两次大幅下跌。2014年GDP增速降至1%，2016年石油产量增长，推动GDP增速升至15%，2017年受欧佩克减产影响，GDP增速降至–3%。低油价和反恐战争的高额支出导致伊拉克政府财政紧张，2015年财政赤字高达228亿美元，净债务超过1000亿美元。2017年反恐战争结束后，财政开支缩减，财政扭亏为盈，此后随着政府对基础设施投资增加，2019年财政再次出现赤字。2020年，新冠疫情蔓延和低油价给伊拉克经济造成沉重打击，GDP增速在低油价和新冠疫情的双重冲击下跌至–15.7%（表2–9），为2003年以来的最低值。2021年以来，随着疫情形势好转，油价回升，经济增速由负转正。2022年，回升至8.1%，高于2019年5.8%的水平。

表 2-9　2000—2022 年伊拉克主要经济指标

经济指标	2000年	2005年	2010年	2015年	2018年	2019年	2020年	2021年	2022年
GDP（亿美元，现价）	259	501	1385	1777	2272	2340	1694	2065	2704
人均GDP（美元）	4200	1829	4474	5048	5959	5983	4220	5015	6370
GDP增速（%，不变价）	-4.3	1.7	6.4	2.5	4.7	5.8	-15.7	7.7	8.1
通货膨胀率（%）	5.0	37.0	3.3	1.4	0.37	-0.2	0.6	6.0	5.0
失业率（%）	8.8	8.7	8	10.7	14.1	15.1	16.2	16.2	15.5
总储备（亿美元）	68	122	506	540	647	680	544	642	970
财政盈余（亿美元）		90	-220	-520	190	20	-270	-10	230
政府总债务（亿美元）		1124	7415	998	1085	1056	1172	1221	1035
外国直接投资净流入（亿美元）		5	14	-76	-49	-31	-29	-26	-21

资料来源：IMF，世界银行，Fitch Connect，Wind。

2. 经济结构

伊拉克经济高度依赖石油工业，石油出口收入占政府财政收入的比例超过 90%。2022 年，受全球油价上涨的推动，伊拉克经济出现反弹，当年石油收入超过 1150 亿美元。2022 年，工业和服务业在 GDP 中的占比达 63% 和 34%，农业仅占 3%。

3. 货币政策

伊拉克外币可以自由汇出。根据伊拉克国家投资法条款规定，外国投资者可以通过银行将资本或资金转至伊拉克境内或境外。伊拉克政府明确表示，凡得到有效文件或证件支持，对涉及汇率的现钞和资本交易在实际中没有任何限制。但这并不意味着货币兑换可以完全自由进行，在实际操作中存在许多未知数。

伊拉克央行采取钉住美元的固定汇率制度，美元兑伊拉克第纳尔的名义汇率维持在 1∶1180，政府面临货币贬值压力时会对名义汇率进行微幅调整，年均调整幅度不超过 0.1%。受国际油价和战乱影响，伊拉克的实际汇率始终承受贬值压力，2010—2019年，伊拉克第纳尔实际汇率贬值200%，其间，2011年受伊朗制裁影响，伊拉克货币贬值近100%，2014年油价下跌，第纳尔再次贬值100%。2020年，油价下跌和疫情的影响造成政府预算面临大量赤字，第纳尔继续贬值，12月19日，伊拉克中央银行发表声明，决定将本国货币第纳尔大幅贬值，将汇率定为1美元兑换1450伊拉克第纳尔。此前汇率在1∶1200上下浮动。此后，该国汇率在此水平波动，2022年为1∶1460。

4. 外资吸引力

伊拉克的外国投资主要集中在石油、电力、基础设施建设三大行业。2013年以来，受国内安全局势动荡和政局不稳影响，伊拉克外国直接投资呈净流出状态，2014年曾高达102亿美元。随着打击IS战争取得胜利，安全形势好转，同时得益于政府调整外资政策，外资流出状况逐步得到缓解，2022年降至21亿美元。根据2015年新修订的伊拉克投资法，伊拉克对待国外资本在优惠与保障方面遵循国民待遇原则，外国投资人与伊拉克本国投资人均享有投资法所规定的优惠、便利条件和保障措施，包括但不限于获取土地所有权、使用权，在拥有使用权的土地上进行投资开发、土地租赁和出租等。此外，外国投资人有权交易伊拉克市场流通的股票和债券，有权收购私有或公司合营的公司股份，有权在伊拉克境内设立分支机构，依法注册专利等。

四、油气对外合作

1. 油气合作政策

伊拉克现行法律陈旧，主要法律缺失，油气对外合作主要沿用萨达姆时期颁布的各种法律法规。《石油法》《石油部重组条例》《国家石油公司法》和《石油收益分成法》草案虽然已完成，但各方由于利益不同争论不休，短期内难以出台。

伊拉克油气上游对外合作采用技术服务合同，中游和下游项目则采用合资公司、工程采购和施工合同、技术支持合同等。上游领域要求国有石油公司持股比例一般为25%，但在2018年的技术服务合同中对政府持股比例没做特殊要求。库尔德地方政府主要通过产量分成合同模式实施上游对外合作，一般情况下，库尔德地方政府持股20%~25%，中游主要采用工程服务合同等模式，下游采取合资公司模式。

伊拉克炼油行业对外开放，目前伊拉克的炼厂、化工厂、油气管道全部由本国石油公司持有。为了吸引外资，伊拉克提供了多项优惠政策，包括供应炼厂的原油可获得离岸原油价格5%的折扣价，为期50年；投资者可享受10年的免税优惠，如果持有炼厂的股份超过50%，免税期可延长15年。伊拉克油品零售行业也对外开放，投资者可在伊拉克建立油品零售网络。

根据伊拉克2010年出台的针对外国石油公司的所得税法，石油公司需要支付25%的特许权使用费，35%的所得税和可出售的税前利润份额。石油公司每年需支付一笔培训费，费用一般在100万~500万美元之间。所有在伊的外资企业本地化用工比例须达到50%。2018年伊拉克出台油气财税改革法案，法案中对成本回收和利润分成方式作出调整，包括每桶酬金制替换成可竞价的利润分成制；国有股权替换成25%的矿区使用费，并且引入了与油价挂钩的成本回收上限；使用原油而不是现金向石油公司支付回收成本及利润份额，在收入分成上按照可出售份额来结算，而不是按照每桶固定的价格来结算。

油气价格方面，伊拉克国内成品油与天然气定价由官方管控，不与市场挂钩，政府实施高额补贴，国内成品油价格处于全球最低水平。成品油定价主要通过政府法令或法律确定，天然气定价机制导致官方市场与黑市长期保持巨大差价。伊拉克石油对外销售采用不同的价格基准。伊拉克将全球划分为欧洲、亚洲和美国三大石油市场，同一品种原油出口到不同市场采用不同的价格基准。其中，出口欧洲市场的原油以北海布伦特原油为定价基准油，销往美国的原油采用阿格斯含硫原油作为价格基准，出口亚洲市场的原油采用"迪拜/阿曼"原油的现货价格（月度平均值）作为定价基准，并根据出口原油与目的地市场基准原油的品质差异，以及从该国到出口市场的运输成本适当调整价格。

2. 油气合作监管

石油部是伊拉克中央政府管理油气行业的职能部门，石油部通过其下属的国有石油公司和石油合同与许可理事会（PCLD）管理国内外的油气活动。伊拉克议会曾于2018年审议通过重新成立伊拉克国家石油公司的法案，计划成立伊拉克国家石油公司（INOC），将签署协议、管理油气合同和发放许可证的职责全部移交至INOC，但受各种因素制约，INOC至今仍未正式成立。

目前，石油部主要负责制定石油行业政策方针、战略规划等事宜，管理国有石油公司，以及境内与石油相关的所有经营活动，包括审核长期计划、审批投资预算、签订对外合作协议、制定原油销售政策、国内油品定价等。石油合同与许可理事会隶属于石油部，主要负责许可证颁发、草拟合同及所有与招投标相关的活动。国有石油公司负责所有油气上下游经营活动，包括勘探开发、进出口、销售等，石油部共管理23家国有石油公司。伊拉克中央政府通过国有石油公司与外国公司合作开发本国油气资源，一般情况下，伊拉克国有公司持有项目25%的股份，其余股份由外国公司持有。伊拉克负责对外油气上游合作的国有公司包括：北方石油公司（NOC）、中部石油公司（MDOC）、巴士拉石油公司（BOC）、米桑石油公司（MOC）、济加尔石油公司（DQOC）、南方天然气公司（SGC）、北方天然气公司（NGC）。

库尔德地区拥有独立的政府和自然资源部，依据地方石油法与外国公司进行油气合作。库尔德计划成立库尔德勘探和开发公司（KEPCO）和库尔德国家石油公司（KNOC），目前正等待议会的审议。

3. 国际油气合作

（1）勘探开发

伊拉克油气勘探开发研究和设计能力较弱，主要由外国公司完成，老油田需要提高采收率技术（表2-10）。2008年以来，伊拉克中央政府举行了五轮战后油气招标活动，吸引了50多家国际石油公司参与，与伊拉克中央政府签署20多份勘探开发服务合同。2002年和2004年，库尔德地区分别举行了两轮上游招标活动，2006年，和外国公司签订了第一份产量分成合同。2007年，库尔德地区石油法生效，外国公司与库尔德地区的油气合作步伐加快。库尔德地区政府签订了24个产量分成合同。伊拉克对国内油气储量的掌控程度较高，国家持有85%的权益油气储量。

近年来，受战略调整或受伊拉克中央政府与库尔德地区政府争端等多种因素的影响，多家外国公司从伊拉克撤离。其中，挪威国油、壳牌等退出与伊拉克中央政府的合作，埃克森美孚和道达尔能源等从库尔德地区撤离。

表2-10 中国企业主要合作项目

项目名称	中国企业	签约年份	项目类型	股权结构
艾哈代布	中国石油，振华石油	2008	勘探开发	中国石油：37.5%；振华石油：37.5%；MDOC：25%
鲁迈拉项目	中国石油	2009	勘探开发	bp：47.6%；中国石油：46.4%；伊拉克国家石油销售公司：6%
哈法亚项目	中国石油	2010	勘探开发	中国石油：45%；马来西亚国家石油公司：22.5%；道达尔：22.5%；巴士拉石油公司：10%
西古尔纳—1油田	中国石油	2013	勘探开发	埃克森美孚：22.7%；中国石油：32.7%；日本伊藤忠商事：19.6%；印度尼西亚国油：20%；伊拉克石油勘探公司：5%
米桑项目	中国海油	2010	勘探开发	中国海油：63.75%；伊拉克钻井公司：25%；土耳其国家石油公司：11.25%
TaqTaq	中国石化	2009	勘探开发	中国石化：36%；库尔德地区政府：20%；吉尼尔能源公司：44%
Huwaiza	洲际油气	2023	勘探开发	洲际油气：100%
Naft Khana	洲际油气	2023	勘探开发	洲际油气：100%
Sindbad	联合能源	2023	勘探开发	洲际油气：100%

资料来源：ETRI。

（2）炼油化工

目前，外国公司参与伊拉克炼油和化工领域的合作较少，埃尼和壳牌正与伊拉克政府商议投资新建炼厂和化工厂。其中，埃尼计划在祖拜尔油田附近新建一座炼油厂，计划投资40亿美元，一期项目将于2025年投产，设计炼油能力为15万桶/日，未来将进一步提升至30万桶/日。由于伊拉克政府财政面临严重困难，政府计划将 20% 的股权售予私人投资者。壳牌建设化工厂的谈判起始于 2012 年，受国内安全局势影响，一直被搁置。2020 年 9 月，双方谈判重启，项目计划投资 80 亿美元，设计产能 180 万吨 / 年。

（3）技服装备

伊拉克本地工程技术公司整体实力有限。钻井市场主要为伊拉克钻井公司 IDC，其在伊拉克很多油田都有市场份额；技术服务（泥浆、固井和录井等）以 Oil Service 为代表，在库尔德地区和伊拉克南部市场份额较大。

西方大型油气田服务公司在伊拉克占有绝对优势。伊拉克油气田工程技术服务市场汇集了世界上几乎所有重要的工程承包商，以英国、美国、法国、意大利、日本、韩国为主，业务范围覆盖勘探开发、油气开采、油气集输、管道运输、炼油、发电等相关业务领域，竞争激烈。

在地面工程领域，韩国承包商居第一阵营，以 EPC 总承包为主，获得市场份额也相对较大。欧美国家、日本承包商位居高端市场，主要提供咨询、前端设计 FEED、项目管理 PMC 服务和详细设计服务。伊拉克当地公司的装备研发能力和制造能力都非常薄弱，基本为零。所有用于油田建设的物资均需从他国引进。产品涉及测录试设备、钻探设备和耗材、泵阀、管材、化学品、电气设备、炼化装备等。当地公司的业务主要集中在工程承包、后勤服务、简单设备维护等，缺乏技术人才，对于装备制造投资缺乏兴趣。

物资装备市场份额方面，西方石油公司产品在伊拉克物资装备市场占据主导地位，中国公司产品占比次之，伊拉克本地公司产品只占据很少的份额。

五、油气工业

1. 油气生产

（1）油气资源

伊拉克油气资源丰富，石油资源量 320 亿吨。伊拉克有 7 个油气盆地，其中伊拉克中央政府北部和库尔德地区北部油田位于东南土耳其盆地（Southeast Turkey Foldbelt Basin），库尔德地区南部和中央政府底格里斯河以东地区的油田主要位于扎格罗斯盆地（Zagros Foldbelt Basin），库尔德地区约80%的已发现油气资源位于该盆地，中央政府中部和南部的油田主要位于维典亚盆地（Widyan Basin）。天然气资源量为11.9万亿立方米，主要分布在扎格罗斯盆地。

伊拉克石油待发现资源量为55.3亿吨。过去15年来，该国勘探活动集中在库尔德斯坦地区。据不完全统计，2014—2020年期间，伊拉克的油气新发现共计14个，主要位于扎格罗斯盆地，新增石油储量7.5亿吨，基本弥补老油田的产量递减。近年来剩余储量保持稳定。目前，伊拉克石油剩余探明储量约200亿吨，占世界石油探明储量的8.4%，居世界第五位，储采比96.3。伊拉克的石油勘探程度较低，发现潜力大。受战争影响，1980年以来伊拉克仅对20%的领土进行了勘探，是世界主要产油国中勘探程度最低的国家之一。目前，伊拉克的油气探明储量主要集中在北部基尔库克周围和南部靠近科威特边界的巴士拉地区，其余大部分地区未勘探或仅进行了部分勘探，西部沙漠地区具有极好的油气前景。未来伊拉克的石油勘探活动将持续增加。

天然气待发现资源量为5.4万亿立方米。近年来，伊拉克的气田新发现1个，新增天然气储量10亿立方米。目前，该国天然气剩余探明储量3.5万亿立方米，较2000年增长14%，占世界天然气探明储量的1.9%，居世界第五位，储采比336.3。伊拉克70%天然气储量属于油田伴生气，83%伴生气位于伊拉克南部大油田，其中55%位于在产大油田，其余45%分布在待开发油田。受战争和制裁等因素的影响，伊拉克天然气工业发展缓慢，基础设施薄弱，伴生气被大量放燃，天然气利用率很低，近五年商品气利用率为40%。西部沙漠、北部以及库尔德地区被认为具有较大的天然气资源发现潜力。

（2）油气生产

伊拉克工业经历四个阶段：早期勘探（1912—1960年）、国有化（1961—1975年）、自主独立发展（1975—2003年）和伊战结束至今。石油生产曾经历了三次断崖式下跌：两伊战争（1980—1988年），海湾战争（1990—1991年），伊拉克战争（2003—2010年）。连年战争和国际制裁严重破坏了伊拉克的石油工业，2008年以来，伊拉克中央政府积极吸引外资，随着外资进入市场和油田陆续投入开发，伊拉克油气产量进入恢复增长阶段。2022年石油产量22130万吨（表2-11），占世界5.0%，排中东第2位，世界第5位。伊拉克石油产量主要来自一些巨型老油田，其中的60%来自鲁迈拉、西古尔纳、祖拜尔和马吉努四大油田。2022年商品气产量98亿立方米，低于疫情前的水平。天然气产量主要来自库尔德地区，西古尔纳二期油田项目、济加尔省油田和拉塔维油气田项目具有增产潜力。

表2-11 2000—2022年伊拉克油气产量

类别	2000年	2005年	2010年	2015年	2018年	2019年	2020年	2021年	2022年
石油（万吨）	12880	8990	12080	19560	22700	23420	20200	20080	22130
天然气（亿立方米）	32	15	75	77	111	115	74	96	98

数据来源：OPEC。

伊拉克油气增产潜力大，新增石油产量主要来自老油田项目重建以及新油田项目开发。老油田项目主要包括战后第一轮招标签约的项目（鲁迈拉、祖拜尔和西古尔纳-1油田）等；新油田项目主要是战后第二轮签约项目，包括马吉努油田、哈法亚油田、凯亚拉油田、西古尔纳-2油田、哈拉夫油田、巴德拉油田、奈季迈油田、米桑油田等，以及第四轮签约项目中的9区块Faihaa油田。天然气增产主要来自西古尔纳-2油田伴生气。美伊签订的油气田开发和天然气利用协议包括济加尔省油田开发、拉塔维油气田的天然气开发和利用。

2. 基础设施

（1）油气管道

伊拉克油气出口运输管网反复遭受战争和恐怖组织的破坏，损毁严重，油气运营能力严重不足，难以满足出口需求（表2-12）。

目前伊拉克仅有两条库尔德地区的原油出口管道运营，分别由陶克（Tawke）油田和塔克塔克（TaqTaq）油田向北延伸，在伊拉克与土耳其边境费希哈布尔（Fishkhabour）与基尔库克—杰伊汗管道相连，输送能力均为1500万吨/年。目前北方石油公司运营的基尔库克油田的原油借用库尔德地区原油出口管道向土耳其杰伊汉港口出口。

表2-12 伊拉克主要石油管道

管道名称	起点	终点	管道长度（千米）	管输能力（万吨/年）
ITP管道	基尔库克	杰伊汉（土耳其）	960	15
基尔库克—巴尼亚斯管道	基尔库克	巴尼亚斯（叙利亚）	850	7000
基尔库克—的黎波里	基尔库克	黎波里（黎巴嫩）	178	2500
鲁迈拉—延布管道	鲁迈拉	延布（沙特阿拉伯）	700	8000
战略输油管道	波斯湾港口	费希哈布尔		3500
库尔德原油出口管道	Khurmala	费希哈布尔		3500
陶克-费哈布尔	陶克	费希哈布尔		
伊拉克—约旦（拟建管道）	鲁迈拉-哈迪萨	哈迪萨-亚喀巴	1600	5000

资料来源：Fitch Solutions，Wood Mackenzie。

注：伊拉克北部和南部各有一个天然气管网系统，由于遭到人为破坏，只有部分管段维持运营。目前伊拉克仅有一条连接伊朗的天然气管道，用于进口伊朗的天然气。伊拉克连接科威特的天然气管道目前已停运。

伊拉克境内有一条"战略输油管道"，可双向输油，能将北部基尔库克的原油运输到南部波斯湾港口出口，也可将南部鲁迈拉的原油运输到土耳其、约旦和叙利亚。该管道建成于1975年，最初的输油能力是4000万吨/年，伊拉克战争后损毁严重。战后部分修复，目前的输送能力不足1000万吨/年，主要用于向巴格达周边炼厂输送石油。伊拉克计划修建至约旦的原油出口管道，进展缓慢。表2-13为伊拉克主要天然气管道。

表2-13 伊拉克主要天然气管道

管道名称	起点	终点	管道长度（千米）	管输能力（亿立方米）
伊朗—伊拉克天然气管道	南帕斯气田	伊拉克Al-Mansoureh电厂和首都巴格达	270	155
鲁迈拉/锡巴—艾哈迈迪天然气管道	鲁迈拉	艾哈迈迪（科威特）	1689	41

资料来源：Fitch Solutions。

（2）石油港口

伊拉克原油出口主要依靠法奥地区的巴士拉港和豪尔艾迈耶港（表2-14）。巴士拉港有4个泊位，装载能力1.5亿吨，出口能力8500万吨。豪尔艾迈耶港设计装载能力3500万吨，曾因爆炸事故，损毁严重，2004年2月修复后重新启用，目前原油出口能力不足500万吨。此外，豪尔祖拜尔还有一座LPG出口码头，出口能力为400万吨。

表2-14　伊拉克主要原油港口

港口名称	港口终端名称	位置	吞吐能力	备注
巴士拉	Al-Basra Oil Terminal（ABOT）	深水	1.5亿吨/年	5座出口能力均为90万桶/日的SPM平台（其中1座备用），总出口能力450万桶/日，实际可用出口能力250万桶/日
豪尔艾迈耶	Khor Al Amaya Oil Terminal（KAAOT）	浅水	3500万吨/年	2个泊位，出口能力120万桶/日

资料来源：Wood Mackenzie。

伊拉克计划加强南部港口出口能力建设，正在招标多个港口建设项目，预计需要投资74亿美元，总装载能力9900万吨，2025年完成，主要用于装卸油品、化工和工业产品。其中法奥港建设项目是伊拉克打造中东、欧洲交通枢纽的关键步骤，规划规模超过70个泊位，建成后将集石油、集装箱、散货、仓储等于一体，成为第一大港口。伊拉克还计划实施南部一体化项目（SIIP），包括储库和管道建设及泵站改造，中国石油和埃克森美孚对该项目表达了投资兴趣。受国际油价下跌影响，伊拉克政府财政吃紧，港口建设项目短期内难以落实。

（3）LNG

伊拉克LNG建设尚处于规划阶段。壳牌和三菱计划投资30亿美元在巴士拉建设一座浮式LNG终端，设计天然气出口能力62亿立方米，但目前该项目没有任何进展。

（4）仓储设施

伊拉克的储库主要位于南部港口，储存能力严重不足，全国储库的储存能力仅为1000万桶。伊拉克正考虑在日本和韩国建设储存设施，提高对亚洲客户的原油销售能力。

3. 炼油工业

伊拉克共有16座炼厂，2022年该区炼厂炼油能力5580万吨/年，加工量3511万吨/年（表2-15）。炼厂主要为伊战前建设的老炼厂，技术落后、设备老化，受战争损毁严重，炼油能力很低。近年来，伊拉克平均炼厂开工率73%。最大炼厂拜伊吉炼厂在2014年遭极端武装人员围攻，加工能力1500万吨/年，目前炼油能力仅为165万吨/年。

表2-15 伊拉克炼厂

序号	炼厂名称	运营者	炼油能力（万吨/年）	备注
1	拜伊吉	北方炼油公司	700	
2	基尔库克	北方炼油公司	280	
3	Sainia	北方炼油公司	150	
4	Hadeetha	北方炼油公司	80	计划增至180万吨/年
5	Qayara	北方炼油公司	70	计划增至180万吨/年
6	Kask	北方炼油公司	100	
7	Daura	中部炼油公司	700	
8	Najaf	中部炼油公司	150	
9	Samawa	中部炼油公司	150	
10	Diwaniya	中部炼油公司	100	
11	巴士拉	南方炼油公司	1050	计划2025年实现炼油能力1325万吨/年
12	Missan	南方炼油公司	200	
13	Nassiriya	南方炼油公司	150	
14	Kar	KARGroup	800	
15	Bazya	Qaiwan Group	200	
16	卡尔巴拉	中部炼油公司	700	2023年4月投产

资料来源：OPEC。

为满足国内需求，伊拉克计划新建多个炼厂并对现有炼厂进行升级改造，但进展较为缓慢。其中，法奥炼厂炼油能力1500万吨/年，将于2030年投产；巴士拉炼厂改造项目计划在2025年将该炼厂炼油能力增加275万吨/年。各项计划难以落实，一是政府财政困难，有限的财政资金将用于基础设施建设和天然气的收集利用；二是伊拉克进口成品油的成本低于新建炼厂的成本，疫情和低油价形势下，进口成品油更具有经济性。伊拉克国内炼厂设计和建设能力薄弱，缺乏关键、核心炼油技术和相关设备，政府有意吸引外国公司投资炼厂新建和改扩建项目。目前伊拉克的炼厂全部由本国公司经营，此前政府与外国公司合资建设炼厂的计划均未能落实，主要由于伊拉克安全风险高，炼厂配套的基础设施薄弱，新炼厂的经济性不佳。

4. 石化工业

伊拉克石化工业十分薄弱，规模很小，产品单一。20世纪80年代，伊拉克曾着手兴建大型石化厂，但受战争影响至今没有建成。目前，伊拉克仅有两家石油化工厂，分别是位于巴士拉附近豪尔祖拜尔的巴士拉石化联合体（PC-1）和阿拉伯石化公司（Aradet）（表2-16）。

表2-16 伊拉克石化厂

项目名称	投资者（投资占比）	投产年份	产品（产能：万吨/年）
巴士拉石化联合体	State Company for Petrochemical Industries（SCPI）（100%）	1977	乙烯（13），低密度聚乙烯（6），高密度聚乙烯（3），二氯乙烯（11），氯乙烯单体（6.6），聚氯乙烯（6）
阿拉伯石化公司	伊拉克政府（32%），阿拉伯石油投资公司（32%），科威特政府（10%），沙特阿拉伯政府（10%），阿拉伯采矿公司（10%），阿拉伯投资公司（6%）	1987	甲苯（0.8），直链烷基苯（LAB）（5）

资料来源：Fitch Solutions。

壳牌与伊拉克政府曾于2012年开始Nibras石化厂建设谈判，此后受伊拉克国内安全局势影响，谈判一直搁置，2020年9月双方重启谈判，预期投资80

亿美元，设计产能180万吨/年，2023年2月，该项目获得伊拉克内阁批准，有待建设。

伊拉克天然气化工行业几近空白。伊拉克政府计划在2017—2023年期间吸引外资350亿～500亿美元，利用本国的资源优势发展天然气化工，产品产量达到1000万吨水平，但实际投资进展缓慢。

伊拉克的化肥产业具有一定规模（表2-17），两家国有公司共经营5家化肥厂，分别位于Abu Al-Khussaih、Khor Al-Zubair、拜伊吉、巴士拉和Mishraq。

伊拉克不具备石化产业自主建设能力，主要由美国和德国公司承建。

表2-17 伊拉克主要化肥厂

化肥厂所在地	产品（产能：万吨/年）
Abu Al-Khussaih	尿素（47.5），合成氨（29.2）
Khor Al-Zubair	尿素（5.8），合成氨（7.3）
拜伊吉	尿素（1750）

资料来源：Fitch Solutions。

六、油气消费与进出口

1. 原油

伊拉克为原油出口国，不进口原油。2022年，原油出口量为19329万吨（表2-18）。伊拉克原油主要出口到亚太地区，亚太地区出口量占出口总量的61.5%。其中，向印度和中国的原油出口量位居前两位，分别占总出口量的27.3%和25.6%；该国向欧洲的原油出口量次之，占总出口量的26.5%，向美洲、非洲和中东的出口量较少，合计占总出口量的12%。未来，随着产量增长，伊拉克原油出口量将继续增加。

表 2-18　2000—2022 年伊拉克油气供需平衡

类别	2000 年	2005 年	2010 年	2015 年	2018 年	2019 年	2020 年	2021 年	2022 年
原油（万吨）									
产量	12880	8990	12080	19560	22700	23420	20200	20080	22130
加工量	2529	2212	2544	2007	2921	3102	2632	2497	2801
进口量	0	0	0	0	0	0	0	0	0
出口量	10351	6778	9536	17553	19779	20318	17568	17583	19329
成品油（万吨）									
产量	2220	1933	2250	2038	3499	3631	2874	3640	4092
消费量	2206	2375	2726	3327	3388	3438	2630	2957	3965
净出口量	14	−442	−476	−1289	111	193	244	683	127
天然气（亿立方米）									
产量	32	15	75	77	111	115	74	96	98
消费量	29	15	75	69	130	176	188	193	199
净进口量	−3	0	0	−8	19	61	114	97	101

数据来源：OPEC。

2. 成品油

伊拉克成品油消费主要包括汽油、柴油、煤油和渣油，其中渣油消费量最大，柴油和汽油次之，煤油较少。2022 年成品油消费量 3965 万吨，主要用于交通运输和发电，占总消费量的 50% 以上。近年来，随着人口增加和经济复苏，伊拉克成品油消费呈快速增长趋势。未来交通和发电领域的成品油消费仍占主导地位。

受战乱和国际制裁的影响，伊拉克炼油工业发展停滞不前，炼油水平很低，汽油、柴油和煤油均供不应求，需要进口，但渣油可供出口。随着国内新建多座炼厂，净进口量减少。2022 年成品油净出口量 127 万吨，其中汽油、柴油和煤油进口量 687 万吨，渣油出口量 814 万吨。2020 年伊拉克成品油消费结构见表 2-19。

表 2-19　2020 年伊拉克成品油消费结构　　　（单位：万吨）

品种	发电	工业	交通	民用	非能源使用	能源行业自用	合计
汽油	0	0	506	0	0	0	506
煤油	0	0	3	184	0	0	187
柴油	69	190	380	0	0	0	639
其他	400	34	0	397	112	355	1298
总计	469	224	889	581	112	355	2630

数据来源：IEA，OPEC。

3. 石化产品

伊拉克石化产品主要依赖进口，主要包括有机化工原料、塑料及其制品、人为短纤纤维和橡胶及其制品。2022 年，伊拉克从全球进口石化产品 213 万吨，同比增长 20%。

伊拉克也出口少量石化产品，主要包括有机化工原料、塑料及其制品、人为短纤纤维和橡胶及其制品。2022 年石化产品出口量为 13 万吨，同比增长 25%。

4. 天然气

受产量制约影响，伊拉克商品气消费量很低。随着人口增长和国家经济重建步伐加快，伊拉克天然气发电需求扩大，并开始从伊朗进口天然气，天然气消费大幅增长。2022 年，天然气消费量达到 199 亿立方米。伊拉克 88% 的天然气消费用于发电，10% 用于工业，2% 用于非能源行业。

受战乱影响，伊拉克电力基础设施薄弱，电力短缺，加之大量天然气放空燃烧，伊拉克天然气无法满足需求，需从伊朗进口。2017 年 6 月，伊朗开始通过输气管道向伊拉克供气，供巴格达附近的电厂使用。2022 年进口量为 94 亿立方米。未来随着经济的逐步复苏、基础设施的改善，尤其是燃气电厂的建设，预期天然气消费量将快速增长，由于天然气生产仍不能满足国内消费，需要继续从伊朗进口天然气。未来随着伴生气收集技术提高，从伊朗进口天然气的数量将减少，并逐步实现天然气自给。

七、合作风险评价

1. 政治风险

地缘政治风险极高。伊拉克地处中东地区心脏地带,是世界大国、地区大国博弈的对象。考虑到伊拉克的战略地位,美国将继续控制伊拉克。美国还撮合沙特阿拉伯等逊尼派盟友拉近与伊拉克的关系,取代什叶派的影响力。伊朗借助与伊拉克相邻的地理优势,致力于拉拢其加入伊朗阵营,持续加强在伊拉克各个领域的渗透,并力图削弱美国对伊拉克的控制。美国和伊朗竞相争夺对伊拉克的控制权将加剧伊拉克的地缘政治风险,对伊拉克政治、安全、外交等局势走向起到决定性作用。

2. 安全风险

安全风险极高。教派矛盾、极端组织作乱、外国干预和"弱中央、强地方"的政治格局将令伊拉克长期动荡不安。逊尼派和什叶派两大教派严重对立,"基地""伊斯兰国"等极端宗教组织趁机制造恐怖活动,激化两派血仇。伊拉克地处中东逊尼派、什叶派两大阵营冲突中心,沙特阿拉伯、伊朗等国分别支持伊拉克境内的逊尼派和什叶派势力,为伊拉克国内教派矛盾火上浇油。IS残余势力使该国面临恐怖袭击风险。伊朗支持的什叶派部队在美国和伊朗背后的较量中频繁制造袭击事件,扰乱伊拉克的安全形势。中央政府控制的军队孱弱,无力控制事态的发展。未来,伊拉克西北部和中部地区将长期处于战乱状态,南部什叶派控制区和北部库尔德人控制区相对安全。

3. 政策风险

政策法律风险高。伊拉克开放时间不长,法律体系不健全,所签合同的法律约束性不强。伊拉克石油部为体现自身意愿,经常根据本国利益需求和外部环境变化随意要求与外国公司重新谈判合同条款。内部宗教、党派利益斗争激烈，石油相关政策法案难以出台，石油部门高层频繁易职，给石油政策执行带来很大不确定性。

4. 经济风险

经济风险高。伊拉克经济发展高度依赖石油出口收入，受国际油价波动的影响较大。近年来，受国际油价下跌、新冠疫情暴发及欧佩克限产的影响，伊拉克经济增速放缓，石油收入锐减，政府陷入财政危机，货币面临贬值压力。为缓解财政危机，伊拉克政府要求外国石油公司缩减投资预算、推迟支付石油款项、意图免除要求外国公司减产的赔偿责任，使外国公司在伊拉克利益受损。未来外国石油公司在伊拉克面临较高的经济风险。

八、产业发展重点

加强上游领域的合作。勘探开发方面，伊拉克勘探程度较低，增储上产潜力大，政府计划将勘探开发向北部地区油田推进，大力提高石油产量。库尔德地区目前正致力于吸引外资，加大勘探开发力度。随着伊拉克新政府和库尔德地区政府的紧张关系趋于缓和，库尔德地区石油行业将会获得较快发展，出现更多的投资合作机会。天然气利用方面，伊拉克天然气资源丰富，但商品率极低，天然气行业尚处于起步阶段。伊拉克政府计划加大对伴生气田和非伴生气田的投资，对天然气收集和处理设施进行升级改造，加大对伴生气的收集和利用。未来，外国石油公司在包括天然气资源勘探开发、EPC合同、管道、天然气处理厂、天然气利用、液化石油气设施、装载设施、培训服务、人力资源开发等在内的广阔领域将面临大量投资机会。

加强炼化行业的合作。伊拉克国家石油公司计划在未来投入大笔资金，用于炼油、石油化工等领域的发展，升级改造现有炼厂，投资新建炼厂和化工厂，优化成品油消费结构。未来伊拉克的炼化领域存在合作机会。

加强油气工程技术服务和装备走出去合作。工程服务类方面，伊拉克市场潜力巨大，投资机会多，中国多家油公司和工程技术服务公司已进入伊拉克工程服务市场，奠定了良好基础，未来在基础设施建设和油气田开发项目相关的配套设施建设、国内老化管道升级改造、原油外输管道建设、存储能力提升以及港口设施建设等方面都有广阔的合作前景。

［本节撰写人：尚艳丽］

第三节　阿拉伯联合酋长国

阿拉伯联合酋长国（简称阿联酋）位于阿拉伯半岛东部，东和东北与阿曼毗连，西和南与沙特阿拉伯交界，西北与卡塔尔接壤，北濒波斯湾。国土面积约 8.36 万平方千米，总人口为 1017 万人。

一、国际关系

1. 地缘政治

阿联酋所在的中东地区是全球地缘政治最复杂、最敏感、最动荡的区域之一。

阿联酋积极发展与美国、欧洲国家的关系。长期以来，美国作为阿联酋最重要的安全盟友和经济伙伴，将阿联酋视为维护中东地区稳定、执行美国中东政策的重要支撑，在反恐、反核扩散、能源安全等领域两国合作紧密。随着美国在中东地区的战略调整，阿联酋开始寻求自主外交政策和其他安全保障来源，两国关系正在发生变化。英国是阿联酋最重要的战略盟友之一，阿联酋与英国在安全、发展、技术、金融等领域存在共同的关切和利益，两国通过加强合作，共同促进地区安全，应对紧迫的全球挑战。法国是阿联酋的主要武器供应国，阿联酋与法国日益深化战略伙伴关系，两国的合作已经从军事、国防领域拓展到贸易、文化、技术、环境等领域。德国是阿联酋的重要盟友之一，两国积极开展政治对话和安全合作，高层往来较多。俄乌冲突后，阿联酋谨慎处理与西方国家的关系，避免卷入可能的地缘政治冲突。

阿联酋与俄罗斯在政治方面的友好关系源远流长。1985年11月，阿联酋与苏联建交。苏联解体后，阿联酋继续保持与俄罗斯的友好合作关系，曾向俄罗斯提供紧急财政援助，帮助俄罗斯政府渡过经济难关。阿联酋重视俄罗斯的大国地位，两国之间存在共同的安全利益，政治互动频繁，在维护地区平衡和处理国际事务中保持紧密合作，通过高层交往进一步加深彼此联系。

阿联酋与沙特阿拉伯关系较以往有所变化。阿联酋与沙特阿拉伯有着非常深厚坚固的伙伴关系，但近几年两国之间的矛盾越来越明显，在对也门、卡塔尔、利比亚、土耳其的立场上以及各自与伊朗的关系方面出现分歧。

阿联酋与伊朗关系持续回暖。阿伊两国是天然的贸易伙伴，长期维持着友好的地区合作关系，尽管自1979年伊朗伊斯兰革命爆发以及1981年阿联酋成为海合会主要成员国后，两国关系趋于敏感，但经贸联系并未断绝。即使阿联酋在2016年降低与伊朗外交关系级别、2018年对美国退出伊朗核协议表示支持等，此后，两国依然维持频密的经济往来。基于双方经济利益深度交融，以及经济发展、地区安全等现实利益，改善关系是大势所趋。2022年8月，阿联酋重新向伊朗派驻大使。阿伊关系的恢复有利于维护地区和平稳定，但还不足以推动中东局势的全局性变化。

近年来，阿联酋与中国双边关系取得长足发展。2018年，中阿两国建立全面战略伙伴关系。两国高层交往频繁，务实合作富有成效。阿联酋连续多年是中国在中东地区第一大出口市场和第二大贸易伙伴。2022年，中阿双边贸易额992.7亿美元、同比增长37.4%，其中中方出口额538.6亿美元、同比增长23.3%，进口额454.1亿美元、同比增长58.9%。2023年第一季度，中阿双边贸易额231.1亿美元、同比增长12.9%，其中中方出口额134.7亿美元、同比增长22%，进口额96.4亿美元、同比增长2.2%。中国主要出口机电产品、高新技术、纺织服装等，主要进口原油、石化产品等。阿联酋是中国第四大原油进口来源国。2022年，中国从阿联酋进口原油4281.9万吨，同比增长34.1%。

2. 外交政策

阿联酋奉行平衡、多元的外交政策。截至2023年已与193个国家建立了外交关系，与大多数国家保持友好合作，在维护地区和平与稳定中发挥着积极作用。2023年6月，与卡塔尔恢复外交关系。2020年9月，与以色列建立外交关系，是史上第4个同以色列建交的阿拉伯国家。2021年10月至2022年3月，举办中东地区首届世界博览会。2022年，担任联合国安理会非常任理事国，任期2年。

阿联酋外交政策的立足点是加强海湾合作委员会国家之间的团结与合作，强调发展与阿拉伯国家的友好合作，与沙特阿拉伯、巴林、阿曼等周边国家关系良好。阿联酋重视大国外交，与美国和英国、法国、德国等主要欧洲大国均保持良好的合作关系；积极发展与俄罗斯的经济关系。为实现"小国大外交"的雄心壮志，阿联酋外交表现出军事化和冒险主义特征，不惜耗费财力、动用武力实现战略目标。与以色列建交显然有利于遏制这两大安全威胁，同时以此迎合美国，巩固联盟关系。

阿联酋于1984年与中国建交，两国关系友好。2012年1月，中阿两国建立战略伙伴关系。两国高层和各级别人员互访不断，双方在各领域的友好合作不断深化，先后签署《关于促进和保护投资协定》《经济、贸易、技术合作协定》《双边劳务合作谅解备忘录》等合作协议。2015年3月，中国正式向阿联酋递交《推动共建丝绸之路经济带和21世纪海上丝绸之路的愿景与行动》文件。阿联酋积极响应中方提出的共建"一带一路"倡议，携手参与区域合作。2015年，阿联酋成为亚投行意向创始成员国，同年12月，两国签署总额100亿美元的中阿共同投资基金等一系列及涉及多领域合作协议。2018年7月，习近平主席首次访问阿联酋，两国建立全面战略伙伴关系，双方签署政府间共建"一带一路"谅解备忘录，两国合作迎来发展黄金期。

二、政治社会形势

1. 政体

1971年12月2日，阿拉伯联合酋长国宣告成立，由阿布扎比、迪拜、沙迦、阿治曼、富查伊拉和乌姆盖万6个酋长国组成联邦国家。1972年，哈伊马角酋长国加入联邦。联邦最高委员会由7个酋长国的酋长组成，是阿联酋最高权力机构，重大内外政策制定、联邦预算审核、法律和条约批准均由该委员会讨论决定。联邦政府是联邦最高委员会的执行机构，在联邦最高委员会的监督下，实施宪法和法律规定权限范围内的内外大政方针。除外交和国防相对统一外，各酋长国拥有相当的独立性和自主权。总统兼任武装部队总司令。现任总统为穆罕默德·本·扎耶德·阿勒纳哈扬，于2022年5月前总统哈利法病逝后继任。联邦国民议会成立于1972年，是政治咨询机构，每届任期4年。议会由40名议员组成，名额大致按各酋长国本国公民人口比例分配。2005年12月，前总统哈利法宣布对议会实行半数间接选举，半数议员通过选举产生，其他议员仍由各酋长国酋长提名，由总统任命。议长和两名副议长均由议会选举产生。2019年10月，阿联酋举行第十七届国民议会选举。11月，萨格尔·古巴什当选阿联酋第十七届国民议会议长。本届政府于2016年2月组成，共35名成员，其中有9名女性成员。穆罕默德·本·拉希德担任总理，兼任联邦副总统。2023年3月，穆罕默德总统决定增设1名副总统并由其胞弟、副总理兼总统办公厅主任曼苏尔出任。

2. 政局

多年来，尽管阿联酋各酋长国在联邦权力分配、军队统一、预算摊派、对外贸易和行政管理等方面时有争议，但总体上各酋长国保持和睦相处的关系，政治局势长期稳定。各酋长国的政治权力稳固集中在家族统治者手中，主要政府部门多由酋长家族和部族成员掌管，以保障家族统治的稳定。政府通过实行高福利政策，向国民提供医疗、教育等多种优厚的福利保障，政权受到本国民众拥护。

阿联酋民族、宗教、教派结构高度统一，政局稳定。全国总人口中阿拉伯人占87%，其他民族占13%。外籍人口占全国总人口的88.5%，主要来自印度、巴基斯坦、孟加拉国、菲律宾、埃及、伊朗等国。伊斯兰教是国教，居民信奉伊斯兰教的人数比例达76%，其中多数（80%）属逊尼派，什叶派在迪拜占多数；信奉佛教和基督教的人数比例分别为15%和9%。

3. 安全形势

阿联酋国内安全形势良好。阿联酋社会安全形势良好，刑事暴力类案件较少，在恐怖活动日益猖獗的中东地区，阿联酋成为发展、稳定、繁荣的"和平绿洲"。主要有四点原因：一是生活水平高，人民安居乐业，社会犯罪率低。即便是近年来外来人口增多，流动性增大，偷盗和抢劫案件也少有发生。外国投资者较少受到恐怖袭击和刑事犯罪滋扰，安全成本较低；二是法治严厉，外来人员一旦犯罪或有不良行为，立即会被永久驱逐出境；三是宗教政策宽松，内部矛盾不激烈；四是政府反恐力度大，2004年联邦议会通过反恐法案，赋予联邦政府打击恐怖主义和扩大反恐合作的权力，至今没有关于外国人和外国企业被袭击的报道。

阿联酋外部安全形势存在不稳定因素。中东地区油气资源丰富，战略地位极其重要，原油及油品出口量高居各地区之首，在世界油气供需格局中占有重要地位，是世界大国争夺的焦点。区内国家之间的领土纠纷、民族矛盾、能源和水资源争端、宗教矛盾等错综复杂，中东地区以外的美国、欧盟、俄罗斯等大国的干预和介入导致地区局势更趋动荡，阿联酋安全形势面临外部威胁。

三、经济形势

1. 总体形势

阿联酋经济规模较大，国民富裕程度较高，2022年GDP达5075亿美元，人均GDP达53758美元（表2-20）。但阿联酋各酋长国的经济发展不平衡，对GDP的贡献差异很大。阿布扎比对GDP的贡献超过60%，迪拜达到30%左右，其余5个酋长国合计不足10%。

表2-20　2000—2022年阿联酋主要经济指标

经济指标	2000年	2005年	2010年	2015年	2018年	2019年	2020年	2021年	2022年
GDP（亿美元，现价）	1057	1830	2898	3581	4222	4211	3495	4150	5075
人均GDP（美元）	33727	39880	33893	38663	43839	43103	37629	44315	53758
GDP增速（%，不变价）	12.3	4.9	1.6	5.1	1.7	1.3	-5	3.9	7.4
通货膨胀率（%）		6.2	0.9	4.1	3.1	-1.9	-2.1	-0.1	4.8
失业率（%）	2.25			3.12	0.5	2.23	4.3	3.1	2.8
总储备（亿美元）	135	210	328	926	992	1073	1031	1263	1341
财政盈余（亿美元）		272	47	-243	161	101	-86	167	
政府净债务（亿美元）	182	410	1390	2230	2395	2467	1289	1590	
外国直接投资净流入（亿美元）	-5.06	109	11.3	85.5	103.9	178.7	198.8	206.7	

数据来源：IMF，世界银行，Fitch Connect。

近十年，阿联酋经济增长呈现波动态势。2009年国际金融危机波及阿联酋，导致其GDP出现负增长。此后，阿联酋经济逐步恢复。2014年下半年国际油价暴跌后，阿联酋经济放缓，GDP增长率为4.3%，低于2013年的5.1%。之后，油价有所恢复，但经济发展依然缓慢。2019年，该国的GDP增长率为1.3%。经济结构多元化增强了阿联酋抵抗国际油价下跌的能力，使其受到的冲击小于中东其他产油国。受油价下跌以及新冠疫情暴发等因素影响，2020年，阿联酋GDP增速为-5%。2021年开始经济状况迅速好转，2022年GDP增速高达7.4%。

阿联酋基础设施健全，交通物流便利，是中东地区的贸易中心。中阿两国双方经贸合作紧密，阿联酋是中国在中东地区第二大贸易伙伴，中国是阿联酋在全球的第二大非石油贸易伙伴。

2. 经济结构

阿联酋是海湾国家中成功摆脱对油气的高度依赖的国家之一。经济多元化战略持续推进，油气工业和服务业协调发展。阿联酋强调以石油和天然气工业为主导，努力实现产业结构多样化，大力发展油气相关产业，积极发展其他工业，如食品加工业、木材加工业和家具制造业等。同时在旅游、金融、保险、商业等服务行业取得重大进展。非石油产业在经济增长中的比重不断提高，其地区性贸易、金融、物流枢纽的地位进一步加强。近年来，阿联酋非石油产业占GDP的比重约为70%。

3. 货币政策

阿联酋金融行业开放程度高，外汇不受限制，可自由汇进汇出，但须符合阿联酋政府的反洗钱规定。商业银行提供外汇贷款不必经阿联酋央行批准；外国公司或外国自然人可将红利、利息、工资收入和营业利润等自由汇出境外，无须批准，但外资银行在将其利润汇出境外前，必须事先获得阿联酋中央银行的同意，并将其纯利润的20%作为税收缴纳给阿联酋政府。此外，出入境人员携带超过10万美元或等值金额其他国家的货币需要申报。

阿联酋实行钉住美元的固定汇率制度，近十年来美元兑其货币迪拉姆的汇率始终稳定在1∶3.67。阿联酋经济发展稳定，与美国经贸关系密切，短期内钉住美元的汇率政策不会改变，汇率仍将保持稳定。

4. 外资吸引力

阿联酋具有完善的基础设施、稳定的政治和经济环境、充足的金融资源、零税收、允许资本自由流动的政策以及优越的地理位置，是海湾地区最具投资吸引力的国家之一。2021年，阿联酋的外国直接投资净流入达207亿美元，同比增长3.9%。外资直接投资主要流向石油天然气、能源、通信和技术、金融等行业。低税率和资本自由流动是阿联酋吸引外资的主要手段。税收方面，阿联酋在联邦层面对企业和个人基本上实施零税收政策，各酋长国通过设立自由贸易区，根据不同行业，为外资提供优惠的税收政策。目前阿联酋制定有税法的酋长国有阿布扎比、迪拜和沙迦。除5%的进口关税外，阿联酋基本不征收其他税种，但外国银行在汇出利润时要按照利润的20%交税。在特许区占有股份的外国公司需支付特许权使用费和其他捐税（油气领域）。另外，阿联酋各酋长国税法大多规定年净收入在100万迪拉姆以上的经营实体需按10%~55%缴税，但实际仅有油气、石化类公司以及外资银行分支机构需要纳税。油气公司依照有关特许经营协议中的规定缴纳赋税。

2008年国际金融危机期间和2014年国际油价暴跌后，阿联酋曾出现过短暂的债务危机。近年来，阿联酋经济增长强劲，经常账户有大量盈余，2022年阿联酋外汇储备达1341亿美元，较上年增长6%。在美国科尔尼咨询公司公布的2021年外国直接投资（FDI）信心指数中，阿联酋排名全球第15位，在阿拉伯世界位居首位。

四、油气对外合作

1. 对外合作政策

阿联酋是中东地区为数不多的油气上下游全部对外开放的国家。20世纪70年代中期，当国有化浪潮席卷全球时，阿联酋是欧佩克成员国中唯一没有对外国石油公司进行彻底国有化改造的国家。

阿联酋7个酋长国油气对外合作采用的模式相同，均为矿税制。除迪拜外，其他酋长国都有国家参股的要求，最高参股比例为60%。参股通过各酋长国石油公司或政府实现，参股条款通过谈判确定。阿联酋各酋长国的油气许可证条款相似，多数可以协商。

2. 对外合作监管

阿联酋各酋长国的油气业务相对独立，各自拥有颁发许可证的权利。其中，阿布扎比、迪拜、沙迦和阿治曼4个酋长国设有专门的油气行业核心管理部门，其他3个酋长国的石油作业权由各酋长授予。最大的酋长国阿布扎比的石油管理部门是最高石油委员会（SPC），其主要任务是制定石油政策，监督和管理阿布扎比国家石油公司（ADNOC），由阿布扎比的王储担任主席。第二大酋长国迪拜有两家国有机构管理其境内的油气田作业，迪拜石油委员会（DPE）的职能是监管其境内的油田作业，马加姆委员会监管Margham油田作业及其相关活动。

ADNOC实力雄厚，拥有多家下属公司。公司下设18家子公司，主要有阿布扎比国家石油销售公司、国家钻井公司、阿布扎比陆上石油作业公司、阿布扎比海上石油作业公司、阿布扎比天然气工业有限公司（GASCO）和阿布扎比液化天然气公司等。

3. 国际油气合作

（1）勘探开发

欧美和日本等国的石油公司在阿联酋油气对外合作中占有先机，深度参与阿联酋的石油项目，阿联酋40%的油气产量来自外国石油公司，主要包括道达尔、bp、埃克森美孚、Inpex和壳牌等。

中国石油企业与阿联酋有5个上游合作项目（表2–21）。其中，中国中化集团于2003年获得UAQ气田项目，该项目是中国石油企业在阿联酋的第一个油气项目，也是中国石油企业在海外第一个独立开发建设的海上项目，该项目天然气产量7.2亿立方米，2008年建成投产。中国石油于2013年获得阿联酋陆海勘探开发联营项目，该项目位于阿联酋西北部，临近卡塔尔和沙特阿拉伯边境，区内有多个陆上和海上油气田，项目总面积8425平方千米，占阿布扎比国土面积的12%。此后，通过参与阿联酋陆上和海上项目的招标活动，中国石油相继获取其余3个上游项目。2020年，通过收购，中国石油增持了其所持阿联酋项目的股份，中国海油也获得阿联酋两个项目的股权。

表 2-21　中国企业在阿联酋主要油气合作项目

项目名称	中国企业	签约年份	项目类型	备注（占股比例）
UAQ 气田项目	中化集团	2003 年	勘探开发	中化集团：100%；运行中
陆海勘探开发联营项目	中国石油	2013 年	勘探开发	ADNOC：60%；中国石油：40%；双方组建联合作业公司（OPCO）负责作业；运行中
阿布扎比陆上	中国石油、振华	2014 年	勘探开发	ADNOC（作业者）：60%；道达尔公司：10%；英国石油公司：10%；中国石油：8%；日本国际石油开发帝石株式会社：5%；振华石油：4%；韩国 GS 能源公司：3%；运行中
Lower Zakum	中国石油、中国海油	2018 年	勘探开发	ADNOC（作业者）：60%；印度财团：10%；INPEX：10%；埃尼公司：5%；道达尔：5%；中国石油：6%；中国海油：4%；运行中
乌姆沙依夫和纳斯尔（Umm Shaif and Nasr）	中国石油、中国海油	2018 年	勘探开发	ADNOC：60%；道达尔：20%；埃尼：10%；中国石油：6%；中国海油：4%；运行中

资料来源：中国商务部。

（2）工程技术服务市场

阿联酋油气工程技术服务市场属高端市场。长期以来，国际知名承包商云集阿联酋，逐渐形成西方公司（以油气田开发 EPC 项目、FEED 及管理咨询项目为主）、韩国公司（以炼化 EPC 项目为主）和印度公司（以管线 EPC 项目为主）"三足鼎立"的态势。外国公司占据阿联酋石油天然工程技术服务 80% 左右的市场份额。

阿联酋采用公司代理制度作为准入条件，即需要有当地代理才能获得项目。西方技术服务公司在阿联酋作业多年，阿联酋政府和石油公司对其依赖性很强，且由于代理制度的存在，内部形成了千丝万缕的联系。因此，阿联酋工程技术服务市场大部分市场份额被西方公司占据。

近年来，韩国的工程公司凭借内部合作和成本优势，以令人震惊的速度进入阿联酋工程技术服务市场。2008 年至今，阿联酋最大的 10 个 EPC 项目中的

7个都有韩国公司参与。大宇、三星、SK、GS、现代重工、现代工程、大林重工7家韩国公司已广泛参与阿布扎比国家石油公司旗下几乎所有作业公司的绝大多数项目的投标。

印度公司在阿联酋的业务集中在管线方面，其优势在于管材生产采购成本和供货周期能够被国际市场接受。海外业务以阿联酋设立的机构为中心进行实体性经营，在阿联酋市场占有相当比例的管道工程市场份额。由于在阿联酋的印度工程队很多，工程队自身拥有施工资源，在减免总承包商和分包商之间的两级利润、不可预见费用和管理费方面降低了项目的总体成本。在业主方、设计咨询公司中层及以下管理技术人员中有大量印度籍人员，具有一定的运作平台和优势。

阿联酋当地公司经过几十年的发展，有一定的工程技术实力，这些公司主要对接中小型油气项目，而对于大型项目一般采取与西方公司组成联合体的形式进行投标和施工。当地公司中最具代表性的是阿布扎比的 NPCC 和迪拜的 DODSAL，NPCC 以阿布扎比本地市场为主，市场占有率仅次于英国 PETROFAC，排名第二，尤其是海上项目居多。DODSAL 在整个中东地区都具有竞争力。阿联酋政府对其国内公司实行保护政策，比如，阿联酋政府规定，外国公司在阿联酋承包工程不能享受工程预付款，须带资承包。同时，外国公司在购置工程用大型机械设备上受到某些限制，以及面临被指定材料供应商等问题。如果外国公司要建立分支机构，也必须寻找本地"代理"。凡在阿联酋注册的外国公司，必须向劳动就业部提交空缺半年以上岗位的名单，以便安排当地人补缺。如阿联酋劳工法规定，对于本国人不能从事的工作，用人优先顺序依次为海湾合作委员会成员国公民、其他国籍的阿拉伯公民、其他国籍的公民。

中国公司在阿联酋已占有一席之地，但竞争力有待进一步提升。中国公司正逐步进入阿联酋工程技术服务市场，目前已承揽了多个工程技术服务项目，包括阿联酋国家战略原油管道项目、陆海物探项目、EPC 项目等。2018 年，中国石油与阿联酋签署合同额为 16 亿美元的陆海项目，对阿联酋四分之三国土面积的区域进行地震采集作业，该项目是有史以来全球最大的陆海地震勘探项目。中国公司的工程建设队伍在项目信息化和项目管理方面的能力相对薄弱，同时面临印度等其他国家公司的低价竞争，报价不占优势。

（3）装备市场

阿联酋物资装备市场属于高端装备市场，长期使用欧美产品、设备和管理模式，对产品质量要求高，对价格也较为敏感。阿联酋的油气含硫和二氧化碳高，对特殊扣管材和特殊材料管材要求高，对井控系统要求严格。阿联酋当地基本上不具备自有装备研发和制造能力。阿布扎比近年已经逐步提高对中国石油装备的认识，增加采购合作。另外，中国石油与阿布扎比国家石油公司已经开展上游合作，有利于进一步打开当地的装备市场。但国产设备的质量、售后服务、项目管理等与欧美还存在一些差距，竞争力与西方公司相比较弱。同时，在阿联酋业主指定的设备供应名单中的中国公司数量较少，所以中国产品进入阿联酋的难度较大。

五、油气工业

1. 油气生产

（1）油气资源

阿联酋油气资源丰富。石油资源主要分布在东鲁卡哈利次盆地和南海湾盐次盆地，石油待发现资源量为28.8亿吨，居世界第14位、中东地区第5位，平均石油采出程度较低，约为24%。天然气资源量1.45万亿立方米，主要分布在东鲁卡哈利次盆地和南海湾盐次盆地。天然气待发现资源量2.3万亿立方米，居世界第15位、中东地区第4位，平均采出程度为20%。阿布扎比是阿联酋油气最丰富的地区，占阿联酋油气资源总量的90%以上。阿联酋的石油和天然气探明率较高，分别达到62%和68%。

近年，阿联酋的油气储量保持稳定。2021年，阿联酋石油剩余探明可采储量174.3亿吨，与2000年基本持平，占世界石油探明储量的5.6%，居全球第8位、中东地区第5位，储采比86.7。2021年，阿联酋天然气剩余探明可采储量8.2万亿立方米，与2000年基本持平，占世界天然气探明储量的3.2%，居全球第9位、中东地区第4位，储采比107.1。

（2）油气产量

近年来，阿联酋石油和天然气产量稳步增长（表2-22）。阿联酋超过95%的油气产量来自阿布扎比。2022年阿联酋石油产量达1.81亿吨，较2000年增长36%，占世界的4.1%，居全球第7位、中东地区第3位。目前，阿联酋在产油气田共16个，石油产量主要来自ADONC的陆上油田项目、阿布扎比天然气处理公司（GASCO）开发的油田项目和上扎库姆油田项目，合计约占该国总石油产量的75%。2022年天然气产量达到580亿立方米，较2000年增长55%，占世界的1.4%，居全球第15位、中东地区第4位。该国在产天然气项目共有8个，产量主要来自阿布扎比天然气处理公司（GASCO）开发的气田项目、Shah气田项目和Abu Al Bukhoosh气田项目，分别占2020年阿联酋总天然气产量的63%、14%和13%，合计占该国总天然气产量的90%。

表2-22　2000—2022年阿联酋油气产量

类别	2000年	2005年	2010年	2015年	2018年	2019年	2020年	2021年	2022年
石油（亿吨）	1.22	1.37	1.34	1.75	1.76	1.80	1.66	1.63	1.81
天然气（亿立方米）	374	466	500	586	529	562	506	583	580

数据来源：bp。
注：石油包括原油、凝析油和NGL。

阿联酋计划扩大上游产能，包括陆上油田的扩建和升级改造，以及海上油田的开发，计划在2030年实现其2.5亿吨的石油产量目标。未来阿联酋石油增产主要来自老油田。由于阿联酋勘探程度较高，主要大型构造均已经过钻探，未来发现大油田的可能性不大，因此石油增产将主要来自现有油田，主要是通过提高采收率等老油田开发技术实现。

近年来，阿联酋气田开发受高含硫问题困扰，产能难以大幅提升，造成国内天然气供不应求。对此，阿联酋政府将含硫天然气开发项目作为对外合作的重点，启动阿布扎比西南部的高酸度天然气气田开发，项目总投资约200亿美元；宣布新发现10亿桶石油和4248亿立方米，在此发现的支持下，阿联酋调整天然气战略，在实现天然气自给自足的同时，成为天然气净出口国。阿联酋未来天然气增产主要来自高含硫气田开发。

2. 基础设施

（1）油气管道

阿联酋的油气管网发达，管道直通出口码头，能够满足出口需求。阿联酋国土面积小，油田到港口距离短，连接油气田、炼油厂、油气处理厂、电厂和出口终端的管网已自成系统。阿联酋共有36条石油管线，合计总长317千米；5条凝析油管线，合计总长168千米；27条天然气管线，合计总长2149千米。其中，最重要的石油管线是从阿布扎比哈布桑油田到富查伊拉的阿布扎比原油管道，总长404千米，年输油能力为7500万吨，日均输油能力150万桶。通过此管线，原油可在富查伊拉港直接向亚洲出口，避开霍尔木兹海峡。最重要的天然气管道是从卡塔尔、经阿联酋到阿曼的天然气进口和过境管线，输气能力206亿立方米，计划未来扩建至330亿立方米，该管道保障了阿联酋和阿曼的天然气供应。

（2）仓储设施

富查伊拉港是仅次于新加坡的世界第二大储油中转港和中东地区的石油集散地，存储能力为800万立方米，与海上的3个单点系泊设施相连接，使阿联酋能够绕开霍尔木兹海峡出口石油。除富查伊拉港以外，阿联酋其他所有的石油出口码头均位于波斯湾，必须经过霍尔木兹海峡出口。

阿布扎比共有9个油气码头，3个较大的码头分别是鲁维斯港（Port of Ruwais）、杰贝尔丹那港（Port of Jebel Dhanna）和达斯岛（Das Island）。其中，鲁维斯港包括石油码头和天然气码头。石油码头由ADNOC负责运营，包括一条3.3千米长的防波堤、2个深水泊位和4个油轮泊位。其中，最大的泊位是C泊位，可承载长度在285米以内的10万吨级油轮，最大吃水深度可达200米。天然气码头由GASCO负责运营，天然气最大存储能力12.5万立方米，液化天然气（LPG）最大存储能力24万立方米。杰贝尔丹那港由阿布扎比石油港口公司（Abu Dhabi Petroleum Ports Operating Company）负责运营，码头包括4个泊位，位于距海岸5.6千米的海上，最大载重吨位为28万吨。达斯岛港位于阿布扎比西北海上，是阿布扎比目前最大的油气出口港，由阿布扎比海洋作业公司负责运营。包括石油码头、LNG码头和LPG码头。码头拥有2个油轮泊位，1号泊位可供1.2万~9万吨油轮使用，2号泊位可供16.5万~26万吨油轮使用。LNG和LPG码头总长度达700米，最大存储能力12.5万立方米。

迪拜有3个出口码头，出口石油和LPG，分别是杰贝阿里港（Jebel Ali）、拉希德港（Port Rashid）和法塔赫港（Fateh Terminal），均由迪拜港务局运营。杰贝阿里港于1985年投入使用，是当时世界最大的人造港口，码头长达15千米，拥有67个泊位，最大载重吨位为40万吨。拉希德港是迪拜唯一进口成品油的港口，最大载重吨位为10万吨。法塔赫港是石油出口港，可供30万吨级油轮使用。

沙迦有2个码头，分别位于穆巴拉克港（Mubarak Al-Kabeer Port）和沙迦港（Port of Sharjah）。穆巴拉克港由新月国际石油公司（Crescent Petroleum International）运营，主要出口和运输海上生产的石油，存储能力达50万桶原油；沙迦港主要出口和运输阿联酋陆上生产的石油，可供5万吨级油轮使用。

哈伊马角有1个码头，位于哈伊马角港，是中东地区主要的转口港之一。

（3）LNG

目前，阿联酋有一个LNG厂，即ADONC LNG厂，位于阿布扎比达斯岛，在距离阿布扎比西北部160千米处。ADNOC持有该厂70%的股份，其他合作伙伴包括三井集团（持股15%）和道达尔（持股5%）。该厂于1977年投入运营，生产和出口LNG及LPG，出口市场主要是日本。共有3条生产线，最初，2条生产线的LNG处理能力均为223万吨/年，1994年进行扩建，第3条LNG生产线的处理能力约为300万吨/年。阿联酋是LNG净出口国，主要从阿布扎比Das Island岛出口LNG。该岛的LNG出口能力约为800万吨/年（109亿米^3/年），但出口量较低，在过去5年中年均出口量为77亿立方米。

3. 炼油工业

阿联酋炼油工业起步于1976年。随着成品油消费量的增长，阿联酋不断新建炼厂和炼厂改扩建，炼油能力不断提升。目前，阿联酋有4座炼厂（表2-23），总原油加工能力达121.2万桶/日（约合605万吨/年）。其中，中国石化参与建设的鲁维斯炼厂处理能力高达83.7万桶/日，是阿联酋最大的炼厂，也是世界级规模大炼厂之一。ADNOC宣布将寻求外国投资者参与投资该炼厂扩建项目，计划将其炼油能力提高至150万桶/日（约合750万吨/年），还将建设一座一体化石化设施，正处于前期工程设计阶段，受油价下跌以及该公司削减投资的影响，该计划可能被推迟。ADNOC持续投资扩建鲁维斯炼厂，GAP项目将满足该国的汽油需求，CFP项目将加工上祖库姆原油，将分别于2024年和2023年完成。阿联酋Brooge油气投资公司和迪拜Sahara公司签署合同，将在富查伊拉新建一座炼厂，原油加工能力为25万桶/日，原计划于2022年底投产，目前进展情况面临不确定性。该炼厂建成后，将是中东北非地区第一座符合2020年国际海事组织（IMO）低硫标准的炼厂。

表2-23 阿联酋主要炼厂

序号	炼厂名称	投产年份	炼油能力（万吨/年）	股份构成
1	鲁维斯炼厂	1981	3921.6	阿布扎比炼油公司：100%
2	杰贝阿里炼厂	1995	672	阿布扎比炼油公司：100%
3	阿布扎比纳尔炼厂	1976	408	阿布扎比炼油公司：100%
4	富查伊拉炼厂	1996	384	阿布扎比炼油公司：100%

2022年，阿联酋成品油产量4609万吨，其中汽油产量395万吨，占成品油总产量的9%；柴油产量998万吨，占成品油总产量的22%；煤油产量1220

万吨，占成品油总产量的27%，燃料油产量2334万吨，占成品油总产量的5%；其他油品1761万吨，占成品油总产量的38%。

4. 石化工业

阿联酋重视石化工业的发展。阿联酋石化工业虽然产业链较长，但总的来看产品还较单一，门类品种不够齐全。除乙烯、聚烯烃、化肥外，其余石化产品的产能仍较小。目前，阿布扎比、迪拜和沙迦3个酋长国拥有石化工业，其中，阿布扎比的石化工业相对最强。2001年阿布扎比国家石油公司与北欧化工公司合作组成石化合资企业博禄（Borouge）公司后，阿联酋石化工业进入快速发展阶段。目前，阿联酋计划投资450亿美元在鲁维斯建设世界上最大的炼化一体化项目，主要生产聚乙烯和聚丙烯，预计到2025年可将其石化产能提高至1460万吨。阿联酋油气资源丰富、石化成本相对低廉、投资风险较低且石化产品主要出口到亚洲，这使得该国的石化行业发展具有一定的优势。但受新冠疫情、世界经济放缓、油价暴跌等不利因素的影响，该产能目标能否如期实现面临不确定性。

六、油气消费与进出口

1. 原油

阿联酋原油（包括凝析油和天然气凝液）加工量稳步增长。2022年，原油加工量达4915万吨（表2-24），同比增长了4.7%。随着阿联酋新建炼厂的投产，其原油加工量将快速上升。

2022年，阿联酋出口原油1.32亿吨，主要出口到亚太地区，占其出口总量的95.6%以上，少量出口北美和非洲，分别占石油出口总量的4.2%和0.1%。未来，随着阿联酋石油增产计划的实施，其石油出口量有望进一步提升。

表 2-24　2000—2022 年阿联酋油气供需平衡

类别	2000 年	2005 年	2010 年	2015 年	2018 年	2019 年	2020 年	2021 年	2022 年
石油（万吨）									
产量	12150	13660	13420	17510	17600	17990	16590	16340	18110
加工量	1575	3020	2855	5490	5480	5185	4680	4695	4915
净出口量	10575	10640	10565	12020	12120	12805	11910	11645	13195
成品油（万吨）									
产量	1402	2512	2513	4508	4970	4864	4480	5035	4609
消费量	2127	2602	3070	3968	4488	4549	4209	4638	4839
净进口量	725	90	557	−540	−482	−315	−271	−397	230
天然气（亿立方米）									
产量	374	466	500	586	529	562	506	583	580
消费量	306	410	593	715	661	697	647	708	698
净进口量	−68	−56	93	129	132	135	141	125	118

数据来源：bp，OPEC。

2. 成品油

近年来，阿联酋成品油市场总体可满足需求，但仍需要进口汽油和燃料油。2022 年，阿联酋成品油消费量为 4840 万吨，主要用于交通运输，约占 87.6%，此外，发电、工业和民用占比分别为 7.6%、4.2% 和 0.5%（表 2-25）。

表 2-25　2022 年阿联酋成品油消费结构　　　　　　　　　　（单位：万吨）

品种	发电	工业	交通	民用	合计
汽油	0	0	995	0	995
煤油	0	0	802	0	802
柴油	323	0	349	0	672
其他	47	205	2095	24	2371
总计	370	205	4241	24	4840

数据来源：ERTI。

3. 石化产品

阿联酋石化产品门类品种不够齐全。除乙烯、聚烯烃、化肥外，其余石化产品的产能仍较小。2022年，阿联酋石化产品产能为1127.5万吨，其中乙烯产能最大，达到了350万吨，聚乙烯产能为257万吨，聚丙烯产能为176万吨，尿素产能为125万吨，其余为氨、乙二醇、丙烯和聚对苯二甲酸乙二醇酯，合计产能为219.5万吨。

阿联酋是周边地区石化产品的中转国。近年来，四大类石化产品有机化工原料、合成树脂、合成橡胶、合成纤维有进有出。2022年，阿联酋进口石化产品668万吨，其中，有机化工原料295万吨，合成树脂300万吨，合成橡胶62万吨，合成纤维118万吨。2022年，阿联酋出口石化产品908万吨，其中有机化工原料261万吨，合成树脂610万吨，合成橡胶31.8万吨，合成纤维5.5万吨。

4. 天然气

2022年，阿联酋天然气消费量达698亿立方米，主要应用于发电、能源行业自用、工业和非能源行业，消费比例分别为49.8%、1.0%、48.8%和0.4%。预计未来几年，阿联酋经济有望保持稳定发展，积极的人口政策也将持续，在经济发展和人口增长的共同作用下，阿联酋天然气需求将上升。

七、合作风险评价

1. 政治风险

地缘政治风险较低。阿联酋长期实行亲近西方的政策，各酋长国保持和睦相处的关系，政权受到本国民众拥护，政治局势可长期稳定。鉴于近几年国际和地区形势出现新的变化，阿联酋政治风险也可能产生新的不确定性。与西方石油公司和服务公司合作多年，内外发展环境较好。作为一个新的进入者，阿联酋政府在决定是否与中国企业合作时，会考虑到西方国家政府和公司的态度。

2. 安全风险

安全风险低。阿联酋民族结构简单，多为阿拉伯族，民族矛盾少，宗教政策宽松，无明显宗教矛盾，国内武装冲突风险很低。几十年以来，没有关于袭击外国人和袭击外国企业的报道，未来有望延续这一形势。阿联酋立法严格，居民生活水平较高，外籍人员与当地居民关系和谐，社会犯罪率很低，社会治安风险低。鉴于近年来地区周边时而出现紧张态势，阿联酋境内总体安全风险较低，周边安全风险可能有所上升。

3. 政策风险

政策风险低。阿联酋法治程度高，税收、资本管制、劳工、环保等政策稳定，与外国石油公司签订的合同具有较强的法律约束力，即使政权更迭也能保持相对稳定。

4. 经济风险

经济风险低。阿联酋货币与美元可自由兑换，汇率稳定，国际储备呈增长态势，债务偿还有资金来源保障，政府信誉好，发生债务违约的可能性低。

八、产业合作重点

把握重点油气合作方向。阿联酋油气资源丰富，投资环境稳定，基础设施相对完善，需要资金和技术来发展本国油气工业，油气合作对外开放，是中东地区主要的原油出口国和中国的原油进口国之一。该国与西方石油公司合作历史悠久，中国企业与之合作较晚但发展较快，重点在上游油气田项目开发和工程技术服务领域。未来在阿联酋的主要合作机会包括油气田勘探开发、提高采收率、工程技术服务和装备贸易。除传统油气合作以外，还可参与阿联酋的低碳清洁能源项目合作。

寻求提高采收率和含硫气合作项目。未来阿联酋发现大油田的可能性不大，石油增产主要来自老油田，主要是通过提高采收率等老油田开发技术实现。阿联酋政府将含硫天然气开发项目作为对外合作的重点。中国企业可通过参与ADNOC的招标活动或收购外国公司的资产、并联合有技术优势的国际大石油公司进一步扩大合作。

扩大原油贸易合作。阿联酋是主要的原油出口国之一，随着该国石油增产计划的实施，其石油出口量有望进一步提升，中国企业可寻求机会，进一步扩大与其原油贸易合作，满足中国能源需求。

拓展工程服务市场。阿联酋在产油田多属老油田，产能逐步下降，开始关注二次、三次采油等提高老油田采收率技术，对非常规石油勘探开发、新兴数字技术在石油勘探开发中的应用等也感兴趣。该国成套钻机及相关产品无法满足自身需求，上游开发对钻机的需求仍较大。阿联酋海洋工程市场将呈现出大幅增长趋势，需要大量的海工装备。

参与清洁低碳能源项目合作。中国企业可联手优势企业，参与阿联酋现有油气田的清洁生产技术合作，如脱碳、碳捕获、利用和封存（CCUS）、氢能或氨、可再生能源项目等。

［本节撰写人：郎峰翘］

第四节　卡塔尔

卡塔尔国（卡塔尔）位于波斯湾西海岸中部，东、北、西三面环海，南与沙特阿拉伯接壤，属热带沙漠气候。卡塔尔人口294万人，其中本国公民约占15%。外籍人口主要来自印度、巴基斯坦和东南亚国家。国土面积11521平方千米。卡塔尔油气资源丰富，多年保持世界最大液化天然气出口国地位。其油气政策对世界油气市场，特别是对天然气市场有明显影响。

一、国际关系

1. 地缘政治

卡塔尔是一个中东小国，因得到美国的支持，并主动参与中东地区的外交事务，地区影响力不可小觑。美国是卡塔尔最重要的盟友，美国在卡塔尔拥有两个军事基地，其中乌代德空军基地是美国在海外最大的军事基地之一。

卡塔尔积极参与国际事务，多次斡旋中东地区的危机和冲突。哈马德埃米尔主政期间（1995—2013年），将外交与外宣作为提升软实力的重要途径，卡塔尔奉行独立自主的外交政策，多次斡旋巴以冲突、也门内战、苏丹达尔富尔问题等地区冲突，并通过建立卡塔尔半岛电视台，成立卡塔尔航空公司，举办大型体育赛事等方式加强外宣力度，使卡塔尔的区域影响力和政治地位不断提升，超越了传统的"小国"形象。但同时其政治态度触及了海湾大国的利益，与海湾阿拉伯国家合作委员会（简称海合会）成员国及其他一些阿拉伯国家的关系疏远了。

2013年塔米姆埃米尔主政后,卡塔尔与海湾国家及其他阿拉伯国家的外交关系经历了由破裂到回暖的历程。2017年6月,巴林、埃及、沙特阿拉伯、阿联酋等国以卡塔尔支持恐怖主义、破坏地区安全为由,宣布与卡塔尔断交,并对其实施制裁和封锁,旨在迫使其减少与伊朗的联系、中断与土耳其的军事合作并关闭半岛电视台。2018年12月,卡塔尔宣布退出欧佩克,集中精力发展天然气工业,以回应海湾国家对其实施的经济、外交封锁,与海湾国家的关系降至冰点。2021年1月,海合会峰会期间,海合会六国与埃及共同发表《欧拉宣言》,"海湾断交危机"正式出现转机,同月,沙特阿拉伯、埃及同卡塔尔复交。2023年,巴林、阿联酋相继和卡塔尔恢复外交关系。长达六年的断交危机结束。

2. 外交政策

卡塔尔奉行中立、积极务实的外交政策,重视发展同美国等西方国家的关系,同时注重加强同中国、日本、韩国等亚洲国家的关系。卡塔尔是海湾阿拉伯国家合作委员会、阿拉伯国家联盟、伊斯兰合作组织、联合国等地区和国际组织成员国。

卡美关系是卡塔尔对外关系的重要基石,两国在军事、能源等领域合作紧密。伊拉克战争以后,两国高层互访不断,并续签防务协定。2017年海湾断交危机发生后,美国国务卿等官员多次展开斡旋;2022年,美国宣布卡塔尔为其"非北约主要盟国"。但美国与卡塔尔在伊朗、反恐等问题上存在分歧。

卡塔尔与伊朗关系密切,两国高层互访频繁,经贸与油气领域合作紧密。2017年海湾断交危机发生后,卡塔尔与伊朗签订了大量经贸协议。卡塔尔多次公开反对国际社会对伊朗实施武器禁运等制裁,并表示与伊朗为睦邻友好国家。

卡塔尔长期保持与俄罗斯的良好关系。2009年,俄罗斯与卡塔尔等9个国家成立天然气输出国组织,并将总部设在卡首都多哈。2016年,俄罗斯外长首次访问卡塔尔,签署军事技术合作协议。2018年,卡塔尔埃米尔访问俄罗斯,签署了能源和交通等一系列合作协议。2021年,卡塔尔在俄罗斯投资总额已达

130亿美元。

中国与卡塔尔于1988年建交，两国关系发展顺利。塔米姆埃米尔上台后，双边关系发展迅速，高层交往密切，政治互信不断巩固，各领域务实合作成果丰硕。目前，中卡两国已签订《政府贸易协定》《双边投资保护协定》《避免双重征税和防止偷漏税协定》《本币互换协议》和《关于加强基础设施领域合作的协议》。两国于2014年建立战略伙伴关系，签署了共建"一带一路"合作文件，双边关系进入全面快速发展的新时期，经贸务实合作逐步形成以油气合作为主轴、以基础设施建设为重点、以金融和投资为新增长点的合作新格局。卡塔尔积极响应中国"一带一路"倡议，其高层多次参加在中国举办的"一带一路"国际合作高峰论坛。2019年，卡塔尔埃米尔访问中国，两国元首一致同意在"一带一路"框架内展开各领域合作。

二、政治社会形势

1. 政体

卡塔尔是君主立宪制酋长国，从19世纪中期以来一直由阿勒萨尼家族统治。虽然宪法规定，国家实行行政、立法、司法三权分治，但埃米尔拥有绝对权威，对行政、立法、司法都有较大影响。埃米尔为国家元首和武装部队最高司令，由阿勒萨尼家族世袭，掌握国家最高权力，在内阁和协商会议的协助下行使权力。现任埃米尔是塔米姆·本·哈马德·阿勒萨尼，于2013年6月25日即位。内阁是国家最高行政机构，负责管理宪法和法律规定其分管的所有对内对外事务，制定和实施国家总体政策。首相为内阁长官、政府首脑，由埃米尔任命；内阁各部委的组成由首相提出，埃米尔批准；内阁成员亦由埃米尔根据首相的推荐任命。协商会议系咨询机构，职能是协助埃米尔行使统治权力，有权审议立法和向内阁提出政策建议，由45名成员组成，其中15名由埃米尔任命。卡塔尔不允许发展任何政党。

2. 政局

自 1995 年哈马德通过政变取代父亲哈利法成为埃米尔以来，卡塔尔政局稳定。2013 年其子塔米姆登上王位，哈马德退居幕后，政权平稳交接。卡塔尔实行高福利政策，民众生活富足，对政府满意度较高。近几年得益于新冠疫情的有效控制和中东地区国家间关系的和解，卡塔尔政局稳定。

3. 安全形势

卡塔尔民族、部族、宗教矛盾少，不存在反政府武装组织，政府不允许私人持有枪支，社会治安良好，刑事案件发案率低。《2022 年犯罪指数排行》中显示，卡塔尔是 142 个参加评比的国家和地区中最安全的国家。近年来，卡塔尔未发生过针对政府和外国石油公司的绑架、恐怖袭击或暴力冲突事件，且未发生过针对华人、华侨的暴力犯罪活动，国内社会稳定局面仍将延续，油气项目投资安全风险低。

近年来，从印度、孟加拉国、巴基斯坦等国移民到卡塔尔的人口不断增加，对卡塔尔社会安全造成了一定的隐患。虽然外来人口一定程度上能享受卡塔尔良好的社会福利，但由于社会分工差别、缺乏保障措施、工作条件艰苦等原因，卡塔尔本地人口与外来人口间的矛盾上升，刑事案件数量增多。中长期看，这一因素引起的安全风险呈上升趋势。

三、经济形势

1. 总体形势

卡塔尔国土面积小，但经济总体规模较大。液化天然气行业的迅猛发展以及石油产量和石油加工能力的快速增长使卡塔尔的经济保持快速发展，近十年平均增速高达 6%，居中东国家首位。卡塔尔是中东地区人均 GDP 最高的国家，2022 年人均 GDP 达到 8.8 万美元，居中东国家第一位、世界第五位。

经济高速发展使卡塔尔财政长期处于盈余状态，贸易顺差长期保持在GDP的20%左右，带动外汇储备不断增长。自2014年的全球油价下跌以来，卡塔尔外汇收入大幅下降，2016年卡塔尔出现15年来首次财政赤字，后由于及时制定应对政策，其财政状况趋好。随着油价回升，2018年恢复财政盈余状态。2022年乌克兰危机导致天然气极度稀缺，使卡塔尔的LNG出口大幅增加，财政收入随之高涨，GDP增至2255亿美元，较上一年增加458亿美元（表2-26）。

表2-26　2000—2022年卡塔尔主要经济指标

经济指标	2000年	2005年	2010年	2015年	2018年	2019年	2020年	2021年	2022年
GDP（亿美元，现价）	178	445	1251	1646	1883	1834	1444	1797	2255
人均GDP（美元）	29914	54229	76413	67537	67818	64781	52315	66838	88046
GDP增速（%，不变价）	8.0	7.5	18.1	3.6	1.5	0.1	−3.6	1.6	4.8
通货膨胀率（%）	1.7	8.9	−2.4	1.8	0.2	−0.6	−2.5	2.3	5.0
失业率（%）	1.4	1.5	0.4	0.2	0.1	0.1	0.1	0.2	0.1
总储备（亿美元）	12	46	312	372	303	397	410	422	474
财政盈余（亿美元）	8	47	84	92	67	17	1.4	16	243
政府总债务（亿美元）	93	85	523	575	1005	974	1048	1049	1021
外国直接投资净流入（亿美元）	3	25	47	11	−22	−28	−24	−11	0.76

资料来源：IMF，世界银行。

卡塔尔财力雄厚，储备充足，2022年总储备达474亿美元，比2021年增加52亿美元。一般政府债务占GDP比例从2019年的53.1%降至2022年的45.3%，丰富的天然气资源能够为外债偿付提供较为充足的保障。

得益于2022年全球经济复苏、国际油气价格上涨、海湾断交事件平息、卡塔尔世界杯成功举办、北方气田扩建项目陆续投产，卡塔尔经济形势向好，有望成为一个新的投资中心。2022年，该国GDP增长率为4.8%。2023年，国际货币基金组织（IMF）预计卡塔尔的GDP增长率为2.4%，原因是全球油气价格下跌以及经济活动放缓。

2. 经济结构

根据世界银行 2023 年发布的数据，卡塔尔 GDP 总量中，第一产业占比 0.3%、第二产业占比 54.9%、第三产业占比 44.8%。

卡塔尔产业结构单一，整体抗风险能力不强，政府提出的"2030 国家愿景"一定程度上推动了经济多元化发展。由于终年干旱缺水且缺乏可种植耕地，鲜有农作物产出，农产品生产无法满足国内需求。卡塔尔经济发展严重依赖石油和天然气产业，该行业占据 GDP 的 60% 和出口收入的近 80%。近年来为举办 2022 世界杯，卡塔尔建筑业、制造业和通信业迅猛发展，出现阶段性经济多元化发展态势。

3. 货币政策

卡塔尔采取自由汇兑制度，本国货币里亚尔可以自由兑换美元、欧元、英镑、日元和其他海合会国家货币。除个别兑换点外，卡塔尔大部分金融机构人民币和里亚尔不能直接兑换。

卡塔尔实行钉住美元的固定汇率。近十年卡塔尔里亚尔与美元的汇率一直保持在 3.64∶1。卡塔尔整体经济形势稳定，短期内汇率仍将保持稳定。

卡塔尔政府积极推进"2030 国家愿景"，对外合作政策日趋完善，无明显的资本管制，投资资金、贷款资金和个人所得均可自由汇到境外。对外国合资公司往国外汇款的唯一限制是：如果外国与卡塔尔的合资公司要将其所得利润汇往国外，该合资公司必须将年利润的 10% 存入一个合法的储蓄账户，直至该账户金额至少达到其投资资金的 50%。

4. 外资吸引力

卡塔尔投资环境宽松良好，鼓励外国投资。该国政治稳定，社会安定，经济增长潜力大，政策较为透明。基础设施完备，公路、机场、港口、通信、电力等现代化程度高，特别是港口基础设施尤为突出，是中东地区重要的商贸物流枢纽。外国投资者可投资的领域包括农业、工业、教育、旅游、自然资源、能源及采矿业等。为促进卡塔尔经济多元化发展，卡塔尔政府计划进一步放松对外资的限制。2019年1月，卡塔尔正式颁布法律，允许外商100%持股，但目前该项规定尚缺乏具体实施细则。

为进一步吸引外商直接投资，促进卡塔尔"2030国家愿景"有关目标的实现，2019年7月卡塔尔政府成立"投资促进署"，负责统筹政策、便利外资，促进营商环境改善。卡塔尔吸收外资主要集中在油气上游开发和石化项目，投资来源国主要为欧盟、美国及其他美洲国家和亚洲国家和地区，占外资总额的93%，其中90%投资集中在油气行业。

卡塔尔在知名度、吸引力、营商环境以及人力资本发展等方面具备一定优势，有很多投资项目着眼于开拓中亚、南亚和非洲等高增长市场。21世纪以来，为高效利用北方气田，卡塔尔大力发展液化天然气（LNG）技术，不断推出油气勘探开发项目和LNG项目，外国投资持续流入。2000—2010年，外国投资净流入达297亿美元，主要投资领域是油气勘探开发和石化项目。自2010年赢得世界杯主办权以来，卡塔尔持续推动经济多元化发展，总计投入2290亿美元以改善基础设施和营商环境，非油气行业的外商直接投资额显著攀升。2017年海湾断交危机使卡塔尔与海合会的关系急剧恶化，外资呈现大幅净流出的状态，2019年外资净流出达到28亿美元，为历史最高。2020年新冠疫情也导致外国直接投资有所下降。新冠疫情结束与海湾断交危机平息后，外国直接投资顺势增长，2022年净流入达7600万美元。2023年卡塔尔《半岛报》援引FDI Intelligence发布的报告显示，卡塔尔位列全球外国投资（FDI）首选目的地第一名。

四、油气对外合作

1. 油气政策

卡塔尔油气领域适用的法律包括《自然资源开发法》《外国投资法》《石油税收法》。

卡塔尔勘探开发领域采用产量分成合同。现行的产量分成合同模式是1994

年由石油事务部颁布的。勘探阶段合同期一般为6—10年，自勘探之日起5年内如无商业发现，政府有权终止合同。签字费一般在200万~500万美元之间，不收取矿区使用费，达到一定的商业生产水平后，需要支付生产定金，一般在500万~1200万美元之间，并可能随着生产水平的提高而增加。最低工作量根据不同区块决定，如果合同者超额完成最低工作量，可以抵扣下一阶段的工作义务。生产阶段合同期一般为20年，合同者可申请将合同延期5年。

天然气勘探开发（包括LNG）采用开发与财务合同（DFA）。该类合同一般合同期为20年，可延期。合同规定，向LNG厂输送天然气，投资者需要缴税，税费以美元支付。如果获得凝析油发现，投资者需缴纳相应的税费，其他税费遵照税收法规定缴纳。

外国投资法规定，经内阁许可才可进行外国投资。卡塔尔外国投资比例不得超过投资总额的49%，但经过政府的特别许可后，外资持股可达到100%。天然气领域外国投资者需与卡塔尔能源公司（Qatar Energy，QE）组建合资公司以参与该国的天然气开发，QE持股一般为65%~70%。外国公司无国内供应义务。

税收政策方面，海合会成员国以外国家的商品进口关税通常采用5%的从价税。卡塔尔还给予外国投资优惠政策，包括免除外国投资资本的所得税，自项目投产之日起，免税期不超过10年；外国投资项目为建设项目所需进口的仪器和设备，可予免除关税；工业领域的外国投资项目为生产所需进口的、本国市场没有的原材料和半成品，可予免除关税。其他税收包括经营石油和天然气的公司所得税率为35%，增值税起始税率为5%，资本利得税10%，预提税（包括专利和技术费）5%，利息7%，佣金、出场费和其他服务费7%。

卡塔尔对本地公司和产品有保护政策。如果当地承包商费用不高于10%，优先选择当地承包商；购买原材料时，如当地原材料费用不超过进口材料的5%，优先选择当地产品。在工程招投标阶段，卡塔尔政府在政府采购和政府项目招标过程中，明确规定对本国产品和公司服务给予10%优惠评标差价，对海湾国家（GCC）产品和公司服务给予5%优惠评标差价。卡塔尔财政部已指示政府部门自 2020 年起，将非卡塔尔籍雇员的人力成本降低 30%。

卡塔尔海上原油出口价为布伦特原油价格的 90%，陆地原油（杜汉油田）出口价与布伦特原油价格相近。天然气液（NGL）出口价格稍低于布伦特原油价格。

卡塔尔注重引入公私合营（PPP）的投资模式，并于 2020 年 5 月正式颁布符合"2030 年国家愿景"目标的《公私合作伙伴关系法》，明确了适用 PPP 投资模式的行业范围。

2. 油气合作监管

卡塔尔油气活动监管由能源和工业部负责，产量分成合同的谈判、签订和实施则均由卡塔尔能源公司代表政府执行。

1974 年卡塔尔实现石油国有化后，成立了卡塔尔石油总公司（QGPC），负责卡塔尔的石油和天然气工业及生产，该公司后来逐步接管了外国石油公司在卡塔尔的油气资产。2001 年公司更名为卡塔尔石油公司（Qatar Petroleum，QP），总部设在多哈。2021 年 10 月，卡塔尔石油公司正式更名为卡塔尔能源公司（Qatar Energy，QE），更加重视提升能源效率和使用环保技术，如二氧化碳捕获和封存等相关技术。

卡塔尔能源公司负责卡塔尔油气行业的一切活动，对大多数许可区块都持有 20%～100% 的权益，并通过子公司和合资公司开展油气业务，包括油气勘探、开发、生产、炼油、LNG、石化、化肥和销售等。其中，卡塔尔天然气运营公司（QatarGas）和拉斯拉凡天然气公司（RasGas）于 2018 年 1 月 1 日合并为卡塔尔天然气公司（QatarGas），成为世界上最大的 LNG 生产商，该公司将独家经营卡塔尔的天然气出口业务。卡塔尔国际石油销售公司（Tasweeq）主要负责石油产品出口，该公司于 2016 年正式并入卡塔尔能源公司，并更名为卡塔尔石油产品公司（QPSPP）。卡塔尔化工和石化营销和分销公司（Muntajat）负责化工和石化产品的销售，并于 2020 年 6 月并入卡塔尔能源公司。卡塔尔天然气运输公司（Nakilat）主要负责除卡塔尔天然气公司外的其他公司的 LNG 运输业务。卡塔尔燃油公司主要负责石油和液化石油气（LPG）在本国的储存、分配与销售。同时，该公司还经营船用燃料油销售、沥青进口和润滑油销售等业务。

3. 国际油气合作

（1）勘探开发

卡塔尔油气勘探开发对外合作程度较高。目前共有24家公司拥有卡塔尔上游勘探开发许可证，约有一半的油气产量归卡塔尔能源公司，其余产量归埃克森美孚、壳牌、道达尔能源、西方石油公司、康菲和穆巴达拉6家外国石油公司（表2-27）。埃克森美孚是卡塔尔最大的外国投资商，在卡塔尔天然气公司的三个LNG项目中均占有股份，并持有多个天然气项目股份。壳牌是卡塔尔的第二大合作者。道达尔能源、康菲、西方石油公司等国际大石油公司也是卡塔尔重要的油气生产商。

2017年，卡塔尔取消之前自行实施的北方气田长达12年的开采禁令。解除开采禁令后，卡塔尔启动北方气田（North Field）扩建项目，分为一期和二期进行，埃克森美孚、壳牌等国际大石油公司已经签署合同，中国石化和中国石油也紧随其后，分别赢得一期项目1.25%的股份。

表2-27 国际石油公司在卡塔尔主要合作项目

项目名称	外国企业	签约年份	项目类型	备注（股权占比）
Al Khaleej 一期项目	埃克森美孚	2000	天然气勘探开发	埃克森美孚（100%）
海豚项目	道达尔能源、西方石油公司	2001	天然气出口项目	道达尔能源（24.5%），西方石油公司（24.5%），穆巴达拉（51%）；该项目包括北方气田的天然气生产、处理和运输
珍珠GTL项目	壳牌	2004	GTL	壳牌（100%）；GTL厂处理北方气田的天然气，处理能力14万桶/日，壳牌为项目投资者，投资金额约为190万美元
Al Khaleej 二期项目	埃克森美孚	2006	天然气勘探开发	埃克森美孚（80%），卡塔尔能源公司（20%）
Al Khalij	道达尔能源	2006	石油生产	道达尔能源（40%），卡塔尔能源公司（60%）
Barzan	埃克森美孚	2007	天然气勘探开发	卡塔尔能源公司（93%）、埃克森美孚（7%）

续表

项目名称	外国企业	签约年份	项目类型	备注（股权占比）
Al-Shaheen	道达尔能源	2017	石油生产	道达尔能源（30%），卡塔尔能源公司（70%）
北方气田东扩项目（NFE）	壳牌、道达尔能源、埃克森美孚、埃尼、康菲	2022	天然气勘探开发	卡塔尔能源公司（65%），埃尼（3.125%），康菲（3.125%），埃克森美孚（6.25%），壳牌（6.25%），道达尔能源（6.25%），中国石油（5%），中国石化（5%）
北方气田南扩项目（NFS）	道达尔能源、壳牌、康菲	2022	天然气勘探开发	卡塔尔能源公司（75%），道达尔能源（9.375%），壳牌（9.375%），康菲（6.25%）

数据来源：Fitch Solution。

卡塔尔投资局负责管理海外投资事务，其对外投资的国家超过30个，投资领域涵盖上下游。该国已在非洲、拉丁美洲和亚洲等地区实施了约19项勘探项目，其中主要为深水勘探项目，包括巴西BC-10深水项目和Alto de Cabo Frio Oeste深水项目，阿曼52区块、刚果TEPC项目和塞浦路斯10区块项目等。下游业务主要围绕天然气业务进行，包括天然气直接销售、LNG生产与出口、石化品生产等。

（2）炼油化工

外国公司在卡塔尔炼油和化工领域均有合作。其中，参与拉斯拉凡炼厂（一期和二期）投资的外国公司包括埃克森美孚（10%）、道达尔能源（10%）、日本出光兴产（10%）、日本三井（4.5%）和日本丸红。在化工领域，雪佛龙、道达尔能源均持有化工厂的股份。

在国外，卡塔尔能源公司（QE）在石油化工领域有大量投资。QE在美国能源领域共投资180亿美元，其中，100亿美元用于黄金通道码头，80亿美元用于得克萨斯州墨西哥湾沿岸石化工厂。

（3）技服装备

卡塔尔油气行业对海上高精尖技术和装备需求旺盛，欧美、日本公司的技术和产品垄断整个市场。卡塔尔没有具备实力的装备制造公司，完全依赖国外，但要求进口的设备必须是同类产品中最好的，要求在技术方面优势明显、质量有保证、安全可靠。

五、油气工业

1. 油气生产

（1）油气资源

卡塔尔天然气资源极其丰富，并相对集中、容易开采。卡塔尔是全球最大的液化天然气（LNG）出口国。自2011年以来，该国未发现新的气田。未来，北方气田与其他气田项目的扩建将为卡塔尔扩能增产，进一步巩固其在LNG领域的领先地位。2022年，卡塔尔天然气剩余探明储量为23.8万亿立方米，位居世界第3位，约占全球的11%。卡塔尔99%以上的天然气储量位于海上的北方气田，该气田是世界上最大的非伴生气田，资源高度集中，且地理和地质条件优越，采气难度低，地理上与伊朗南帕斯气田相连。

卡塔尔石油资源丰富，且呈快速增长趋势。20世纪90年代末到21世纪初，卡塔尔的石油探明储量出现大幅增长，之后保持平稳。2022年卡塔尔石油剩余探明储量34.6亿吨，较2000年增长92%，占世界探明石油储量的2%，居全球第13位，中东地区第6位。杜汉油田是卡塔尔最大的油田，占该国原油储量的43%；海上Al-Shaheen油田位居第二，占该国原油储量的11%。自2005年以来，该国未发现新的油田。

（2）油气生产

凝析油带动石油产量稳步增长。自1991年卡塔尔北方气田投入开发以来，该国的凝析油和天然气液产量快速增长。2022年卡塔尔石油产量7410万吨（含NGL），较2000年增长84%，占世界的1.9%，居全球第14位，中东地区第6位。卡塔尔的原油产量主要来自陆上的杜汉油田、海上的Al-Shaheen油田和Idd El-Shargi North Dome（ISND）油田，这三大老油田的总产量占卡塔尔石油总产量的80%；凝析油和天然气液产量主要来自北方气田。

1991年，卡塔尔开始开发多个气田项目，并于2000年后陆续投产，天然气产量快速增长。2005年，卡塔尔实施天然气开采禁令，暂停开采北方气田，并决定不再开发新的气田，使该国天然气保持平稳增长。2017年，卡塔尔取消了开采禁令。2022年，卡塔尔天然气产量为1784亿立方米，较2000年增长591%（表2-28），占世界的4%，居全球第5位，中东地区第2位，仅次于伊朗。卡塔尔的天然气几乎全部产自北方气田。

表2-28　2000—2022年卡塔尔油气产量

类别	2000年	2005年	2010年	2015年	2018年	2019年	2020年	2021年	2022年
石油（万吨）	4020	5260	7090	7740	7510	7230	7170	7280	7410
天然气（亿立方米）	258	474	1231	1759	1752	1772	1749	1770	1784

数据来源：bp。

（3）NGL

卡塔尔生产大量天然气凝液（NGL），见表2-29。该国有四座NGL处理厂，分别是NGL-1、NGL-2、NGL-3和NGL-4。其中，NGL-1和NGL-2主要处理杜汉油田和海上油气田生产的伴生气，NGL-3和NGL-4主要处理北方气田生产的伴生气。主要产品包括丙烷、丁烷和凝析油，这些产品主要用于出口。

表2-29　2000—2022年卡塔尔NGL产量　　　（单位：万吨/年）

类别	2005年	2010年	2015年	2018年	2019年	2020年	2021年	2022年
NGL	690	1615	2350	2355	2350	2135	2195	2250

数据来源：bp。

2. 基础设施

（1）油气管道

卡塔尔油气管网较为发达，现有22条石油管线、36条天然气管线。卡塔尔的油气管道主要由卡塔尔能源公司维护和运营。

原油管道将生产的原油输送到位于梅赛义德（Mesaieed）的Umm Said炼厂、

出口码头以及拉斯拉凡和梅赛义德工业城。天然气管网将海上开采的伴生气输送到陆上天然气处理厂，将北方气田生产的非伴生气输送给工业用户、LNG厂、杜汉油田（用于回注）和电站。

卡塔尔仅有1条跨国天然气出口管道，即海豚管道，向阿联酋和阿曼出口天然气。该管道是中东地区最大、最长的海底管道，全长364千米，年运输能力为330亿立方米。

北方气田扩建项目启动后，卡塔尔将新建6条天然气管道，北方气田东扩项目（NFE）将新建4条，预计2026年建成。北方气田南扩项目（NFS）将新建2条，预计2028年建成。

（2）港口

卡塔尔有个三个主要油气出口码头，分别位于拉斯拉凡港、梅赛义德港和哈卢勒岛港。拉斯拉凡港是卡塔尔液化天然气（LNG）出口专用港，拥有全球最大的LNG出口设施，有6个LNG码头和6个LPG码头，出口货物以LNG、LPG、凝析油、石油产品和硫磺等石化产品为主，由QE监管和运营。梅赛义德港主要用于原油和石化产品出口，有3个原油码头、3个炼化产品码头和1个LPG码头，设有卡塔尔最大的集装箱码头，拥有30个多用途泊位，石油出口能力达42万桶/日。哈卢勒岛港是海上原油的出口港，是卡塔尔海洋石油的主要储存地和出口地，原油来自Idd El-Shargi等北部油田，LNG出口能力达75万吨，拥有两个系泊系统，可以同时装载两艘油轮，驳船最大载重为32万吨。

（3）LNG

卡塔尔是世界最大的液化天然气（LNG）生产国。1997年卡塔尔开始生产液化天然气，已建成的有14条LNG生产线，总生产能力达7700万吨（表2-30）。2017年北方气田开采禁令放松后，QE启动北方气田扩建项目，LNG产能大幅增加。该项目分为两期进行：北方气田扩建一期项目，又称"北方气田东扩项目"（NFE），将新增4条生产线，每条生产线的产能为800万吨/年，预计于2026年投产。该项目是历史上全球最大的LNG项目。北方气田扩建二期项目，又称"北方气田南扩项目"（NFS），计划新增2条生产线，每条产能800万吨/

年，预计于 2028 年投产。该项目启动后，卡塔尔的 LNG 产能总计提高 4800 万吨/年，达到 1.26 亿吨/年。

表 2-30 卡塔尔 LNG 生产线

项目名称	设计能力（万吨）	投产年份	股份构成
Qatargas Ⅰ（T1）	320	1997	埃克森美孚：10%；卡塔尔能源公司：65%；道达尔能源：10%；日本丸红：7.5%；日本三井：7.5%
Qatargas Ⅰ（T2）	320	1997	埃克森美孚：10%；卡塔尔能源公司：65%；道达尔能源：10%；日本丸红：7.5%；日本三井：7.5%
Qatargas Ⅰ（T3）	310	1998	埃克森美孚：10%；卡塔尔能源公司：65%；道达尔能源：10%；日本丸红：7.5%；日本三井：7.5%
Qatargas Ⅱ（T1）	780	2009	埃克森美孚：30%；卡塔尔能源公司：70%
Qatargas Ⅱ（T2）	780	2009	埃克森美孚：18.3%；卡塔尔能源公司：65%；道达尔能源：16.7%
Qatargas Ⅲ	780	2010	康菲：30%；卡塔尔能源公司：68.5%；日本三井：1.5%
Qatargas Ⅳ	780	2011	卡塔尔能源公司：70%；壳牌：30%
RasGas Ⅰ（T1）	330	1999	埃克森美孚：25%；卡塔尔能源公司：63%；伊藤忠商事：4%；韩国燃气：5%；日本 LNG：3%
RasGas Ⅰ（T2）	330	2000	埃克森美孚：25%；卡塔尔能源公司：63%；伊藤忠商事：4%；韩国燃气：5%；日本 LNG：3%
RasGas Ⅱ（T1）	470	2004	埃克森美孚：30%；卡塔尔能源公司：70%
RasGas Ⅱ（T2）	470	2005	埃克森美孚：30%；卡塔尔能源公司：70%
RasGas Ⅱ（T3）	470	2007	埃克森美孚：30%；卡塔尔能源公司：70%
RasGas Ⅲ（T1）	780	2009	埃克森美孚：30%；卡塔尔能源公司：70%
RasGas Ⅲ（T2）	780	2010	埃克森美孚：30%；卡塔尔能源公司：70%
北方气田扩建一期项目（计划建设）	3200	2026	卡塔尔能源公司：72.5%；埃尼集团：3.125%；康菲：3.125%；埃克森美孚：6.25%；壳牌：6.25%；道达尔能源：6.25%；中国石化：1.25%；中国石油 1.25%
北方气田扩建二期项目（计划建设）	1600	2028	卡塔尔能源公司：75%；道达尔能源：9.375%；壳牌：9.375%；康菲：6.25%

数据来源：BMI。

卡塔尔与其他国家签署的 LNG 供应协议以长贸合同形式为主，通常为十年以上。卡塔尔于 1992 年同日本中部电力公司签署的长贸合同是其最早的 LNG

长贸合同。最早同中国签署长贸合同的时间是2008年，截至2022年双边长贸合同总量为1140万吨（表2-31）。

表2-31　卡塔尔LNG长贸合同量　　　　　　　　　　（单位：万吨）

类别	2014年	2015年	2016年	2017年	2018年	2020年	2021年	2022年
长贸合同量	49	100	1175	560	340	600	1400	600
中国长贸合同量	0	0	0	0	340	200	200	400

数据来源：S&P Global。

3. 炼油工业

卡塔尔有3座炼油厂，年加工能力2145万吨（表2-32）。QE炼厂位于卡塔尔梅赛义德工业城，加工能力685万桶/年，由卡塔尔能源公司的子公司国家石油配送公司（NODCO）负责运营。拉斯拉凡一期和二期炼厂分别于2009年和2016年投入运营，加工能力均为730万吨/年。一期炼厂主要以北方气田的凝析油为原料。卡塔尔未来没有新建炼厂的计划。

表2-32　卡塔尔主要炼厂

序号	炼厂名称	投产年份	炼油能力（万吨/年）	股份构成	备注
1	QE炼厂	1958年	685	QE：100%	
2	拉斯拉凡一期炼厂	2009年	730	QE：51%；埃克森美孚：10%；道达尔能源：10%；日本出光兴产：10%；日本三井：4.5%；日本丸红：4.5%	石脑油6.1万桶/日、柴油5.2万桶/日、汽油2.4万桶/日和LPG 0.9万桶/日
3	拉斯拉凡二期炼厂	2016年	730	QE：51%；埃克森美孚：10%；道达尔能源：10%；日本出光兴产：10%；日本三井：4.5%；日本丸红：4.5%	石脑油2.5万桶/日、煤油8万桶/日、汽油、低硫柴油、丙烷和丁烷7.5万桶/日

资料来源：BMI。

4. 石化工业

卡塔尔石化工业始于20世纪70年代。进入21世纪以来，随着北方气田的开发，为充分利用丰富的天然气资源，发挥资源优势和成本优势，使石化产业真正成为国家重要支柱产业，卡塔尔能源公司加大了石化项目建设力度，新建扩建多套石化装置，石化工业处于新一轮快速发展期。

卡塔尔乙烯资源丰富，是中东第二大乙烯生产国，2022年产能为302万吨，其他主要石化产品包括聚乙烯、合成氨、尿素和甲醇，年产能分别为215万吨、380万吨、560万吨和98万吨。卡塔尔共有9家公司从事石化品生产，其中主要的石化公司有三家，包括卡塔尔石化公司（QAPCO）、卡塔尔乙烯基公司（QVC）和卡塔尔化肥公司（AQFCO）。卡塔尔石化公司是QE与道达尔能源的合资公司，主要生产乙烯和低密度聚乙烯（LDPE），乙烯年产能为84万吨，此外，固体硫是其核心业务的副产品，产量是7万吨/年。卡塔尔石化公司是全球最大的低密度聚乙烯生产企业，其产量达78万吨/年，大部分用于出口。卡塔尔乙烯基公司位于梅赛义德工业城，主要生产苛性钠等产品。2022年，卡塔尔乙烯基公司计划在梅萨伊德建设生产力为35万吨/年聚氯乙烯（PVC）的工厂，预计于2025年中期建成。卡塔尔化肥公司是全球第四大尿素生产商和最大的尿素出口商，尿素产能为560万吨/年，占全球出口市场的15%，合成氨产能为380万吨/年。

卡塔尔化工产品多元化快速发展。2015年，卡塔尔最高议会通过了投资250亿美元发展本国石化工业的规划。根据该规划，卡塔尔石化公司计划建设一座石化联合体，生产150万吨的乙烯、100万吨的高密度聚乙烯和50万吨的聚丙烯。2020年，卡塔尔石化产品产能占海合会国家的10.7%，共1877万吨，成为海湾地区第二大石化产品生产国。2023年，卡塔尔能源公司与美国雪佛龙菲利普斯化学公司（CPChem）签署价值60亿美元的合作协议，共同建设卡塔尔拉斯拉凡石化项目，计划于2026年建成投产，可生产乙烯210万吨/年和聚乙烯衍生物170万吨/年，该项目投入生产后，卡塔尔乙烯产能将大幅增加，从302万吨/年增加到400万吨/年，其乙烷裂解装置将成为中东地区最大的裂解装置、世界最大的裂解装置之一。

六、油气消费与进出口

1. 原油

石油加工量稳步增长。2000—2022年，卡塔尔石油加工量由320万吨上升至2075万吨（表2-33）。目前，卡塔尔无新建扩建炼厂计划，未来随着经济发展和成品油消费量的提升，炼厂开工率将增加至80%。

表2-33 2000—2022年卡塔尔油气供需平衡

类别	2000年	2005年	2010年	2015年	2018年	2019年	2020年	2021年	2022年
原油（万吨）										
产量	4020	5260	7090	7740	7510	7230	7170	7280	7410
加工量	320	575	1470	1265	1985	1980	1830	1905	2075
净出口量	3700	4685	5620	6475	5525	5250	5340	5375	5335
成品油（万吨）										
产量	311	538	1357	1173	1736	1625	1545	1588	1632[e]
消费量	170	340	630	664	827	694	674	738	808[e]
净出口量	141	198	727	509	909	931	871	850	824[e]
天然气（亿立方米）										
产量	258	474	1231	1759	1752	1772	1749	1770	1784
消费量	113	179	254	434	407	419	385	400	367
出口量	145	295	977	1325	1345	1353	1364	1370	1417

数据来源：bp，OAPEC。

注：原油包括天然气液和凝析油等；e为估算数据。

卡塔尔是世界重要的石油出口国，石油进口量少。该国以出口原油为主，近年来原油出口占比一直保持在98%以上，2022年占出口总量的99.3%，主要出口到亚太地区。日本是卡塔尔最大的石油出口目的国，2022年出口日本的石油占出口总量的39%。中国是卡塔尔第二大石油出口目的国，2022年中国共计进口卡塔尔石油1483万吨，占卡塔尔石油出口总量的24%。北方气田投产，卡塔尔NGL产量大幅增加，出口量也随之大幅增长。

2. 成品油

卡塔尔成品油消费主要包括汽油、煤油和柴油消费，且全部用于交通领域，占总消费量的98%（表2-34）。随着人口增加和经济复苏，卡塔尔成品油消费呈增长趋势。未来交通领域的成品油消费仍占主导。

卡塔尔是成品油净出口国，成品油总体满足需求，但需进口少量柴油。北方气田投产将使成品油净出口量进一步增加。

表2-34　2021年卡塔尔成品油消费结构　　（单位：万吨）

品种	交通	居民与工业	发电	其他	合计
汽油	188	0	0	0	188
柴油	211	0	0	0	211
煤油	325	0	0	0	325
其他	0	14	0	0	14
总计	724	14	0	0	738

数据来源：OAPEC，IEA。

3. 石化产品

卡塔尔石化产品出口量大，但品种单一。2022年，卡塔尔出口石化产品合计464万吨，进口49万吨，净出口量达415万吨。其中，塑料及其制品是主要出口产品，出口量为250万吨，占出口总量的54%。其次是有机化工原料，出口量190万吨，占出口总量的41%。再次是橡胶及其制品，出口量为23万吨，占出口总量的5%。其他出口商品为人造短纤纤维。

4. 天然气

天然气消费量快速增长。2022年卡塔尔天然气消费367亿立方米，主要用于发电和工业。未来，卡塔尔经济仍将保持中高速发展，人口稳定增长，天然气消费量将持续增长。

1997年，卡塔尔开始出口液化天然气，之后成为全球最大的LNG出口国、中东地区最大的天然气出口国，不需要进口天然气。2022年卡塔尔出口天然气

1417亿立方米，其中管道气215亿立方米，LNG 1141亿立方米。卡塔尔LNG总出口能力达7700万吨，主要出口目的地为亚太和欧洲。

2007年以来，卡塔尔开始通过海豚管道向阿联酋、阿曼出口管道气。2021年数据显示，卡塔尔通过海豚管道每天出口的天然气总量为5779万立方米，约合每年211亿立方米。

七、合作风险评价

1. 地缘政治风险

地缘政治风险中。卡塔尔处在中东地区，地区内伊拉克、叙利亚等都是战乱频发的国家，卡塔尔可能遭受一定影响。卡塔尔是美国在中东的第一盟友，在反恐、伊核、叙利亚和巴勒斯坦等许多问题上与美国保持一致，其外交行为一定程度上触及了海湾大国的利益，尽管如今海湾断交危机已经平息，但卡塔尔与海湾大国间的矛盾未从根本上解决。这使该国存在一定的地缘政治风险。

2. 安全风险

武装冲突风险低，但治安风险呈上升趋势。卡塔尔民族、部族、宗教矛盾少，与邻国关系和睦且受美国保护，爆发武装冲突和恐怖袭击的风险很低。但卡塔尔外来劳工不断增加，福利待遇与当地人差别很大，两大群体间的矛盾不断加剧，社会治安风险呈上升趋势。

3. 政策风险

政策法律风险低。卡塔尔的税收、资本管制、劳工等政策稳定，与外国石油公司签订的合同具有较强的法律效力，不会轻易变更。

4. 经济风险

经济风险低。卡塔尔货币美元化程度高，与美元的兑换汇率非常稳定，国家财政状况健康，有大量外汇储备用于稳定汇率、偿付债务和保证市场的外汇供应，汇率、债务和资本管制风险低。但需注意，卡塔尔经济严重依赖油气行业，这使其容易受到国际大宗商品价格变化的影响。

八、产业合作重点

近年来，中国与卡塔尔投资与贸易合作不断加深。未来，在提高采收率、天然气开发、LNG 贸易、化工、新能源等方面有较大合作机会。

提高采收率方面，卡塔尔的油田都已进入生产后期，产量持续下滑。塔米姆执政后，提出提高原油产量的计划，主要采取提高采收率的方式实现。

天然气开发领域，未来卡塔尔北方气田在增产政策下可能进一步放开，在天然气开发领域存在合作机会。

LNG 贸易方面，受美国页岩气资源开发和卡塔尔 LNG 购销合同到期等因素影响，卡塔尔需要寻找新的 LNG 销售市场，中国是卡塔尔重要的目标市场。

化工方面，受政策导向影响，未来几年卡塔尔石化行业，特别是天然气化工行业将迎来大发展，中国石油石化企业与卡塔尔存在进一步扩大合作的空间。

[本节撰写人：张思琪]

第五节 沙特阿拉伯

沙特阿拉伯王国（通称沙特阿拉伯）位于阿拉伯半岛，东濒波斯湾，西临红海，与约旦、伊拉克、科威特、阿联酋、阿曼、也门等国接壤。国土面积225万平方千米，人口3218万人。

一、国际关系

1. 地缘政治

沙特阿拉伯是世界重要的产油国、中东地区大国，在世界石油市场和中东事务中发挥着重要的作用。

美国在中东地区重要盟友，近年来两国关系紧张。长期以来，美沙两国在国防安全、中东地区博弈、石油贸易方面有共同的利益，维持着较为稳固的盟友关系。近年来，由于美国调整中东政策、减少地区投入，沙特阿拉伯需独立应对外交和安全挑战，以"石油换安全"为基础的沙美传统同盟关系有所松动，美沙两国在叙利亚内战、伊朗核问题等地区热点问题上出现分歧。2021年美国总统拜登上台后，美沙关系迅速降至冰点，双方在与伊朗进行核谈判的不同立场、美国不再支持沙特阿拉伯攻打也门胡塞武装、美国对沙特阿拉伯侵犯人权的担忧、沙特阿拉伯"走近"俄罗斯和中国、沙特阿拉伯社会改革、石油增产和价格问题、美国调整在中东军事存在等一系列问题引发两国之间的分歧和不信任。但考虑到沙特阿拉伯在中东地区的地缘意义，以及美国需要沙特阿拉伯继续以美元计价出口石油、以维持美元的霸权地位，两国盟友关系虽会有松动，沙特阿拉伯作为美国在中东地区重要盟友的地位短期内不会改变。

寻求提高在地区的影响力。沙特阿拉伯通过建立海湾逊尼派国家联盟来提升地区影响力，要求地区有关国家在沙特和伊朗之间"选边站"，组建逊尼派联盟来对抗地区大国伊朗。近年来，在中东国家关系缓和的背景下，沙特阿拉伯融入中东地区外交"缓和潮"，改善与伊朗、伊拉克、叙利亚、卡塔尔、土耳其、以色列等国关系，积极参与地区事务，提升在地区的影响力。但目前，沙特阿拉伯与地区国家的矛盾并未真正化解，沙特阿拉伯仍深陷也门内战泥潭，其所处地缘政治环境也未得到实质性改观。

对欧佩克政策和国际石油市场具有重要影响。作为世界产油大国，沙特阿拉伯为维护产油国利益，曾长期充当机动产油国的角色，在两次世界石油危机中发挥了主导作用。沙特阿拉伯曾主导了欧佩克统一基准油价、设立石油产量配额等工作，并凭借最高的闲置产能充当"浮动产油国"。近年来，随着新兴产油国兴起，欧佩克内部多次出现裂痕，沙特阿拉伯对国际石油市场的影响力受到内外挑战。2019 年，沙特阿拉伯等欧佩克成员国选择与俄罗斯等非欧佩克重要产油国结成战略联盟，联手调控国际油价，建立"欧佩克 +"机制，维持国际原油市场稳定。乌克兰危机升级后，沙特阿拉伯拒绝选边站队，没有遵从美方压低原油价格的要求，反而决定减产，在协调国际原油市场政策、维护国际原油市场稳定方面发挥了重要作用。

2. 外交政策

近年来，沙特阿拉伯外交日趋自主灵活，发展对美关系的同时，加强与中国、俄罗斯等世界大国和地区国家的关系，并获邀加入金砖国家合作机制。

历史上重视发展对美关系。早在第二次世界大战末期，沙特阿拉伯与美国就确立了"石油换安全"的战略关系，20 世纪 50 年代两国签署了《联防互助协定》。20 世纪 90 年代海湾危机发生后，沙美两国高层往来增多，双边关系不断加强，两国在石油贸易、地区大国博弈、恐怖主义、教派冲突等一系列重要议题上保持较为密切的战略关系。进入 21 世纪后，"9·11"事件的发生使沙美这对牢固盟友的关系出现一丝裂痕。奥巴马执政时期，美沙关系遇冷，两国在伊核问题、也门局势和叙利亚冲突等中东热点问题上的矛盾也日益凸显。到了特朗普执政时期，美沙关系大幅回暖，沙特阿拉伯与美国签署了价值1100亿美元的军售协议。拜登执政后，沙特阿拉伯未按照美国的要求"选边站"、加入"反俄联盟"，两国关系跌至冰点。

近年来与俄罗斯关系升温。虽然苏联与沙特阿拉伯早就建立了外交关系，但由于意识形态的差异以及美苏之间对中东控制权的争夺，两国关系一直比较冷淡。苏联解体后，俄罗斯继承了苏联在中东地区的外交遗产，1991年沙俄两国恢复外交关系，但两国关系发展缓慢。2007年，普京访问沙特阿拉伯，这也是苏联与沙特阿拉伯建交近80年来俄罗斯元首首次访问沙特阿拉伯。2015年俄罗斯军事介入叙利亚局势之后，两国关系明显不断升温，其首脑会议的频次增加、双边接触议程明显增加。2017年10月，沙特阿拉伯国王萨勒曼·本·阿卜杜勒阿齐兹对俄罗斯进行了历史性访问，成为沙特阿拉伯建国85年来第一位访问俄罗斯的君主。2019年10月，俄罗斯总统普京时隔12年再次访问沙特阿拉伯，两国签署20余项合作协议，总额近100亿美元。2022年乌克兰危机升级后，沙特阿拉伯呼吁俄罗斯从乌克兰撤军，反对美西方使用制裁手段向俄施压，同时还向乌克兰提供人道主义援助，并主动在俄乌间劝和促谈。与此同时，沙特阿拉伯与俄罗斯在"欧佩克+"框架下的石油政策协调仍很密切。

重视发展与地区海湾国家之间的关系。沙特阿拉伯是阿拉伯国家联盟、海湾阿拉伯国家合作委员会成员国，重视发展与阿拉伯国家、伊斯兰国家的关系，致力于阿拉伯国家的团结和海湾合作委员会的一体化建设。近年来，沙特阿拉伯积极缓和与地区国家的关系。2023年4月，沙特阿拉伯和伊朗正式恢复外交关系。2023年以来，沙特阿拉伯外交大臣访问伊朗、伊拉克、叙利亚，探讨与上述国家在地区问题上的合作。

与中国发展全方位外交关系。中国与沙特阿拉伯在1990年正式建立外交关系，2016年正式建立全面战略伙伴关系。近年来，沙特阿拉伯外交政策重视向东看，注重发展同中国的关系。2016—2019年，沙特阿拉伯国王和王储三次访华，与中国签订总额超过1000亿美元的合作协议，涉及从能源到太空的众多领域。2022年12月，习近平主席对沙特阿拉伯进行国事访问，同王储兼首相穆罕默德举行会谈，中沙两国政府和公司共签署了35项投资协议，内容涵盖油气、新能源、科技、交通运输等多个领域。目前，沙特阿拉伯已经成为中国在西亚非洲地区最大的贸易伙伴国、最重要的海外原油供应国和最具发展潜力的承包工程市场。

沙特阿拉伯积极响应并支持"一带一路"建设倡议，是亚投行意向创始成员国之一。2019年2月，沙特阿拉伯王储穆罕默德访问中国，沙特阿拉伯多次提及将沙特阿拉伯"2030愿景"同"一带一路"倡议对接，中沙双方共签署了35个双边经济合作项目协议，总价值超过280亿美元。2022年12月，中国政府与沙特阿拉伯政府签署了《中华人民共和国政府和沙特阿拉伯王国政府关于共建"一带一路"倡议与"2030愿景"对接实施方案》。《实施方案》全面落实两国领导人关于深化共建"一带一路"倡议与"2030愿景"对接的重要共识，共同推进两国基础设施、产能、能源、贸易和投资、财金、人文等领域以及吉赞基础工业和下游产业城特别开发区建设合作。《实施方案》的签署，必将更好推动两国务实合作，更好增进两国人民福祉。习近平主席和沙特阿拉伯王储兼首相穆罕默德出席了《实施方案》文本交换仪式。

能源合作是中沙经贸合作重要组成部分。2016年，习近平主席访问沙特阿拉伯，两国领导人决定建立两国高级别联合委员会，共同打造长期稳定的中沙能源合作共同体，进一步深化两国在经贸、投资、金融、能源领域的合作。2019年，沙特王储萨勒曼访问中国，双方签署一系列能源合作协议，包括中国盘锦炼化项目和沙特阿拉伯延布石化厂等项目，支持两国在油气贸易、炼化、工程技术服务等领域的合作。2023年7月，沙特阿拉伯国家石油公司（简称沙特阿美石油公司）以246亿元人民币的价格收购了中国荣盛石化10%的股权，双方将加强在原油采购、原料供应、精炼和化工产品在内的一系列商业合作。原油贸易方面，2019年至2022年，沙特阿拉伯连续四年成为中国第一大原油进口来源国。2022年中国从沙特阿拉伯进口原油8749万吨，约占中国2022年原油进口总量的17.2%。

二、政体政局

1. 政体

政教合一的君主制王国。阿卜杜勒阿齐兹·阿勒沙特于 1932 建立沙特阿拉伯王国。沙特阿拉伯国内禁止一切政党活动，王室掌握国家的政治、经济、军事大权，国王行使最高行政权和司法权，有权任命、解散或改组内阁，解散协商会议，有权批准和否决内阁会议决议及与外国签订的条约，国王既是国家元首又是教长。1992 年 3 月 1 日，法赫德国王颁布《治国基本法》，规定沙特阿拉伯王国由其缔造者阿卜杜勒阿齐兹·拉赫曼·费萨尔·阿勒沙特阿拉伯国王子孙中的优秀者出任国王，王储在国王去世后有权继承王位。2006 年 10 月，沙特阿拉伯国王阿卜杜拉颁布谕令，宣布修改《治国基本法》中由国王选定王储的条款，成立效忠委员会，由老国王阿卜杜勒阿齐兹的 35 位有王位继承权的儿子及其后代（每家 1 人）组成。2007 年，沙特阿拉伯王室确立了由国王和效忠委员会共同确定王储人选的制度。2015 年 1 月 23 日，沙特阿拉伯国王阿卜杜勒阿齐兹·阿勒沙特逝世，萨勒曼·本·阿卜杜勒阿齐兹·阿勒沙特继位，成为沙特阿拉伯第七任国王。其子穆罕默德·本·萨勒曼·本·阿卜杜勒阿齐兹·阿勒沙特担任王储兼副首相和国防大臣。2022 年，沙特阿拉伯国王改组内阁，王储穆罕默德·本·萨勒曼·本·阿卜杜勒阿齐兹·阿勒沙特被任命为新首相。

2. 政局

王室对国家有绝对的控制权。沙特阿拉伯对国家实施严格的管控，王室对军队等武装力量具有绝对的控制权。2011 年初，中东北非地区局势动荡，引发沙特阿拉伯国内小规模游行示威，但在其安全部队的严格控制下，示威很快平息。沙特阿拉伯拥有巨额外汇储备，有能力为民众提供高福利的生活，降低了民众参与示威的积极性。在这种情况下，沙特阿拉伯采取提高工资、改善医疗和住房条件等惠民政策，一定程度上对稳定本国政治局势发挥了积极作用。预计未来沙特阿拉伯经济足以支撑其高福利政策，政局将保持稳定。

王储对国家的掌控力进一步增强。2015年1月，沙特阿拉伯国王阿卜杜勒病逝，"苏德里七兄弟"中年龄最小的萨勒曼·本·阿卜杜勒阿齐兹·阿勒沙特继承王位。萨勒曼废黜了原王储穆罕默德·本·纳伊夫并解除其副首相的职务，于2017年在国内掀起反腐风暴，拘捕数十位王子及部长，巩固其子新王储穆罕默德·本·萨勒曼的权力基础。2018年，沙特阿拉伯裔记者贾迈勒·卡舒吉在沙特驻土耳其使馆被暗杀事件给沙特阿拉伯王室，尤其是穆罕默德·本·萨勒曼王储造成负面影响，但国王萨勒曼对王储的支持态度没有改变，此事引发国王进行内阁改组，更换外交大臣、新闻大臣、国民卫队司令等重要官员，并且重建沙特阿拉伯安全和政治事务委员会。此次改组是沙特阿拉伯王室家族的权力再平衡，进一步巩固了王储的权利，沙特阿拉伯王室政权仍将保持稳定。2022年，王储穆罕默德被任命为首相，对国家的掌控力进一步增强。

3. 安全形势

沙特阿拉伯安全形势良好，但存在教派矛盾和恐怖主义威胁等方面的问题。沙特阿拉伯境内大部分抗议活动发生在什叶派聚集的东部省，这也是沙特阿拉伯主要油田所在的地方。近年来，"基地"组织阿拉伯半岛分支和也门胡塞武装已发动多起针对沙特阿拉伯的恐怖袭击。

沙特阿拉伯政府将国家稳定作为统治的首要目标，坚持采取"调和"与"折中"的方式，在把握核心权力的同时，尽量发挥民族资产阶级在现代化进程中的积极性，给予其参政机会和较为优厚的待遇；采取积极措施，抑制恐怖主义蔓延，防范基地组织的潜在威胁。此外，政府一直在努力解决年轻人的就业问题，打击腐败、缓解过度贫富分化，以缓和国内民族矛盾；弥合逊尼派和什叶派国民的裂痕，妥善处理教派矛盾，维护和加强社会稳定；打破王室成员对国家权力的垄断，缓解社会矛盾。

三、经济形势

1. 总体形势

经济受油价影响大。沙特阿拉伯是海湾地区第一大经济体，石油工业是沙特经济的支柱。历史上受益于国际油价攀升，沙特阿拉伯石油出口收入丰厚，经济保持较快增长。2014年国际油价大跌，对沙特阿拉伯经济造成较大影响，当年GDP增长率下降至3.6%。2018年和2019年，随着油价回升，沙特阿拉伯GDP增速分别恢复至2.8%和0.8%（表2-35）。2020年，受全球疫情和国际油价波动的影响，沙特阿拉伯经济遭受巨大冲击，GDP增速同比下降5.1%。随着国际油价回升，沙特阿拉伯经济增长保持强劲势头，2022年沙特阿拉伯实际GDP增速为7.6%，通胀率为2.5%。

表2-35　2000—2022年沙特阿拉伯主要经济指标

经济指标	2000年	2005年	2010年	2015年	2018年	2019年	2020年	2021年	2022年
GDP（亿美元，现价）	1948	3282	5268	6543	8466	8386	7343	8686	11081
人均GDP（美元）	9515	14068	19113	21095	23187	23174	20398	24161	30436
GDP增速（%，不变价）	4.9	7.3	7.4	4.1	2.8	0.8	-4.3	3.9	7.6
通货膨胀率（%）	-1.1	0.5	3.8	1.3	2.5	-2.1	3.4	3.1	2.5
失业率（%）	4.6	6.1	5.5	5.6	6.0	5.6	7.7	6.7	8.0
总储备（亿美元）	208	1574	4593	6270	5095	5150	4729	4739	4782
财政盈余（亿美元）	445	1043	1733	-1093	-462	-352	-784	-196	278
政府净债务（亿美元）	1643	1226	445	379	1493	1808	2276	2501	2640
外国直接投资净流入（亿美元）	-19	121	292	81	42	46	54	193	79

在石油工业持续发展、非石油部门强劲扩张的背景下，2022年IMF报告称，沙特阿拉伯仍是G20国家中增速最快的经济体，并预测沙特阿拉伯2023年的经济增速将维持在3.7%。由于政府持续控制公共财政状况、实施结构性改革并坚持财政长期可持续性，国际信用评级机构穆迪在2022年6月将沙特阿拉伯的信用评级更新为A1，展望稳定。

2. 经济结构

石油工业是支柱产业。2022 年，沙特阿拉伯农业、工业和服务业分别占 GDP 的 2.4%、53.3% 和 44.3%。石油工业在沙特阿拉伯经济中占据绝对主导地位，2022 年石油收入约为 3260 亿美元，占国家财政收入的 70% 以上。

积极推动经济多元化。2016 年，沙特阿拉伯提出"2030 愿景"和"2020 国家转型规划"，通过实施经济多元化发展政策，推动国内经济转型，摆脱对石油收入的依赖。近年来，沙特阿拉伯政府充分利用本国丰富的石油、天然气资源，积极引进国外先进的技术设备，大力发展钢铁、电力等非石油产业，依赖石油的单一经济结构有所改观。

3. 货币政策

沙特阿拉伯实行钉住美元的汇率制度，外汇管理严格。近十年来，沙特里亚尔兑美元汇率保持在 3.75∶1，预计未来汇率仍将保持稳定。2016 年，人民币与沙特里亚尔实现了直接兑换结算。沙特阿拉伯外汇管理严格，国家控制外币流通。沙特阿拉伯货币管理机构禁止银行在没有征得同意的情况下用里亚尔进行国际金融交易。金额超过 10 万里亚尔的交易必须通知货币署。任何沙特阿拉伯居民或外国投资者的常设机构向沙特阿拉伯境外汇款时，应按一定比例缴纳预提费，待出具完税证明后方可汇出。

4. 外资吸引力

沙特阿拉伯对外资持欢迎态度，鼓励外国直接投资。2000 年，沙特阿拉伯政府颁布新的外商投资法，允许外企以独资方式进入沙特的工业、农业和服务业领域，并为此成立沙特阿拉伯投资总局，负责审定与修改投资政策，确立投资领域，以及提供投资服务和审批项目等。2022 年，沙特阿拉伯外国直接投资净流入为 79 亿美元。截至 2022 年底，沙特阿拉伯外国直接净投资存量为 2660 亿美元，在海湾阿拉伯国家中排名第一。阿联酋、美国、法国、新加坡、日本、科威特、马来西亚是沙特阿拉伯直接投资的主要来源国，外资主要进入工业领域，包括炼油、石化、矿业、建筑材料、食品、塑料、橡胶工业等。

四、油气对外合作

1. 油气合作政策

沙特阿拉伯油气对外合作相关法律主要是 2010 年生效的《外国投资法》。本国油气资源归国家所有，勘探、开发、加工、运输、销售由沙特阿美石油公司垄断经营。20 世纪 70 年代，沙特阿拉伯成功实现油气资源国有化后，曾一度拒绝外资进入本国能源市场。2000 年 4 月，沙特阿拉伯公布新的《外国投资法》，宣布石油天然气行业有限度对外开放的政策。

上游实施有限度对外开放。目前，沙特阿美石油公司垄断石油勘探、开采，不允许外国公司投资和按投资比例获取份额油。但外国公司在通过沙特阿美石油公司的资格预审后，可以参加沙特阿美石油公司作为业主的石油勘探、设计和生产项目的投标，以服务合同的方式进行作业。天然气领域，不同地区和阶段实行不同的开放政策。已投入生产的地区继续由沙特阿美石油公司负责天然气的开采，仅对外开放产出天然气的加工和销售领域；在已探明尚未进行开采的地区，开放天然气的开发和生产，以及生产后的各阶段；在尚未勘探的地区，对外开放勘探、开发和生产领域，包括生产后的天然气加工和利用。对于上述开放的领域，外国公司可以以不同形式参与大额投资或技术要求高的项目。

中游和下游采用合资公司方式对外合作。炼厂、管道、LNG 液化厂等均允许外资参股、控股。

成品油和天然气价格由国家制定。沙特阿拉伯实施政府补贴政策，油气价格较低。在 2014 年国际油价大幅下跌的冲击下，迫于油价下跌带来的巨大财政压力，沙特阿拉伯政府决定削减能源补贴，对能源补贴制度进行改革。2015 年下半年和 2018 年 1 月，沙特阿拉伯两次大幅提高成品油价格。目前，沙特阿拉伯成品油价格以相关产品的出口价格为参考，沙特阿拉伯政府也会根据国际市场走向对国内能源产品的售价进行定期调整。

2. 油气合作监管

沙特阿拉伯石油行业的最高权力机构是沙特阿拉伯油气事务最高委员会和沙特阿拉伯能源部。

2015年，沙特阿美石油公司最高委员会成立，沙特阿拉伯王储穆罕默德·本·萨勒曼担任委员会主席，负责制定能源政策，监管沙特阿美石油公司。

石油和矿产资源部成立于1960年12月，2016年5月更名为能源、工业和矿产资源部。2019年8月，沙特阿拉伯宣布把工业和矿产资源业务从能源、工业和矿产部剥离出去，单独组建工业和矿产资源部。能源部主要负责实施沙特阿拉伯能源领域发展规划及政策，阿卜杜勒阿齐兹·本·萨勒曼（Prince Abdulaziz bin Salman）任能源部长。

沙特阿美石油公司是沙特阿拉伯的国家石油公司，成立于1933年，目前业务包括油气勘探开发、天然气、炼油、石化、营销、国际贸易等，代表沙特阿拉伯政府与外国石油公司在天然气和炼油等领域开展合作，拥有世界上最大的陆上油田和海上油田，已连续三十多年在美国《石油情报周刊》公布的世界最大50家石油公司综合排名中位居第一。截至2022年底，沙特阿美石油公司管理油田已探明储量310.9亿吨，天然气已探明储量5.5万亿立方米。2022年，沙特阿美石油公司产量5.5亿吨，天然气产量1173亿立方米。2019年3月，沙特阿美石油公司宣布收购沙特石化巨头沙特基础工业公司（SABIC）70%的股权。SABIC是世界顶级石化企业之一，在生产聚乙烯、聚丙烯和其他先进的热塑制品、乙二醇、甲醇和化肥方面位居全球市场领先地位，并具有成本优势。此次收购将加速沙特阿美向下游领域发展的转型脚步，完善全产业链布局。2019年12月11日，沙特阿美石油公司在沙特证券交易中心（Tadawul）上市1.5%的股份，成为全球资本市场有史以来发行规模最大的IPO，标志着公司在改革的道路上迈出重要一步，在发挥国家石油公司社会责任、推动沙特阿拉伯国民经济多元化、减少国家对石油的依赖、发展太阳能等新能源等方面做出新的贡献。2022年，沙特阿拉伯政府再次启动沙特阿美石油公司上市计划，但尚未设定上市时间表。

3. 国际油气合作

（1）勘探开发

沙特阿美石油公司长期与西方公司合作，勘探开发能力较强，其所属的石油勘探工程中心是全球最大、最先进的石油勘探研究机构之一。对外合作方面，沙特阿拉伯上游石油领域不对外开放，外国公司曾参与沙特阿拉伯天然气的勘探开发，但均未获得商业发现。目前，雪佛龙公司是参与沙特阿拉伯油气开发的唯一一家外国石油公司，参与开发沙特阿拉伯与科威特共有区域的一个油气区块。2021年以来，沙特阿拉伯与潜在投资者进行谈判，希望为Jafurah非常规气田开发寻找外国投资者。

目前，中国公司未参与沙特阿拉伯上游油气勘探开发项目。

（2）炼油化工

在沙特阿拉伯国内，沙特阿拉伯与外国公司合资运营四座炼厂，包括朱拜勒Satorp炼厂（道达尔37.5%）、延布Samref炼厂（埃克森美孚50%）、延布Yasref炼厂（中国石化37.5%）、拉比格炼厂（日本住友商事37.5%）。其中，中国石化参与投资建设的延布炼厂于2014年投入运行，设计原油加工能力40万桶/日，主要加工阿拉伯重油。该炼厂是中国石油企业在海外的第一个高端大型炼厂项目，拥有世界领先的炼化设备，生产的汽柴油质量水平达到美国和欧V标准，产品主要面向欧美市场。

炼油化工是沙特阿拉伯海外投资的主要领域，该国通过与外国公司组建合资公司投资建设炼化厂，目前在境外50余个国家参与炼化合资项目。沙特阿拉伯正寻求多元化海外市场投资，其中亚洲是其投资的重点地区。沙特阿拉伯已与中国、印度尼西亚、马来西亚、印度等多国达成炼厂投资建设协议。沙特阿拉伯还有望成为中国炼化市场的最大投资者。

（3）技服装备

沙特阿拉伯的石油工程技术服务市场属高端、成熟的市场，竞争激烈。参与该市场的公司包括国际一流的工程技术服务商、当地工程技术服务商和中国的工程技术服务商等。西方公司占据沙特阿拉伯技服市场70%以上的份额，主要包括：斯伦贝谢、哈里伯顿、贝克休斯、威德福等。沙特阿拉伯当地有数家工程技术服务承包商，与欧美知名油田技术服务公司同台竞争。石油公司对工程技术服务方的要求高、管理严，市场准入和退出体系完善，注重HSE管理，因此当地工程技术服务公司的能力也具有较高水平。中国企业虽进入沙特阿拉伯市场时间不长，处于适应和发展阶段，但由于具有较强的学习和创新能力，可以很快地熟练掌握适用于沙特阿拉伯的先进成熟技术，多数工程技术服务公司能够在沙特阿拉伯站稳脚跟。自2014年以来，中国石化石油工程公司一直是沙特阿美石油公司最大的陆上钻井承包商，钻机数量占其总量四分之一以上。

沙特阿拉伯物资装备市场属于高端市场，由欧美日韩公司主导。特殊抽油套管、防喷器、井口采油树、抗酸管、油田化学品，以及大型地面设备等基本上由外国公司垄断。目前，沙特阿美石油公司从沙特阿拉伯境内生产制造商采购物资的总金额占采购物资总金额的35%左右，通过本地代理商从沙特阿拉伯境外采购的占65%。沙特阿美石油公司对进入阿美市场的物资设有严格的供应商认证体系，认证条件苛刻，技术门槛较高。沙特阿拉伯对当地制造商和供应商有较为明显的倾斜保护政策，对于同类产品，优先考虑当地化生产制造商，并给予至少低于外国供应商10%的价格优惠。另外，沙特阿拉伯政府和沙特阿美石油公司鼓励外资在沙特阿拉伯进行本地化生产，提高沙特阿拉伯的生产制造能力，增加就业机会，并在采购上给予政策倾斜。2015年，与中国石化商谈合资建立钻机制造厂一事。2022年，中国石化和沙特阿美就在沙特阿拉伯的一揽子合作签署合作备忘录，合作范围覆盖物资供应等领域，中沙物资装备合作将进一步扩大。

五、油气工业

1. 油气生产

（1）油气资源

油气资源丰富。沙特阿拉伯石油和天然气资源量分别为538.9亿吨和18.5

万亿立方米。油气资源主要分布在中部和东北部地区，集中在 Widyan – North Arabian Gulf 盆地。石油和天然气待发现资源量分别为 130.1 亿吨和 12.5 万亿立方米，石油和天然气平均勘探程度分别为 61.8% 和 24.5%。

近年来，沙特阿拉伯石油储量逐步增长。2022 年，石油剩余可采储量 408.8 亿吨，占世界石油探明储量的 17.2%，居世界第 2 位，石油储采比 68.9；沙特阿拉伯天然气储量 2017 年开始下降。2022 年，天然气剩余可采储量 6.0 万亿立方米，占世界石油探明储量的 3.2%，居世界第 8 位，天然气储采比为 52.7。

近年来，沙特阿拉伯年均钻 20～30 口常规油气井，30 口非常规天然气井，并获得多个较大油气田发现。其中，2020 年 8 月，沙特阿美石油公司在沙特阿拉伯北部获得两个新的油气发现，分别是位于 Al-Jawf 地区的 Hadat Al-Hajrah 天然气发现和位于沙特阿拉伯北部边境地区的 Abraq Al-Talul 油气发现，并已经开始产出油气。其中，Hadat Al-Hajrah 天然气发现的天然气产量为 45 万米^3/日，凝析油产量为 1900 桶/日；Abraq Al-Talul 油气发现的原油产量为 3000 桶/日，凝析油产量为 4.9 万桶/日，天然气产量为 3 万米^3/日。2022 年，沙特阿美石油公司在沙特阿拉伯中部地区、北部边境地区和东部省份发现了五个新的天然气田，天然气总产量约 283 万米^3/日。

未来，沙特阿拉伯将寻找外国石油公司共同开发红海和波斯湾的油气资源，海上勘探开发力度将不断加大。随着沙特阿拉伯天然气工业的发展和外资进入天然气上游领域，天然气勘探将更加活跃，成为支撑沙特阿拉伯油气勘探领域的重要力量。

（2）油气生产

石油产量稳步增长。作为世界重要的产油国，近年来虽受"欧佩克+"产量配额的限制，沙特阿拉伯的石油产量依然在增长，且未来增产潜力大。2022 年，沙特阿拉伯石油产量达 5.73 亿吨（含 NGL），居世界第 2 位。Ghawar 油田、Khurais 油田和 Shaybah 油田是沙特阿拉伯当前主要的在产油田，石油产量占沙特阿拉伯石油总产量的一半以上。为保持现有的产能水平，沙特阿拉伯希望通过智能水驱、二氧化碳驱、化学驱等手段提高石油采收率，以解决老油田减产的问题。短期来看，沙特阿拉伯石油产量增长将受制于"欧佩克+"限产的限制。长期来看，作为全球主要的石油生产国，沙特阿拉伯希望将石油产能从目前的1200万桶/日提升至1300万桶/日（2026—2027年），且愿意随时提高产量弥补全球市场缺口，未来沙特阿拉伯石油产量将稳步增长。

天然气产量快速增长。沙特阿拉伯自1999年加大天然气开发力度后，天然气产量步入快速增长阶段，2022年天然气产量达到1204亿立方米（表2-36），排名世界第9位。Ghawar油田伴生气、Karan气田非伴生气项目和Wasit气田非伴生气项目是沙特阿拉伯天然气产量主要来源，占当前沙特阿拉伯天然气产量的一半以上。根据沙特阿拉伯"2030愿景"，未来沙特阿拉伯将大力提升天然气产量，希望利用天然气资源取代石油发电，以增加石油出口创汇。沙特阿拉伯增加天然气产量的途径包括提高在产油气田的商品天然气比例，以及加快新油气田开发进程。在产油气田的天然气增产计划包括南加瓦尔气田和Zuluf气田增产项目，以及胡尔塞尼亚和哈斯巴赫油气田的增产项目。

表2-36　2000—2022年沙特阿拉伯油气产量

类别	2000年	2005年	2010年	2015年	2018年	2019年	2020年	2021年	2022年
石油（亿吨）	4.59	5.45	5.23	5.86	5.77	5.57	5.20	5.15	5.73
天然气（亿立方米）	498	712	877	1215	1121	1112	1131	1145	1204

数据来源：ETRI。

2. 基础设施

（1）油气管道

沙特阿拉伯境内有350余条原油和天然气管线，总长超过2万千米，其中石油管线长度为1.5万千米。沙特阿拉伯国内最主要的输油管线为东西输油管道，管道全长1202千米（表2-37），横贯沙特阿拉伯，将石油运至红海延布港供出口。该管道由两条管径分别为56英寸和48英寸的管道组成，总输油能力为500万桶/日。其中，56英寸管道输油能力300万桶/日，48英寸管道输油能力200万桶/日。东西输油管道主要用于运输东部生产的阿拉伯轻质原油，另有支线连接拉比格的炼厂和出口终端。此外，沙特阿拉伯国内较大的管道还有谢拜—布盖格输油管道，连接谢拜油田和布盖格，设计输油能力为66万桶/日。

沙特阿拉伯有3条国际输油管道：一是连接巴林的原油管道，将原油从布盖格输往巴林，输油能力35万桶/日；二是至黎巴嫩的泛阿拉伯管道，是一条备用管道，已被封闭；三是至伊拉克的管道，海湾战争后关闭。

表2-37 沙特阿拉伯主要石油管道

名称	起点	终点	长度（千米）	输油能力（万桶/日）
东西输油管道	布盖格	红海沿岸炼厂及出口终端	1202	500
谢拜—布盖格输油管道	谢拜油田	布盖格	638	66
沙特—巴林管道	布盖格	巴林	115	35

沙特阿拉伯国内天然管道相对有限，总长度约为5万千米，被称为总天然气系统（Master Gas System，简称MGS）。MGS（表2-38）始建于1975年，与位于Shedgum、Uthmaniyah和Berri的三家天然气加工厂相连。国际天然气管道方面，沙特阿拉伯目前没有天然气出口管道。沙特阿拉伯计划建设一条连接阿曼—沙特阿拉伯—科威特—伊拉克的跨境天然气管道，用于区内国家间的天然气贸易。目前该管道正在进行可行性研究。

表2-38 沙特阿拉伯主要天然气管道

管道名称	起点	终点	管道长度（千米）	管输能力（亿米^3/年）
MGS	延布	Berri	3850	956

（2）石油港口

沙特阿拉伯原油主要通过油轮出口，油港分别位于波斯湾和红海，其大部分石油通过位于布盖格油田的处理设施处理后经波斯湾出口。沙特阿拉伯主要的石油出口港口有4个，2个位于波斯湾，分别是拉斯塔努拉港、朱艾马赫港；2个位于红海，分别是延布港和拉比格港。拉斯塔努拉港是沙特阿拉伯最大的石油出口港，拥有世界上最大的装油设施，年吞吐能力4.3亿吨；朱艾马赫港和延布港的规模也较大，年吞吐能力分别为1.8亿吨和3.3亿吨。

（3）LNG

沙特阿拉伯无LNG液化终端和在建计划。

（4）仓储设施

沙特阿拉伯目前有3个主要的原油存储设施，主要位于拉斯塔努拉港、Juaymah港和延布港，3个设施的原油存储能力分别为452万吨、240万吨和82万吨。该国计划新建Hawiyah Unayzah天然气存储项目，计划于2024年建成并投入使用。

3. 炼油工业

截至2022年底，沙特阿拉伯国内有9座炼厂，总加工能力1.61亿吨（表2-39）。其中，炼油能力在2000万吨/年以上的炼厂有6座，1000万~2000万吨/年的有2座，1000万吨以下的1座。其中，拉斯塔努拉炼厂扩建工程已完工，加工能力已提升至2750万吨/年。由沙特阿美石油公司独资建设的吉赞炼厂于2019年底完工，设计原油加工能力2000万吨/年，产品包括汽油、柴油、苯和对二甲苯。

目前，沙特阿拉伯国内暂无炼厂新建或改扩建计划。预计未来10年，沙特阿拉伯国内炼油能力不会有大的提升。

表2-39 沙特阿拉伯主要炼厂

炼厂名称	炼油能力（万吨/年）	股份构成
拉斯塔努斯炼厂（RasTanura）	2750	沙特阿美石油公司：100%
朱拜勒Satorp炼厂	2000	沙特阿美石油公司：62.5%；道达尔能源：37.5%
延布Samref炼厂	2000	沙特阿美石油公司：50%；埃克森美孚：50%
延布Yasref炼厂	2000	沙特阿美石油公司：62.5%；中国石化：37.5%
拉比格炼厂	2000	沙特阿美石油公司：37.5%；Petrola：62.5%
朱拜勒Sasref炼厂	1525	沙特阿美石油公司：100%

续表

炼厂名称	炼油能力（万吨/年）	股份构成
延布炼厂（Yanbu）	1225	沙特阿美石油公司：100%
利雅得炼厂（Riyadh）	630	沙特阿美石油公司：100%
吉赞炼厂（Jazan）	2000	沙特阿美石油公司：100%
合计	16130	

4. 石化工业

沙特阿拉伯石化工业规模较大、原材料成本较低，政府在政策和资金上大力支持石化工业发展，允许外商投资本国的石化工业并参与石化基础建设，允许在沙特阿拉伯投资的外国公司以极具竞争力的价格使用沙特阿拉伯生产的甲烷、乙烷、丙烷、丁烷等原料。壳牌、埃克森美孚、三菱化学等公司均在沙特阿拉伯建立有合资公司，促进了沙特阿拉伯石化工业的发展，沙特阿拉伯石化工业在中东地区居领先水平。

目前，沙特阿拉伯在波斯湾的朱拜勒和红海的延布设立两大石化中心。主要的石化公司有朱拜勒石油化工公司（Kemya，沙特基础工业公司和埃克森美孚各出资50%）、沙特石化公司（Sadaf，沙特基础工业公司和壳牌各出资50%）、延布石化公司（Yanpet，沙特基础工业公司和埃克森美孚各出资50%）和阿拉伯石化公司（Petrokemya，沙特基础工业公司的全资子公司）。2022年，沙特阿拉伯石化产品生产能力约为7700万吨/年，其中乙烯产能约为1800万吨/年，聚乙烯产能约为1200万吨/年，甲醇产能约为880万吨/年，聚丙烯产能约为570万吨/年，合成氨产能约为480万吨/年。

随着各国逐渐转向清洁能源，未来沙特阿拉伯仍将积极发展石化工业，降低经济对石油出口的依赖，推动经济多元化发展。2023年，沙特阿美石油公司和法国道达尔能源公司正式签约，开始在沙特阿拉伯建设一个总投资110亿美元的世界级石化项目，计划于2027年开始运营，乙烯产能为165万吨/年。2022年，沙特阿拉伯Advanced Petrochemical签署价值16亿美元的化工厂项目，计划在朱拜勒建设一个石化综合体，生产聚乙烯、精对苯二甲酸（PTA）。2023

年，Alujain公司在沙特阿拉伯延布启动了新的石化项目，聚丙烯产能为60万吨/年，计划于2026年第一季度完工。未来5年，沙特阿拉伯石化产能增加将主要来自乙烯和丙烯。预计到2027年，沙特阿拉伯乙烯和丙烯的产能将分别上升到2250万吨/年和950万吨/年。

六、油气消费与进出口

1. 原油

沙特阿拉伯是石油消费大国，近年来消费量稳步增长。2000—2022年，沙特阿拉伯石油年消费量由9318万吨上升至1.58亿吨。

近年来，沙特阿拉伯石油出口国的分布与流向发生显著变化，向北美出口的石油份额逐渐下降，而亚太地区份额则大幅提升。2022年沙特阿拉伯出口石油3.68亿吨（表2-40），对亚太国家的出口总额约占86%，对欧洲国家的出口总额约占12%。未来，随着美国非常规油气资源的开发以及能源独立战略的实施，沙特阿拉伯石油出口将向亚太市场更加倾斜。2022年，中国从沙特阿拉伯进口原油8749万吨，占沙特阿拉伯2022年出口总量的23.8%。未来，随着中沙"市场—资源"合作的加深，中国从沙特阿拉伯进口石油量将上升。

表2-40　2000—2022年沙特阿拉伯油气供需平衡

类别	2000年	2005年	2010年	2015年	2018年	2019年	2020年	2021年	2022年
原油（亿吨）									
产量	4.59	5.45	5.23	5.86	5.58	5.57	5.20	5.15	5.73
消费量	0.93	1.18	1.15	1.53	1.27	1.30	1.46	1.48	1.58
进口量	0	0	0	0	0	0	0	0	0
出口量	3.66	4.27	4.08	4.33	4.31	4.27	3.33	3.11	3.68
成品油（万吨）									
产量	8250	9900	9550	13770	11430	11700	10885	12740	13840
消费量	4700	5900	7300	6734	6216	6398	5800	6020	6500
净出口量	3550	4000	2250	7036	5214	5302	5085	6720	7340

续表

类别	2000年	2005年	2010年	2015年	2018年	2019年	2020年	2021年	2022年
天然气（亿立方米）									
产量	498	712	877	1215	1121	1112	1131	1145	1204
消费量	498	712	877	1215	1121	1112	1131	1145	1204

数据来源：ETRI。

注：原油包括天然气液和凝析油等。

2. 成品油

2022年，沙特阿拉伯国内成品油消费量为6500万吨，其中，汽油、柴油、煤油和其他品种的消费占比分别为33%、38%、11%和18%。从消费领域看，交通、工业、农业和其他领域的占比分别为36%、32%、26%和6%（表2-41）。

表2-41　2022年沙特阿拉伯国内成品油消费结构　　（单位：万吨）

品种	交通	工业	农业	其他	合计
汽油	1437	308	205	195	2145
柴油	506	789	1015	132	2442
煤油	0	317	335	63	715
其他	397	666	135	0	1198
总计	2340	2080	1690	390	6500

数据来源：ETRI。

2022年，沙特阿拉伯成品油产量为1.384亿吨，净出口量为0.734亿吨，主要出口煤油和柴油，亚洲是其主要出口市场。

3. 石化产品

沙特阿拉伯是石化产品出口大国。2022年，沙特阿拉伯石化产品的出口量为3733万吨，进口量为424万吨，净出口量达3309万吨。从大类看，有机化工原料、塑料及其制品是沙特阿拉伯主要的出口品种。从出口流向看，亚洲和欧洲是沙特阿拉伯石化产品主要的出口流向地区。其中，有机化工原料前三大出口流向国是中国、印度和韩国；塑料及其制品前三大出口流向国是中国、新加坡和土耳其。

4. 天然气

2000—2022年沙特阿拉伯天然气消费快速增长，2022年达到1204亿立方米。沙特阿拉伯天然气消费主要用于工业和发电两个领域，天然气全部由国内生产，自产自销，无天然气进口。预计未来受经济、人口、化工和发电等因素影响，沙特阿拉伯天然气需求量将继续上升，但不会进口天然气，消费增长将依靠国内增产实现。

七、合作风险评价

1. 政治风险

政治风险中等。地缘政治方面，长期以来，沙特阿拉伯与美国保持较为稳定的战略合作关系。近年来，沙特阿拉伯外交自主性日益加强，注重发展与中国的关系，但短期内沙特阿拉伯对美国的安全依赖不会发生变化，若沙美关系不恶化，沙特阿拉伯地缘政治风险不会发生根本性变化。但沙特阿拉伯有意争夺地区霸主地位，介入地区事务的手段也由原来的政治和经济手段转向军事手段，导致地缘政治风险升高。国内政局方面，沙特阿拉伯王室对军队等武装力量具有控制权，外汇储备较为充足，有能力为民众提供高福利的生活，政局将保持稳定。

2. 安全风险

安全风险较低。沙特阿拉伯王室对国家和社会的把控能力强，社会稳定。随着中东地区极端恐怖组织的发展，与也门接壤的南部地区恐怖组织活动呈上升势头。此外，受沙特阿拉伯介入也门内战的影响，近年来也门胡塞武装频繁对沙特阿拉伯国内重要的石油设施发动袭击，沙特阿拉伯整体安全风险上升。

3. 政策风险

政策法律风险中。沙特阿拉伯对外合作政策相对稳定，新国王对合作政策的调整将是渐进式的。沙特阿拉伯清廉指数较高，近年在"透明国际"排名中一直在第 50 名前后。根据沙特阿拉伯《外国投资法》，外资在沙特阿拉伯成立的全资子公司或分公司可享受沙特阿拉伯当地法人公司的同等待遇，但在实际运作中，沙特阿拉伯政府相关部门往往通过独立的规章制度对本国企业和国民给予更多保护，中资企业不易享受到实际意义上的同等待遇。受新冠疫情和低油价的双重打击，沙特阿拉伯政府或将采取保护本国公民就业的措施，提高本地化率，劳工政策可能进一步收紧。

4. 经济风险

经济风险较低。沙特阿拉伯有较为充足的外汇储备，近年来汇率保持稳定，债务违约风险低。沙特阿拉伯经济易受国际油价影响，但沙特阿拉伯有足够的实力干预国际石油市场，一旦低油价对经济造成严重影响，国家有能力影响国际油价，降低经济风险。沙特阿拉伯《外国投资法》规定合法注册的外资企业不必通过沙特阿拉伯代理人进行商务活动。但实际上，各相关政府部门内部规定，外资企业与当地政府部门打交道时必须委托沙特阿拉伯当地人作为代理人，特别是在处理一些难点问题时，只能通过当地代理人或中间人协调。沙特阿拉伯王室结构复杂，王室成员众多，打着王室成员的旗号进行诈骗的活动时有发生，选择代理人或中间人需特别注意事前调查、分析、评估相关风险，切实保障自身利益。

八、产业合作重点

沙特阿拉伯油气资源丰富，是世界最大的原油出口国。沙特阿拉伯油气工业实行有限对外开放政策，只开放天然气上游和管道、炼油化工等中下游领域，中沙已有一定的油气合作基础。在天然气勘探开发、提高采收率、原油贸易、炼油化工、石油仓储等领域有较大的合作机会。

勘探开发方面，沙特阿拉伯对油气上游领域采取不同的开放策略，天然气领域完全对外国公司开放。沙特阿拉伯有意与外国公司开展合作，计划未来5年扩大国内天然气生产，利用天然气代替石油满足国内发电和海水淡化需求。

提高采收率方面，沙特阿拉伯许多油田已进入开采后期阶段，其他处于开采中期的主力油田也面临油田老化和提高采收率技术等难题，需要外国公司的技术服务。

原油贸易方面，沙特阿拉伯是世界第一大原油出口国，在美国逐步降低对中东石油进口依赖的情况下，沙特阿拉伯积极寻求其他稳定的石油出口市场。近年来，中沙两国石油贸易稳定增长，沙特阿拉伯已成为中国最大的原油进口来源国之一。

炼化方面，目前沙特阿拉伯正加快经济多元化建设，炼油和石化是重点。中国公司在沙特阿拉伯已有成功合作的先例，中国石化与沙特阿美石油公司合资建成延布炼厂。沙特阿拉伯在中国也有几个大的合资炼化的项目。2019年沙特阿拉伯王储穆罕默德访问中国、2022年习近平主席访问沙特阿拉伯，双方签署多项合作协议，涉及多个炼化项目。中国公司可以此为契机进一步扩大与沙特阿拉伯在炼油和石化领域的合作，包括在中国或第三国合作建设炼厂、化工厂。

石油仓储方面，沙特阿拉伯有意在海外建设石油仓储中心，特别是在亚太地区，以增加其贸易的灵活性。中国可与其合作，在中国东南沿海联合建立商业储备中心，提升中国能源供应安全水平。

沙特阿拉伯的工程技术服务和装备市场规模大，完全对外开放，中国公司可发挥自身优势寻求与当地公司合资提供全方位的服务。

[本节撰写人：王莹]

第六节　阿曼

阿曼苏丹国（简称阿曼）位于阿拉伯半岛东南部，面积30.95万平方千米，是阿拉伯半岛地区的第三大国，与阿联酋、沙特阿拉伯、也门等国接壤，人口508万人。

一、国际关系

1. 地缘政治

谋求地缘政治影响力的意愿不强。阿曼是中东地区较为重要的资源国和通道国。首都马斯喀特地处波斯湾通向印度洋的要冲，俯瞰波斯湾海上航运通道。北部的穆桑代姆半岛南接阿联酋，北隔霍尔木兹海峡与伊朗相望，正位于海峡最窄处，对霍尔木兹海峡具有钳制作用。此外，阿曼也是中东地区较为重要的原油出口国、是仅次于卡塔尔的第二大LNG出口国。但相比沙特阿拉伯、伊朗等地区大国，阿曼体量较小，寻求地区和平与稳定，是海湾地区自20世纪70年代以来唯一与伊朗长期保持稳定友好关系的国家，并乐于充当海湾地区"中间人""调停员"的角色，谋求地缘政治影响力、争当全球大国或地区大国的意愿不强。

是西方国家维护中东利益的重要一环。美国、英国等西方国家与阿曼关系密切。美国在阿曼设有多个空军、海军基地，并在阿曼马希拉岛建有机场。2018年，英国国防部长提出在阿曼建设一个重要的军事基地，以维护其在中东地区的利益。考虑到阿曼扼守霍尔木兹海峡，地理位置重要，近年来，美国、英国多次与阿曼举行联合军事演习，并向阿曼出售武器，推进军事合作。

2. 外交政策

阿曼奉行中立、不结盟、睦邻友好和不干涉别国内政的外交政策，致力于维护海湾地区的安全与稳定，积极参与地区事务，主张通过对话等和平方式解决国家之间的分歧。阿曼是阿拉伯联盟和海湾阿拉伯国家合作委员会（GCC）成员，已同144个国家建立了外交关系，同美、英关系密切，同时开展多元化外交。

与美国、英国关系较为密切。阿曼在安全上对美国依赖较深，1972年美阿两国外交关系升格为大使级；1980年两国签署了军事便利协定，允许美国在阿曼驻军，美国的航空母舰和其他军舰可在阿港口停泊。2006年两国签署自由贸易协定。阿曼曾是英国的殖民地，1973年英国军队撤出阿曼后，两国保持了较好的外交关系。进入21世纪以来，阿英两国高层互访不断，在政治、经济、军事、外交方面的合作进一步加强。

致力于维护海湾地区稳定。阿曼是GCC六个成员国之一。长期以来，注重维护海湾地区和平，在卡塔尔断交风波等事件中积极发声，以双边合作利益为先，继续与卡塔尔保持贸易往来。与伊朗关系密切，互访频繁，2013年促成美国和伊朗的秘密谈判，两年后美国和伊朗达成具有历史意义的伊核全面协议。

与中国关系快速发展。阿曼与中国尽管相距遥远，但自古以来就有着友好交往的历史。据阿曼史籍记载，公元8世纪，阿曼人奥贝德第一次航行到中国广州。600多年前，郑和船队曾4次到访阿曼南部的佐法尔地区。新中国成立以来，中阿两国关系快速发展。1978年5月25日，中国与阿曼建立外交关系。建交后，阿曼始终在涉及中国核心利益和重大关切的问题上给予中国坚定支持，两国关系发展顺利，高层交往频繁，外交关系密切，各领域合作不断拓宽。近年来，中阿双方保持着制度性外交战略磋商，签订有投资保护协定、政府间贸易协议等多项双边协议，在政治、能源、经贸、投资、人文等领域保持友好合作关系。2018年是中阿两国庆祝建交40周年，同年5月25日，习近平主席同阿曼苏丹卡布斯共同宣布两国建立战略伙伴关系，为两国关系未来发展规划了宏伟蓝图。2020年1月，阿曼苏丹卡布斯逝世，国家主席习近平向阿曼新任苏丹海赛姆致唁电。习近平主席表示，中国政府和人民十分珍视中阿友谊，深信在双方共同努力下，中阿战略伙伴关系一定会取得新发展

阿曼积极支持"一带一路"倡议，是亚投行57个意向创始成员国之一，希望依托"一带一路"建设，继续加强与中国在经济、安全方面的合作。2018年5月，中阿签署了《中华人民共和国政府与阿曼苏丹国政府关于共同推进丝绸之路经济带与21世纪海上丝绸之路建设的谅解备忘录》。

能源合作是中国与阿曼经贸合作的重要组成部分。多年来，中国一直是阿曼最大的贸易伙伴，是阿曼最大的原油出口流向国，能源合作是中阿经贸合作的重要组成部分。2018年，中国和阿曼关于建立战略伙伴关系的联合声明中表示，两国认为能源合作是双方务实合作的重要支柱，支持两国企业在原油贸易、油气资源勘探开发、服务工程、炼油化工等领域进一步开展合作。加强两国新能源、可再生能源领域的合作。目前，中阿两国在油气上、下游全产业链开展合作。中国石油在阿曼运营上游区块，数家中国公司参与阿曼油气下游炼厂、石化工业体建设。原油贸易亦是合作的主要形式，2022年，中国从阿曼进口原油占中国原油进口总量的7.7%。未来，中国与阿曼在能源领域的合作将进一步加强。

二、政治社会形势

1. 政体

阿曼是世袭君主制国家，禁止一切政党活动。苏丹享有绝对权力，负责颁布法律、法令，批准和缔结国际条约。苏丹继承人由王室委员会负责挑选。

阿曼议会实行两院制，由国家委员会（相当于议会上院）和国家协商会议（相当于议会下院）组成，国家委员会负责协调与内阁之间关系，推动议会与内阁之间的合作，委员会成员由苏丹直接任命；国家协商会议的主要职能是咨询

和监督，其成员由各州差额选举产生的代表组成。内阁是阿曼最高行政机关，协助苏丹制定和执行国家大政方针，目前海塞姆苏丹亲自担任首相，兼外交、国防和财长大臣，内阁成员由其任命。

2. 政局

政局实现平稳过渡。2012年至今，阿曼国内政局平稳。阿曼国内政治气氛一直相对宽松，宗教矛盾小，政府在处理民众示威活动时，更多采取安抚和调停的方式。2020年1月10日，执政阿曼49年之久的卡布斯苏丹去世，其堂弟海塞姆被任命为阿曼新苏丹，国内政权实现平稳过渡。

3. 安全形势

安全形势较好。阿曼是单一的阿拉伯民族国家，伊斯兰教为其国教，90%的本国居民属伊巴德教派，与什叶派对立，但国内宗教矛盾并不明显。阿曼坚决反对一切形式的恐怖主义暴力活动，国内不允许恐怖主义的滋生。当地居民可合法拥有枪支，但激进的暴力犯罪团伙和恶性犯罪极少，社会治安良好，犯罪率很低，可以说是"夜不闭户、路不拾遗"。2022版《全球和平指数（GPI）》排名显示，阿曼和平指数在全球163个国家（地区）中排名第64，在中东地区国家中仅次于卡塔尔、科威特、阿联酋，位列第4。

部族冲突存在隐患。阿曼国内佐法尔人占10%，拥有优越的社会地位和财富，而总人口超过一半的马斯喀特—巴提纳各部落则处于社会弱势地位。社会结构的不平衡和财富分配的不均衡是阿曼社会不安定的潜在隐患。马斯喀特—巴提纳部落多位于该国西北部，若矛盾激化，可能成为部族冲突发生地。

三、经济形势

1. 总体形势

经济规模小，易受油价波动影响。阿曼的经济规模在中东国家中较小，财政状况良好，外汇储备充足，债务风险低。2022年GDP达1147亿美元，居中东地区第7位，人均GDP达2.51万美元（表2-42），居中东国家第6位。2022年，阿曼通货膨胀率为2.5%，失业率为5.6%。近年来，受益于油气出口收入增长，阿曼国际储备有所增长，2022年阿曼外汇储备为176亿美元。

表2-42 2000—2022年阿曼主要经济指标

经济指标	2000年	2005年	2010年	2015年	2018年	2019年	2020年	2021年	2022年
GDP（亿美元，现价）	195	311	650	787	915	881	759	882	1147
人均GDP（万美元）	0.83	1.24	2.26	1.88	1.99	1.91	1.67	1.95	2.51
GDP增速（%，不变价）	6.5	2.5	1.7	5.1	1.3	−1.1	−3.4	3.1	4.3
通货膨胀率（%）	−1.1	0.5	0.9	1.2	2.5	2.1	3.4	3.1	2.5
失业率（%）	4.6	6.5	6.0	5.6	6.0	5.6	7.5	6.7	5.6
总储备（亿美元）	25	44	130	175	174	167	150	197	176
财政盈余（亿美元）	28	19	49	−109	−40	−40	−123	−43	37
政府净债务（亿美元）	27	32	36	110	414	467	522	547	466
外国直接投资净流入（亿美元）	0.8	15.4	12.4	−21.7	64.6	42.4	28.9	40.2	37.2

数据来源：世界银行，IMF。

2020年，受新冠疫情和油价波动走低影响，阿曼GDP出现负增长。随着国际油价逐渐趋稳，加之阿曼推进经济多元化计划，该国经济将稳步发展。国际货币基金组织（IMF）预测，2023年阿曼GDP将增长1.7%。2023年5月，国际信用评级机构穆迪宣布将阿曼政府的长期信用评级从Ba3上调至Ba2，维持积极展望。2023年4月，标准普尔将阿曼的前景展望调整为积极，信用评级保持"BB"。

2.经济结构

经济结构单一，财政收入严重依赖油气行业。2022年，阿曼农业、工业和服务业占GDP的比重分别为1.8%、57.0%和41.2%。油气产业是阿曼的支柱产业，2022年的油气收入约为111.73亿阿曼里亚尔（约合290.5亿美元），占财政收入的比例约为 77.2%。

3. 货币政策

实施固定汇率制度，无外汇管制。阿曼货币为阿曼里亚尔，实施固定汇率制度，阿曼里亚尔兑美元的汇率从 1973 年起一直稳定在 1∶2.6，与其他货币的汇率随美元汇率变动。目前，人民币与阿曼里亚尔不能直接结算。阿曼无外汇管制，各商业银行及汇兑钱庄均可换汇。外资企业经批准后可在当地开设外汇账户，利润在缴纳企业所得税后可自由汇出。

4. 外资吸引力

推行积极的外资政策，鼓励外国直接投资。为加速产业多元化进程，阿曼鼓励吸引外国投资，减少对石油工业的过度依赖，并制定和完善相关领域法律法规和相应优惠政策，重视工业园区基础设施的开发建设。阿曼鼓励旅游、加工制造、农牧渔业、采矿、物流、信息技术等领域的投资，欢迎外国企业在自由区、工业区、经济特区等专属区域内投资。阿曼对外国投资实行"国民待遇"，所有外国投资者与阿曼当地投资者享有同等待遇，可以与阿曼企业或个人合资经营，也可以合资注册，独立经营。

2022 年，阿曼吸引外商直接投资 37.2 亿美元。英国是阿曼第一大投资来源国，其次为美国、阿联酋、科威特、中国、巴林。从行业分布看，外国对阿曼的直接投资主要集中在油气行业（占比 55.3%）；其次为金融业、制造业和房地产业。

四、油气对外合作

1. 油气政策

阿曼油气对外合作相关法律主要包括 2011 年 1 月生效的《2011 年油气法》（2011OGL）和 2003 年颁布的《劳动法》等。阿曼油气上下游均对外开放，所有合作项目都采用公开招标的方式。

上游采用产量分成合同模式合作，对外资持股比例无限制。阿曼在与外国石油公司进行谈判签订产量分成合同时，财税条款根据油气区块不同而各异。其中，合作者需在合同生效30天内提交签字费；成本回收方面，各个区块石油成本回收最高幅度是本区块石油产量的40%，天然气回收最高额度是本区块天然气产量的60%；利润分成方面，根据不同日产量，石油利润分成在20%~22%之间浮动，天然气分成是在刨除回收成本后政府和合同者按7∶3的比例分成；所得税方面，合同者需根据产量份额向政府缴纳55%的所得税，现行合同条款下无本地供应义务。

中游和下游采用合资公司方式对外合作。炼厂、管道、LNG液化厂等均允许外资参股、控股。

成品油和天然气价格由国家制定。2016年前，阿曼实施政府补贴政策，油气价格较低。2015年底，为减轻因补贴造成的过重财政负担，阿曼政府通过成品油价格补贴改革方案，减少政府对成品油消费的补贴，并对成品油消费征税，于2016年1月成立了"调研和确定成品油价格授权委员会"，确定了新的成品油价格形成机制：每月倒数第3天，根据国际油价、地区其他国家成品油售价，确定次月阿曼国内成品油价格。

劳工政策逐步趋紧。阿曼劳动法规定强制实行"阿曼化"政策，要求石油企业中阿曼籍员工的比例不低于90%。2020年新冠疫情暴发后，阿曼政府加速了劳工本土化的进程。阿曼财政部发布通知，要求政府部门及所有企业在2021年7月前将其外籍雇员替换为本土员工。阿曼王室宣布，政府部门70%的外籍雇员将不再续签合同，其中工作年限超过25年的外籍雇员将被强制退休，为本国公民创造更多的就业机会。2022年，阿曼油气行业员工本地化率为89%。

2. 油气监管

能源与矿产部（Ministry of Energy and Minerals）负责油气法律法规和合同条款的制定，组织油气招标、授标、签订油气勘探生产合同，并监督管理合同执行。现任部长为 Mohammed bin Hamad al-Rumhi。Rumhi 自 1997 年起一直担任阿曼油气部长。2020 年 8 月，阿曼内阁改组，石油与天然气部改为能源与矿产部，Rumhi 任能源与矿产部部长。能矿部签署的合同需经王室批准才能生效。

阿曼石油开发公司（Pertroleum Development Oman，PDO）负责国内油气勘探开发以及相关下游业务。阿曼石油开发公司是一个有着 80 多年历史的石油公司，国家股份占比 60%，壳牌占股 34%，道达尔占股 4%，泰国国家石油公司旗下油气勘探及开采公司 PTTEP 占股 2%。其业务包括油气勘探开发、天然气、炼油、化工、销售、国际贸易等。2022 年，美国《石油情报周刊》公布的世界最大 50 家石油公司综合排名中，阿曼石油开发公司排名第 37 位。PDO 生产了阿曼 70% 的原油和全部天然气，代表阿曼政府与外国石油公司开展油气上下游合作。2022 年，PDO 原油储量 2.0 亿吨，天然气储量 3299 亿立方米，原油产量 2215 万吨，天然气产量 212 亿立方米。PDO 董事会由四家股东的 13 名董事组成，其中阿曼政府 6 人，壳牌 3 人，道达尔和泰国国家石油公司旗下子公司 PTTEP 各 1 人，管理总监及财务总监各 1 人，现任董事会主席为能源与矿产部部长 Rumhi。PDO 的下设部门共有 13 个，包括外事部、人力资源部、财务部、勘探部、工程部、作业部、北方石油部、南方石油部、基础设施部、石油工程部、钻井工程部、天然气部及公司规划部。

3. 国际合作

（1）勘探开发

外国公司在阿曼上游相当活跃。2022 年，bp、壳牌、美国西方石油公司（Occidental）等 12 家外国公司在阿曼开展油气活动。其中，壳牌是投资最多的外国石油公司，除持有 PDO 34% 的股份之外，还持有壳牌阿曼营销公司（Shell Oman Marketing Company）49% 的股份、阿曼液化天然气 30% 的股份。2022 年，壳牌的原油产量约为 16.85 万桶/日。

中国石油与阿曼油气合作始于 2002 年。2002 年，中国石油与 PDO 为运营阿曼 5 区油田成立了达利联合作业公司，双方各持股 50%（表 2-43）。接手之初，阿曼5区块日产油不到700吨。在经营过程中，中国石油发挥技术优势和项目运作经验，与当地伙伴密切合作，大力开展中东地区碳酸盐岩开发先导性试验和基础性研究，通过实施规模注水开发、新技术推广等战略性措施，经过20多年的运作，项目滚动勘探取得了显著成果，以卓越的执行力赢得了合作伙伴和阿曼政府的认可和信赖。2019年8月，该项目获得延期，延期合同期限为15年。2021年，项目原油产量为270.4万吨，中国石油权益产量为135.2万吨。

表2-43 中国石油企业在阿曼主要合作项目

项目名称	中国企业	签约年份	项目类型
5区块项目	中国石油（50%），Mazoon Petrogas（50%）	2002	勘探开发

资料来源：ETRI。

（2）炼油化工

阿曼油气中下游对外合作较少。阿曼的炼厂均由阿曼炼油化工公司（ORPC）控制，无对外合作。石油管道90%以上由PDO担任作业者，Oxy是唯一担任作业者的外国石油公司，担任北输油管道Al Barakah–Lekhwair段和Safah–Lekhwair段作业者；天然气管道90%以上由PDO或阿曼天然气公司担任作业者，仅有国内Al Barakah–Safah管道、Safah–BVS5管道、Wadi Latham–Safah管道等少数天然气管道由Oxy担任作业者。LNG液化工厂均掌握在本国公司手中。

（3）技服装备

阿曼工程技术服务市场完全开放，本国公司有一定作业能力，但油气田工程技术服务市场长期受西方国家影响，相对准入标准高，欧美公司占据主导地位。目前，阿曼工程技术服务市场主要参与者是斯伦贝谢、哈利伯顿、贝克休斯等国际知名油服企业。上述企业在阿曼工程技术服务市场提供全方位的服务。中国公司有中国石油东方物探（BGP）、长城钻探，在阿曼地震勘探、钻井等领域作业；中国石化在阿曼炼厂建设方面占据一定市场。中国公司除服务中方项目外，还为PDO、美国西方石油公司等阿曼本国公司和外国公司项目提供服务。

阿曼油气装备领域完全市场化，本地公司基本没有装备研发、制造能力，主要依靠进口。西方国家石油装备凭借较高的性能和技术标准、良好的品牌效应，在阿曼市场的占有率很高，中国产品在阿曼装备市场的占有率在30%以下。

五、油气工业

1. 油气生产

（1）油气资源

油气资源较为丰富。2022年，阿曼石油剩余可采储量7.3亿吨，待发现石油资源量15.9亿吨，石油储采比15.2，低于中东地区平均水平。天然气方面，2022年，阿曼天然气剩余可采储量6663亿立方米，待发现天然气资源量1.4万亿立方米，天然气储采比为18.3，低于中东地区平均水平。

阿曼油气资源主要分布在西北部和南部的戈壁、沙漠地区，主要分布在Central盆地、西部盆地、南阿曼盆地、Huqf Sub盆地、Oman Foreland盆地、Musandam Sub-basins盆地、Masirah盆地。其中，Central盆地、西部盆地、南阿曼盆地、Oman Foreland盆地是其主要的油气生产区。近年来新发现石油规模不大，也没有大型石油开发项目投产，2022年新钻56口油井，没有大的发现，短期内阿曼的石油产量难有大幅增长。天然气方面，近十年来，阿曼获得多个较大的天然气发现。其中，2012年，阿曼石油开发公司（PDO）在阿曼北部PDO特许经营区MabroukDeep发现一个新气田，估计天然气储量2.9万亿立方英尺（约合821亿立方米），该气田是阿曼近年来最大的天然气发现。2018年，PDO宣布在Mabrouk气田探明了超过1132万立方米天然气和1.12亿桶凝析油。2022年，阿曼新钻12口气井。

（2）油气生产

石油产量进入高峰期。阿曼的石油工业历史较长，自20世纪70年代以来石油产量稳步增长，目前生产已进入高峰期。阿曼石油生产全部来自陆上油田。

2022年石油产量5140万吨（表2-44），排名中东地区第7位。PDO担任作业者的6区块和美国西方石油公司Oxy担任作业者的53区块是阿曼目前主要的在产油田。其中，6区块石油产量约占阿曼石油产量的一半以上，53区块石油产量约占阿曼石油产量的10%。

表2-44 2000—2022年阿曼油气产量

类别	2000年	2005年	2010年	2015年	2018年	2019年	2020年	2021年	2022年
石油（万吨）	4698	3803	4212	4801	4780	4730	4610	4680	5140
天然气（亿立方米）	84	200	271	299	360	363	389	402	421

数据来源：bp。

近年来天然气产量快速增长。阿曼于1999年加大天然气开发力度，产量出现快速增长。2022年天然气产量为421亿立方米，排名中东地区第5位。阿曼天然气产量主要来自6区块和Khazzan气田。其中，6区块天然气产量占阿曼天然气产量的一半以上。

提高采收率是未来油田产量增长的关键。近年阿曼获得的石油发现规模不大，没有大型石油开发项目投产，也没有在建大型油田项目，未来石油产量难有大幅增长。未来，提高采收率是油田产量增长的关键。

未来天然气增产潜力大。未来阿曼天然气产量将主要来自PDO与bp联合开发的Khazzan气田，目前气田一期、二期均已投产，年产量达149亿立方米。

2. 基础设施

（1）油气管道

阿曼国内石油管道设施完善，总长度约为2425千米（表2-45）。阿曼现有1条主要的输油管道——阿曼主输油管道（Oman Main Oil Line），该管道由南阿曼输油管道（South Oman Main Oil Line）和北阿曼输油管道（North Oman Main Oil Line）组成，主要由阿曼国家石油公司运营。阿曼以主输油管道为依托，建设了覆盖面广、设备完善的输油管网，连接国内各油田和炼厂。阿曼目前没有国际石油管道，也没有石油管道修建计划。

表 2-45　阿曼主要石油管道

管道名称	起点	终点	管道长度（千米）	管输能力
阿曼主输油管道	Fahud 油田	Mina Al Fahal	2425	4970 万吨/年

资料来源：Wood Mackenzie。

阿曼天然气管网建设发展迅速，阿曼天然气公司（OGC）经营的国家天然气运输网（GGTS）覆盖阿曼大部分天然气产区和消费区，总长度为 2500 千米。国际天然气管道方面，海豚管道是唯一途经阿曼的国际天然气管道，用于进口卡塔尔的天然气。阿联酋到阿曼管道年输气能力为 20 亿立方米（表 2-46）。2018 年，阿曼提出计划招标建造一条连接阿曼北部沿海城市苏哈尔和其邻国伊朗的海底天然气管道。当时，阿曼石油部长表示，管道和其附属设施以及压缩机站的海底勘察和设计工作已经完成。受伊朗制裁影响，管道建设一直没有进展。2022 年，伊朗石油部长贾瓦德·奥吉在访问阿曼期间与阿方达成协议，同意重启通往阿曼的海底天然气管道项目。

表 2-46　阿曼主要天然气管道

管道名称	起点	终点	管道长度（千米）	管输能力
法胡德—苏哈尔	南法胡德集气站	苏哈尔天然气处理厂	342	334 亿米^3/年
Saih Rawl（Gas）-Qalhat	Saih Rawl（Gas）	Oman LNG Plant	358	124 亿米^3/年
Sadad-Mukhaizna Gas	Sadad	Mukhaizna	31	31 亿米^3/年
海豚管道阿曼段	卡塔尔北方气田	阿曼	364	20 亿米^3/年

资料来源：Wood Mackenzie。

（2）石油港口

阿曼目前主要的石油出口终端是费赫勒（Mina al fahal）港口（表 2-47），石油存储能力 530 万桶。费赫勒港区主要有 3 个系泊浮筒泊位，其中最大可泊 60 万吨巨型油船。阿曼当前石油出口主要通过费赫勒港口，少量石油通过 Musandam 港口出口。

表 2-47 阿曼主要原油出口港口

港口名称	位置	吞吐能力（万吨/年）	备注
费赫勒	阿曼北部，首都马斯喀特附近	2650	主要出口原油及成品油等，同时为重载船补充燃料油。

资料来源：ETRI。

（3）LNG

阿曼现有 3 条 LNG 液化终端，合计液化能力 1080 万吨/年（表 2-48）。目前，Qalhat LNG 终端正在进行升级改造，预计可新增液化能力 100 万 ~ 150 万吨/年。

表 2-48 阿曼现有液化天然气项目

LNG 项目	运营商	位置	生产能力（万吨/年）	状态	投产运营时间
Oman LNG T1	阿曼 LNG 公司	Qalhat	355	运营	2000 年
Oman LNG T2	阿曼 LNG 公司	Qalhat	355	运营	2000 年
Qalhat LNG	阿曼 LNG 公司	Qalhat	370	运营	2006 年

资料来源：S&P Global。

（4）仓储设施

2013 年，阿曼石油仓储公司（OTTCO）提出在 Ras Markaz 港建设存储能力为 2 亿桶储油设施的计划。目前，Ras Markaz 港已建成 8 座储油罐。未来 Ras Markaz 港储油设施建成后，将超越阿联酋富查伊拉港的储油设施，成为中东地区最大的原油存储设施，可供石油公司和贸易商使用。

3. 炼油工业

目前，阿曼共有 2 座炼厂，分别是法赫尔炼厂（Mina Al Fahal）和苏哈尔炼厂（Suhar），总加工能力为 1490 万吨/年，可满足目前消费需求（表 2-49）。其中，法赫尔炼厂于 1982 年建成投产，位于马斯喀特，阿曼炼化与石化公司（ORPIC）持股 100%，炼厂加工能力为 525 万吨/年，主要生产航空汽油、普通汽油、柴油、丙烯等；苏哈尔炼厂（Sohar Refinery Company）2006 年投入运营,2017年升级完成,阿曼炼化与石化公司(ORPIC)持股100%,炼厂加工能力为965万吨/年,主要产品有燃料油、汽油、石脑油、丙烯、液化石油气等。2016—2022年期间阿曼炼厂开工率平均约为75%。

表2-49 阿曼主要炼厂

序号	炼厂名称	投产年份	炼油能力(万吨/年)	股份构成
1	法赫尔炼厂	1982	525	阿曼炼化与石化公司(ORPIC)持股100%
2	苏哈尔炼厂	2006	965	阿曼炼化与石化公司(ORPIC)持股100%

资料来源:Wood Mackenzie。

新建炼厂方面,目前,阿曼石油公司与科威特石油公司合建的杜古姆(Duqm)炼厂正在建设中,计划2023年投产,计划炼油能力1150万吨/年。2021年,加拿大商业控股集团(Canada Business Holdings Inc.,CBH)表示,计划投资15亿美元,在阿曼建设一座加工能力30万桶/日的低硫燃油(LSFO)炼厂,以满足国际船运新规下船运业对低硫燃料油的需求。目前,CBH公司并未透露新炼厂的具体选址,但表示希望炼厂位于阿曼沿海的工业区内。

阿曼炼油工业对外资开放,通过利用外资及先进技术完成升级和新建炼厂,提高符合欧Ⅳ标准的油品产量。阿曼的炼厂设计、工程建设等项目均通过公开招投标方式进行。目前,多家欧洲公司在阿曼参与炼厂升级改造和新炼厂建设项目,中国公司尚未参与。

4.石化工业

阿曼石化工业起步于2006年,该国现有4座石化厂,产品单一,以甲醇、聚乙烯和聚丙烯为主。其中,甲醇生产能力220万吨/年、聚乙烯生产能力64万吨/年,聚丙烯生产能力34万吨/年。阿曼石油公司子公司阿曼石油炼制和石油工业公司负责经营该国的4座石化厂。

发展石化工业是阿曼降低对石油出口依赖,实现国家工业化和经济多元化的重要举措。阿曼当前正在实施的一些大型石化项目将大幅提升该国的石化产能。其中，2020年，阿曼投资67亿美元的大型石化项目利瓦塑料工业联合体（LPIC）进入调试阶段，在满负荷生产的情况下，聚乙烯和聚丙烯生产能力将提升为300万吨/年。此外，杜古姆炼油和石化工业公司正着手在Duqm经济特区内建设一个石化综合体，包括一套设计乙烯产能160万吨/年的混合进料裂解装置，2020年底开始动工，计划2025年竣工。2023年5月，阿曼国家能源公司（OQ），沙特基础工业公司（Sabic）和科威特国际石油公司（KPI）签署了项目开发协议，在阿曼苏丹国杜库姆特别经济区（SEZAD）开发一个联合拥有的超级规模石化综合体。项目的内容包括一套蒸汽裂解装置、衍生装置，以及一套天然气液（NGL）提取装置。

六、油气消费与进出口

1. 原油

阿曼是中东地区重要的石油出口国，没有石油进口，2022年石油出口量为4023万吨（表2-50）。阿曼石油出口主要流向亚太地区，根据阿曼中央银行统计，2022年阿曼向亚洲国家出口量占其石油出口总量的95%左右，其中向中国出口量占总出口量的81.7%。其他主要出口国家有印度、日本、马来西亚、韩国等。未来，随着阿曼新建炼厂投产，考虑到原油产量短期难以大幅度提高，阿曼原油出口量将下降。

表2-50 2000—2022年阿曼油气供需平衡

类别	2000年	2005年	2010年	2015年	2018年	2019年	2020年	2021年	2022年
原油（万吨）									
产量	4698	3803	4212	4801	4780	4730	4610	4680	5140
加工量	384	428	819	929	998	1008	1012	1004	1117
进口量	0	0	0	0	0	0	0	0	0
出口量	4314	3375	3393	3872	3782	3722	3598	3676	4023

续表

类别	2000年	2005年	2010年	2015年	2018年	2019年	2020年	2021年	2022年
油品（万吨）									
产量	385	268	679	935	948	957	989	990	1061
消费量	178	230	374	598	466	484	500	517	533
进口量	0	23	75	140	65	73	61	70	19
出口量	207	61	380	477	547	546	550	543	547
天然气（亿立方米）									
产量	84	200	271	299	360	363	389	402	421
消费量	60	110	181	221	249	254	280	283	292
进口量	0	0	19	20	20	20	20	20	20
出口量	24	90	109	98	131	129	129	139	149

数据来源：bp，GTT。

2. 成品油

2022年，阿曼成品油消费量为533万吨，其中，工业、交通、农业和其他领域的消费占比分别为10%、51%、8%和31%（表2-51）。未来10年，随着人口增长和阿曼政府继续发展多元化经济，该国成品油消费预计年均增长2.5%。

表2-51　2022年阿曼成品油消费结构　　　　　　（单位：万吨）

品种	交通	工业	农业	其他	合计
汽油	184	0	17	41	242
柴油	0	32	0	6	38
煤油	0	0	0	0	0
其他	88	21	26	118	253
总计	272	53	43	165	533

数据来源：IEA。

阿曼成品油产量可基本满足国内消费需求，需进口少量汽油和柴油。出口方面，阿曼成品油主要出口柴油、燃料油，主要出口市场是亚太地区，近年来占其出口总量的85%左右。未来，随着阿曼新建炼厂投产，本国成品油出口将大幅增加，亚洲仍将是其成品油主要出口市场。

3. 石化产品

近年来，阿曼石油产品消费量不大，生产的石化产品基本可以满足本国消费需求，只需进口少量聚氯乙烯。阿曼出口石化基础原料的规模较大，2022年达235万吨。亚洲是阿曼石化产品主要的出口市场。未来，随着石化产能提高，阿曼将出口更多的石化产品。

4. 天然气

2022年，阿曼天然气消费量为292亿立方米，其中，工业、农业、发电用气的占比分别为42%、34%和24%。未来，随着人口增长和经济发展，该国天然气消费预计年均增长3.2%。

阿曼一方面生产LNG，向亚太地区出口，另一方面进口少量天然气，以满足夏季用电高峰的需要。阿曼天然气进口始于2007年，从邻国卡塔尔进口少量管道气，约20亿立方米。

阿曼2000年开始出口LNG，目前已成为中东地区仅次于卡塔尔的第二大LNG出口国。阿曼的LNG主要出口到亚太（占出口总量的95%），少量到欧洲（低于总量的5%）和科威特等中东国家，长贸合同是阿曼LNG出口的主要形式，目前阿曼共有14个LNG长期贸易合同。2007年4月，阿曼开始向中国出口现货LNG，占其出口总量的3%左右。目前，中国并未与阿曼签署LNG长期进口合同，贸易均采取现货形式。未来，随着阿曼部分长贸合同到期，中国有机会从阿曼进口更多LNG。

七、合作风险评价

1. 政治风险低

国内政局方面，2020年初，执掌阿曼政权49年之久的卡布斯去世，海赛姆继任后政权实现平稳过渡，民众对当前政治制度认可度较高，政权更迭风险低。地缘政治方面，长期以来，阿曼在军事上得到欧美国家的保护，在政治和经济方面得到西方大国的呵护，与英国、美国、海湾国家保持密切关系。实施的多元外交路线显著降低了阿曼的地缘政治风险。

2. 安全风险低

阿曼国内不存在民族宗教矛盾，也没有恐怖主义滋生的土壤，百姓对现状感到满足，以简单易行为原则，国家安全形势较好。在无外部大国干预的情况下，阿曼安全形势将保持稳定。

3. 政策风险中

阿曼国内税收和资本管制政策稳定，未来发生变化的可能性不大。劳工政策方面，阿曼正实施严格的本地化政策，且未来存在收紧的趋势。

4. 经济风险中

阿曼产业结构单一，经济对石油出口依赖程度高，油价下跌带来经济下行风险。实行自由兑换货币制度，长期以来实施固定汇率制度。国家财政状况良好，外汇储备充足，2000年以来没有外债。近年来通货膨胀率稳中有降，国家信用等级较高。

八、产业发展重点

阿曼与中国关系密切，是中国主要的原油进口国之一，油气行业对外开放多年，中国在阿曼已有了一定的油气合作基础，未来在致密气田开发、原油贸易、工程技术服务、新能源等领域有较大的合作空间。

着力拓展非常规油气合作。阿曼是中东地区重要的油气资源国和油气出口国之一，是中国在海湾地区重要的经贸合作伙伴。该国国内政治局势稳定，油气资源丰富，基础设施较为完善。在当前阿曼油气行业需要外国投资的情况下，包括中国石油在内的中国公司可发挥资金、技术优势，加强与阿曼在风险勘探、致密气田开发等方面的合作。

稳定原油贸易合作。阿曼是中东地区重要的石油出口国，近年来石油出口约80%流向中国，是中国十大原油进口来源国之一。随着中阿"一带一路"合作的加强，预计中国与阿曼之间将保持较为稳定的长期原油贸易合作关系。中国石油可在国家统筹之下，维持中国与阿曼间的原油贸易合作。

拓展工程技术服务和装备市场合作机会。阿曼工程技术服务、装备领域完全市场化。目前，中国公司在阿曼技服、装备领域的市场占有率不高。中国公司可借助在阿曼上游合作良好的口碑，加强与其在油气工程技术服务和装备领域的合作，包括参与承包炼化等工程项目。

择机推进新能源合作。考虑到阿曼石油开发公司（PDO）成立新的部门发展新能源业务，建议加强与PDO在新能源开发方面的合作，双方开展联合研究，参与阿曼氢能以及碳捕集、利用与封存（CCUS）、太阳能和风能等项目合作。加入阿曼组建的氢能联盟，对资源国进行新能源相关领域的培训等。

[本节撰写人：王莹]

第七节 埃及

阿拉伯埃及共和国（简称埃及）大部分位于非洲东北部，横跨亚、非两大洲，西连利比亚，南接苏丹，北濒地中海，东临红海并与巴勒斯坦、以色列接壤。国土面积 100 万平方千米，人口 1.1 亿人。

一、国际关系

1. 地缘政治

埃及是世界上最重要的文明古国之一，地处亚欧非三大洲交界处，扼守"21世纪海上丝绸之路"的战略要冲，是北美、西北欧和亚太、海湾地区海上贸易的必经之路。埃及重要的战略地缘位置与区域影响力受到欧美国家和俄罗斯的高度重视。

埃及扼守世界上最重要的石油运输线的咽喉、被称为"东方伟大航道"的苏伊士运河。该运河连接红海与地中海，使大西洋、地中海与印度洋连接起来，是一条具有重要经济意义和战略意义的国际航运水道，是中东石油运往西欧、北美的必经之地。苏伊士运河是该地区最重要的战略通道和"摇钱树"，为获得该运河的控制权，埃及与英法两国交战，并得到苏联和美国的支持，最终取得胜利。埃及每年通过苏伊士运河可以获得至少 50 亿美元的收入。埃及是世界第一长河尼罗河流入地中海的终点，尼罗河是许多非洲国家主要的水资源供应来源，在水资源保障方面埃及具有重要的战略意义。埃及采取大国间的平衡策略，与美国和欧盟有深厚的渊源，历来受到西方国家的重视，近年开始加强与俄罗斯的关系，成为大国间竞相争取的目标。

埃及长期以来在阿拉伯世界发挥领导作用，是中东地区最重要、最有影响力的国家之一。埃及于1979年与以色列签订和约，在阿拉伯国家中率先与以色列结束战争状态。此后，埃及长期作为阿拉伯国家与以色列沟通的桥梁，在中东和平进程中发挥了非常重要的作用，在以色列与巴勒斯坦之间扮演积极的调停者与斡旋者的角色。

2. 外交政策

埃及奉行独立自主、不结盟政策，主张在相互尊重和不干涉内政的基础上建立国际政治和经济新秩序，加强南北对话和南南合作。突出阿拉伯属性，积极开展和平外交，致力于加强与阿拉伯国家的团结合作，推动中东和平进程。反对国际恐怖主义；倡议在中东和非洲地区建立无核武器和大规模杀伤性武器区。埃及坚持全方位外交，加大对地区热点问题的关注和投入；重视大国外交，巩固同美国的特殊战略关系，加强同欧盟、俄罗斯等大国关系；积极加强同发展中国家的关系，在阿盟、非盟、伊斯兰会议等国际组织中较为活跃；日益重视经济外交。目前，埃及与165个国家拥有外交关系。2011年埃及政局发生重大变化后，外交政策出现一定幅度调整，更加灵活务实，并注意平衡与大国间的战略合作。埃及已加入的国际和区域组织包括：阿拉伯国家联盟（秘书处设于开罗）、阿拉伯马格里布联盟、伊斯兰合作组织、穆斯林发展中八国集团、非盟、东南非共同市场（简称"科迈萨"）等。2019年埃及担任非洲联盟轮值主席国。

埃及与美国长期保持密切关系，是美国在中东地区的重要盟友。纳赛尔时期，埃美关系比较紧张，两国断交。穆巴拉克总统执政后，两国关系日趋密切，与美国有"特殊战略伙伴"关系。2011年茉莉花革命爆发后，埃及和美国的关系有所紧张，但很快得到缓和，显示了埃及与美国关系的特殊性。

欧盟是埃及最大的贸易伙伴，埃及与欧盟的贸易额占埃及对外贸易总额的40%，加之地理相近，欧盟与埃及有着长期的紧密关系。埃及与俄罗斯关系稳定发展。2009年以后，高层互访不断，在军事和经贸领域合作不断加强。2014年2月，双方签订了价值超过30亿美元的军购合同；2017年12月，两国签署塔巴核电站建设协议；2018年5月，双方签署在苏伊士运河走廊地区建设5.25平方千米俄罗斯工业园区的协议。

埃及与中国有着传统的友谊。两国于1956年5月建交，埃及是第一个承认新中国的阿拉伯国家和非洲国家。2014年，中埃建立全面战略伙伴关系，两国高层互访频繁，在人权、联合国改革等重大问题上保持协调，共同维护发展中国家利益。两国不断加强经贸合作。由于埃及在阿拉伯伊斯兰世界和非洲的核心战略地位，中埃两国良好的双边关系也为中国与非洲、阿拉伯国家进一步发展关系提供了外交纽带。

埃及积极支持中国"一带一路"建设的倡议。中国"一带一路"倡议与埃及国家复兴计划"2030愿景"高度契合。埃及总统表示"一带一路"契合埃及优先发展经济、推进工业化、加强经贸往来、促进人文交流的发展方向；契合埃及加强区域合作、推进经济一体化的发展愿景。中埃两国将继续秉承"共商共建共享"原则，以"一带一路"倡议和中非合作论坛框架为指引，深化拓展双边合作内涵，加大贸易、投资、基础设施项目建设、金融等领域的合作力度，在工业、能源电力、铁路交通、港口物流、航天科技等众多领域推动优势互补和产业衔接。双方共建的苏伊士经贸合作区，目前已有约137家中国企业注册进驻，其中51家企业已投入运营，成为促进两国投资和技术合作的重要平台。2021年2月22日，习近平主席在同塞西总统通话时表示："中埃要加强发展战略对接，携手共建'一带一路'。中方支持更多中国企业赴埃及投资，愿同埃方扩大基础设施建设、产能、科技等领域合作，推动中埃全面战略伙伴关系迈上新台阶。"2022年2月，习近平主席在会见赴华出席北京冬奥会开幕式的塞西总统时与其达成重要共识，双方要深化互利合作，继续推动共建"一带一路"倡议同埃及"2023愿景"对接，推进苏伊士运河走廊开发等合作项目，就落实全球发展倡议开展合作。迄今为止，中埃两国签订了《投资保护协定》《经济技术互利合作意向书》《关于在石油领域开展合作的框架协议》和《关于苏伊士经贸合作区的协定》等。中埃还建立了多个双边经贸磋商机制促进经贸发展，包括中国—埃及经济、贸易和技术联合委员会、中埃贸易救济合作机制、中国—埃及产能合作机制、苏伊士经贸合作区政府间协调委员会和中埃贸易畅通工作组。

二、政治社会形势

1. 政体

埃及实行总统制。总统是埃及国家元首兼武装部队最高统帅，对军队拥有绝对控制权，对国防事务拥有最终决策权。此外，总统是最高法院成员，有权进行司法程序运作，可与首席法官商议审判并进行辩解。总统由人民议会提名，公民投票选出。总统可任免总理和国防部长等中央要职及其他高级官员，总统是政府行政部门主管。2014年5月26日，塞西以96.91%的选票当选埃及新一任总统，2018年3月再次高票当选总统。2019年4月24日，修宪案经全民公投通过，规定总统任期6年，可连任一次。

人民议会是埃及最高立法机关，主要职能是立法和修宪，审议和批准协议、条约、政府施政纲领和财政预算等，讨论国家大政方针，宣布战争和紧急状态，监督政府日常工作等。埃及的司法机构包括最高法院、上诉法院、中央法院和初级法院以及行政法院，首都开罗还设有最高宪法法院。自2008年起，埃及在开罗等主要省份开始设立经济法庭。检察机构包括总检察院和地方检察分院。

2. 政局

埃及自1953年实施共和国体制以来，政府得到军队的大力支持，埃及政局总体稳定。但2011年受中东北非地区动荡影响，穆巴拉克政府在民众的强大压力下被迫下台，埃及曾短暂出现了穆斯林兄弟会（简称穆兄会）掌权的民选政府。2013年7月3日，军方发动政变，罢免了原总统穆尔西，穆兄会受到重大打击。在军方的强势主导下，2014年新宪法公投获高票通过，塞西将军顺利当选埃及总统。政府通过提振经济、稳定民心、吸引外资和创造就业机会维持了政局稳定。2018年4月，塞西在军方和议会支持下，再次当选总统。由于现任总统对军队和内部安全的严密控制，并对异议、媒体自由和安全威胁采取强硬态度，因此国内政局较为稳定，发生大规模严重骚乱和武装冲突的可能性小。

3. 安全形势

塞西总统执政后，社会治安情况明显好转，但局部地区安全形势依然严峻。2016年4月埃及向沙特阿拉伯交还两个岛屿，引发数千人游行事件，规模相对较大。游行主要是在开罗的解放广场、总统府、穆兄会办公楼等地，多发生在星期五。大部分示威游行虽然不会特意针对外国人，但游行人群之间的暴力冲突往往会波及行人。开罗的Heliopolis和Maadi区是事件多发区，抢劫犯经常在白天的一些商业地点，针对持有现金的人实施抢劫。2015年以来，在Maadi地区，中资企业曾遭遇多起入室、路上抢劫、车辆被盗等事件。埃及的恐怖威胁主要来自宣誓效忠"伊斯兰国"的"西奈国"以及与穆兄会有关联的"决断"组织等，恐袭发生地主要集中在西奈半岛，目标是安全部门、政府部门和宗教场所等，并未针对特定的外国人群或企业等。据埃及官方统计，2018年在埃及只发生8次小规模恐怖袭击。2019年以来，恐怖活动呈现出小幅回潮之势，安全部门在多地发现并拆除简易爆炸物，并与恐怖分子展开交火，埃及自2017年4月9日宣布进入紧急状态，2021年10月宣布解除紧急状态。在埃及政府强力控制之下，整体安全形势较好，但局部地区仍较为敏感。2022年，西奈半岛地区恐袭频发，埃及警方仍在加强清剿。

民族与宗教冲突较为严重。自20世纪70年代以来，埃及的宗教冲突持续不断，其中以科普特人与穆斯林的冲突最为突出，双方冲突点主要集中在教堂修建、跨教婚姻、宗教变更等问题。长期以来，埃及极端组织攻击的主要对象是埃及军警和政府相关人员。但近年来，由于受到国际和国内反恐力量的军事打击，当地极端分子在埃及西奈半岛等已建立分支，不断煽动宗教矛盾，以制造社会混乱、乘机获得活动空间。在埃及，逊尼派和什叶派的分歧并非社会主要矛盾，作为"异教徒"的科普特人成为极端分子的重点攻击对象。极端组织行为凸显了埃及国内的宗教矛盾隐患与族群不平等的社会现实。

三、经济形势

1. 总体形势

埃及是非洲第二大经济体，近年来经济改革初显成效。2011年茉莉花革命后，埃及经济一度受到严重冲击。2014年，塞西当选总统后，通过力推新首都、铁路和能源建设等国家级大项目，着力吸引外资和私人投资，经济状况逐步好转。2016年，政府启动经济改革计划效果逐步显现，经济增长势头增加，财政赤字缩减，外汇储备稳步增长。2019年，塞西连任总统后，政府制定的各项改革政策和国家经济发展战略以及国家重大项目继续顺利推进，预计未来该国的投资与营商环境将得到较大改善，经济将继续保持增长。但受疫情影响，2020年埃及国内主要经济支柱受到重创，旅游业、外国投资等蒙受严重损失，近年来逐步向好的埃及经济发展势头被中断。为应对危机，埃及积极寻求国际帮助和外部支持。国际货币基金组织（IMF）执行董事会批准向埃及提供约27.7亿美元贷款援助，帮助埃及稳定来之不易的宏观经济局面。尽管受疫情影响，但埃及GDP增速保持正增长。在国际能源价格高位运行及国内外需求复苏的背景下，油气出口、建筑和交通等基础设施建设成为拉动经济增长的主要动力，2022年埃及GDP增速达6.61%（表2-52）。

表2-52 2000—2022年埃及主要经济指标

经济指标	2000年	2005年	2010年	2015年	2018年	2019年	2020年	2021年	2022年
GDP（亿美元）	1048	941	2300	3501	2362	3179	3825	4233	4752
人均GDP（美元）	1643	1330	2922	3933	2710	3214	3802	4146	4563
GDP增速（%）	5.38	4.47	5.15	4.43	5.33	5.53	3.51	3.31	6.61

续表

经济指标	2000年	2005年	2010年	2015年	2018年	2019年	2020年	2021年	2022年
通货膨胀率（%）	2.54	4.59	10.16	11.31	14.36	9.36	5.69	4.89	13.15
失业率（%）	9.00	11.47	9.21	12.86	10.93	8.61	8.30	7.29	7.32
外汇总储备（亿美元）	137.9	218.6	370.3	158.6	418.4	445.7	389.7	398.2	321.4
财政盈余（亿美元）	−11.6	29.2	−43.2	−121.4	−59.6	−109	−112	−184	−166
政府净债务（亿美元）	474	636	1313	2635	2122	2373	3085	3607	3985
外国直接投资（亿美元）	12.4	53.8	63.9	69.3	81.4	90.1	58.5	51.2	114

数据来源：IMF，世界银行。

2. 经济结构

埃及属开放型市场经济，拥有相对完整的工业、农业和服务业体系。2022年，埃及第一产业占GDP的11.0%，第二产业占比32.7%，第三产业占比56.3%（表2-53），继续呈现服务业占主体地位的经济结构。油气、旅游、侨汇和苏伊士运河是埃及四大外汇收入来源。埃及作为非洲重要的油气生产国，2022年其油气出口收入达160亿美元，占总出口收入的31%。

表2-53　2010—2022年埃及产业结构变化　　（单位：占GDP%）

产业类别	2015年	2016年	2017年	2018年	2019年	2020年	2021年	2022年
第一产业	11.4	11.8	11.0	10.8	10.7	11.2	11.4	11.0
第二产业	36.6	32.4	34.4	35.3	35.8	32.4	31.2	32.7
第三产业	52.0	55.8	54.6	53.9	53.5	56.4	57.4	56.3

数据来源：世界银行。

3. 货币政策

埃及实行自由浮动汇率制度。2011年之前埃镑兑美元汇率基本稳定在6∶1至7∶1之间。2012年底埃及中央银行实行新的汇率管理体系，通过常态化拍卖美元来确定市场汇率，导致公开市场美元短缺，埃镑兑美元和欧元持续贬值，黑市活动猖獗，埃镑兑美元黑市汇率一度达到8∶1，官方汇率也降低至

7.6∶1。2016年11月4日,埃及开始实行浮动汇率,埃镑大幅贬值,2017年逐步企稳,2019年后略有升值。受俄乌冲突和美联储加息影响,埃及外汇紧张,埃镑进入贬值通道。截至2023年6月底,1美元约兑换31埃镑,贬值超100%,达到四年来最高水平。

逐步取消多项外汇管制措施。自2003年开始,埃及对出口企业实施强制结售汇制度,出口商必须将外汇收入的75%卖给埃及银行。2012年,埃及中央银行制定的外汇管制措施严格限制换汇,严重影响企业进口原材料所需用汇和外国企业利润的汇回。2017年12月,埃及央行开始实施"外国投资资金汇出保障机制",允许外国投资者在支付1%的入场费后在埃及进行投资,投资收益可按照埃及规定汇率换汇汇出。2018年12月,该机制宣布取消,通过该机制进入埃及市场的外国资金可随时按照原机制规定的汇率换汇汇出;新流入的外国投资资金可直接通过埃及本地商业银行购买和转让埃及国债。

4. 外资吸引力

埃及对外资持欢迎态度,外国投资者可享受国民待遇。埃及于2017年出台新的《投资法》,以鼓励外国投资。新法规内容的70%涉及行政管理,主要是简化审批程序,缩短审批时间,畅通投诉渠道。法规内容的5%主要涉及不同地区的投资优惠政策。埃及政府将不同地区根据经济发达程度和产业发展情况划分为自由区、投资区和技术区,并制定相应的减税、土地划拨等优惠政策,以恢复投资者信心并重振经济。

外资吸引力不断加强。2020年,受疫情影响,埃及外资流入大幅下降。2022年,伴随全球经济复苏,投资者信心逐步恢复,外国直接投资走出低点,外国直接投资(FDI)达114亿美元,同比上涨123%。在投资存量方面,截至2022年底,埃及利用FDI存量为1488.9亿美元,较上年底增加113.5亿美元。埃及油气矿产部门投资占社会总投资的13%,并在2022—2023财年为油气行业吸引70亿美元的外国直接投资。

四、油气对外合作

1. 对外合作政策

埃及油气勘探开发活动主要依据 2014 年颁布的《矿产资源法》。1948 年，埃及制定了最早的《矿产资源法》，规定了地下资源许可证的发放框架。1953 年对《矿产资源法》进行了修改，允许外国公司拥有石油开采权，1972 年推出了产量分成协议。2014 年，颁布《矿产资源法》修订案，缩短了采矿特许权期限，提高了特许权费用，以增加财政收入。修订案规定采矿特许权费用和土地租金各为矿物年产价值的 10%。此外，该法案规定开采特许权的期限为 15 年，仅可延续 1 次，而原来的法案开采特许权的期限为 30 年，并可申请延续。

埃及的油气上、中、下游均对外开放。政府鼓励国际石油公司参与油气资源勘探与开发，目前已有超过 50 家国际石油公司在埃及运作，与埃及国有油气公司通过产量分成协议（PSA）进行合作。中、下游领域，外资可参与油气管道、LNG 终端和炼厂建设。

本地化和国内供应义务的要求明确。埃及法律要求，当本地员工不具备必要技能时，可雇佣 10% 的外籍工人，最多不能超过项目员工总量的 20%。埃及对外国公司生产的油气有明确的国内供应义务，外国石油公司需将油气优先出售给埃及石油总公司（EGPC）和埃及天然气公司（EGAS），以满足埃及国内需求。埃及的汽油、煤油、燃料油、柴油、航空煤油、重油、沥青等石油产品出口须经埃及石油总局批准。

油气价格由石油与矿产资源部管控。埃及石油与矿产资源部制定《石油产品价格法》，不定期对国内油气价格进行调整。长期以来，埃及的能源补贴约占政府预算支出的 25%。2014 年，埃及制订了逐步取消能源补贴的计划，将汽油、柴油价格提高 40%~78%。2019 年 6 月，埃及实施油价自动调节机制，盯住布伦特原油价格、综合汇率变化和运输成本，每 3 个月调整一次，调价幅度小于 10%。居民用燃气实行阶梯气价。2018 年以来，政府大幅上调了气价，逐步与国际市场接轨。目的是促使售价与生产成本持平，以减轻财政补贴压力。特别是 2022 年以来，美国联邦储备委员会连续多次加息，导致国际金融市场持续动荡，埃及遭遇严重通货膨胀、本币贬值和资本外流挑战，国内燃油价格不断上调，民生压力也不断加大。

2. 油气监管

埃及石油部和相关的国家石油公司签署的所有特许协议需经埃及议会批准，一旦获得批准，就具有法律地位。埃及石油与矿产资源部主管全国油气工业，从计划、执行、协调、监督等方面对石油勘探开发进行宏观管理。埃及石油总公司（EGPC）负责制定埃及石油天然气工业的发展规划，组织油气区块招标，代表国家负责协议谈判，并监管本国的油气勘探和生产活动。EGPC 垄断埃及上游勘探开采到下游石油炼制、石化和石油进出口等一切与石油生产相关的经营活动。EGPC 公司旗下有两家公司，包括 EGAS 和南谷埃及石油控股公司（Ganope）。EGAS 负责国内天然气开发、生产和销售，组织国际天然气勘探招标活动，负责发放天然气勘探许可证。EGAS 及其与外国石油公司建立的合资企业负责埃及气田的开发和经营；Ganope 成立于 2002 年，主要负责 28 度纬线与苏丹边境之间南部地区的油气开发，包括索哈、阿斯旺、阿西乌特和红海地区。

3. 国际合作

（1）勘探开发

外国石油公司在埃及上游领域占有重要地位。截至 2022 年底，在埃及从事油气上游业务的石油公司共有 79 家，其中外国石油公司占比高达 80% 以上，主要来自美国、英国、意大利、法国、荷兰、德国、希腊、俄罗斯、阿联酋、科威特、中国、日本等 24 个国家。据 IHS 统计，埃及累计签订勘探开发合同 489 个，其中勘探合同占 16.6%，开发合同占 72%。多数勘探开发合同针对的是西部沙漠地区的区块、苏伊士湾和地中海地区。同时，石油与矿产资源部也在积极减少所欠国际石油公司的应收款，所欠外债降至2010年以来的最低水平，进一步刺激了外国石油公司的投资热情。埃及国家油气公司对国内油气储量的掌控程度低，仅持有6.5%的油气权益储量。其余大部分储量由外国公司持有，主要包括埃尼、bp、壳牌和阿帕奇公司等。近年来，埃及通过吸引外资，加大了油气勘探开发力度。2022年12月，埃及正式启动了最新一轮油气区块许可招标，共有12个区块，陆上和海上区块分别为6个，主要位于地中海和尼罗河三角洲地区。

中国在埃及的油气合作不断深化。中国企业以兼并购买的方式进入埃及上游领域，共经营3个上游项目（表2-54）。2013年，中国石油企业首次进入埃及，中国石化出资31亿美元收购美国阿帕奇公司在埃及三分之一的油气权益，阿帕奇在埃及的资产有24个合同区块，主要分布在西部沙漠地区，预计高峰生产期可为中国石化增加权益产量约13万桶油当量/日。

表2-54 中国企业在埃及主要合作项目

项目名称	中国企业（股份占比）	签约年份	项目类型	备注
阿帕奇资产收购项目	中国石化（33%）	2013	勘探开发	
西沙漠盆地第6、7区	中国石化	2016	勘探	2016年5月，阿帕奇公司和中国石化联合在埃及中标西沙漠盆地第6、7区块
埃及三角洲（NPIC）	EG区块：振华（50%），Transglobe能源公司（50%）。NWG区块：振华（50%），Circle Oil（50%）。AESW区块：振华（35%），壳牌（65%）	2013	开发	NPIC项目资产位于埃及境内，其中EG区块和AESW区块位于埃及北部地区，NWG区块位于埃及东部地区，地质储量1.3亿吨油气当量，产能为230万吨/年。三个区块目前均已投产，处于油田开发生产早期阶段，2016年，NPIC项目总产量为1604万桶，合223万吨

资料来源：ETRI。

（2）炼油化工

埃及正加大对下游行业的投资力度，自 2018 年起，埃及石化重心移至炼油化工，发展油气深加工，提高油气附加值，希望将埃及打造成区域性的油气、石化贸易集散地。2019 年以来，欧美公司在埃及石化领域的投资力度大，参与了埃及多个石化项目，包括美国雪佛龙股份有限公司、美国柏克德工程公司、英国 BSW 集团、英国霍尼韦尔公司等。埃及已在苏伊士运河沿线经济区划出了一块大规模石化工业区，以吸引外国投资者。埃及石油和矿产资源部表示，未来埃及的石化产品将从依赖进口转向出口，埃及计划在 2035 年前研究和实施 11 个新的石化项目，总投资近 190 亿美元。目前，埃及主要推进的石化项目包括 Tahrir 石化综合体项目、Ain Sokhna 石化项目和 Anchor Benitoite 石化项目等。其中，Tahrir 石化综合体项目计划投资 110 亿美元，设计乙烯年产能 150 万吨、丙烯产能 60 万吨、聚乙烯（PE）产能 135 万吨、芳烃产能 42 万吨、苯产能 10 万吨，计划在 2027 年投产。2021 年，埃及红海炼油和石化公司投资 75 亿美元在 Ain Sokhna 新建一座石化厂，设计乙烯年产能 100 万吨、聚乙烯产能 100 万吨、聚丙烯产能 50 万吨、聚对苯二甲酸乙二醇酯产能 20 万吨，计划于 2025 年开始商业运营。2023 年，美国安克雷奇投资公司计划在苏伊士运河经济区投资 25 亿美元建设 Anchor Benitoite 石化综合体项目，主要生产丙烯、石化衍生物等，计划在 2026 年年底前开始运营。

（3）技服装备

欧美公司在工程技术服务涉足领域全、市场占比高。埃及工程技术服务市场有明确的准入制度，不允许外资独资经营，必须与当地公司组建合资公司；有明确的本地化要求，当地人员不低于 80%，外国人和当地雇工比例为 1∶10。随着"一带一路"建设的推进，中国公司在埃及炼化领域的工程建设合作不断扩大。2017 年，中国水电建设集团国际工程有限公司与埃及苏赫纳精炼与石化公司（SRPC）签署了埃及苏赫纳零燃料油炼油厂项目 EPC 总承包合同，合同金额为 19.98 亿美元。2018 年，中国建筑与埃及东部油气公司签订了 61 亿美元的埃及苏伊士炼油及石化厂项目总承包商务合同，开始在苏伊士运河经济开发区内建设一座800万吨/年炼油及石化厂。2019年，中国建筑与瓮福集团联营体同埃及磷酸盐及化肥公司共同签署了磷酸厂项目工程总承包合同，合同金额8.48亿美元。2022年，中国巨石埃及公司投资建设的玻璃纤维生产线投运后，基地年产能增至34万吨，成为非洲大陆最大玻纤生产基地，填补了非洲和埃及玻纤行业技术空白。

当地公司不具备独立的装备研发和制造能力，欧美产品被广泛接受，但本地生产的设备可以享受10%～15%的价格优惠。套管加工、钻机组装等普通产品市场，中国公司的份额约占50%；但高端产品，尤其是在天然气开发、海洋石油开发装备市场中，外国公司占据70%以上的市场份额。近年来，随着中国企业共建"一带一路"不断走深走实，中资企业与埃及本土公司合作不断加强。目前，东方电气埃及宏华钻机制造公司出产埃及首套本土造石油钻机，助力埃及油气装备升级。中国企业"走出去"模式从产品输出到技术输出转变的重大成果，填补了埃及长期在油气装备自主制造领域空白，对埃及油气产业发展具有重要影响。

五、油气工业

1. 油气生产

（1）油气资源

埃及油气资源相对丰富。石油资源量为34.3亿吨，待发现资源量为12.8亿吨，石油平均采出程度63%。石油资源主要分布在苏伊士湾、尼罗河三角洲和西部沙漠地区；天然气资源量为4.25万亿立方米，待发现资源量为1.77万亿立方米，天然气平均采出程度33%。天然气资源主要分布在地中海深水海域—尼罗河三角洲之间的地区、西部沙漠地区和苏伊士湾地区。其中，地中海域约占埃及天然气储量的75%，西部沙漠地区约占14%，苏伊士湾约占11%。

近年来，埃及石油储量开始下降。因近十年来石油新发现储量规模很小，只有一个新发现的储量超过1000万桶，不能弥补老油田产量递减。据OGJ统计数据，2022年，埃及剩余探明储量4.5亿吨，储采比14，在非洲地区排名第7位；天然气剩余探明储量1.78万亿立方米，较2000年增长了80%，储采比36.6，在非洲地区排名第3位。

（2）油气生产

埃及是非洲地区重要的产油国。埃及石油开采始于1886年，20世纪60年代在苏伊士湾的一系列重要发现使其石油产量直线上升，自20世纪90年代以来，埃及进入了石油勘探开发的活跃期。受老油田产量快速递减的影响，近几年石油产量总体呈缓慢下降趋势。埃及生产中质含硫和低硫两种性质的石油，占比分别为75%和25%。石油生产主要集中在西部沙漠、苏伊士湾和东部沙漠地区。其中西部沙漠的石油产量占总产量的50%以上。2022年，埃及石油产量为2990万吨，较2000年下降近28%（表2-55），占世界的1.1%，居全球第27位，非洲地区第5位。

表2-55 2000—2022年埃及油气产量

类别	2000年	2005年	2010年	2015年	2018年	2019年	2020年	2021年	2022年
石油（万吨）	4150	3206	3583	3789	3715	3584	3395	3257	2990
天然气（亿立方米）	230	519	617	443	608	675	606	704	645

数据来源：OAPEC，bp。

埃及天然气产量保持增长。从1992年开始，埃及加强了地中海深水海域—尼罗河三角洲之间的地区、西部沙漠地区和苏伊士湾地区的勘探，发现了大型气田，天然气产量逐年增加。2022年，天然气产量达645亿立方米，较2000年增长180%，占世界的1.6%，居全球第13位，非洲地区第2位。

埃及共有63个在产油田，其中国石油产量主要来自西部沙漠的Khalda Area油田、苏伊士湾的Belayim Fields和Gupco Merged Area油田。2022年，这3个油田的石油产量占该国总产量的43%。埃及石油产量已经过了高峰期，预计未来的石油产量将下降。因埃及未来的油气开发重点在于天然气，未来几年石油增产主要来自气田开发中增加的天然气液。而石油产量长期增长受老油田产量递减限制，未来石油产量将下降。

埃及天然气产量主要来自 Zohr、西尼罗河三角洲、Khalda 海上气田、Baltim、Nooros 项目、西部三角洲深水项目和北达米埃塔项目，这 7 个项目的天然气产量占总产量的 83%。特别是俄乌冲突爆发以来，bp、阿帕奇、壳牌等国际石油公司加大了对埃及西部沙漠、尼罗河三角洲地区的天然气的勘探开发投入，未来埃及天然气产量有望进一步增加。

2. 油气运输

（1）油气管道

埃及油气管道系统发达，有 8 条国内原油、油品和凝析油管线和 1 条国际原油管线。

苏伊士运河和 Sumed 管道是海湾地区原油输往欧美最便捷的路线。埃及重要的运输通道苏伊士运河，可通过 35 万吨的油轮。Sumed 管道从苏伊士湾的 AinSukhna 至地中海沿岸的 SidiKerir，由两条并行管道组成，管道总长度 320 千米，输油能力 250 万桶 / 日。Sumed 管道归阿拉伯石油管道公司所有，该管道公司股份构成：埃及 50%，沙特阿拉伯 15%，科威特 15%，阿联酋 15%，卡塔尔 5%。

埃及有多个天然气管道系统，有两条天然气出口管道（表 2-56）。阿拉伯天然气管道（Arab Gas Pipeline，AGP）向约旦、叙利亚和黎巴嫩出口天然气，输气能力超过 40 亿米^3/年。El-Arish 至 Ashkelon 天然气管道，穿过东地中海至以色列海岸的 Ashkelon 出口终端，输气能力 70 亿米^3/年。2012 年 4 月，埃及停止经该管道向以色列的天然气出口。2018 年，美国 Noble 能源公司、以色列 Delek Drilling 公司和 Sphinx EG 公司以 5.18 亿美元收购该管道 39% 的股份，并进行反输改造，计划未来十年通过该管道向埃及返输天然气 640 亿立方米。

表 2-56 埃及天然气出口管道

管道名称	流向	长度（千米）	运力（亿米^3/年）	状态	投运年份	备注
阿拉伯天然气管道（AGP）	叙利亚、黎巴嫩	1200	40	运营	2003	2011 年 2 月埃及爆发政治冲突后 AGP 管道屡遭破坏，管输量急剧减少，2012 年出口量不到 10 亿立方米。2018 年，恢复出口，输气量约 25 亿立方米

续表

管道名称	流向	长度（千米）	运力（亿米³/年）	状态	投运年份	备注
El-Arish 至 Ashkelon 管线（EMG）	以色列	100	70	运营	2008	运力70亿立方米，2012年4月停止向以色列的天然气出口。2018年，反向向埃及供气

（2）石油港口

埃及的港口分商业港口和特殊港口。其中商业港口15个，特殊港口33个，总吞吐能力1.47亿吨。特殊港口主要分为矿产码头（6个）、石油码头（14个）、渔港码头（6个）和旅游港口（7个）。

埃及有27个原油码头、16个油品码头、3个LPG码头和2个LNG码头，主要集中在亚历山大、AinSukhna、RasGharib、Suez、WadiFeiran等地，年总吞吐能力638万吨/年，原油出口能力464万吨/年。埃及有较为完备的石油存储设施，有7座中转油库。位于亚历山大港的SidiKerir港口拥有埃及最大的石油存储设施，包括27个浮顶储罐，总储油能力约2000万桶；靠近红海的AinSukhna陆上终端有15个双层浮顶储罐，总储油能力约1000万桶。

（3）LNG

埃及有3个LNG液化终端，分别为Damietta Train 1、Egyptian LNG Train 1和Egyptian LNG Train 2，总液化能力为1220万吨。埃及的LNG主要出口到亚太的日本、韩国、印度、中国以及欧洲的土耳其、法国和西班牙等国。

埃及有2个LNG气化终端，分别为Hoegh Gallant和BW Singapore浮式气化终端，LNG进口能力分别为50亿立方米和77亿立方米。埃及原计划建设FSRU 3气化终端，气化能力为75亿立方米，因国内天然气进口终端已经满足国内需求，目前该项目已经暂停。

3. 炼油工业

埃及是传统的炼油国，共有8座炼厂，总炼油能力4125万吨/年（表2-57）。主要受埃及石油总公司控制。但炼厂设施陈旧，多数运行时间在30年以上。

2022年，埃及石油加工量3145万吨，炼厂平均开工率76%。虽然埃及的炼油工业处于非洲前列，但与全球的先进标准还有不小差距。埃及的炼厂加工工艺较为齐全，但装置老旧，主要生产重燃料油、柴油和汽油，以及少量煤油、LPG和石脑油。近年来，埃及制定了炼厂改扩建计划，对国内的6座炼厂进行升级改造，包括Mostorud、Al-Nasr、Al-Mex、Midor、Asyut等炼厂，其中，Mostorud和Midor已完成升级改造，但计划建设的Suez炼厂和AinSokhna炼厂一直被推迟。

表2-57 埃及主要炼厂概况

炼厂名称	炼油能力（万吨/年）	股份构成	投产年份	备注
Mostorud	1150	EGPC：100%	1969	2020年，该炼厂升级扩建完成，炼油能力增至1150万吨/年
Al-Nasr	710	EGPC：100%	1913	运营至今
Al-Mex	700	EGPC：100%	1957	计划升级改造，时间未定
Midor	750	EGPC：78%；Enppi：10%；苏伊士运河银行：2%	2000	2022年，该炼厂完成升级扩建，将炼油能力增至750万吨
Asyut	500	EGPC：100%	1972	2020年计划投资25亿美元进行升级扩建改造，生产符合欧洲标准的石油产品，预计2023年完工
Ameriya	375	EGPC：100%	1972	运营至今
Al-Suez	325	EGPC：100%	1921	运营至今
Tanta	190	EGPC：100%	1969	运营至今

4. 石化工业

埃及的石化工业发展较快，目前可生产多种基础石化产品，未来还将扩大精细化工产品的生产。国家石化控股公司是埃及主要的石化公司，旗下有8个石化子公司，可生产乙烯、丙烯、聚乙烯、聚丙烯、甲醇、聚酯纤维、尿素等石化产品。2022年，埃及乙烯产能达76万吨、二氯乙烷产能45万吨，聚乙烯产能62.5万吨，聚丙烯产能26万吨、氯乙烯产能67万吨，聚氯乙烯产能68万吨、聚苯乙烯产能20万吨，聚酯纤维产能103.5万吨，甲醇产能133.5万吨，液氨产能1002万吨，尿素产能725万吨。

未来，埃及新建的 Ain Sokhna 石化综合体、Tahrir 石化项目等陆续投产后，埃及的石化产能将进一步提升，预计到2025年，埃及的乙烯产能将达176万吨，聚乙烯产能达163万吨，聚丙烯产能达131万吨，聚酯纤维产能达124万吨，甲醇产能达234万吨。

六、油气消费与进出口

1. 原油

自2000年以来，埃及石油进口总体保持增长（表2-58）。因埃及国内不生产重质含硫石油，炼厂加工的重质含硫石油依靠进口，主要来自科威特和沙特阿拉伯，占总量的80%以上。随着炼厂扩建项目逐渐完工，原油进口量将有所增加。

表2-58　2000—2022年埃及油气供需平衡

类别	2000年	2005年	2010年	2015年	2018年	2019年	2020年	2021年	2022年
原油（万吨）									
产量	4150	3206	3583	3789	3715	3584	3395	3257	3215
加工量	2485	3165	2900	2650	2610	2825	3025	3000	3145
进口量	498	251	370	462	559	791	1154	828	593
出口量	981	285	569	1235	1058	1038	851	661	430
成品油（万吨）									
产量	2507	3078	2882	2560	2566	2821	2976	3000	3057[e]
消费量	2123	2586	3322	3860	3291	3044	2691	2973	3050[e]
净进口量	-384	-492	440	1300	725	223	-285	-27	-7
天然气（亿立方米）									
产量	230	519	617	443	608	675	606	704	645
消费量	230	439	466	481	616	607	598	640	607
进口量	0	0	0	41	34	0	21	42	51
出口量	0	80	151	3	26	68	29	106	89

数据来源：OAPEC，bp，GTT。

注：原油包括天然气液和凝析油等；e 表示为预估数。

近年来，随着埃及国内原油产量下降，石油出口也开始减少。2022年，埃及石油主要出口到希腊、印度、意大利、西班牙等国家，这几个国家的出口量占出口总量的90%以上。受乌克兰危机影响，埃及的石油主要出口到欧洲，中国从埃及进口的石油很少。未来，因埃及原油产量减少，出口量还将进一步下降。

2.成品油

近两年来，埃及成品油消费有所放缓，主要是因为政府逐渐取消了成品油补贴，成品油价格逐渐向市场定价靠拢，且乌克兰危机引发了能源价格上涨，埃及进口成品油成本增加，抑制了国内成品油的消费。2021年埃及成品油消费达2973万吨（表2-59）。其中，汽油、煤油和柴油消费占总量的比72%。成品油消费主要用于交通、工业和发电，这三个领域的消费量分别占总消费量的60%、16%和11%。其中，汽油和煤油基本全部用于交通领域，燃料油和柴油用于工业和发电。埃及成品油同时出口和进口。近年来，埃及主要进口汽油和柴油，出口煤油。汽油和柴油进口主要来自沙特阿拉伯、科威特等周边国家。煤油主要出口到突尼斯、西班牙等周边国家。

表2-59 2021年埃及成品油消费结构　　　　　　（单位：万吨）

品种	交通	工业	农业	发电	其他	合计
汽油	763	0	0	0	0	763
柴油	968	285	86	6	0	1345
煤油	43	1	0	0	0	44
其他	20	195	0	310	296	821
总计	1794	481	86	316	296	2973

数据来源：IEA。

未来，成品油消费仍主要用于交通运输和发电。其中汽油和煤油全部用于交通领域，柴油主要用于工业和交通。埃及人口超过1亿，目前，机动车保有量约100辆/千人，近十年机动车年均增长10%，仍低于世界平均水平（1800辆/千人），未来发展潜力巨大，也将带动汽油和柴油消费。2020年，埃及推行天然气汽车，计划在未来改造180万辆天然气汽车，在一定程度上抑制了成品油消费。

3. 石化产品

2011年发生的"阿拉伯之春"给埃及的石化产业发展带来了不稳定的政治因素，导致很多化工厂的规划和建设被中止。塞西执政后，埃及政局逐步稳定，从2017年开始石化行业步入迅速发展期。埃及需大力发展石化项目以满足需求，强势恢复的汽车行业将消费大量的合成材料。基础设施建设以及建筑业的发展带动了石化产品消费，每年需进口大量的合成树脂。埃及是化肥生产大国，生产的化肥不仅能满足国内需求，同时还向周边国家出口。

近年来，埃及四大类石化产品基本都需要进口以满足国内需求，出口量很少，可忽略不计。2022年，埃及进口有机化工原料78万吨，合成树脂583万吨，合成橡胶163万吨，合成纤维22万吨。其中，从中国进口有机化工原料30万吨，合成树脂132万吨，合成橡胶137万吨，合成纤维13万吨。

4. 天然气

埃及是非洲的天然气消费大国，近十年来的消费量稳步增长，天然气消费主要用于发电。目前，埃及共有33座燃气发电站，发电装机容量达29077兆瓦。2022年，天然气消费达607亿立方米，其中燃气发电占56%，工业占21%，民用占4%，其他占19%。

埃及从2015年开始进口LNG，此前无天然气进口，主要从阿尔及利亚和卡塔尔进口LNG。2018年2月，埃及与以色列签署协议，计划未来十年通过东地中海管道从以色列进口天然气640亿立方米。

积极扩大天然气出口是埃及天然气工业发展的重要战略目标。自2004年以来，埃及天然气出口呈上升趋势，但是由于合同到期、政局动荡、国内需求等因素，2009年开始出口减少，2015年降至3亿立方米。自2017年埃及天然气产量大幅增长以来，埃及开始出口LNG。2022年，俄乌冲突爆发以来，欧洲加大了对俄罗斯以外地区的天然气供应需求，埃及也成为增供欧洲天然气的国家之一。埃及出口天然气89亿立方米，主要出口到欧洲和亚太地区，其中欧洲占73%，亚太地区占25%。

七、合作风险评价

1. 政治风险

政治风险中等。埃及军队对国家政局有重要影响，埃及所有总统均出自军队。塞西总统的连任加强了政权的稳定性。但青年失业问题、民族和宗教冲突以及穆斯林兄弟会及其激进的分支组织是困扰当局的重要因素。埃及作为地区传统军事强国，与美国和欧盟保持友好关系，同时建立更广泛的国际关系，包括加深与俄罗斯和中国的关系，为该国建立了良好的地缘政治基础。此外，埃及加强与沙特阿拉伯、阿联酋、以色列的国际合作，在海湾地区的影响力不断加强，是施展国家影响力的主战场。海湾国家在利比亚和红海事务上更加依赖埃及。

2. 安全风险

安全风险较高。恐怖主义一直是制约埃及安全稳定的重点问题，西奈半岛恐怖威胁尤为严重。由于数十年社会经济及政治边缘化，部落与恐怖分子基于共同利益在各方面进行合作，催生了西奈半岛部落和犯罪分子联合自治模式，坐落在西奈、吉萨和以色列内盖夫沙漠交叉口的大型部落联盟始终控制着该地区的主要走私路线。虽然塞西政府对恐怖主义保持高压政策，在一定程度上减少了恐怖主义袭击次数，但并不能阻止恐怖主义蔓延，油气管线等基础设施的安全风险尤为突出，油气管线等基础设施可能成为恐怖分子袭击的目标。

3. 政策风险

政策风险中等。埃及整体投资环境逐步改善，吸引外资的鼓励政策基本保持不变，且政府通过取消外国投资资金汇出的保障机制，逐步放松外汇管制，有利于外资进入。但埃及司法资源不足、行政效率较低和腐败等问题将导致政策风险增加。此外，塞西政府的军方背景使军队所属企业享受优渥的税收及其他优惠政策，外资企业可能会因军队利用特权面临不正当竞争的风险。

4. 经济风险

经济风险中等。塞西政府执政后，为稳定政局和民心，采取了一系列经济改革措施，将发展经济纳入政府的首要议程，经济前景将逐步好转。尽管经济改革取得了一定成效，但全球经济增长放缓、资本外流压力和财政可持续性问题等外部因素仍制约埃及的经济增长。财政赤字占GDP的比重高，政府偿债压力大，经济收入来源有限，政府不得不依赖大规模举债填补财政赤字。如果境外援助的流入无法弥补财政赤字缺口，债务违约的可能性将增加，未来经济增长仍面临挑战。

八、产业合作重点

埃及油气资源丰富，石油工业对外开放，在勘探开发、提高采收率、气田开发、炼油化工、工程技术服务、装备制造等方面有较多合作机会。

勘探开发方面，埃及油气探明程度不高，老油气田面临产量递减问题，但增储潜力大。政府希望吸引更多外资以加强勘探和为老油田增产，满足国内日益增长的能源需要，预计在政策等方面将给外国投资者更多优惠。在天然气领域，埃及有多个重要的天然气发现尚未制定开发计划，政府有意加强该领域的合作。

炼油化工方面，埃及炼厂加工装置老化，政府有升级改造计划，未来几年有近百亿美元的市场规模。埃及的石化产品需求量大，新建石化厂面临资金缺口，迫切需要外国技术和资金支持，中国公司可从中寻找投资机会。但埃及炼油石化业长期与欧美公司合作，欧美企业具有先天优势，中国公司想要进入这一市场，需要有过硬的质量和技术，以证明自己有较强的国际竞争力。

工程技术服务和装备制造方面，埃及市场规模大，准入制度完善，中国公司在埃及已有一定基础，未来可通过与埃及相关企业成立股份公司或购买股份等方式进一步参与这一市场。

[本节撰写人：张燕云]

第三章

亚太地区

第一节　缅甸

缅甸联邦共和国（简称缅甸）位于中南半岛西部，东北与中国毗邻，西北与印度、孟加拉国相接，东南与老挝、泰国交界，西南濒临孟加拉湾和安达曼海。国土面积约 67.66 万平方千米，人口 5417 万人。

一、国际关系

缅甸奉行"不结盟、积极、独立"的外交政策。2011 年民选政府正式运行后，对内推进政治民主化和经济改革，对外全面发展与美国、欧盟、日本、印度、东盟等国家和组织的关系，内外部发展环境得到不断改善。2021 年 2 月 1 日，缅甸军方接管国家政权后，美国、欧盟以及一些西方国家对缅甸采取了一系列经济制裁措施。

1. 地缘政治

缅甸得天独厚的地理位置使之成为国际地缘政治的敏感地带。在地理位置上，缅甸与正在崛起的中国和印度为邻，是中国进入印度洋最便捷的西南出海通道，是印度挺进东南亚不可或缺的陆上桥梁。从区域位置看，缅甸地连东亚、南亚和东南亚，是唯一连接南亚和东南亚的陆上交通枢纽，也是东亚腹地进入印度洋地区最为便捷的交通要道。从全球位置看，缅甸所在的东南亚地区处于太平洋和印度洋、亚洲和大洋洲之间的"十字路口"，是沟通亚洲、欧洲、非洲和大洋洲海上航路的必经之地。

特殊的地理环境决定了缅甸的地缘政治地位。中国将缅甸视为连接印度洋的战略通道，从政治、经济和军事全方位发展与缅甸的关系。印度将缅甸视为实施"东进政策"另辟区域合作的重点国家，发展对缅合作，加大对缅经济援助，以对冲中国的影响力。美国的"印太战略"构想决定了该国对缅甸事务的长期关注和介入，借助缅甸问题加速推进印太战略实施，从而使缅甸成为东南亚地区地缘冲突不断和危机频发的国家。

作为地区性的资源国和通道国，缅甸石油地缘政治地位较为突出。缅甸自身蕴藏着较为丰富的油气资源，并且又处于连通波斯湾的海陆要道，不仅可以成为东亚连接南亚边缘地带的小中心，也极具成为世界边缘地带的资源政治中心的潜力。中缅油气管道的建设和运营对提升该国的地缘政治和经济利益发挥着重要作用。一方面，缅甸可借助中缅油气管道开展油气外交，在其油气资源流向上掌握主动权，既可向北流向中国，也可以向东流向泰国等中南半岛国家，还可以向西流向印度次大陆，充分实现其政治经济利益最大化。另一方面，缅甸还可借助中缅油气管道进一步挖掘本国油气资源潜力，将资源优势转化为经济优势，从而增强本国在地区以及国际事务中的主动权。

2. 外交政策

缅甸奉行"不结盟、积极、独立"的外交政策，按照和平共处五项原则处理国与国之间的关系。1992年，缅甸军政府推翻民选政府，受到西方国家的指责和制裁。2011年缅甸民选政府上台后，积极推进民族和解和民主改革，积极发展与美国、日本、东盟之间的外交关系，与西方国家关系不断改善。2021年缅甸军方接管政权以来，美西方国家相继对缅实施多轮制裁，双方外交关系再度陷入僵局。

中缅关系传统友好。中缅两国1950年建交以来，中国以"坚持与邻为善，以邻为伴，坚持睦邻、安邻、富邻"的周边外交的基本方针，发展与缅甸的传统友好关系，双边关系发展平稳。中缅之间签订有多项经贸协定，但尚未签署避免双重征税协定。2011年中缅建立全面战略合作伙伴关系，2013年签署《中缅全面战略合作伙伴关系行动计划》，涉及政治、经济、人文、安全、国际和地区事务等各个领域，成为指导未来中缅关系发展的路线图。中缅双方共同努力下，两国全方位、多层次、宽领域的合作格局正逐步形成。

缅甸支持共建"一带一路"倡议。缅甸是亚投行的意向创始成员国，是"海上丝绸之路"和"中印缅孟经济走廊"的重要一站。2018年12月，缅甸成立实施"一带一路"指导委员会，负责推动"一带一路"倡议相关工作。2020年1月，习近平访问缅甸期间，两国领导人宣布构建中缅命运共同体，中缅双方签署了33项加速推进"一带一路"倡议的大规模基础设施以及贸易合作协议。2020年11月，缅甸签署加入了《区域全面经济伙伴关系协定》（RCEP），为进一步促进中缅以及缅甸与韩国、日本、澳大利亚、新加坡等国家之间的经贸关系铺平了道路。

缅甸通过能源合作巩固对外关系和发展国内经济。长期以来，缅甸与中国的能源合作态势平稳良好。由于双边政治互信、外交关系密切、经济互补性高，中国理所当然地成为缅甸能源合作的首选对象和主要合作伙伴。中缅双方的能源合作发展极为迅速，在投资最为频繁的2010年前后，全球对缅甸矿产、油气和电力领域的投资总额为271.84亿美元，其中，中国对缅甸电力领域投资53.12亿美元，石油天然气领域投资49.53亿美元，两项总额达102.65亿美元，占同期各国同行业投资总额的37.7%，居各国之首。中缅能源合作中，中缅油气管道项目是重要组成部分。2005年7月，大湄公河次区域经济合作第二次领导人会议上，缅甸政府主动提出希望加快与中国能源合作进程。在双方努力下，2009年3月，中缅两国签订了中缅原油管道合作备忘录。2010年6月，中缅油气管道正式开工建设，2013年7月中缅天然气管道建成投产，2017年4月，中缅原油管道正式投运。

二、政治社会形势

1. 政体

缅甸是一个总统制的联邦制国家，实行多党民主制度。总统既是国家元首，也是政府首脑，由联邦议会选举产生。联邦议会实行两院制，由人民院和民族院组成，每届议会任期五年。议会选举制度是缅甸政治的基本特征。从2011年3月起，缅甸着手实施政治民主化进程，已经基本形成行政、立法、司法三权分立的民主制度架构。但在实际运行中，行政权和立法权较大，司法权较弱。法院和检察机关是司法机构，司法机构共分4级，上有最高法院和总检察长办公室，下设省邦、县及镇区3级法院和检察机关。最高法院为国家最高司法机关。总检察长办公室为国家最高检察机关。2021年2月，缅甸政局突变后，国防军总司令敏昂莱领导的国家管理委员会成为政府机构，也是最高权力机关。同年8月30日，国家管理委员会将总检察院改组为联邦法律事务部，由总检察长兼任法律事务部部长。

2. 政局

军人干政和军人执政是缅甸政治特点。历史上，缅甸长期处于军人执政之下，从而使军方在缅甸成为关键角色，拥有举足轻重的影响力，具有特殊的权力。缅甸1948年建立独立主权国家后，实行议会民主制，建立民选政府。1962年，奈温将军发动军事政变，推翻吴努领导的民选政府，建立了军人政府。此后，军政府执政时间长达48年。2010年缅甸举行了1990年后的首次大选。2011年，以前军人吴登盛为首的缅甸民选政府上台执政，缅甸开启政治转型的过渡时期。2015年在过渡期结束的大选中昂山素季领导的民盟获胜，标志着缅甸由军政府转向民选政府。2020年11月，民盟在第三轮全国大选中以压倒性优势胜出后，军方和反对党质疑大选结果，认为有违宪法。2021年2月1日，军方扣押国务资政昂山素季、总统吴温敏和执政党民盟多位高层人士，宣布由国防军总司令敏昂莱"依据宪法"接管国家政权。

缅甸政局的稳定受多种因素影响。一是国内两大势力之间的矛盾，即以军队为首的势力和以昂山素季为首的势力。此前，缅甸的政治转型和民主化只是这两方势力之间达成了阶段性政治和解，但军政权与民盟主导的民族团结政府（NUG）在执政理念和政治路线上的矛盾并未解决，这两大势力的博弈和对抗决定了缅甸政局难以平稳。二是民族矛盾根深蒂固，始终是困扰缅甸当局的一个重大问题。代表各少数民族利益的政党与执政党之间的和解将是一个长期的过程。三是以美国为首的外国势力的干预和介入，也是缅甸局势不稳定的重要因素。

短期内缅甸政治局势仍将难以平稳。缅甸新一轮大选何时举行尚不可知。2023年3月底，缅甸选举委员会宣布，因未根据新选举法重新登记，包括民盟在内的40家政党将自动解散，进一步加剧了缅甸军方与反对政治势力之间的对抗。7月31日，缅甸当局决定再次延长全国紧急状态6个月，原定举行的大选再次推迟。此前，缅甸军方已先后3次宣布延长全国紧急状态6个月，敏昂莱一直担任国家管理委员会主席和国家总理。本次紧急状态再次延长，使原定于2023年8月举行的大选前景扑朔迷离。9月初，缅甸军方消息人士称军政府可能会在2025年举行大选，但该消息未得到缅甸当局确认。

3. 安全形势

缅甸民族、宗教问题复杂且长期存在，使得局部地区动荡不安，短期内，这种局势难以根本改变。

缅北地区局势持续不稳。缅甸的民族组成复杂，自1948年取得独立以来，数十支少数民族地方武装组织同以缅族为主的中央政府的对抗一直持续，内战不断。2011年以来，缅甸当局积极推动停火谈判与和解，但由于中央政府和少数民族地方武装之间的核心利益冲突，民族和解难以取得实质性进展。由于缅甸政府没有能力解决少数民族的利益诉求，也没有能力完全消灭掉少数民族地方武装，政府与地方武装的对抗仍在延续。缅北地区还存在数支尚未与中央政府达成停火协议的少数民族地方武装，预计该地区未来不断发生摩擦仍是常态。

若开邦教派冲突和矛盾长期存在，局势动荡呈常态化发展趋势。缅甸有大约100万信奉伊斯兰教的罗兴亚人，主要聚居在位于缅甸西部边境的若开邦。罗兴亚人与当地信奉佛教的若开族人长期不和，爆发过多次冲突，并一度升温蔓延至内地，极大地干扰了缅甸的社会安全与改革进程，威胁社会发展环境。

2017年8月，被缅甸政府认定为恐怖组织的若开罗兴亚救世军（ARSA）在若开邦发动大规模恐怖袭击，致数十万罗兴亚人逃往孟加拉国避难，酿成严重危机。

三、经济形势

1. 总体形势

受疫情和政治局势影响，缅甸经济受到严重冲击。缅甸是世界最不发达国家之一。2020年新冠疫情暴发前的十年内，在一系列经济改革政策推动下，缅甸经济总体实现了较快增长。GDP增速高于全球平均水平，年均增速达6.6%；人均GDP由2000年的170美元大幅增加到2018年的1272美元。新冠疫情的暴发中断了缅甸经济快速增长态势，2020年GDP增速仅3.2%（表3-1）。2021年，在政局变动和疫情加剧的双重影响下，缅甸整体经济形势持续低迷，GDP增速为-17.9%，2022年恢复到2.0%。2023年以来，缅甸经济局势逐步稳定，亚洲开发银行预测2023年缅甸GDP增速为2.5%。世界银行预计缅甸经济要到2027年才能恢复到新冠疫情前的状况。

表3-1 2000—2022年缅甸主要经济指标

经济指标	2000年	2005年	2010年	2015年	2018年	2019年	2020年	2021年	2022年
GDP（亿美元，现价）	77	121	381	627	667	688	813	652	595
人均GDP（美元）	170	255	775	1224	1272	1302	1527	1217	1105
GDP增速（%，不变价）	12.4	13.6	5.2	7.5	6.4	6.8	3.2	-17.9	2.0
通货膨胀率（%）	4.3	6.9	5.9	7.3	5.9	8.6	5.7	3.6	16.2
失业率（%）	0.654	0.77	0.77	0.77	0.77	0.41	1.48	1.48	1.48
总储备（亿美元）	3	9	60	46	56	58	77	74	
财政盈余（亿美元）	-4	-4	-19	-17	-23	-27	-46	-51	-47
政府总债务（亿美元）	123	139	200	228	270	267	319	406	372
外国直接投资（亿美元）	3	2	9	41	18	17	19	21	

资料来源：IMF，世界银行。

2. 经济结构

缅甸是传统农业国，工业发展落后，第三产业很不发达。随着改革开放，近年来缅甸的产业结构不断完善，工业和服务业发展较快。与 2010 年相比，2022 年农业产值在 GDP 中所占的比重由 37.4% 降至 20.3%，工业产值的比重明显增加，由 25.6% 上升至 41.1%，服务业产值的比重也有所上升，由 37.0% 增长到 38.6%。

天然气在缅甸经济中占有重要地位。2014 年以来国际油价下降导致缅甸油气行业创收减少，但天然气仍是缅甸出口创汇最多的商品，约占出口收入的 40%。2022—2023 财年（缅甸 2022 年将财年周期修改为每年 4 月 1 日至次年 3 月 31 日），缅甸天然气出口创汇约 40 亿美元，较 2021 年全年增长 26.7%。

3. 货币政策

缅甸货币可自由兑换。缅甸中央银行于 2012 年 4 月起，采用基于市场情况并加以调控的浮动汇率制。2018 年 8 月之前，缅甸中央银行规定外汇交易实际成交汇率不能超过基准汇率的 0.8%，此后取消了该项限制，定价机制也全部交由市场确定，中央银行目前公布的基准汇率是上一日银行间外汇交易市场的加权平均汇率。2019 年 1 月，缅甸增加人民币为官方结算货币。2016 至 2018 年底，缅币总体呈不断贬值趋势，以央行基准汇率来看，2016 年 3 月 31 日 1 美元可兑换 1209 缅元，2018 年 9 月 21 日最低跌至 1 美元兑换 1597 缅元。最近两年，政局动荡叠加疫情影响，缅币汇率不断刷新历史最低纪录。2022 年 10 月，缅甸被全球反洗钱金融行动特别工作组（FATF）列入金融黑名单，缅币对美元急速贬值，缅甸央行外汇牌价降至持 1 美元兑换 2100 缅币，场外交易更是跌至 1 美元约兑换 3300 缅元。

缅甸尚未完全解除外汇管制。缅甸曾是全球实施外汇双兑换率的国家之一。2022 年以前，随着对外开放力度的加大，外汇管制一度逐步放松，企业可通过获得授权可经营外汇业务的银行办理外汇业务。2022 年，缅甸当局出台一系列外汇管制政策。4 月 3 日，缅甸中央银行宣布允许客户持有外币，对缅甸外币跨境交易实施双向外汇管制。其中，缅甸境内经授权从事外汇交易的银行应在一个工作日内，将其缅甸居民客户在境外收到的外币收入结汇为缅币。8月16日，缅甸央行发布了第36号通令，放松了外币监管政策，出口企业只需将65%的出口所得外汇兑换成缅币。出口商在收到外汇后，可自由支配其中35%的外汇，无须将全部出口所得外汇强制结汇。

4. 外资吸引力

缅甸欢迎外国企业到缅甸投资。2011年以来，为改善投资环境，吸引外资，缅甸政府颁布了多项与外国直接投资相关的法律或法律修正案，主要有《外国投资法》《外国投资法实施细则》《缅甸经济特区法》《环境保护法》《外汇交易管理法》《缅甸进出口法》《最低工资法》《所得税修正案》《商业税法修正案》《联邦税法》等。其中《外国投资法》和《缅甸经济特区法》是专门规范外国直接投资的法律，旨在提高缅甸对外资的吸引力。2013年7月，缅甸加入旨在保护外国投资者利益的《纽约公约》，成为第149个缔约国。为增强国内外投资者的信心，2016年10月缅甸联邦议会通过了新的《缅甸投资法》，该法综合了外商投资法及缅甸投资法，增加了所得税减免条款。

近年来，外国直接投资大量流入缅甸，成为其经济增长的主要驱动力。2011年缅甸民选政府执政以来，欧美国家相继取消对缅甸的经济制裁，恢复对缅甸的贸易、投资和援助，缅甸外国直接投资额快速增长。2017—2018财年，缅甸吸引外资出现滞缓，外国投资额减少至43亿美元。2022—2023财年，外国直接投资进一步降至16.4亿美元。据缅甸投资与公司管理局（DICA）数据，截至2022年底，缅甸累计利用外资金额为946.3亿美元，其中，电力领域占28.3%，位居首位，其次为石油和天然气领域，占24.6%。

缅甸的外汇储备水平一直较低。2013年以来，由于日本、巴黎俱乐部、世界银行等债权人相继免除或重组缅甸拖欠的债务，一定程度上减轻了缅甸的外债负担。2014年以来，随着FDI净流量大幅增长，以及中央银行采取的有效措施，缅甸外汇储备有所上升，2021年为73.8亿美元。2020年以来，受疫情、国内政局影响，以及乌克兰危机引发全球通货膨胀持续上升，缅甸货币稳定面临压力。截至 2021 年底，缅甸外债总额 139.3 亿美元，负债率为 19.2%，接近 20% 的国际警戒线水平。为了尽量维持货币稳定，防止资金过度外流，缅甸央行 2022 年月宣布暂停偿还外债。预计 2022 年底，缅甸外债总额将超过 149 亿美元，负债率也将进一步提升。

四、油气对外合作

1. 油气合作政策

缅甸油气勘探和生产活动依据的是《油田法（1918 年修订）》《石油资源法（1957 年修订）》以及几部重要的附属法规。缅甸《国有经济企业法》规定，只有政府有权进行勘探、开采和销售石油和天然气。但从国家利益出发，政府有权许可政府相关部门和其他组织共同实施上述活动。2019 年 8 月，缅甸发布了新油气资源法草案征询意见稿，希望新法案能取代 1957 年的旧法案，目前尚未正式实施。2021 年，缅甸颁布了《缅甸联邦共和国外国投资法》，以取代 1988 年颁布的《缅甸联邦外国投资法》。新法案取消外资股份限制，投资比例将由外资企业和缅甸合作伙伴商定；允许外资投资电力、石油和天然气等行业；外资与缅甸企业组成的合资企业可享受 5 年免税待遇等优惠政策。

缅甸实行对外开放的油气政策。自 2011 年民选政府成立以来，为解决国内日益突出的油气供需矛盾问题，吸引国外投资和技术，缅甸加大开放石油工业。随着相关政策和法规的调整和完善，缅甸已成为国际非政府组织"采掘业透明度行动计划"的候选国，油气对外合作将日趋透明、公正。

缅甸油气上下游领域完全对外开放。为吸引上游投资，缅甸计划修改产量分成合同（PSC）条款。缅甸现有的 PSC 是在前军政府时期发布实施的，其条款旨在保证国家利益最大化。按照 PSC 条款，在一定产量规模下，缅甸政府和承包商的油气利润分成比例是 65∶35，加上所得税和矿区使用费等，缅甸政府从每一份 PSC 中获得的平均收益率高达 77%，高于澳大利亚、印度尼西亚等具有更成熟的上游市场的亚太地区国家。缅甸政府在油气利润中的高比例分成对其上游领域吸引外资形成了障碍。缅甸电力能源部曾表示，深水区块的勘探开发成本极高，按照 50 : 50 的分成比例将更能吸引国际投资者（表 3-2）。

表 3-2 缅甸油气财税制度概况

主要条款	税率	说明
政府参股	15% ~ 25%	根据陆/海以及储量规模而定
矿区使用费	12.5%	2012 年以前为 10%
产量分成（2013 年招标）成本回收	50%/50% ~ 60%/60% ~ 70%	占陆上/浅水/深水总产量比例
政府和承包商的利润分成比例	60 : 40 ~ 90 : 10	政府和承包商的利润分成比例与陆/海、油/气以及产量规模都有关
所得税	25%	
国内供应义务	20% 的利润油/20% ~ 25% 的利润气	政府按 90% 市场价格收购

上游项目有义务油气供应要求。具体的油气供应义务条款因合同而异。通常，承包商需要以市场价格的 90% 向缅甸国内供应 20% 的利润油，20% ~ 25% 的利润气。额外的油气供应则按照市场价格销售。

在成品油、油气储运及设施运营等领域，对外国投资有一定的限制。外国公司在缅甸开展成品油生产、销售及进口业务时，需要与缅甸公司合资运营。外国公司需通过合资公司，从事仓储、运输、管道、码头、油气终端运营等业务。此前，2017 年缅甸投资委员会（MIC）规定合资方必须是缅甸政府。此外，根据《特区经济法》，投资者在特区可从事原料加工、仓储、运输、进出口贸易等活动，包括建设炼油厂、化肥厂以及油气管道等基础设施，并给与一定的投资优惠政策。缅甸规划建设的经济特区主要有位于该国南部德林达依省的土瓦经济特区、西部若开邦的皎漂经济特区和仰光南部的迪洛瓦经济特区。

油气田工程技术服务市场没有明确的准入制度。进入缅甸油气田工程技术服务市场，虽没有明确的准入制度，但需获得该国能源部和缅甸国家石油公司

（MOGE）的批准，一般要求有当地公司作为合作伙伴。

油气销售价格受政府控制。缅甸终端用户的天然气价格由政府确定，价格通常低于成本（井口价+运输成本）。对于成品油售价，缅甸燃油进口、储存、销售监管委员会在新加坡普式现货（MOPS）价格基础上进行计算后，每日发布仰光、曼德勒及其他省邦地区的燃油批发/零售指导价，各加油站燃油售价不得高于该指导价。若国内燃油价格大幅上涨危及缅甸物价、物流及客运等行业，缅甸政府会通过进口柴油并以低于市场价格向公众出售等方式，使燃油价格稳定回落。

2. 油气合作监管

缅甸主要的油气监管机构是能源部。2016年3月，缅甸议会通过内阁改组方案，原电力部与能源部合并，成立电力与能源部（MOEE），主要负责石油和天然气、电力、太阳能、风能和地热开发，管理和规范外国投资。其中，缅甸原能源部继续负责管理本国的石油工业，直接与外国公司进行勘探开发合同谈判及合同签订事宜。2022年5月，缅军政权为提高电力和能源部门的效率、减轻全国各地停电及能源外来投资减少的压力，将电力和能源部再次拆分为电力部和能源部。2023年2月初，缅甸国管委发布6/2023号通令，任命吴当函任电力能源部联邦部长，吴缪明乌任能源部联邦部长。

缅甸能源部下设三家国有公司。即缅甸国家石油公司（MOGE）、缅甸石化公司（MPE）和缅甸油品供应公司（MPPE）。MOGE负责能源政策的制定和管理、油气勘探和生产、天然气配送与销售，以及参与、监督和管理该国油气行业以及在缅油气合作具体事宜。MPE负责原油和天然气的运输和加工，并生产石化产品，MPPE负责石油产品的分配和销售。

3. 国际油气合作

（1）勘探开发

外国公司在缅甸油气上游领域占有较为重要的地位。缅甸国家石油公司缺乏油气勘探开发能力，该公司曾经掌控该国全部的陆上油气田开发，但未获得外国公司的技术和资金，2006年以来缅甸油田开始与外国公司合作开发石油区块。2011年吴登盛领导的民选政府成立以来，先后推出三轮油气区块招标，吸引了包括壳牌、康菲、道达尔、雪佛龙等国际大石油公司。缅甸曾承诺在2019年第一季度再推出33个油气区块供外国公司投标，但之后因新油气法草案尚未完成修订而推迟。

缅甸境内目前参与油气上游合作的外国公司主要为亚洲公司。2021年2月缅甸军方接管政权前，参与上游合作的外国公司有30多家。2022年开始，道达尔、雪佛龙、Woodside等多家外国公司相继宣布退出缅甸市场。目前，外国公司参与合作的主要项目包括：M5/M6区块项目，该项目泰国油海外勘探开发公司（PTTEP）持股43.9%、加拿大MTI能源公司持股41.1%、缅甸国家石油公司（MOGE）持股15%，Yadana油气田位于该区块；A-1/3区块项目，浦项制铁担任作业者，持股51%，印度石油天然气公司（ONGC）持股17%、印度Gail公司持股8.5%、韩国天然气公司持股8.5%、MOGE持股15%，Shwe气田项目位于该区块。M-9/11区块项目，PTTEP为作业者，持股80%，MOGE持股20%，Zawtika气田项目位于该区块。

中国石油企业于2001年进入缅甸，目前在缅甸上游领域的合作较少（表3-3）。截至2022年底，中国石油、振华石油等公司在缅甸的两个油气上游项目中持有股份，中国石油东南亚管道公司是中缅油气管道项目的作业者。中缅油气管道建设项目是中缅两国经贸合作的典范。截至2022年年底，中缅油气管道累计向中国运输的原油和天然气分别为5585万吨和360亿立方米，缅甸下载天然气60多亿立方米。该管道项目每年还为缅甸当地带来包括国家税收、投资分红、路权费、过境费、培训基金等实实在在的利益。

表3-3 中国企业在缅甸主要合作项目

项目名称	股份构成	签约年份	项目类型	备注
东南亚天然气管道项目	中国石油：50.9%；缅甸：7.4%；韩国：29.2%；印度：12.5%	2010	油气管道	缅甸境内长793千米，设计运力120亿米^3/年。2013年7月投产

续表

项目名称	股份构成	签约年份	项目类型	备注
东南亚原油管道项目	中国石油：50.9%；MOGE：49.1%	2010	油气管道	缅甸境内长771千米，设计运力2300万吨/年。2017年4月正式投产
AD-1/8区块	中国石油：50%；Woodside：50%	2007	勘探开发	AD-1、AD-6、AD-8三个深水区块的总面积为8846平方千米
仁安羌和稍埠油田项目	振华石油：40%	2011	开发	位于IOR-2区块和MOGE-1区块。2017年，两区块合同延期11年

资料来源：ETRI。

（2）下游领域

外国公司在下游领域的合作处于起步阶段。缅甸成品油销售市场对民营企业和外资企业放开后，一些外资公司先后进入该国市场。2017年，经缅甸投资委员会批准，彪马能源（Puma Energy）成为缅甸首个外资石油零售商。2019年，中国石油通过与缅甸金山能源有限公司合作，进入缅甸成品油零售市场，建成首家国外品牌加油站。泰国国家石油公司（PPT）也在布局缅甸成品油零售市场，原计划2023年前在缅甸建成70家PTT加油站，2022年底因缅甸局势不稳暂停在该国的石油运输及储存项目。受缅甸局势影响，2022年10月彪马能源正式宣告退出缅甸。

（3）技服装备

缅甸油气田工程技术服务水平较低，主要依靠外国公司。缅甸没有国有的油田服务公司，缺乏技术人员，有一定技术难度的工程服务完全依靠外国公司。外国油田服务公司占据该国80%的市场，主要集中在海上的勘探、钻井、油气田后期建设等。2014年，缅甸成立油气服务协会，旨在确保本土公司在油田技术服务市场拥有较大的市场份额。目前，缅甸计划发展本国的油田技术服务行业，能源部正在考虑通过缅甸国家石油公司与私有企业合资组建国内的油田技术服务公司。

中高端油气装备，尤其是深海钻采等设备依靠外国公司。缅甸油气田物资装备需求较小，主要以海上石油装备为主，除满足深水钻探要求的设备外，无其他特需装备需求。当地公司不具备油田物资装备的研发和制造能力，只能提供一些陈旧、简单的设备。

五、油气工业

1. 油气生产

（1）油气资源

缅甸石油资源较为贫乏，天然气资源相对丰富。石油和天然气资源量分别为 3.05 亿吨和 1.1 万亿立方米，主要分布在伊洛瓦底盆地（又称中缅甸盆地）、海上的若开（Rakhine）盆地、阿达曼海的马达班（Moattama）盆地和 Mergui Terrace 等盆地。石油和天然气待发现资源量分别为 2.36 亿吨和 2014 亿立方米，油气平均探明程度分别为 80% 和 30%。

缅甸有上百年的油气勘探开发历史，早在英国殖民时期就做过较为系统的勘探工作。经过多轮油气勘探，陆上和浅海的勘探程度已很高，发现商业油气田的难度很大。海上尤其是深海的勘探程度较低，天然气前景较好。2015 年以来，石油发现极少且规模很小，天然气新发现有 16 个，新增天然气 2P 储量 1420 亿立方米。近年来，缅甸石油剩余储量基本保持稳定，天然气剩余储量总体保持增长，截至 2022 年底石油剩余探明可采储量 1900 万吨，主要位于陆上 M 油田和马达班湾 Yetagun 凝析气田，天然气剩余探明可采储量 6370 亿立方米，主要位于马达班湾盆地和若开盆地。

（2）油气产量

缅甸石油产量不高。2005 年以来石油产量相对稳定，年产量维持在 100 万吨左右，2010 年之后呈下降趋势，2022 年石油产量仅 29 万吨。石油主要产自陆上中缅甸盆地的 Chauk 油田、Yenangyaung 油田、Kanni 油田、Letpando 油田和伊洛瓦底盆地的 Mann 油田（这些油田统称为 MOGE 作业区），凝析油主要产自海上的耶德贡（Yetagun）凝析气田。其中，MOGE 作业区的石油产量约占陆上油田总产量的65%以上。缅甸陆上油田多数是在1964—1985年间发现的。1985年以来，缅甸陆上仅有少数几个新增油田，且部分油田已停止作业。目前，缅甸油田多进入成熟期或枯竭期。

缅甸天然气产量增长较快。随着天然气勘探获得重大突破，2000年之后，缅甸天然气产量进入快速增长阶段，之后呈现较高位平稳态势。由于部分主力气田产量开始下滑，加之上游投资不足，缅甸天然气产量在2015年达到192亿立方米的高峰，之后呈下降趋势，2022年降至171亿立方米（表3-4）。缅甸天然气产量主要来自海上Shwe气田、Yadana气田和Zawtika气田，产量合计占全国总产量的95%以上。

表3-4　2000—2022年缅甸油气产量

类别	2000年	2005年	2010年	2015年	2018年	2019年	2020年	2021年	2022年
石油（万吨）	55	114	101	73	50	44	40	30	29
天然气（亿立方米）	33	120	122	192	171	183	175	177	171

资料来源：ETRI。

2. 基础设施

（1）油气管道

缅甸国内油气管网设施落后，覆盖区域极其有限，现有管道曾出现石油泄漏的情况，需要更新改造。缅甸国内成品油运输主要依靠公路，全国缺乏从炼厂和油港到消费市场的成品油管线和天然气支配线。

缅甸现有5条跨国油气管道，其中1条是过境缅甸的中缅原油管道，另外4条是天然气出口管道（表3-5）。天然气出口管道中有3条通往泰国，总计运力超过190亿米^3/年，1条通往中国，运力为120亿米^3/年。2018年3月，缅甸同印度成立研究工作组，探讨修建从印度东海岸向缅甸供应以柴油为主的成品油管道的相关问题，但此后该事宜一直无新的进展信息。

表 3-5 缅甸跨国油气管道

管道名称	起点	终点	缅甸境内段（千米）	设计运力	投运时间
Yetagun 天然气管道	Yetagun 油气田	泰国	270	45 亿米³/年	2006 年
Yadana 天然气管道	Yadana 油气田	泰国	410	115 亿³/年	2006 年
Zawtika 天然气管道	Zawtika 气田	泰国	300	31 亿³/年	2013 年
中缅天然气管道	Shwe 气田	中国	793	120 亿³/年	2013 年
中缅原油管道	马德岛	中国	771	2300 万吨	2017 年

资料来源：ETRI。

（2）石油港口

缅甸现有三座有原油和成品油码头的港口，仰光港、毛淡棉港和迪洛瓦港，分别由缅甸石化公司（MPE）、缅甸石油产品供应公司和绿色亚洲服务有限公司运营。三座码头的石油接卸能力非常有限。为方便将到达仰光港口的原油输到丁茵炼厂，缅甸石油产品供应公司计划建设从仰光港到炼厂的长约 130 千米的输油管道，但一直未取得进展。

正在建设中的皎漂港是深水港，中国石油已在港内的马德岛建成中缅油气管道的配套码头，最大可靠泊 30 万吨级油轮，年接卸能力 2300 万吨。此外，由泰国的意大利泰公司推进的缅甸土瓦经济特区和深水港项目也计划建设石油码头，日本曾表示希望加入土瓦经济特区和深水港项目。2021 年初，因意大利泰公司未能按期履行开发协议内容，缅甸已取消同其签署的土瓦经济特区一期工程合同。2022 年 10 月，缅甸中央特区委员会表示将重新进行招标。

（3）LNG

近年来，随着缅甸国内天然气需求增长，现有气田产量难以满足供气需求，多个公司计划在缅甸建设 LNG 接收终端。截至目前，除伟能集团（VPower Group）的投资建设计划之外，有实质性进展的项目并不多。2020 年开始运营的沙廉 FSRU 为仰光和 Thanlyin 等地的发电厂供气，但 2023 年初停止运营（表 3-6）。

表 3-6　缅甸 LNG 进口终端

进口终端	类型	投产时间	接收能力（万吨/年）	状态	投资者
沙廉（Thanlyin）	FSRU	2020 年 3 季度	100	停运	VPower
密老塞（Mee Lin Gyaing）	陆上接收站	2027 年 7 月	200	计划	中国浙富控股集团，缅甸 Supreme 公司
阿弄（Ahlone）	陆上终端	2024 年 1 月		计划	Toyo Thai（TTCL）
Thilawa	陆上终端	2024 年 1 月		计划	日本财团

资料来源：ETRI。

（4）仓储设施

缅甸石油存储设施严重不足。截至 2022 年底，缅甸石油产品供应公司和缅甸石化公司在全国运行有 7 个燃料存储设施，合计存储能力为 88 万立方米。2023 年 5 月，缅甸光辉能源公司在迪洛瓦经济特区运营的国内最大的成品油罐区投产，容积为 19 万立方米。此前，缅甸最大的成品油终端由彪马能源运营，该终端位于迪洛瓦港，成品油存储能力为 9.1 万立方米，LPG 存储能力为 2000 吨。2022 年 12 月，彪马能源将包括上述业务在内的在缅资产出售给缅甸当地公司 Shoon Energy。

3. 炼油工业

缅甸炼油工业发展缓慢，炼油能力无法满足国内消费需求。缅甸的炼油工业由缅甸石化公司垄断，该公司共有 3 座炼厂，原油总加工能力为 285 万吨/年（表 3-7）。由于设施老化及原料供应短缺，目前，仅稍埠（Chauk）炼厂在运营，另外两座炼厂因持续亏损等原因处于停产状态。

表 3-7　缅甸主要炼厂

序号	炼厂名称	投产年份	炼油能力（万吨/年）	股份构成
1	丁茵（Thanlyin）	1963	130	MPE：100%
2	稍埠（Chauk）	1954	30	MPE：100%
3	丹布亚甘（Thanbayakan）	1982	125	MPE：100%

为克服成品油供应短缺以满足不断增长的国内消费需求，缅甸政府一直希望建设新炼厂或吸引外资对现有炼厂进行改造。近年来，缅甸相关的新建炼厂投资计划已有多个，且不时有新的调整，但因经济原因等未有实质性进展。此外，缅甸炼厂项目实施面临较大的监管和操作风险，一定程度上也影响了投资者的投资兴趣。2016年3月，中国广东振戎能源公司计划在缅甸南部港口土瓦新建一座加工能力500万吨/年的炼厂，获得缅甸政府批准，但2017年12月振戎公司宣布，由于资金限制等问题放弃该项目。2021年9月，昊坤公司下属全资子公司云南印太石油化工有限公司，就上述炼厂项目与缅甸化工机械有限公司签署了备忘录，并将炼油能力扩大到800万吨/年，项目可行性研究报告已按照新的规模重新编制完毕，准备向中缅两国政府部门提交申请。

4. 石化工业

缅甸除了拥有化肥厂和甲醇厂外，石化工业基本是空白。缅甸共有5座化肥厂，合成氨总产能为46万吨/年，尿素总产能为73万吨/年，其中规模最大的2座化肥厂由中国寰球工程公司承建。由于天然气原料有限，有2座化肥厂目前处于停产状态，另外3座化肥厂最高年产量仅30万吨。缅甸仅有1座产能为16万吨/年的甲醇厂，以天然气为原料，产能较小。

六、油气消费与进出口

1. 原油

近年来，因炼厂设备老化，进口原油加工成品油经济性较差，缅甸基本不进口原油。2003年之前有少量原油进口，主要来自马来西亚。2022年，缅甸原油加工量29万吨（表3-8）。

表 3-8　2000—2022 年缅甸油气供需平衡

类别	2000 年	2005 年	2010 年	2015 年	2018 年	2019 年	2020 年	2021 年	2022 年
原油（万吨）									
产量	55	114	101	73	50	44	40	30	29
加工量	114	114	101	73	50	44	40	30	29
净进口量	59	0	0	0	0	0	0	0	0
成品油（万吨）									
产量	98	74	82	58	21	19	18	16	19
消费量	148	190	100	333	655	721	683	681	613
净进口量	50	116	18	275	634	702	665	665	594
天然气（亿立方米）									
产量	33	120	122	192	171	183	175	177	171
消费量	16	31	34	57	55	60	64	63	61
进口量	0	0	0	0	0	0	3	3	3
出口量	17	89	88	135	116	124	114	117	113

数据来源：ETRI，缅甸中央统计局。

注：原油包括天然气液和凝析油等。

2. 成品油

缅甸成品油消费品种以汽油和柴油为主（表 3-9）。2011 年吴登盛政府上台，随着经济快速增长和制裁取消，该国成品油消费增长迅速。2022 年，缅甸成品油消费量 612 万吨，其中汽油和柴油合计消费占比高达 92%。2021 年缅甸军方接管政权后，受国际制裁叠加新冠疫情影响，供应不足导致缅甸成品油消费有所下降。

成品油消费 80% 集中在工业、交通运输和农业领域。其中，工业领域成品油消费在总消费中的占比为 33%。

缅甸是成品油净进口国。缅甸成品油供不应求，约 98% 的成品油需求依赖进口，主要为汽油和柴油。进口成品油大部分来自新加坡，还有部分来自马来西亚和泰国。为解决成品油供应不足和价格上涨问题，缅甸 2022 年 9 月开始进口俄罗斯汽油、柴油、煤油和航空燃料。2022年，缅甸进口成品油593万吨，其中，汽油175万吨，柴油385万吨。缅甸出口少量石油制品，主要为沥青。

表3-9 2022年缅甸成品油消费结构　　　　　　（单位：万吨）

品种	工业	交通	农业	其他	合计
汽油	16	108	7	44	175
煤油	0	10	0	0	10
柴油	180	52	113	40	385
其他	3	1	1	38	43
总计	199	171	121	122	613

资料来源：ETRI，IEA。

3. 石化产品

除化肥、甲醇之外，缅甸没有其他石化产品，相关石化产品的消费完全依赖进口。2022年，缅甸化肥产量仅7万吨，进口量达113万吨，供需缺口较大。同年，缅甸进口其他主要石化产品合计104万吨。其中，进口橡胶及其制品5万吨，有机化工原料10万吨，合成纤维19万吨，塑料及其制品69万吨；出口石化产品33万吨，其中，塑料及其制品4万吨，橡胶及其制品29万吨。

4. 天然气

缅甸国内天然气消费水平较低。自2010年以来，受国内电力需求增长推动，缅甸天然气消费稳步增长，2022年消费量达61亿立方米。缅甸天然气消费主要用于发电，占总消费量的75%；其次是化肥厂和玻璃厂等工业窑炉，占总消费量的16%；交通用气约占5%，城市燃气消费量占4%。

限制缅甸城市燃气消费增长的主要原因是基础设施不足，天然气利用设施极度缺乏。缅甸是亚洲地区电气化率最低的国家，2019年底仅为47%。根据缅甸2014年制定的《国家电力发展规划》，2030年缅甸电力总装机容量将达到2878万千瓦，其中天然气发电装机容量为500万千瓦，占总装机容量的17%，煤电装机容量为 276 万千瓦，占总装机容量的 10%。尽管缅甸水力资源丰富，但受环保政策影响，大规模开发水力发电变得越来越困难。因此，未来天然气发电将是保障缅甸电力系统稳定供应的重要方式，燃气发电装机规模及用气需求都将持续增加。随着经济发展及城市化率的提高，缅甸工业用气和城市燃气具备增长空间。

1998 年，缅甸加入管道天然气输出国行列，国内生产的天然气主要出口至中国和泰国，2022 年出口量为 113 亿立方米，约占天然气总产量的 66%。

七、合作风险评价

1. 政治风险

地缘政治风险较高。2011 年昂山素季领导的民盟执政以来，在修宪等问题上频繁挑战军方底线，一直在缅甸政治中处于主导地位的军方的利益面临严重威胁，军方于 2021 年 2 月接管政权。此后缅甸政局持续动荡，为美西方外部势力的干预提供了更多机会。美西方国家不仅对缅甸制裁不断加码，还以人权、民主等为由持续向缅甸军政权施压，导致缅甸国内各种矛盾加剧，局势短期内难以平稳，政治环境对中缅经贸合作造成不利影响。

2. 安全风险

安全风险较高。多年以来，缅甸中央政府和少数民族地方武装（简称民地武）之间存在核心利益冲突，导致缅甸政府军与民地武之间冲突频发。缅甸军方接管政权以来，局部地区的武装冲突形势更加严峻。一方面，部分"民地武"与缅甸国防军之间的冲突频繁发生，并有随时加剧的可能；另一方面，缅甸民族团结政府旗下的武装组织人民保卫军（PDF）不时突袭缅军军事目标、暗杀军政权基层干部或工作人员等，在激化社会矛盾、恶化社会治安方面对军方构成挑战。缅北掸邦是武装冲突的集中地区之一，若冲突加剧，战火可能会波及中国边境地区民众的生命和财产安全。此外，缅甸西北部若开邦地区信仰佛教的若开族与信仰伊斯兰教的罗兴亚穆斯林之间的矛盾和积怨已有数十载，近年来双方的教派矛盾引发的暴力冲突呈明显上升态势，导致外国投资者对缅甸安全局势有所担忧。

3. 政策风险

政策风险中等。缅甸的法制体系有待完善，缺乏强有力的执法体系、腐败严重等问题使得该国政府执法能力不足。过去几年，尽管当局加大反腐力度并取得了一定成效，但在基层和民族邦地区，政务不公开、不透明，行业行贿、索贿等腐败现象层出不穷。整体而言，缅甸的政策法规延续性较好，因政府更迭导致政策发生重大调整的可能性不大。但作为"采掘业透明度行动计划"的成员国，缅甸油气对外合作日趋透明公正，相应的政策与法规可能趋严。此外，近年来缅甸政府加大环保力度，于2012年3月颁布《环境保护法》，2015年12月颁布《国家环境质量控制方针》，要求各类投资项目必须做环境管理保护方案（EMP），在缅甸开展油气合作面临的环保风险增加。

4. 经济风险

经济风险中等。缅甸军方接管政权后，部分外汇储备被美国冻结，导致2021年缅甸元兑美元的汇率下跌了三分之一，多边援助也被暂停，军方因此收紧了外汇管制措施。2022年以来，缅甸军政府不断加强外汇管制，出台一系列外汇管制政策，不仅影响了人们对支付系统的信心，对进出口企业的发展也造成一定冲击。此外，缅甸暂停偿还外债的做法以及负债率超过国际警戒线水平导致债务违约。

5. 社会风险

社会风险较高。缅甸2010年开始施行民主化进程后，该国民意得到释放，民粹主义、环保极端主义等思潮兴起。同时，一些国外组织渗透缅甸各个领域，非政府组织活动活跃。因非政府组织和当地社会组织的反对，导致政府调整政策、中断与外资的大型能源合作项目的事例时有发生，打击了投资者的积极性。

2021年缅甸军方接管政权后，美西方在缅甸掀起新一轮的舆论造势，以"民主"为由，加大对相关组织的支持力度，资助和鼓动反军方的缅甸公民抵抗运动，阻挠、破坏中缅经济走廊建设等。未来，该国民众反对国际合作项目的群体性事件仍可能发生，值得警惕。尤其是，部分西方国家对"一带一路"的质疑和舆论攻击使其所支持的媒体、非政府组织随时可能挑拨缅甸民意，恶意攻击中缅合作项目。

八、产业合作重点

尽管缅甸当前政治局势不稳、多家外国石油公司相继退出该国油气领域，但长期看，为实现国家的稳定和发展，缅甸仍需要通过能源领域对外合作来获取经济社会发展所需资金，以及维持和巩固其地区能源地缘政治地位。未来，缅甸局势逐渐平稳后，建设集炼油、化工、港口、储运、销售等于一体的完整产业链是其经济发展的重要领域，对外合作需求大，中缅合作潜力大。

上游勘探开发方面，由于缺乏资本和技术，海上勘探开发尤其是深海的勘探程度较低，天然气前景较好。中国石油企业可帮助缅甸政府完成资源普查，尤其是海上油气资源的普查，摸清家底，增加其吸引外资的能力。另一方面，中国石油企业可以与国际石油公司合作，加大缅甸天然气勘探开发力度，促进当地天然气生产规模提升。

工业园区建设方面，可以以皎漂港为基地建设产业园区，发展炼油、化工、LNG基础设施建设和油气仓储等业务。缅甸炼化能力不足，成品油消费市场需求强劲，可将炼油与油品销售作为未来合作的重要领域。此外，缅甸对天然气的进口需求日益紧迫，中国企业可考虑在皎漂港建设和运营LNG进口设施等项目。

天然气利用方面，中缅双方可针对缅甸下游燃气发电及城市燃气利用等项目开展合作。缅甸电力供应严重不足，未来天然气发电将是保障该国电力系统稳定供应的重要方式之一。中国石油企业可进入天然气化工和天然气发电领域，发挥中缅天然气管道沿线地区的天然气利用潜力，帮助缅甸解决电力短缺问题。

在新能源开发和利用方面，电力短缺是缅甸近年来持续面临的难题，缅甸当局正在采取多种措施，包括积极开发水力、风能、太阳能、天然气等多种能源发电项目，以满足国内不断增长的电力需求。中国的油气企业和新能源企业可开展合作，在资源、技术、市场、装备等方面发挥各自的优势，强强联合，在缅甸实现油气业务与新能源融合发展。

［本节撰写人：王轶君］

第二节　泰国

泰王国（简称泰国）位于中南半岛中部，东南濒泰国湾（太平洋），西南临安达曼海（印度洋），与柬埔寨、老挝、缅甸、马来西亚接壤，向南通过狭长的马来半岛与马来西亚相连。国土面积51.3万平方千米，人口近7200万人。

一、国际关系

1. 地缘政治

泰国地处中南半岛、东南亚中心地带，是大国在东南亚地区拓展影响力的关键所在。在地缘政治上，泰国还位于东盟地区的核心地带，是东盟物流、贸易和金融中心，也是东盟市场与中国之间的天然桥梁。泰国在战略上一直致力于在各方势力之间维持平衡，以此成为保全和壮大自身的重要手段。在平衡国内利益与国外利益时，往往引起政局动荡，但泰国经济与文化核心却具有相对稳定性。

在学术研究中，泰国通常会被列入"小国"范畴。但泰国在外交实践中并不认同"小国"身份，而是将"中等国家"作为自身国际交往与地缘博弈的出发点。虽然泰国很难超越"中等国家"的综合国力限制，但其作为人口规模较大的东南亚第二大经济体、中南半岛唯一的中等收入国家，成为美国的非北约主要盟国、印度"东进"政策的重要对接方、日本在东南亚的首要投资目的地。首都曼谷作为国际交通枢纽与国际组织聚集地，受到美西方和各地区大国的青睐，有助于泰国发挥次区域支点的重要作用。

2. 外交政策

泰国奉行独立自主的外交政策和全方位外交方针，采取平衡外交策略，把同东盟各国的政治、经济关系作为外交基石，重视与周边国家的外交，积极发展睦邻友好关系。泰国是美国的安全盟友，享有"非北约主要盟国地位"，美国在泰国拥有军事基地。为保持自身的独立，泰国在保持与美国传统盟友关系的同时，注重发展同日本、印度等地区大国的关系。其中，日本是泰国重要的外资来源地和第二大贸易伙伴。泰国政府在《国家发展战略总体规划（2018—2037）》中明确提出，在未来20年国际与地区格局面临重大变革的情况下，泰国作为"中等国家"要发挥积极作用，进而维护国家利益，促进地区稳定与发展。

泰国以东盟为依托，重视区域合作，积极推进东盟一体化和中国—东盟自贸区建设，支持东盟与中日韩合作。泰国重视经济外交，推动贸易自由化，积极参与大湄公河次区域经济合作。

中泰两国已有绵延数千年的友好交往历史。中泰两国自1975年建交以来，双边关系稳步推进。在近半个世纪的时间里，泰国各大政治派别基本都保持着对华友好的态度，中泰高层交往频繁，双边合作机制健全，两国关系和经贸合作发展顺利。两国已签署《关于建立全面战略合作伙伴关系的联合声明》和《关于可持续发展合作谅解备忘录》等多项政府间协议。此外，两国在东盟框架下签署了多项多边协议，包括《中国—东盟全面经济合作框架协议》《中国—东盟服务贸易协议》《中国—东盟投资协议》等。

泰国是"21世纪海上丝绸之路"的重要节点，支持中国"一带一路"倡议。2015年3月，泰国副总理兼外长塔纳萨在参加博鳌亚洲论坛时表示，"一带一路"倡议能帮助泰国以及区域内国家促进基础设施互联互通，泰国支持中方的倡议。泰国也是亚投行的意向创始成员国。泰国出台20年国家发展战略、泰国4.0战略、东部经济走廊发展规划，大力推进基础设施建设、十大重点产业和超级产业、边境经济特区建设等，均与中国提出的"一带一路"倡议契合。2021年11月，泰国内阁批准泰国加入"一带一路"能源合作伙伴关系（BREP），泰国成为该组织的成员国。2022年11月，国家主席习近平访泰期间，中泰双方同意加强战略沟通，签署并启动《中华人民共和国政府与泰王国政府关于共同推进"一带一路"建设的合作规划》等文件，统筹推进各领域务实合作，推动更为稳定、繁荣、可持续的中泰命运共同体建设。

二、政治社会形势

1. 政体

泰国实行君主立宪制。国王是国家元首和军队最高统帅，是国家主权和统一的象征。泰国总理是政府首脑，由国会选举产生，并需由国王任命。

2. 政局

泰国政治具有典型的军人政治特点，二战后军人集团曾长期把持政权，虽然泰国引入了西方民主选举制度，也摆脱不了军方势力的影响。在泰国政坛中，各党派想要成功组阁，既要争取到足够多的盟友的支持，也要妥善处理好同泰国军方、军方委派的上议院保守力量之间的联系。泰国政府更迭频繁，2001以来共换了6届总理，现任总理赛塔·他威信于2023年8月23日被正式任命为泰国第30任总理。其前任总理巴育于2014年通过军事政变上台，又于2019年大选中利用军队掌握的特别议席胜选总理后连续执政9年。

泰国社会结构呈金字塔状，平民人口占绝对多数，平民中又以农民为主。在西式选举制度下，平民阶层能够利用人数优势支持代表自身利益的政党当选。但当选举结果不符合上流阶级和中产阶级的意愿时，他们会利用自身优势，采用各种手段迫使民选政府下台。预计未来，泰国政府在军管和民选之间不断转换的情况恐难以完全改变。因此，泰国的政局能否保持稳定，取决于其经济发展能否在满足广大底层民众的经济利益的同时，又不损害中产和上层阶级的意愿。

3. 安全形势

泰国存在社会安全问题，主要体现在两个方面：一是政局问题引发的党派冲突。近年来，泰国政局动荡，代表不同党派的支持者频繁举行大规模游行示威，示威活动多在曼谷，尤其是总理府、老城区等政治敏感地区，对曼谷社会治安造成一定影响。2020年2月，泰国宪法法院裁定强制解散未来前进党，并规定该党16名成员在十年内不得从政，引发了泰国学生的强烈不满，之后抗议活动频繁出现，并一度扩散至全国，参与人数和次数也越来越多，示威群体不断扩大。此后，首都曼谷经常会出现人群示威游行活动，反对军政府领导人、对经济停滞而政府与泰王应对不力表示愤怒等。2023年7月，围绕泰国总理选举相关政治活动，曼谷爆发了一系列大规模示威游行，抗议者们用各种方式表达对部分党派、议会的不满和对王室特权的抗议等。二是恐怖主义威胁。位于泰国南部的也拉、北大年和陶公三府，由于民族关系错综复杂，伊斯兰教信众与佛教徒之间存在冲突，以及反政府武装组织长期存在等原因，发生过多次分离主义势力发动的恐怖袭击事件，造成大量人员伤亡以及重大经济损失。活跃于泰国的恐怖主义极端组织主要有"联合南部地下组织""北大年联合解放组织""北大年伊斯兰游击运动""伊斯兰祈祷团"和"北大年马来民族革命阵线"等，多为泰南地区穆斯林分离主义组织。

三、经济形势

1. 总体形势

泰国经济规模较大，2022年GDP为4953亿美元（表3-10），居东南亚地区第二位，仅次于印度尼西亚。近十年来，泰国经济增长受多重因素影响，大起大落，波动剧烈，平均增长率为1.8%。2005—2007年，泰国在总理他信的经济刺激政策的引导下，经济快速发展，GDP年均增速接近5%。2008年国际金融危机以后，泰国受金融危机、自然灾害和国内政治动荡影响，经济发展出现大幅波动，2014年GDP增长率仅为0.98%。2015年以来，泰国政局趋于稳定，投资环境逐渐改善，政府积极实施各项振兴经济的措施，GDP增速逐步回升，2018年达4.2%。此后，受国际贸易关系紧张、泰铢币值坚挺以及政治风险升高的影响，泰国经济有所下滑。尤其是受新冠疫情冲击，2020年泰国经济萎缩，GDP增速跌至–6.2%，创1997年亚洲金融危机以来最大降幅。随着消费和商品出口增长，以及服务业和旅游业的持续复苏，泰国2022年GDP增速达2.6%，2023年预计同比增长2.7%至3.7%。

表3-10　2000—2022年泰国主要经济指标

经济指标	2000年	2005年	2010年	2015年	2018年	2019年	2020年	2021年	2022年
GDP（亿美元，现价）	1264	1893	3411	4013	5065	5439	5005	5055	4953
人均GDP（美元）	2004	2890	5074	5838	7296	7812	7171	7227	6909
GDP增速（%，不变价）	4.5	4.2	7.5	3.1	4.2	2.1	–6.2	1.6	2.6
通货膨胀率（%）	1.7	4.5	3.3	–0.9	1.1	0.7	–0.8	1.2	6.1
失业率（%）		1.9	1.1	0.9	1.1	1	2	1.5	1
总储备（亿美元）	327	521	1720	1565	2056	2244	2581	2460	2165
财政盈余（亿美元）	–23	26	–44	5	–13	–44	–236	–355	–274
政府总债务（亿美元）	731	861	1359	1708	2125	2234	2474	2952	2999
外国直接投资净流入（亿美元）	34	82	147	89	137	55	–49	146	100

数据来源：IMF，世界银行。

2. 经济结构

制造业、农业和旅游业是泰国的三大支柱产业。泰国的第一产业以种植业和渔业为主，约占GDP的9%；第二产业以出口导向型工业为主，主要包括汽车装配、建材、橡胶、塑料、家具等，约占GDP的35%；第三产业以旅游业为主，带动整个服务产业的发展，约占GDP的56%。

油气工业在泰国国民经济中所占比例不大，泰国长期大量进口石油，油气出口量很小，在外汇收入中占比可忽略不计。

3. 货币政策

泰国外汇管制相对宽松。泰国为有限外汇管制国家，泰国财政部授权央行负责外汇的管理。除少数需要央行特别批准的业务以外，资本、贸易以及服务项下的外汇资金在向银行提供相应证明材料的情况下，均可自由出入。资金汇入方面，泰国鼓励企业投资资金汇入泰国，汇入资金币种和金额没有特别限制和要求。外国货币可以无限制地转移或带入泰国。任何人从国外接受等值于100万美元或以上的外币，必须立即将其汇回并出售给授权银行，或在收到后的360天内将其存入授权银行的外币账户中。外国人在泰国的暂住时间不超过3个月，外国使馆、国际组织享有外交特权和豁免权的工作人员在内的，以及在国外永久居留或在国外工作的泰国移民不受上述条例限制。资金汇出方面，外汇账户的余款，如投资、分红和利润以及贷款的偿还和支付利息等，在所有适用税务清结之后，可以自由汇出。

泰国实行浮动汇率制度，泰国货币是泰铢，可自由兑换。2008年以来，泰铢兑美元的汇率一直在30∶1和35∶1之间波动，总体保持稳定。2019—2022年，泰铢兑换美元汇率贬值7.66%，泰铢兑换人民币的汇率贬值8.08%。其中，受美联储提高利息等国际因素影响，2022年9月下旬，泰铢兑美元汇率一度跌破37∶1，创16年来最低。2022年以来，泰铢兑美元汇率大幅波动，对泰国经济平稳运行造成一定冲击。2023年8月，泰国央行表示，泰国计划在投资和贸易中更多地使用人民币和其他亚洲国家货币，以减小泰铢兑美元汇率波动造成的影响。

4. 外资吸引力

泰国政府坚持对外开放政策，鼓励外国投资，并将其作为推动本国经济发展、扩大就业与促进技术转让的手段。2001年以来，虽然受到国内政治动荡和金融危机影响，但外国投资仍保持较高水平。伴随中国—东盟自贸区的全面建成及东盟经济共同体的建成，泰国吸收外资重新进入快速增长期。2018年吸引外国直接投资净流入额达137亿美元。外国直接投资的主要来源地是日本、欧盟、美国、新加坡、中国台湾和中国香港，主要投资领域为金属加工、机械制造业和电子业。得益于电子、电动汽车（EV）供应链和数据中心等关键行业吸引的大量外国直接投资，2022年泰国吸引外资金额达到6646亿泰铢（约合200亿美元），较上年同期增长39%，为新冠疫情以来的最高值。其中，来自中国大陆的投资额位居外国直接投资（FDI）总额排名榜首，投资额为总价值774亿泰铢（约合23亿美元）。

近年，随着商品出口增长，泰国外汇储备快速增加，由2000年的327亿美元上升至2022年的2165亿美元，增长了5.6倍。与外汇储备相比，外债总量增速则相对较缓，由2000年的731亿美元上升至2022年的2999亿美元，增长3.1倍，年均增速为14%。目前，泰国外汇储备仍低于债务总量，不过，泰国在历史上没有明显的债务违约记录，且据泰国中期财政（2023—2026财年）计划，预估疫情后该国公共债务占GDP比例将从2023财年的64.02%上升至2026财年的67.15%，仍处于可控范围内。

四、油气对外合作

1. 油气合作政策

在泰国从事石油勘探与生产活动，需遵守1971年3月26日出台的《石油法》和《石油所得税法》。为增加投资吸引力，这两部法律均有过多次修订，最近的一次修订是2017年，主要修订内容是在上游领域引入新的合同模式以及相应的所得税率的规定。

泰国油气政策的核心是保证国内油气供应安全。为此，泰国政府欢迎外国公司投资油气行业，实行油气全产业链对外开放政策，开放领域包括上游勘探开发、下游炼化以及石油和油品贸易等。

过去，泰国石油勘探开发对外合作仅采取矿税制合同，政府对国家参股没有立法规定，但在实际招标过程中，如果投标公司有国家参股的提议，在评标时有"特别的优势"。为吸引更多投资者进入泰国油气上游领域，泰国政府2017年批准增加新的合同模式，即产量分成合同和服务合同模式，前者的石油所得税税率要低于矿税制合同。

在油气出口方面，根据矿税制和产量分成合同的要求，生产商生产的份额原油和凝析油的出口数量受到一定限制，在国内销售时的价格以市场价为基础，并且有向泰国炼厂优先供应原油的义务。泰国国内销售的天然气价格也以市场价格为基础，但具体价格通常需要与泰国国家石油公司（PTT）协商，后者几乎垄断了泰国的天然气市场。

2. 油气合作监管

2002年，泰国成立能源部，负责油气勘探和开发的监督管理。能源部下设部长办公室、常务秘书长办公室、矿物燃料局、能源业务局、开发替代能源和能源效率局、能源政策和规划办公室6个部门，其中矿物燃料局负责许可证谈判与发放。

泰国国家石油公司（PTT）在泰国石油工业中处于主导地位，它的前身是泰国国家石油管理局。2001年11月，PTT进行了部分私有化，32%的股份通过曼谷股票交易所出售，泰国政府仍控制该公司68%的股份。PTT的经营范围包括油气勘探开发、石油炼制、石油化工、运输服务、油品销售等。其下属的勘探开发公司PTTEP和泰国石油公司（TOC）分别是泰国最大的上游和下游公司。在美国《财富》杂志公布的2022年世界500强中，PTT以962亿美元的营业收入位列第110位。

3. 国际油气合作

（1）勘探开发

泰国油气行业已对外开放数十年，外资参与泰国油气合作的程度较高。目前，参与泰国的油气合作的包括雪佛龙、道达尔、三井石油、埃克森美孚等公司和团体。截至2021年，雪佛龙是在泰投资规模最大的外国公司，也是泰国最大的油气生产商，其在20多个油气区块中拥有股份，持有的油气权益产量约占泰国油气总产量的30%左右。2022年4月，雪佛龙作业的Erawan油气田项目到期后，其在泰国的油气产量大幅减少。

目前，中国石油企业在泰国共有两个合作项目，但规模都不大，分别由中国石油、陕西延长石油（集团）有限责任公司（简称延长石油）持有（表3-11）。中国石油于1993年进入泰国，收购了邦亚区块95.67%的权益。2012年7月，邦亚项目的L21/43区块勘探期到期，泰国能源部批准区块内43.4平方千米的面积（即BYW-NS油田）转入开发，开发期20年，可延长10年。延长石油于2009年底获得L31/50区块作业权。

表3-11 中国企业在泰国主要合作项目

项目名称	签约年份	石油权益产量	备注
邦亚项目	1993	5.0万吨（2021年）	中国（香港）石油公司持股95.67%，其他持股4.33%
L31/50区块项目	2009		延长石油（泰国）有限公司持股100%；目前为勘探阶段

资料来源：ETRI。

（2）炼油化工

泰国共有7座在运营炼厂，其中2座炼厂有外资参与投资运营，分别是ESSO炼厂和SPRC炼厂。Esso炼厂由埃克森美孚持股66%，炼油能力885万吨/年。2023年初，埃克森美孚同意将其在Esso炼厂中的股份出售给泰国Bangchak公司，此次出售还包括部分分销终端和Esso品牌零售加油站网络。SPRC炼厂位于麦普塔普特，炼油能力875万吨/年，由Star炼油公司所有。雪佛龙持有Star炼油公司64%的股权，另外36%由PTT控股。2023年2月，Star炼油公司宣布将从雪佛龙手中收购泰国国内的石油零售业务，由此全面进军加油站业务，扩大自有产品的销售渠道。

（3）技服装备

泰国工程技术服务市场规模不大，服务项目也相对较少，中小型工程技术服务公司在泰国较为活跃。在泰国，中国工程技术服务公司有一定的技术和成本优势。泰国本土的工程技术服务公司能力不强，只能承担技术含量较低的服务工作。泰国物资装备领域中，欧美和日韩的产品占据主导地位，有一些甲方不认可中国制造的装备产品。2023年8月15日，由中国石油管道局承建的泰国东北部首个成品油管道项目建成投产。该管道是泰国二十几年来规划的仅有的两条成品油主干线之一，是泰国能源战略项目。该项目建设期间，中国企业在核心物资和主要机械设备方面国产化率超过70%。

五、油气工业

1. 油气生产

（1）油气资源

泰国的油气资源以天然气为主，石油和天然气资源量分别为6.10亿吨和1.16万亿立方米，主要分布在泰国湾盆地。石油和天然气待发现资源量分别为3.60亿吨和2476亿立方米，油气探明程度分别为59%和56%。

1996—2002年，泰国的石油探明储量快速增长，之后几乎持续下降。2022年底泰国石油剩余探明储量2213万吨，较2000年下降65%；近年来，天然气探明储量呈快速下降趋势，2022年天然气剩余探明储量为974亿立方米，较2000年下降73%。

（2）油气生产

2000年之后，泰国的石油产量呈波动式增长，2016年达到高峰1133万吨后持续下降，2022年降至631万吨，同比下降19%；天然气产量增长相对较快，2014年到达421亿立方米的产量高峰后开始下降，2022年为274亿立方米，同比减少17%（表3-12）。

目前，泰国在产油气田超过100个，一半以上位于泰国湾盆地，其他多位于彭世洛盆地和马来盆地等。在产油气田中，半数以上位于海上，其中Sirikit（诗丽吉）、Bongkot、Benchamas、Platong、Sirikit和Pailin等是泰国的主力油气田，除Sirikit油田外，其他油气田都位于泰国湾盆地。诗丽吉是泰国最大的油田，位于中部甘烹碧府陆上，1981年被发现，1993年投产，当前产量约114万吨，作业者是PTT。最大的气田是Bongkot气田，位于马来盆地海上，1973年被发现，1993年投产，当前产量约52亿立方米，由PTT持有100%股份。

表3-12 2000—2022年泰国油气产量

类别	2000年	2005年	2010年	2015年	2018年	2019年	2020年	2021年	2022年
石油（万吨）	485	807	1064	1091	1004	1004	888	780	631
天然气（亿立方米）	201	237	362	398	364	374	337	331	274

数据来源：泰国能源部。

油气资源有限是制约泰国未来油气生产的主要因素。由于近年来没有大的油气发现，且当前勘探开发活动较少，油气储采比太低，未来油气产量下降的趋势不可避免。此外，泰国已发现但未开发的油气资源不多，通过增加投资增产的潜力不大。

2. 基础设施

（1）油气管道

泰国石油运输采取管道、铁路、油轮和公路等多种方式。泰国的原油和成品油管线全长超过1000千米，大部分位于陆上，主要由泰国石油管道公司掌控，包括是拉差（Sri Racha）通往兰禄加（Lamluka）、廊曼（Don Muang）和沙拉武里（Saraburi）的管道系统。

泰国的天然气管网覆盖面更广，干线全长超过5000千米，其中海上约2800千米。海上的天然气管线主要是从泰国湾的气田通往PTT在罗勇（Rayong）的天然气处理厂。陆上的天然气管线分为东部和西部两部分，其中，东部地区管线主要是从PTT位于玛达普（Map Ta Phut）的天然气处理厂通往罗勇、邦巴功（Bang Pakong）、南曼谷（South Bangkok）、旺莲（Wangnoi）等地的燃气发电厂。西部地区管线由泰缅边界的北碧（Kanchanaburi）通往叻武里（Ratchaburi）地区的发电厂。东西天然气管线在叻武里—旺莲交会，能够调配两部分的气源。

泰国现有三条跨国天然气管道（表3-13）。第一条是耶德那（Yadana）天然气管道,将缅甸耶德那油气田和耶德贡油气田生产的天然气运至泰国,管道全长669千米,1998年建成,输气能力约60亿立方米。第二条是泰国—马来西亚天然气管道,2005年开通,将泰马联合开发区Cakerawala气田的天然气经泰国海岸的宋卡(Songkhla)输到达马泰边界的沙道(Sadao),然后输往马来西亚,管线全长366千米,其中陆上89千米,输气能力40亿立方米。第三条是2014年4月投产的Zawtika天然气管道,气源来自PTTEP作业的缅甸M-09区块的Zawtika气田,管道全长74.5千米,输气能力31亿立方米。

表3-13 泰国跨国天然气管道

管道名称	起点	终点	长度(千米)	设计运力	投运时间
耶德那天然气管道	缅甸	泰国	669	60亿立方米	2006
泰国—马来西亚天然气管道	泰马联合开发区	马来西亚	366	40亿立方米	2006
Zawtika天然气管道	缅甸	泰国	74.5	31亿立方米	2013

资料来源:ETRI。

(2)石油港口

泰国共有47座港口,其中12座为油气港口,重要的油气港口包括曼谷港、玛达普港和是拉差港等。

曼谷港是泰国最重要的港口,承担着泰国绝大多数商品的进出口,包括油气进出口。曼谷港共有10座原油进口码头和10座成品油出口码头。是拉差港共有21座与油气相关的码头,其中有8座原油进口码头,11座油品出口码头和2座LPG进口码头。是拉差港的油气码头中,埃克森美孚拥有4座,PTT拥有7座,Thai Oil(TOP)拥有10座。此外,马他府港还有2座原油进口码头、3座成品油进口码头、2座LPG进口码头和11座成品油出口码头。

(3)LNG终端

泰国是东南亚地区第一个建有LNG接收终端的国家,已建成的LNG接收能力总计为1900万吨/年(表3-14)。其中,玛达普港有3座LNG进口终端,分别于2011年、2017年和2019年投入运营，总接收能力1150万吨/年；PTT投资建设的Nong Fab接收站于2022年投运，接收能力为750万吨/年。此外，泰国还有多个LNG接收终端建设计划，总接收能力超过1000万吨/年。

表3-14　泰国现有、在建和计划建设的LNG终端

项目名称	位置	设计能力（万吨）	状态	投产年份	股份构成
玛达普一期	玛达普港	500	运营	2011	PTT（100%）
玛达普二期	玛达普港	500	运营	2017	PTT（100%）
玛达普三期	玛达普港	150	运营	2019	PTT（100%）
Nong Fab 一期	泰国东南部 Nong Fab	750	运营	2022	Gulf Group（70%），PTT（30%）
玛达普（Gulf MTP LNG 一期）	玛达普港	500	在建	2025	Gulf Group（70%），PTT（30%）
Chana（FSRU）	Chana	270	计划	2029	PTT（100%）
Phunphin（FSRU）	Phunphin	500	计划	2029	PTT（50%），EGAT（50%）

资料来源：S&P Global。

3. 炼油工业

泰国炼油工业起步于20世纪80年代，目前已具相当规模。截至2022年底，泰国主要有6座运营中的炼厂，加工能力6210万吨/年（表3-15）。其中3座分别由PTT旗下的炼油商PTTGC、TOP和IRPC经营，另外3座由私营公司经营。最大的炼厂是PTTGC位于罗勇府的炼厂，加工能力1400万吨/年，占泰国总炼油加工能力的23%。TOP运营的是拉差炼厂正在进行升级和扩建，旨在提升炼厂的生产效率和低硫柴油等成品油产量，该升级项目预计2023年完工，届时该炼厂的原油加工能力由目前的1375万吨增加到2000万吨。

目前，泰国炼厂的产品结构中，柴油占比较高，约为46%，旨在满足运输、建筑和工业部门的强劲需求。目前，泰国炼厂生产的柴油大多为欧Ⅳ标准，

因国内市场需求有限，欧Ⅴ标准的柴油产量较低。泰国政府计划于2024年1月1日起正式启用欧Ⅴ标准。届时，无论是采用柴油动力还是汽油动力的大中小型车辆，其尾气排放标准都必须符合新规定。

表3-15 泰国主要炼厂

序号	炼厂名称	投产年份	炼油能力（万吨/年）	股份构成
1	ESSO	1967	885	埃克森美孚（66%）
2	BCP（挽节）	1964	600	Bangchak石油公司（100%）
3	是拉差	1961	1375	TOP（100%）
4	IRPC	1982	1075	PTT（45.05%）
5	SPRC	1996	875	Star炼油公司（100%）
6	PTTAR / PTTGC	1996	1400	PTT（49%）

资料来源：泰国能源部。

4. 石化工业

泰国的石化工业起步于20世纪80年代，已较为发达。2022年，泰国石油化工基本原料（三烯三苯）产能达1458万吨。其中，乙烯产能达534万吨，居东南亚国家首位。合成材料方面，合成树脂生产能力较强，2022年产能为780万吨；合成纤维产能400万吨；合成橡胶的产能相对较弱，产能仅30多万吨。

泰国石化工业开放程度较高，除泰资企业控制大部分乙烯工业和部分下游衍生物产能外，日本、欧美公司在泰国石化工业投资较多，尤其以日资企业居多，各类产品也较齐全，但高档、高附加值产品相对较少。近年来，泰国政府制定了国家石化发展计划，正在对石化产品进行结构升级，由日用品级向特种产品和高附加值产品发展。

六、油气消费与进出口

1. 原油

泰国是原油净进口国。近十年来，泰国原油进口量平均每年为4400万吨，出口量平均每年为105万吨，进口量远大于出口量。2022年，泰国原油加工量5104万吨，原油进口量4566万吨（表3-16）。阿联酋和沙特阿拉伯是泰国进口原油最大的供应国，近年来美国成为第三大供应国，其他进口来源国还包括印度尼西亚、澳大利亚、马来西亚和俄罗斯等。2022年泰国进口原油中，53%来自阿联酋和沙特阿拉伯，约7.7%来自美国。泰国原油少量出口，2022年出口量仅71万吨，主要流向韩国和新加坡等国。

表3-16 2000—2022年泰国油气供需平衡

类别	2000年	2005年	2010年	2015年	2018年	2019年	2020年	2021年	2022年
原油（万吨）									
产量	485	807	1064	1091	1004	1004	888	780	631
加工量	3646	4462	4767	5332	5466	4949	4909	4881	5104
进口量	3366	4139	4081	4373	4755	4281	4183	4316	4566
出口量	184	328	150		143	139	140	81	71
成品油（万吨）									
产量	3615	4511	4858	5494	5857	5597	5267	5229	5440
消费量	3154	4113	4048	4743	5221	5311	4740	4752	5202
进口量	114	285	264	564	668	887	575	565	624
出口量	453	528	1070	1237	1215	980	1008	1038	800
天然气（亿立方米）									
产量	187	221	329	349	340	348	303	297	260
消费量	204	310	417	492	483	492	451	454	428
进口量	17	89	88	143	143	144	148	157	168
出口量	0	0	0	0	0	0	0	0	0

数据来源：泰国能源部，FGE（Facts Global Energy）。
注：原油包括天然气液和凝析油等。

2. 成品油

泰国成品油消费品种主要包括汽油、煤油、柴油、燃料油、LPG 和石脑油等，其中汽油、柴油、煤油消费在成品油消费中合计占比超过 60%。2022 年，泰国成品油消费量达 5202 万吨，主要用于交通运输和非能源（主要为石化原料）领域，合计占成品油消费总量的 82%（表 3-17）。

表 3-17　2022 年泰国成品油消费结构　　　　　（单位：万吨）

品种	工业	交通	非能源	其他	合计
汽油	4	813	0	0	817
煤油	2	257	0	0	259
柴油	167	1718	0	346	2231
其他	269	85	1383	158	1895
总计	442	2873	1383	504	5202

资料来源：ETRI, IEA。

2020 年 1 月 1 日，国际海事组织（IMO）开始实施新规定，即禁止船舶使用含硫量超过 0.5% 的燃料。随着这一新规的实施，泰国对超低硫船用燃料油和船用柴油需求上升。泰国成品油市场成熟，未来该国旅游业及石化产业发展仍将促进国内成品油消费需求增长，预计未来泰国成品油消费基本保持 1%～2% 的年均增长率。

泰国是成品油净出口国。2022 年，泰国成品油出口量 800 万吨，主要为柴油、汽油和燃料油等，主要目的地是新加坡，用于新加坡国内消费以及转口至南亚和东南亚等新兴市场国家。泰国还进口部分成品油，2022 年进口量 624 万吨，其中，柴油 88 万吨，LPG 155 万吨，石脑油 335 万吨。随着泰国炼厂升级扩建项目投产，该国成品油出口量还会增长。同时，泰国石化行业保持强劲发展态势下，对石脑油和 LPG 等石化原料的需求只增不减，未来该国仍需继续进口 LPG 和石脑油。

3. 石化产品

泰国的石化产品消费量和出口量较大，其中，化工原料和合成树脂是主要的出口产品。2022年，泰国主要石化产品出口量为1787万吨，其中，塑料及其制品为760万吨，有机化工原料396万吨，橡胶及其制品562万吨。对苯二甲酸（PTA）是有机化工原料中最主要的出口品种。泰国同时进口部分石化产品，2022年主要石化产品进口量为800万吨，其中，有机化工原料356万吨，塑料及其制品348万吨。泰国天然橡胶资源丰富，合成橡胶产量不大，需要少量进口，2022年进口量为81万吨。

泰国政府正着力对国内石化产业进行结构升级，增加高附加值产品的生产，未来泰国石油化工原料的出口量将有所降低，合成材料的出口将进一步增加。

4. 天然气

天然气在泰国一次能源消费结构中的占比仅次于石油，为32%左右。天然气消费主要用于发电、天然气化工原料、工业和交通运输领域。2022年泰国天然气消费量为477亿立方米，其中发电用气占58.8%，工业用气占19.4%，天然气化工用气占18.8%，交通运输用气占3.0%。

泰国60%以上是天然气发电，该国一直在增加LNG进口量，以满足发电需求。为保障国家能源安全以及对清洁能源的需求，PTT计划增加国内天然气储产量，包括2024年初将国内最大的油田Erawan的天然气产量提高1倍，将第二大油田Bongkok的天然气产量提高约10%等。此外，PTT还计划未来五年（2023—2028年）投资28.6亿美元，用于增设LNG接收站和提高电动车产量。由于电力领域对LNG的依赖与日俱增，泰国天然气消费将继续保持稳定增长。泰国一直希望成为区域LNG贸易中心，2019年2月，PTT在新加坡启动LNG交易平台，以扩大LNG交易规模。

泰国国内天然气消费供不应求，需要进口天然气。2022年，泰国天然气进口量为169亿立方米，其中从缅甸进口管道天然气71亿立方米，从卡塔尔、马来西亚、澳大利亚等国进口 LNG 97 亿立方米。由于泰国天然气产量呈下降趋势，为满足国内消费需求，未来泰国进口天然气的数量将继续增长，且以 LNG 为主。未来，随着缅甸国内天然气产量下降以及向泰国出口天然气合同到期，泰国自缅甸进口的管道天然气将下降。

七、合作风险评价

1. 政治风险

地缘政治风险低。泰国努力平衡与美国、日本和中国的关系，并得到这些国家的广泛支持，地缘政治环境良好。泰国与美国保持长期的政治、军事联盟，与日本经济合作紧密，对中国的经济依赖性较高，中国已连续十年成为泰国第一大贸易伙伴，2022 年中国再次成为泰国最大外资来源国。日本与泰国经济合作紧密，影响力较大，是中国与泰国合作的主要竞争对手。

泰国政权更迭频繁。但军人对国家的控制力强，政府在军管和民选之间不断转换，当总理执政理念不符合上流阶级和中产阶级的意愿时，军人会利用自身优势，采用各种手段迫使政府下台。预计未来，这种状况难以完全改变。

2. 安全风险

安全风险中等。泰国国内各派政治力量斗争激烈，街头斗争是重要的方式，由此引发一系列安全问题。但这些公开的对抗活动主要是在曼谷及其周边，对其他地区影响不大。泰国存在一定的恐怖袭击威胁，但近年来情况已经有所改善。泰国南部三府的安全局势仍较为紧张，且暴力袭击常常以平民作为攻击目标，存在较大的安全威胁。泰国油气项目所在地一般远离暴力活动频发区，项目运营的安全风险不大。

3. 政策风险

政策风险低。泰国对外油气合作政策保持连贯，近年来泰国提供解除外汇管制等一系列优惠政策，为外商创造良好投资环境。泰国的劳工政策较宽松，外资的石油项目没有国有化风险。但泰国政局持续动荡，政府频繁更迭，行政效率较低，大型项目落实较慢。法律法规设置虽健全，但司法过程中存在人为因素影响，对于环保的要求较高，政府部门重视社区民众及非政府组织的态度，其态度可能推动政府调整对投资项目的政策，甚至对项目产生决定性影响，泰国第21轮油气勘探开发招标曾被推迟多年，原因之一是遭到国内环保组织的抗议。

4. 经济风险

经济风险中等。泰国经济发展受政治影响较强，波动性大，虽然经济形势总体向好，但政局仍有可能出现动荡，对外国投资者而言仍存在一定的经济风险。近几年，泰铢汇率随泰国经济发展出现一定程度的波动，最近两年受美联储调整政策等国际因素的影响较明显，未来仍有小幅贬值的可能。泰国外汇储备快速增长，债务总额虽近年来有所增长，但该国过去没有出现明显的债务违约，债务风险相对较低。

八、产业合作重点

泰国石油资源相对贫乏，地理优势明显，建设集石油贸易、炼油化工、存储和运输功能为一体的区域性能源中心是泰国长期以来的石油工业发展的目标。随着中国—东盟自贸区建设的推进以及《区域全面经济伙伴关系协定》全面生效实施，中国石油企业可借助泰国建设区域能源中心的发展计划，与其开展相关合作。主要合作机会包括天然气业务、炼油化工、贸易仓储和技术研发。

天然气业务方面，PTT计划大力发展天然气业务，包括提升LNG进口能力、增加天然气发电厂开发与建设，以及国内天然气管道建设等，中国企业可与PTT开展合作，为其天然气业务发展和相关设施建设提供资金、技术支持，以及直接参与建设工程等。

炼油化工方面，泰国政府正着力将燃油品质从欧Ⅳ提高到欧Ⅴ标准，部分炼厂需要进行升级改造。石化方面，泰国政府制定了对国内石化产业结构升级的计划，着力增加高附加值产品的生产。

贸易仓储方面，泰国地理位置优越，是连接南亚和东南亚、东北亚的海上必经之地，也是"21世纪海上丝绸之路建设"的重要支点国家，中国可借助PTT在新加坡建立的LNG交易平台与之合作开展LNG贸易业务，还可与泰国在其沿海联合建立油气仓储设施，提升贸易的灵活性，保障泰国及东南亚国家的油气供应安全。

技术研发方面，泰国在油气地质、油气开发和生产的综合研究与方案设计能力相对落后，需要外部力量的支持。

[本节撰稿人：王轶君]

第三节　印度尼西亚

印度尼西亚共和国（简称印尼）位于亚洲东南部，与巴布亚新几内亚、东帝汶和马来西亚接壤，与泰国、新加坡、菲律宾、澳大利亚等国隔海相望，是世界上最大的群岛国家，全境由 17508 个岛屿组成，号称"千岛之国"。国土面积约 191 万平方千米，人口 2.76 亿人，人口居全球第 4 位。

一、国际关系

1. 地缘政治

印尼地处亚洲大陆与澳大利亚之间，扼守出入太平洋和印度洋之间的门户马六甲海峡，地理位置优越，在全球战略上居重要地位。印尼得天独厚的地理位置使得其拥有重要的地缘战略价值，一直以来都是大国扩展影响力和争夺势力范围的博弈之地。

美国一直试图让印尼成为其在南海战略中的重要角色。为了拉拢东南亚国家，形成对中国的包围圈，美国高层官员多次拜访印尼，并与其进行军事合作。美国试图通过提供经济和军事援助等利益诱导方式，影响印尼在南海问题上的立场和行动。2022 年 5 月，美国时隔 5 年多再次举办美国－东盟领导人峰会。美国利用峰会拉拢东盟对抗中国、施压俄罗斯。而作为东盟的领导国家，印尼是美国的重点拉拢对象。

作为世界上穆斯林人口最多的国家，印尼是美国国际安全战略的重要一环和国际反恐战略的前沿阵地。俄罗斯希望印尼作为东南亚大国，能在其倡导的建立多极化世界方面发挥积极作用。中国与印尼关系特殊，在印尼居住的华人超过1000万人，约占人口总数的4%，华人在印尼商贸和工业领域发挥着重要作用，这种天然的联系使印尼在中国外交中占据重要地位。印尼希望能维持其在区域内的主导地位，并以东南亚国家联盟为政治依托，加强自身国际地位。另外，印尼也希望借助"民主温和穆斯林"的国家形象，积极推动伊斯兰国家与西方世界的沟通，在一些地区和国际问题上发挥独特作用。

基于地缘战略的需要，印尼成为世界主要大国竞相拉拢的势力之一。印尼处于两大洋和几大洲之间战略要冲，在当今世界具有较为重要的能源地缘政治地位。印尼的石油地缘政治作用主要体现在海上油气运输通道方面，即马六甲海峡、巽他海峡、龙目海峡和望加锡海峡等。其中，马六甲海峡是连接印度洋、南海乃至太平洋的重要通道，是波斯湾产油国向亚洲消费国（特别是中国、日本和韩国）出口油气的最短海上路径，也是波斯湾和非洲LNG出口商向东亚地区出口LNG的重要途径。由于马六甲海峡狭窄且航道拥挤，超级油轮往往绕道龙目海峡和巽他海峡，日本所使用的油轮就多属20万吨以上的超大型油轮。

印尼高度看重马六甲海峡对自己的战略安全利益，与马来西亚和新加坡共同维护经马六甲海峡进入南海地区航道安全的专属责任，坚持反对区域外力量的介入。在巽他、望加锡、龙目这三条海峡的相关问题上，印尼则可以独自承担关键角色。

2. 外交政策

印尼奉行独立自主的积极外交政策，在国际事务中坚持不干涉内政、平等协商、和平解决争端等原则。印尼是万隆会议十项原则的重要发起国之一，是G20、亚非新型伙伴关系、七十七国集团、伊斯兰会议组织等国际（地区）组织的倡导者和重要成员。印尼坚持以东盟为"贯彻对外关系的基石之一"的原则，在东盟一体化建设和东亚合作中发挥重要作用。印尼主张多边主义，注重维护发展中国家利益，积极参与千年发展目标、联合国改革、气候变化、粮食能源安全、世贸组织谈判等国际事务。2019—2020年担任联合国安理会非常任理事国。2022年担任二十国集团轮值主席国。2022年11月在巴厘岛举行二十国集团领导人第十七次峰会。2023年担任东盟轮值主席国。

以国家利益优先的"务实外交"是佐科政府外交政策的重要特点。佐科政府的"务实外交"取得了一定的成绩，经济外交取得了显著成效，领事保护维护了印尼海外侨民的权益，大国平衡外交使印尼的国家利益最大化。2019年，佐科总统成功连任，印尼外交政策继续以实现国家利益最大化为主，保持国际和地区体系间的"均势"，克服国内"反佐科势力"对外交政策的影响，更稳妥地处理好新形势下的结盟问题。

印尼坚持大国平衡原则，与美国、中国、日本、澳大利亚以及欧盟等世界主要力量保持友好关系的同时，也与部分国家或国际组织存在分歧。印尼拥有世界上最为庞大的穆斯林人口，因此对巴以问题较为敏感。2018年5月，美国正式将驻以色列大使馆从特拉维夫迁至耶路撒冷，使印尼强硬派穆斯林团体的反美情绪激增，他们在美国驻印尼大使馆前焚烧美国国旗、以色列国旗以及美国总统特朗普的肖像等。在此问题上，澳大利亚先期支持美国做法的立场，使得印尼与澳大利亚的外交关系一度紧张，两国全面经济伙伴协定的签署时间推迟。此外，印度尼西亚与欧盟长期就生物柴油存在贸易争端，双方贸易关系持续紧张。2019年12月，欧盟宣布将对印尼进口的生物柴油加征为期5年的反补贴税，税率暂定为8%至18%，此举将重创印尼的棕榈油和生物柴油产业。印尼贸易部长曾表示，印尼将对欧洲乳制品征收相同水平的关税。

近年来中印两国关系发展良好。两国于1950年4月13日建交，1967年两国外交关系中断，1990年8月8日复交。中国与印尼政府在1994年签署《中华人民共和国政府和印度尼西亚共和国政府关于促进和保护投资协定》，在2001年签署《中华人民共和国政府和印度尼西亚共和国政府关于对所得避免双重征税和防止偷漏税的协定》。2000年，两国建立长期稳定睦邻互信的全面伙伴关系，双边关系步入快速、稳定、健康发展新时期。近几年来，两国高层访问和接触频繁，各级别磋商合作机制运行顺畅。2013年中国和印尼建立了全面战略伙伴关系，2015年3月，两国共同发表关于加强全面战略伙伴关系的联合声明，2018年5月，李克强总理访问印尼，双方发表政府间联合声明，同年11月，两国元首在亚太经合组织第二十六次领导人非正式会议期间举行第7次会晤，从战略高度和长远角度引领两国关系发展。目前，中印尼两国建有副总理级对话、高层经济对话、副总理级人文交流等三大高级别合作机制。两国还建有政府间双边合作联委会（外长牵头）、经贸合作联委会（商务部部长牵头）、防务与安全磋商（副总长级），以及航天、农业、科技、国防工业等领域的副部级合作机制。

两国领导人交往频繁。习近平主席2013年10月对印尼进行国事访问，并赴巴厘岛出席亚太经合组织第二十一次领导人非正式会议；2014年10月应约同总统佐科通电话；2015年4月赴印尼出席亚非领导人会议和万隆会议60周年纪念活动；2018年11月在出席亚太经合组织第二十六次领导人非正式会议期间同总统佐科举行会晤；2019年6月在二十国集团大阪峰会期间会见总统佐科；2022年11月在二十国集团领导人巴厘岛峰会期间同总统佐科会晤。总统佐科2014年11月来华出席亚太经合组织第二十二次领导人非正式会议；2015年3月来华进行国事访问并出席博鳌亚洲论坛2015年年会；2016年9月来华出席二十国集团杭州峰会；2017年5月来华出席"一带一路"国际合作高峰论坛；2022年7月来华访问。

印尼支持中国"一带一路"倡议，是亚投行57个意向创始国之一。过去5年来，两国元首多次会晤，就对接"21世纪海上丝绸之路"倡议和"全球海洋支点"构想达成重要共识。双方本着共商、共建、共享的原则、以开放包容为导向开展相关合作，取得累累硕果。2018年5月，两国正式启动共建"区域综合经济走廊"，作为继雅万高铁之后两国发展战略对接的第二阶段标志性工程。2018年10月，两国政府正式签署共同推进"一带一路"和"全球海洋支点"建设的谅解备忘录，标志着双方对接发展战略合作迈上新台阶、步入新阶段。青山工业园等一系列重大合作项目建设取得积极进展，持续释放经济和社会效益。

中印开展能源合作有助于实现两国能源国际化、多元化战略，两国政府及领导人对能源领域实现合作有着强烈意愿。2002年，两国建立了中—印尼能源论坛机制，这一能源合作平台对促进两国政府间能源政策交流、企业间能源项目推动等具有重要意义。迄今，中—印尼能源论坛已成功举办6次，每届论坛都促成了重要的能源合作协议或备忘录，双方能源合作进程稳步推进。2018年李克强访问印尼，两国发表联合声明，规划了进一步加强能源合作的蓝图。能源出口是印度尼西亚对华出口贸易的重要组成部分。

2018年10月，两国签署共建"一带一路"和"全球海洋支点"谅解备忘录（2022年7月续签）。2016年1月，两国合作建设的雅加达至万隆的高速铁路项目举行动工仪式。2022年11月16日，习近平主席同佐科总统共同视频观摩雅万高铁试验运行。目前，高铁土建工程完成超90%，全线13条隧道全部贯通，全线轨道铺设完成，不久将正式投入运营。2018年5月，双方签署《关于推进"区域综合经济走廊"建设合作的谅解备忘录》，10月签署《建立"区域综合经济走廊"合作联委会谅解备忘录》，2019年3月举行联委会首次会议，4月在第二届"一带一路"国际合作高峰论坛期间签署走廊合作规划文件。2021年1月，双方签署《关于中国和印尼"两国双园"项目合作备忘录》，3月举行"两国双园"联合工作委员会第一次会议，7月共同举办"两国双园"全球招商推介会。2022年11月，双方签署《共建"一带一路"倡议与"全球海洋支点"构想对接框架下的合作规划》、扩大和深化双边经济贸易合作的协定。

二、政治社会形势

1. 政体

印尼实行总统内阁制度。总统是国家元首、政府行政首脑和武装部队最高统帅，直接领导内阁，有权单独颁布政令和宣布国家紧急状态法令、对外宣战或媾和等。自2004年起，总统和副总统改由全民直选，只能连选连任一次，每任五年。总统任命内阁，但须征得国会同意。

人民协商会议是印尼国家最高权力机构，负责制定、修改与颁布国家宪法和大政方针，监督和评价总统执行国家大政方针情况和在总统违背宪法时对其进行弹劾或罢免。

印尼国会是国家立法机构，行使除起草和修改宪法、制定国家大政方针之外的一般立法权。国会无权解除总统职务，总统也不能宣布解散国会。

印尼司法机构实行三权分立，最高法院和最高检察院独立于立法和行政机构。

2. 政局

印尼民主制度日益成熟，政治和社会总体稳定。自1999年第一次自由选举以来，经过20年的改革，印尼民主化进程取得了实效，民主转型进入平稳期。虽然印尼的国会和总统选举使各派政治力量重新洗牌，但政党格局未出现根本变化，多党联合执政仍是未来一段时期的主要政治形态。

佐科成功连任总统，政局稳定可期。佐科总统上一任期内，印尼经济发展较好，在坚持国家统一的前提下，对宗教的多样性采取包容态度，民众支持率高。2019年佐科在总统选举中获得连任，其注重种族和谐和经济发展的政策得以延续，使得印尼的政治和经济发展在原来的基础上开启一个新的阶段。同时，佐科连任后任命两度与自己竞逐总统宝座的前退役将军、原最大反对党党魁普拉博沃为国防部长，后者加入执政联盟，为印尼铺平过去十年以来最稳定的政治道路。

3. 安全形势

印尼总体安全形势较好，但存在宗教和民族矛盾、恐怖主义活动等。

基督教和伊斯兰教之间的矛盾一直是印尼主要的宗教矛盾。因历史原因，印尼各派教徒之间一直存在着心理隔阂，而独立后的印尼又未能采取正确的宗教信仰自由政策，再加上政治集团对宗教势力的利用及贫富分化问题，宗教冲突从未停止，造成人员伤亡和财产损失，影响国家安全。马鲁古地区是印尼宗教冲突比较严重的地区，基督徒与穆斯林的冲突不断。2002年，伊斯兰教与基督教领袖签署了和平共处的协议，双方矛盾得到缓和。

部分地区存在民族独立倾向。亚齐和巴布亚是分离主义倾向严重的地区，曾经多次发生分离运动组织制造的暴力冲突和骚乱事件。2005年8月，印尼政府与"亚齐独立运动"组织达成和平协议，并于2006年7月通过亚齐管理法，给予亚齐较高的自治权，该地区民族矛盾随之明显缓和，恐怖活动大幅减少。

恐怖主义活动威胁国家安全。近年来，印尼政府多措并举打击恐怖主义，安全形势有所好转。但随着"伊斯兰国"势力的发展，印尼一些恐怖组织宣布效忠"伊斯兰国"，数百名激进分子前往中东参加"圣战"，不少人又回流至印尼。2016年1月，印尼首都雅加达发生爆炸事件和枪击事件，2017年2月，印尼第三大城市万隆发生爆炸事件，2018年5月，印尼第二大城市泗水发生恐怖袭击事件。这些袭击都与极端组织"伊斯兰国"有关。

三、经济形势

1. 总体形势

印尼是东南亚地区第一大经济体，其经济总量在东盟中占据最重要的位置。2014年以来，受全球经济不景气和美联储调整货币政策等影响，经济增长有所放缓。总统佐科执政后，提出建设"全球海洋支点"构想，大力发展海洋经济和基础设施，经济保持稳步增长。近年来，印尼GDP总量稳中有进，2022年，印尼国内生产总值19588.4万亿印尼盾（约合1.29万亿美元），同比增长5.31%，世界排名第16位；人均国内生产总值4784美元，位列东盟地区第5名、世界排名第109位（表3-18）。近十余年来印尼宏观经济总体运行良好，除近两年受新冠疫情影响，经济增长减缓外，其他年份GDP增速基本保持在5%及以上。

印度尼西亚经济发展的外部环境复杂，需面对国际经济环境、大国间经济摩擦等造成的压力，且内部经济结构的转型也任重而道远。佐科连任后，印尼政府继续推动经济改革，减少监管、精简机构、推动经济转型以及推行经济刺激方案等，长期看，该国经济发展前景较为乐观。

表 3-18 2000—2022 年印尼主要经济指标

经济指标	2000年	2005年	2010年	2015年	2018年	2019年	2020年	2021年	2022年
GDP（亿美元）	1795	3108	7553	8607	10423	11191	10591	11865	12919
人均GDP（美元）	870	1249	3178	3323	3903	4151	3896	4334	4784
GDP增速（%）	5.0	5.7	6.4	4.9	5.2	5.0	−2.1	3.7	5.3
通货膨胀率（%）	3.7	10.5	5.2	6.4	3.3	2.8	2.0	1.6	4.2
失业率（%）	6.1	11.3	7.1	6.2	5.3	5.2	7.1	6.5	5.9
外汇总储备（亿美元）	294	347	962	1059	1207	1292	1359	1449	1372
财政盈余（亿美元）	−34	13	−94	−224	−206	−265	−720	−734	−618
总债务（亿美元）	1285	1105	1788	2365	3229	3618	4352	4892	5075
外国直接投资（亿美元）	−46	83	153	198	189	250	192	212	217

资料来源：世界银行，IMF，中国信保。

2. 经济结构

印尼目前第二、第三产业占主导地位，尤其是制造业、采矿业和建筑业占比较高，为印尼的优势产业。2022年，第一产业占GDP比重约为12.4%，第二产业占比41.4%，第三产业占比46.2%。其中，制造业比重为19.2%，建筑业比重为10.2%，贸易修理业比重为13.4%，金融、房地产和商业服务业比重为8.8%，批发零售比重为13.8%，采矿业为9.2%，信息通信为5.1%。

过去数十年中，油气行业对印度尼西亚的财政收入贡献的比例较高。近年来，随着国际油价下跌和印尼油气产量与储量的下降，油气行业对国家财政收入的贡献率大幅降低。

对外贸易。外贸在印尼国民经济中占重要地位，政府采取一系列措施鼓励和推动非油气产品出口，简化出口手续，降低关税。近年来，印尼外贸顺差持续提高。2022年印尼对外贸易总额5295亿美元，贸易顺差545亿美元，同比增长54.4%。未来，随着RECP全面实施，印尼对外贸易会进一步扩大。

中国是印尼最大贸易伙伴。2022年，中印尼双边贸易额1491亿美元，同比增长19.8%。其中，中国进口777.7亿美元，同比增加140亿美元，增长21.7%；出口713.2亿美元，同比增加106亿美元，增长17.8%。中国连续十年成为印尼最大的贸易伙伴。在双边贸易中，印尼以出口矿物燃料、矿物油和沥青等为主。2008年以来，印尼矿物燃料类产品对华出口比重虽在缓慢下降，但基本保持在30%~40%的水平。同时，印尼是中国进口天然气的主要来源国之一。随着RCEP对印尼生效，印尼更加充分地参与到RCEP大市场的区域分工中，进一步提升其出口能力和商品竞争力。同时，RCEP使中国与印尼之间的贸易投资合作潜力进一步得到释放。

3. 货币政策

印尼货币为印尼盾，实行相对自由的外汇管理制度。印尼盾可自由兑换，资本可自由转移。

印尼货币实行自由浮动汇率政策。印尼银行采取一揽子货币汇率定价法，根据印尼主要伙伴的货币汇率的特别提款权的汇率确定印尼盾的对外比价。印度尼西亚国内金融市场不健全，短期汇率易受国外资本流动的冲击。近年来，随着主权信用等级提升、外债规模适度以及经济持续稳定增长，印尼盾汇率趋于稳定。

2022年，受美元走强以及新冠疫情影响，印尼盾汇率有所走软，较上年贬值3.9%。如果美元持续走强，预计未来印尼盾汇率将会继续走软。

4. 外资吸引力

近年来印度尼西亚持续向好的经济前景和特有的比较优势与区位优势不断吸引外资涌入。2008年国际金融危机后，外国直接投资（FDI）多年保持15%以上的增速，并连创历史新高，2019年达250亿美元。2020年因受新冠疫情影响减少至192亿美元，2022年回升至217亿美元。2021年，外国投资前五大行业依次为：金属制品业、矿产业、交通仓储电信业、水电气供应业和食品工业。2022年中国企业对印尼直接投资额高达82.3亿美元，位列印尼第二大外资来源国。双方在深化货物贸易、能源、矿业、金融、制造、基础设施建设等传统领域合作的同时，也在不断拓展新能源、数字经济、海上合作等新领域合作，积极培育更多的增长点。

印尼实施积极的对外开放政策。为吸引外资，印尼政府致力于改善投资环境，包括不断提高管理水平，建立一站式的服务，出台多种优惠政策等。2015年以来，印尼已陆续推出16套经济改革措施，其中包括改善商业环境、促进投资和出口、调整投资负面清单等内容，旨在增加外国投资者信心。2022年底，印尼投资协调委员会（BKPM）开始着手废除不利于该国投资环境的多项部级法规，该国负面投资清单或将进行全面修订。此外，印尼政府近年来将工业园区和经济特区建设作为优先发展领域，为外资企业的投资建厂提供多方面的政策优惠。截至2022年12月底，印尼已建成20多个经济特区。

作为东盟最大经济体，印尼政府不断改善投资环境，修订投资法、劳动法，激发国内经济增长潜力，提升外商来印尼投资的信心。印尼政府积极改进税收等财政机制，实施更加灵活的土地政策。2023年3月，印尼公布了最新的税收减免政策，并放宽对土地使用期限的规定，以吸引更多外资进入印尼，特别是投向新首都的相关项目建设。根据这一最新政策，任何企业在新首都投资100亿印尼盾（1美元约合1.5万印尼盾）以上，均可享受100%的企业税减免，优惠期为10年至30年。印尼政府将新首都的土地使用权期限延长至95年，到期后还可申请延长95年。2023年3月，印尼议会通过了《创造就业综合法》，被视为政府在改善营商环境、提高政务效率、调整企业与员工关系的一项重要举措。政府希望借此吸引更多外资，改善国际投资者对印尼经济前景的预期。

印尼外债偿付能力较强。截至2022年底，印尼外汇储备为1372亿美元，可支持6个月全国进口和政府偿还到期外债的需要，外债偿付能力达到两年以来的最高水平。外汇储备预计在未来将不断增加，给投资者以信心的同时也使得印尼应对外部金融动荡的能力进一步增强。长期来看，印尼中央银行正以积极的姿态，建立防范资本过度波动的机制，同时将外国直接投资作为资本流入的稳定来源，从而减少未来几年新的债务积累。由于在预算监督、财政管理、运行环境和外汇储备积累等方面的改进，印尼的债务状况具有可持续性。

四、油气对外合作

1. 油气合作政策

印尼坚持油气工业上下游全产业链的对外开放政策，普遍欢迎外资进入。油气对外合作法律及政策正在完善中。近年来，印尼陆续颁布了《2001年油气法》《关于石油天然气上游业务的第35号政府法令》等法律法规，对油气合作政策进行补充完善，旨在保证能源的自给自足，满足社会不断增长的能源需求。2017年，印尼政府修改了产量分成合同条款，将原有的成本回收方案CRS（Cost Recovery Scheme）变更为总收入分成方案GSS（Gross Split Scheme），2020年修订后的产量分成合同开始实施。

产量分成合同是油气上游领域对外合作的主要模式。印尼是PSC模式的创始国，2017年修改后的合同条款增强了印尼国家石油公司的地位，政府在对外合作中可能要求更多的分成比例；在下游领域，印尼政府对炼油、天然气等工业部门给予一定的财税优惠政策，如炼油厂的投资建设可享有长达15年的免税期及2年期的减税50%优惠。

个别领域的对外合作有一定限制。2014年，印尼颁布第39号总统令，对外国投资领域规定做出调整，其中对油气技术服务市场的限制较多。根据新规，油田建设服务方面，平台建设、储罐建设和海上管道安装等下调外资最高持股比例，此外，禁止外资进入其他领域；陆上钻井、井口作业、修井和工程设计服务全部禁止外资进入；海上钻井服务下调外资最高持股比例；油气资源的初期勘查服务也对外资持股比例进行了限制。此外，在炼油领域，印尼允许私有公司投资建设炼油厂，但要求将终端产品销售给印尼国家石油公司。

印尼对国内原油和天然气价格实行管制。成品油价格采用政府补贴的方式，价格远低于国际市场价格，给政府造成巨大的财政压力。2014年新政府上台以来，已开始逐步减少补贴、提高国内成品油售价，预计未来成品油价格将呈逐步上升态势。

2. 油气监管

能源矿业部及其下设机构是印尼油气管理的主体。能源矿业部主要负责制订国家的能源规划和政策，监督和管理一切与能源相关的活动，同时监督石油与天然气、能源、矿业及电力等管理工作。能源与矿产部向总统负责。

能矿部下设印尼油气总理事会（Migas）、上游油气业务活动特别工作组（SKK Migas）和下游监管机构（BPH Migas）。Migas 负责石油工业各种政策的制定及管理，批准外国石油服务公司的进入及环保和人事培训计划等。SKK Migas 负责所有上游业务的管理，重点是审核、批准、监督各项工作计划和预算的执行。BPH Migas 负责管理下游业务。

印尼国家石油公司（Pertamina）成立于 1968 年，直接受国家监督委员会管理。Pertamina 的任务是油气勘探开发，加工原油，为国内消费者提供充足的石油产品，通过销售为本国国民经济的发展创造外汇收入，在对外合作中代表国家持股。Pertamina 在印尼曾享有签订产量分成合同和发放加油站许可证的专营权，垄断油品销售业务以及石油和天然气业务。

3. 国际合作

（1）勘探开发

作为全球第一个推出产量分成合作模式的国家，印尼长期稳定的投资环境吸引了众多外国石油公司参与投资。以美国石油公司为主的西方石油公司一度占据印尼大部分的油气生产市场，主要包括埃克森美孚、雪佛龙、康菲、bp 和埃尼等。其中，埃克森美孚是印尼最大的外国石油生产商，其次为雪佛龙，2022 年两家公司的石油产量分别占印尼石油产量的 12.1% 和 2.6%；bp 是印尼最大的外国天然气生产商，其次为埃尼，2022 年两家公司的天然气产量分别占印尼天然气产量的 6.7% 和 5.9%。

近年来，进入印尼的中小石油公司和亚洲国家石油公司的数量增加，主要包括马来西亚国家石油公司、中国石油、中国石化、中国海油、泰国国家石油公司等。

在印尼,有7家中国企业投资上游项目(表3-19),2022年拥有合同区块面积6955平方千米,占印尼总合同区块面积的1.4%(表3-20)。2022年中国企业石油权益产量164万吨,占印尼石油总产量的5.4%;权益天然气权益产量34亿立方米,占印尼天然气总产量的6.2%。其中,中国海油投资规模最大,是除西方石油公司以外印尼油气上游的主要外国生产商。

表3-19 中国企业在印尼主要合作项目

项目名称	中国企业	签约年份	项目类型	备注
印尼项目	中国石油	2002	勘探开发	包含Jabung等7个油田,中国石油持股16%~75%
Madura项目	中国石油	2009	勘探开发	中国石油持股80%
Techwin项目	中国石油	2012	勘探开发	中国石油持股95%
印尼深水项目	中国石化	2010	勘探开发	中国石化持股18%
东南亚项目	中国海油	2002	勘探开发	中国海油持股13.9%
MeranginⅡ和Belida区块	中化集团	2008	勘探开发	中化集团持股20%
Non-Bula区块项目	中信资源	2006	勘探开发	中信资源持股51%

资料来源：印尼能矿部。

表3-20 中国企业在印尼合同区块情况　　　　（单位：平方千米）

公司名称	持有区块面积	陆上	浅水	深水
中国投资公司	1237	0	39	1198
中国海油	1205	349	835	20
中国石油	1485	1054	431	0
中国石化	494	0	0	494
中信集团	881	881	0	0
香港金地	1539	1539	0	0
中化集团	114	114	0	0
小计	6955	3937	1305	1712
印尼合同区块面积	503390	258586	148917	95887
中国企业在印尼合同区块面积占比	1.4%	1.5%	0.9%	1.8%

数据来源：S&P Global。

（2）炼油化工

印尼炼油工业发展较为迟缓，现有炼厂全部为印尼国油所有。多年前印尼就提出炼油振兴计划，希望获得外资公司的资金与技术支持，以建设新炼厂或对现有炼厂进行改造，但因合作方选择、经济性方面的不确定因素导致进展缓慢。

印尼石化市场完全对外开放，1977年日本三井物产、住友商事等企业相继进入印尼。目前，印尼正在实施石化产业振兴计划，中国台湾中油、泰国PTT全球化工、阿联酋Mubadala等多家外资公司计划在印尼建设石化厂。

（3）技服装备

印尼工程技术服务市场开放程度较高，普遍采用西方技术标准。印尼当地公司的工程技术服务能力和水平一般，但成本优势较强。钻修井技术服务工作主要以当地公司和中资公司为主，其他技术服务工作以当地公司为主，西方及中资公司为辅。印尼2014年发布新规，对工程技术服务市场的外资进行严格限制，本土公司能够承担的作业禁止外资持股或严格限制外资持股比例，一定程度上增加了外资进入印尼工程技术服务市场的难度。

西方公司进入印尼市场较早，拥有技术、营商以及本地化优势。西方公司在当地的影响力较大，且本地化策略实施已久，公司管理层也聘用当地人员，已经成功完成了本地化的转型。西方公司的技术标准也较高，目前印尼油服市场的标准基本按照西方公司标准制定。在装备制造领域，西方公司的装备制造业务主要集中于技术标准较高的中高端产品，一些中低端产品由当地的合资公司生产。

五、油气工业

1. 油气生产

（1）油气资源

印尼是东南亚地区重要的资源国，油气资源丰富。石油和天然气资源量分别为52亿吨和6.79万亿立方米，主要位于陆上，包括苏门答腊和加里曼丹等地区。石油待发现资源量为10.86亿吨，占世界的0.6%，在东南亚地区仅次于越南。天然气待发现资源量为1.37万亿立方米，占世界的0.6%，远大于东南亚地区其他国家。石油待发现资源主要集中在加里曼丹、苏门答腊地区，占全国的四分之三。天然气待发现资源主要分布于加里曼丹，占印尼的一半以上，其次是苏门答腊、爪哇、马鲁古和巴布亚，占全国的43%。印尼石油采出程度较高，为72%，远高于世界平均水平；天然气采出程度为24%，与世界平均水平相当。

近十年来（2013—2022年期间），印尼油气新发现有122个，新增石油2P储量1.13亿吨、新增天然气2P储量2964亿立方米。近年来印尼剩余油气储量呈小幅下降趋势，2022年石油剩余探明储量3.3亿吨，较上年下降7.8%，储采比仅为9.3年，低于世界平均水平；天然气剩余探明储量1.2万亿立方米，较上年降4.5%，储采比为20.8年，略低于亚太地区平均水平。

（2）油气生产

印尼石油产量总体保持下降趋势（表3–21）。20世纪70年代至90年代为石油产量高峰期。高峰平台期持续20多年，峰值产量出现在1977年，为8450万吨。受主力油田进入成熟期影响，自20世纪90年代末开始，印尼石油产量一路下滑，2022年仅为3026万吨，不足高峰产量的一半，占世界的0.9%，居全球第23位，亚太地区第2位。印尼共有640个在产油气田，其中国石油产量主要来自东爪哇盆地的Cepu区块项目、中苏门答腊盆地的Rokan区块项目、库特盆地的Mahakam区块项目等。2022年，这三个区块项目石油产量占印尼国内总产量的69%。

印尼天然气生产目前处于下滑期。印尼是亚太地区主要天然气生产国，自20世纪70年代开始进行天然气开采，2010年达到产量高峰，总产量965亿立方米，商品气产量863亿立方米。2022年天然气总产量656亿立方米，商品气产量610亿立方米，同比减少7.5%，原因在于主力生产区块Mahakam的天然气产量因投资不足而减产。印尼天然气产量仅次于中国和澳大利亚，2022年商品气产量占世界天然气产量的1.7%。印尼天然气产量主要来自库特盆地Mahakam区块和Jangkrik气田、宾图尼盆地Tangguh LNG项目、南苏门答腊盆地Corridor

区块以及Pertamina南苏门答腊项目等，这些项目产量合计占全国总产量的62%。

表3-21 2000—2022年印尼油气产量

类别	2000年	2005年	2010年	2015年	2018年	2019年	2020年	2021年	2022年
石油（万吨）	7089	5294	4724	3929	3860	3726	3540	3275	3026
商品气（亿立方米）	706	759	863	758	726	672	624	580	610

数据来源：印尼能矿部。

印尼石油采出程度较高，产量已过生产高峰期，未来继续呈下降趋势，预计2035年产量为2246万吨。天然气生产方面，印尼有多个外国公司作业的区块合同将陆续在2035年前到期，政府规定Pertamina对到期区块具有优先购买权，包括Mahakam区块在内的部分天然气生产区块已完成作业权益交接。由于外国公司对将要到期的区块以及新项目的投资不断减少，并且Pertamina在弥补投资短缺方面的能力有限，长期来看，印尼天然气产量仍将呈现下降趋势，预计2035年商品气产量为486亿立方米。

2. 基础设施

（1）油气管道

印尼国内石油管网呈碎片状态，各岛之间几乎没有相互连接的管道，管网主要分布在油气产区，用于将原油从油田运往炼厂或码头。另外也有一些成品油管道将油品从炼厂运往消费终端。

印尼的跨国天然气管道主要包括两个系统（表3-22），一个是西纳土纳管道系统，用于将海上纳土纳气田的天然气运往新加坡；另一个是Dumai-Melaka管道，用于向马来西亚出口天然气。印尼国内有两条主要的天然气干线，即Grissil-Duri天然气管道和南苏门答腊—西爪哇天然气管道。前者主要将廖内、占碑和南苏门答腊产出的天然气运往中苏门答腊，其中也包括从西纳土纳输送系统分流的一部分天然气。后者主要是连接产气区南苏门答腊和消费区爪哇岛，负责向首都雅加达及周边地区供气。东爪哇、加里曼丹和苏拉威西等地的天然气管网不发达，印尼政府计划加强这些地区的天然气管道建设。

表 3-22　印尼主要天然气出口管道

管道名称	起点	终点	管道长度（千米）	管径（英寸）	投运时间
西纳土纳管道系统（WNTS）	印尼西纳土纳气田	新加坡	654	28	2000 年
Dumai–Melaka 管道	印尼 Dumai	马来西亚马六甲	100	18	2002 年

数据来源：S&P Global。

（2）石油港口

印尼是一个群岛国家，海上运输发达，全国拥有 89 个国际港口，包括原油、成品油和 LNG 码头。其中，杜迈港是印尼主要的石油输出港，位于苏门答腊岛中部沿海钽伯特海峡南岸，濒临马六甲海峡的西侧，原油出口量约占全国总出口量的一半，最大可靠泊 15 万吨油轮。

（3）LNG 设施

印尼 LNG 产业起步较早且规模较大。第一条生产线 20 世纪 70 年代投产，20 世纪末至 21 世纪初，印尼曾一度占据全球三分之一的 LNG 市场，2006 年成为全球最大的 LNG 出口国。目前，因气源不足制约了印尼 LNG 发展。Bontang LNG 项目 8 条生产线中仅有 2 条在运营，其余生产线中 2 条计划封存，3 条待用，1 条长期闲置，实际运营能力 590 万吨/年。截至 2022 年底，印尼仅有 3 个在运行的 LNG 生产项目，包括 5 条生产线，总加工能力 1550 万吨/年，在建和计划的 LNG 生产项目有 3 个，设计加工能力合计为 1380 万吨/年（表 3-23）。

为解决部分岛屿缺气问题，2012 年起印尼生产的部分 LNG 通过再气化终端供应国内市场。截至 2022 年底，已有 7 个再气化终端投入运营，总气化能力 1180 万吨/年；另有在建项目 1 个，再气化能力 30 万吨/年。上述 LNG 再气化终端多数位于爪哇和苏门答腊地区。2022 年印尼 LNG 供应国内的量达 361 万吨，未来随着天然气需求增长，将有更多 LNG 转供国内消费。

表3-23 印尼现有、在建和计划建设的LNG终端

项目名称	终端类型	设计能力（万吨）	状态	投产年份	股份构成
Bontang LNG	出口	2230	运营	1977	Pertamina：55%；VICO：20%；JILCO：15%；道达尔能源：10%
Tangguh LNG1-2	出口	760	运营	2009	bp：40.22%；中国海油：13.9%；JX Nippon：12.23%；三菱：9.92%；INPEX：7.79%；KG Berau：6.3%；Sojitz：3.67%；住友：3.67%；三井：2.30%
Donggi Senoro LNG	出口	200	运营	2015	三菱：45%；Pertamina：29%；韩国天然气：15%；Medco：11%
Sengkang LNG	出口	50	在建		Energy World：100%
Tangguh LNG3	出口	380	在建	2021	bp：40.22%；中国海油：13.9%；JX Nippon：12.23%；三菱：9.92%；INPEX：7.79%；KG Berau：6.3%；Sojitz：3.67%；住友：3.67%；三井：2.30%
Abadi LNG	出口	950	计划	2027	INPEX：65%；壳牌：35%
Arun LNG	再气化	300	运营	2015	Pertamina：70%；亚齐政府：30%
Gorontalo	再气化	20	运营	2022	PLN：100%
Jawa Satu	再气化	240	运营	2021	Pertamina：26%；丸红：20%；Sojitz：10%；MOL：19%；其他公司：25%
Lampung（FSRU）	再气化	180	运营	2014	Pertamina：100%
Amurang	再气化	20	运营	2020	Karpowership：100%
Nusantara（FSRU）	再气化	380	运营	2012	Pertamina：100%
Tanjung Benoa（FRU FSU）	再气化	40	运营	2016	Pelindo Ⅲ：50%；JSK Gas：50%
Teluk Lamong	再气化	30	在建	2023	PLN：100%

数据来源：S&P Global，Fitch Solutions。

（4）仓储设施

印尼共有19座石油存储设施，主要分布在炼厂所在地巴厘巴板港、杜迈港、普拉朱港、波佐尼卡拉港、卡西姆港、孟加锡港、巴务巴务港、占碑港、默拉克港和图班港。其中原油存储设施4座，存储能力54万吨；LPG存储设施5座，存储能力115万吨；成品油存储设施10座，存储能力821万吨。

3. 炼油工业

印尼炼油工业起步于18世纪30年代，但发展迟缓，炼油能力长期不足。目前共有9座炼厂，2022年总炼油能力5815万吨，仅占全球炼油能力的1%，在东南亚地区排名第3。千万吨级以上炼厂仅2座，炼厂平均规模700万吨，与世界平均水平相当。印尼现有炼厂普遍老旧，开工率较低。2/3的主力炼厂已运营35年以上，2000年以后的新炼厂只有1座。近十年来，印尼炼厂平均开工率仅为78%。印尼炼厂深加工能力不足，生产的汽柴油标准在欧Ⅲ到欧Ⅳ之间。

除TWU炼厂以外，现有炼厂作业者都为Pertamina。其中，Tuban炼厂是生产石化原料的炼厂，2018年前为印尼石化公司（TPPI）所有。目前，Pertamina运营炼厂的合计炼油能力占全国炼油能力的90%。

为提升炼油能力，印尼多年前就提出炼油振兴计划。为此，Pertamina计划通过对外合作的方式扩建和新建6座炼厂，2030年时全国炼油能力将翻一番，达到1亿吨以上。新增炼油能力高度集中在爪哇地区，占比达四分之三。升级和新建炼厂生产的成品油品质将升级至欧Ⅴ标准。目前，印尼炼油振兴计划项目总体推进缓慢。

4. 石化工业

印尼石化工业始于20世纪60年代初，虽然起步较早但整体水平一般，生产规模较小，落后于新加坡和马来西亚等周边国家。印尼现有石化厂集中在西爪哇万丹省和东爪哇地区。

印尼化工基本原料生产能力不足，2022年乙烯产能仅86万吨，丙烯108万吨，丁二烯14万吨，苯53万吨，二甲苯84万吨。三大合成材料中，合成橡胶生产能力较低，合成树脂和合成纤维产业较发达。印尼合成橡胶以丁苯橡胶为主，2022年产能20万吨。合成树脂产能416万吨，以聚乙烯、聚丙烯和聚氯乙烯为主。由于印度尼西亚特殊的气候条件，国内对纺织品的需求带动了合成纤维产业快速发展，现有合成纤维产能158万吨，其中聚酯纤维达到73万吨。合成纤维原料PTA的生产厂已有5家投入运营，总产能为180万吨。

天然气化工方面，印度尼西亚甲醇生产发展较早，现有生产能力100万吨/年。作为农业大国，印尼化肥工业近年发展较快，生产能力已超过2000万吨，其中尿素生产能力1100万吨/年，合成氨生产能力921万吨/年。

印尼政府通过提高产能和完善工业结构来加强石化产业，确保满足工业对石化产品的需求。2020年至2030年期间，印尼政府将对大型化工厂建设工程加大投资，预计投资总额达310亿美元。这项投资将加强上游化工领域生产替代进口的石化产品，比如乙烯、丙烯、苯–甲苯二甲苯混合物、丁二烯、聚乙烯和聚丙烯，使印尼烯烃年总产能增加570万吨，聚烯烃年总产能增加470万吨。

印尼正在实施石化产业振兴计划，着力提升基础石化产品的生产能力，尤其是基本原料和合成树脂的生产能力，2025年前将新建3座石化厂综合体，主要石化品产能将提高一倍以上。其中，韩国乐天化工投资的万丹省石化综合体项目在2023年投产，产品包括乙烯、丙烯、丁二烯等，项目正进行土地准备工作；印尼Chandra Asri石化公司投资的万丹省石化联合体项目计划2025年投产，产品包括乙烯、丙烯、聚乙烯、聚丙烯等，项目已于2020年第1季度做出投资决定；印尼国家石油公司和俄罗斯石油公司投资的Tuban项目于2021年完成最终投资决定（FID），产品包括乙烯、芳烃等，投产时间预计为2025年。

六、油气消费与进出口

1. 原油

印尼国内的原油消费量大于产量，是原油净进口国。2022年，印尼原油加工量4375万吨，进口量1526万吨（表3-24）。印尼进口来源地中，自沙特阿拉伯、尼日利亚和安哥拉等欧佩克国家的原油进口量占印尼总进口量65%。其他主要进口来源国有阿塞拜疆、澳大利亚和马来西亚等。由于印尼产出的轻质原油品质较好，价格较高，且考虑国内炼厂对原油品质结构的需求，印尼也出口原油。出口主要面向泰国、马来西亚、新加坡、澳大利亚等周边国家。近年来，由于国内石油产量下降较快，印尼原油出口量不断下降，2022年为218吨，同比减少64%。

表3-24 2000—2022年印尼油气供需平衡

类别	2000年	2005年	2010年	2015年	2018年	2019年	2020年	2021年	2022年
原油（万吨）								
产量	7089	5294	4724	3929	3860	3726	3540	3275	3067
加工量	4935	4899	4097	3717	4533	4543	4152	4051	4375
进口量	1077	2247	1385	1872	1693	1175	1051	1378	1526
出口量	3062	2184	1842	1576	1020	358	439	602	218
成品油（千桶/日）								
产量	4434	4229	3854	922	1079	1127	1030	1020	1069
消费量	5529	6259	5801	1510	1777	1747	1580	1575	1636
进口量	1222	2157	2040	653	737	672	610	602	737
出口量	0	0	0	66	38	52	61	47	38
天然气（亿立方米）								
产量	706	759	863	758	726	672	624	580	552
消费量	329	381	435	408	389	387	364	358	335
进口量	0	0	0	0	0	0	0	0	0
出口量	377	378	428	350	337	285	260	222	217

数据来源：印尼能矿部，FGE。

注：原油与成品油部分数据供需不平衡是因为有库存数。

2. 成品油

印尼成品油消费品种主要包括汽油、煤油、柴油、燃料油和其他石油产品，其中汽油、柴油、煤油合计消费量在成品油总消费量中占比高达77%。2022年成品油消费总量为164万桶/日（7179万吨）。印尼成品油消费主要用于交通运输、民用和工业领域，合计在成品油消费结构中占比超过90%，其中，交通领域成品油消费占比72%左右。近年印尼汽车销量市场前景大好，销量领跑东盟各国，但印尼人均汽车保有量低，每千人仅99辆，远低于世界平均水平，未来该国汽车保有量还有很大的增长空间，将推动汽油和柴油等汽车燃料需求快速增长。

印尼成品油产量不能满足国内需求，需要大量进口。2022年，印尼汽油、柴油、煤油合计消费量121万桶/日（5590万吨），见表3-25，进口量达38万桶/日（1730万吨）。其中，汽油和柴油消费对进口的依赖较大，2022年进口量分别为30万桶/日（1314万吨）和7万桶/日（342万吨）。印尼成品油进口主要来自亚洲国家，其中大部分来自新加坡，少部分来自马来西亚和韩国。印尼油品出口量很小，主要是燃料油和石脑油。

表3-25　2022年印尼成品油消费结构　　　　　　　　　（单位：万吨）

品种	工业	交通	民用	农业	其他	合计
汽油	0	2520	0	0	0	2520
煤油	2	340	8	0	0	350
柴油	640	1938	0	87	55	2720
其他	86	153	1051	0	299	1589
总计	728	4951	1059	87	354	7179

资料来源：FGE, IEA。

3. 石化产品

印尼消费的石化产品主要包括石化原料、塑料及其制品、人为短纤纤维、和橡胶及其制品等（表3-26）。其中，石化原料和塑料及其制品生产能力不足，需要大量进口，进口主要来自中国、新加坡、马来西亚、泰国和印度等国。而人为短纤纤维、橡胶及制品则供过于求，可大量出口，人为短纤纤维出口主要流向南亚的孟加拉国、印度和巴基斯坦等国。橡胶及其制品出口主要流向美国、日本、韩国。

表3-26　2022年印尼主要石化产品供需平衡　　　　　（单位：万吨）

品种	出口量	进口量	净进口量
石化原料	293	503	210
塑料及其制品	165	537	372
人为短纤纤维	97	37	−60
橡胶及其制品	279	87	−192

数据来源：GTT。

4. 天然气

天然气在印尼一次能源消费结构中的占比为20%左右。印尼天然气消费主要用于工业、发电、化工和油气部门自用（主要是采油），城市用气占比很小。2022年印尼天然气消费量为335亿立方米，其中工业占58%，发电用气占21%，油田生产用气占16%，其他占5%。

未来，受经济增长驱动，印尼天然气消费量将保持增长态势。其中，电力行业发展是主要驱动力之一。目前，印尼电力生产中，天然气发电量在总发电量中的占比约为26%，预计到2028年天然气发电量将翻一番。在印尼，天然气广泛用作LPG和石化产品的生产原料。为减少燃油进口量，印尼政府鼓励使用LPG，这将促进未来几年内该国LPG消费量强劲增长。同时，印尼政府还致力于实现石化产品的自给自足，正在推进中的一些大型石化项目的开发也将促进天然气消费需求的增长。此外，印尼民用天然气量也将快速增长。印尼国有天然气分销商PGN计划投资8.65亿美元用于国内民用天然气管网扩建项目，使接入国家天然气管网的家庭从2020年约65万户的数量增长到2025年时450万户的规模。预计到 2025 年，印尼天然气消费量将达 418 亿立方米，2035 年达 524 亿立方米。

印尼是天然气出口国，历史上没有天然气进口。由于印尼是群岛国家，各岛之间缺少连接管网，加之国内天然气再气化装置和运输网络配套有限，印尼生产的 LNG 仅少量供应国内消费，多数用于出口，出口目的地主要是中国、印度、日本、韩国和中国台湾等亚洲国家和地区。印尼还通过管道向新加坡和马来西亚出口天然气。2022 年印尼天然气出口量 217 亿立方米，同比下降 2%，其中 LNG 和管道气出口量分别为 149 亿立方米和 68 亿立方米。

随着国内天然气消费需求增长以及不可避免的天然气产量下滑趋势，印尼未来天然气出口将受到限制，预计 2025 年该国将结束天然气自给自足的状况并开始成为 LNG 净出口国。印尼在 LNG 进口设施及资源方面已有较为充足的保障，除了在巴厘岛、北苏门答腊、南苏门答腊和西爪哇等地区已建成 4 座 LNG 再气化终端，另有 2 座 LNG 进口终端正在建设中，最近两年，Pertamina 先后与 Cheniere Energy、Woodside 和 Anadarko 等公司签订了多份 LNG 进口长期合同。

七、合作风险评价

1. 政治风险

地缘政治风险低。印尼坚持大国平衡的外交政策，保持与中国、美国、俄罗斯、日本等国的平衡友好关系，外部势力对其政局发展影响较小。

国内政治风险低。印尼国内政局总体稳定，民主化转型基本完成，发生政治动荡的可能性不大。2019 年大选中，佐科总统的连任保证了印尼政局的平稳和政策的连续性。

2. 安全风险

安全风险较低。宗教和民族矛盾是威胁印尼安全的主要因素，近年来政府采取了一系列宗教和民族和解政策，有效地缓解了宗教和民族矛盾，发生冲突的风险明显降低。亚齐特区和马鲁古等传统冲突集中地区的矛盾得到解决和控制，恐怖主义活动很大程度受到抑制。分离主义与种族暴力是印尼面临的主要安全风险，印尼积极吸取东帝汶独立的教训，极力防止亚齐、巴布亚、苏拉威西、马鲁古独立，避免分离主义运动和种族暴力造成对社会秩序的混乱，相应的威胁较以前明显降低。

恐怖主义威胁仍较为严重。近年来，虽然印尼政府采取多项措施打击恐怖主义，但恐怖主义一直是制约该国安全和稳定的重点问题。最近几年，随着"伊斯兰国"势力发展，部分前往中东参加"圣战"的恐怖分子回流，制造了多起恐怖袭击事件。

3. 政策风险

政策法律风险中等。印尼的法律制度主要基于罗马—荷兰法、本土习惯法和伊斯兰法，由于部分法律制度的规定模糊不清，加之监管体系存在缺陷，导致业务的不确定性和寻租机会，执法风险相对较高。同时，印尼的法律体系虽健全，但复杂善变，如石油行业招投标、采办管理办法自2012年以来已有四次变更，内容和要求变化频繁；新石油法自2012年开始一再修订，仍未正式推出。此外，印尼一些法律法规制度在执行层面也有着多样性、针对性，如劳务用工制度受地方政府影响较大，政府各级部门都能参与劳动纠纷等。

劳工保护制度非常严苛。在印尼，除高级管理岗位和高级技术人员之外，本国劳工可以胜任的岗位，均不允许使用外国劳工。并且，外籍劳工的工作签证不仅签发要求高，且办理手续愈加繁琐，费用较高，往往需通过当地中介办理。印尼对外资公司的本土化要求也不断提高，油气领域的本土化要求最低为70%，涉及工程技术服务领域的要求更高，并有进一步提升的趋势。

征地困难也是制约印尼基础设施投资的一大风险。印尼实行土地私有化制度，各级政府在土地征用过程中的影响力有限，尤其一些世袭土地因合法权属问题，极易产生土地纠纷。随着印尼民主化的推进，居民的权利意识逐渐增强，土地征用问题可能更为突出。

4. 经济风险

经济风险低。近年来，受益于对外开放和经济改革，印尼经济保持稳定增长，国家实力明显增强，通货膨胀率得到有效控制。印尼国家外汇储备较为充裕，有较好的偿债能力。但未来受全球风险点增多和发达经济体货币政策收紧等因素影响，印尼政府可能会实施加息、提高进口商品关税、推迟大型资本品进口等系列措施，从而会对国内需求产生一定影响，进而对经济增长造成一定冲击。

八、产业发展重点

印尼油气资源丰富，坚持油气工业上下游全产业链的对外开放政策。作为全球第一个推出产量分成合作模式的国家，印尼长期稳定的投资环境吸引了众多西方石油公司参与投资。未来，在风险勘探、油气田开采、炼油化工、管道建设等方面，中国企业在印尼存在广泛的合作机会。

勘探开发方面，印尼东部地区勘探程度低，政府多年来一直鼓励外资进入，并提供了优惠的合作政策。为扭转石油产量下滑态势，印尼老油田开发等方面也需要较多的资金和技术投入。中国石油企业拥有一定的资金和技术优势，如中国石油企业拥有的三次采油技术对于印尼部分老油田开发具有十分重要的意义，勘探开发技术在印尼东部新区应用潜力巨大。

在炼化领域，印尼政府正推进的炼油和石化产业振兴计划可为中国企业提供较大的合作空间。印尼石化行业发展相对落后，近年来已建成并投产新的石化装置，但乙烯等石化基本原料产能依然不足。

印尼是东南亚主要天然气生产国，也是东盟天然气管网的主要推动者之一，中国可发挥在东盟的影响力，调和各国利益，推进东盟天然气管网建设。此外，印尼将加强国内岛屿之间的天然气输送管网建设和民用天然气管网扩建等，中国管道工程建设企业可参与建设。

［本节撰写人：余功铭］

第四节　马来西亚

马来西亚位于东南亚，国土被南中国海分隔为东、西两部分。西马位于马来半岛南部，北与泰国接壤，南与新加坡隔柔佛海峡相望，东临南海，西濒马六甲海峡。东马位于加里曼丹岛北部，与印度尼西亚、菲律宾、文莱相邻。西马和东马最近处相距约 600 海里。马来西亚国土面积 33 万平方千米，其中西马 13.2 万平方千米，东马 19.8 万平方千米，人口 3300 万人。

一、国际关系

1. 地缘政治

马来西亚位于东南亚的核心地带，临近马六甲海峡，连接海上东盟和陆上东盟，是中国货物进入东盟市场和前往中东、澳大利亚、新西兰的桥梁，区位优势明显。

美国将马来西亚视为"几个关键区域安全挑战的领导者""确保东南亚和平与繁荣的重要伙伴""亚太再平衡战略中对南海施加影响的重要基点"，美国不断推进两国的安全和防务合作，大幅增加对马来西亚的军事援助。2013 年美国国防部长宣布将包括马来西亚在内的东南亚国家的军队训练资金增加 50%。2014 年美国首次派 6 架 F-22 战斗机参加马来西亚的军事演习。2014 年 9 月，美国海军作战部长透露，美国 P-8"海神"巡逻机从马来西亚最东端地区起飞，可以更接近南海。2016 年，马来西亚军方接受了美方六架 MD-530G 侦查/攻击直升机，部署于靠近中马争端海域的东沙巴州。2019 年，根据旨在提高南海国家海上安全能力和海洋领域意识的"东南亚海事安全倡议",美国以援助的名义向马来西亚皇家海军首次出售了12架无人机,并在该倡议框架下,帮助马来西亚改造和升级马来西亚皇家空军的飞机,以提高对南海海域的感知能力。

马来西亚作为典型的海岛国家,其国家发展与海洋密切相关。马来西亚在南海的利益诉求包括岛礁主权归属、专属经济区和大陆架划界,以及海洋资源、海上航道安全等。此外,油气资源是马来西亚的重要收入来源,即南海的油气资源开发是马来西亚经济的重要支柱,因此马来西亚和中国在南海存在岛礁主权归属和划界争端。中国和马来西亚在南海的争端由来已久,但是马来西亚的对华政策和南海政策一向温和低调,与越南、菲律宾等国不同,中马两国在南海问题上偶尔出现纠纷,但较少发生严重冲突事件。例如,2020年,在中国和马来西亚勘探船只海上对峙事件后,马来西亚向联合国递交了照会,抗议中国在南海地区的行为,称中国南海断续线主张"非法"。尽管马来西亚表示在南海问题上不会跟风美国,但其外交政策在一定程度上会受美国的制约。马来西亚作为南海争端的当事国,被美国视为东南亚的潜在"反华前线",南海问题已经被美国和马来西亚纳入双边事务框架。

2. 外交政策

马来西亚奉行独立自主、中立、不结盟的外交政策,是不结盟运动的成员国之一,并在其中发挥着重要作用,采取"大国平衡"战略,避免在大国之间进行"选边站"。马来西亚积极发展与西方国家的关系,但也没有忽视同中国等社会主义国家的关系。

美国是马来西亚重要的贸易伙伴和外来投资者,但是两国在"人权"等问题上存在分歧和矛盾,马来西亚坚决反对西方大国的强权政治和新殖民主义,反对西方国家利用"民主""人权"等问题干涉发展中国家的内政。由于美国在司法问题上干涉马来西亚内政,例如,美国司法部介入马来西亚政府对"一马公司案"的调查,构成两国外交关系的障碍。此外,马来西亚作为穆斯林国家,穆斯林约占总人口的五分之三,历来反对美国政府在巴以冲突问题上包庇、支持以色列的做法，支持巴勒斯坦的诉求。但出于反恐、对冲和制衡中国在东南亚地区的影响力、提高反恐和防务国防实力等目的，马来西亚和美国又存在加强合作的客观需要。

马来西亚曾是英国殖民地，后加入英联邦，并与英国同为"五国联防安排"成员，双方关系密切。20世纪80年代初，马来西亚收购英资企业导致两国关系趋于冷淡，后虽有所回升，但仍时有摩擦。马来西亚与日本曾有历史纠葛。1942年至1945年马来西亚被日本占领。虽然日本占领马来西亚的时间较短，但激起了马来西亚反殖民民族主义情绪，并给当地人民留下了历史记忆。近年来马日两国经贸关系密切。20世纪80年代，马哈蒂尔总理就提出向日本学习的"向东看"政策，旨在通过引进日本的资金、技术和管理，加快马来西亚的经济建设。

马来西亚与中国有着长期友好的外交关系和传统友谊。1974年，马来西亚时任总理侯赛因（Abdul Razak Hussein）访华并同中国建交，马来西亚是东南亚第一个与中国实现关系正常化的国家，也是第一个邀请中国加入"10+1"的国家、第一个邀请中国参加东亚峰会的国家。近年来，两国高层往来频繁，各领域友好合作不断深化，1999年两国签署关于双边合作发展方向的《联合声明》，宣布建立"全方位的睦邻友好合作关系"。2011年4月中马双方签署了包括《中华人民共和国政府和马来西亚政府关于扩大和深化经济贸易合作的协定》在内的8项经贸、教育等领域合作协议，双边政治、经贸关系进入历史最好时期。马来西亚积极响应"一带一路"倡议，成为"21世纪海上丝绸之路"重要节点。2018年希望联盟上台后，马哈蒂尔总理兑现竞选承诺，表示要与中国重新谈判此前签订的一系列已开建的项目条约，导致由中国投资并建设的东海岸铁路项目、两条输气管道项目和一条石油管道项目暂停施工，两国经贸关系出现波动。不过，马哈蒂尔及时表态，说暂停重大项目获得了中方谅解，制止了事态恶化，随后在中马项目谈判中马方展现出了灵活务实的姿态，两国经贸关系逐步得到缓和。

中马两国经贸关系依存度高，合作规模大、基础深厚。中马双边贸易稳定发展，双边贸易额近年来均超过 1000 亿美元。据中国海关统计，2020 年双边贸易额为 1311.6 亿美元，同比增长 5.7%。马来西亚是中国在东盟第二大贸易伙伴，中国是马来西亚最大贸易伙伴国、第一大进口来源地及第一大出口目的地。

在南海问题上，马来西亚采取务实的外交政策。马来西亚与中国存在南海岛礁争端，占有弹叉礁、光星仔礁和南海礁 3 个岛礁。马来西亚不纠缠南海领土争端，也不采取过激行动，致力于维护南海地区的和平与稳定，坚持以双边友好协商和谈判方式解决有关争议，愿积极落实《南海各方行为宣言》的后续行动。

二、政治社会形势

1. 政体

马来西亚是君主立宪议会民主制的联邦国家，其政治体制沿袭自英国的西敏寺制度。君主为"最高元首"，是国家权威的象征，在名义上拥有最高行政、立法和司法权，是国家的最高统治者。君主由九个州的世袭苏丹轮流担任，任期 5 年，不得连任。现任最高元首是阿卜杜拉·艾哈迈德·沙阿（Al-Sultan Abdullah Ri'ayatuddin Al-Mustafa Billah Shah Ibni Sultan Haji Ahmad Shah Al-Musta'in Billah），2019 年 1 月 31 日成为第 16 任最高元首。马来西亚的统治者会议由 9 个州的世袭苏丹和 4 个州的州元首组成，主要职能是选举产生最高元首、审议并颁布国家法律、法规、裁决全国性的伊斯兰教问题、审议涉及马来族和沙巴、砂捞越土著民族的特权地位等重大问题。

马来西亚最高元首和各州的世袭苏丹有相当高的政治地位，对中央和各州政策有一定的制约作用。内阁是马来西亚的最高行政机构，由总理领导，最高元首根据总理建议委任内阁部长和副部长，内阁向国会负责。尽管马来西亚的最高元首有至高无上的权力，但在实际行使各项权力时，均须听从内阁总理的建议和决定。马来西亚最高立法机构由最高元首、上议院、下议院组成。上议院共有70名议员，任期3年，可连任两届，且不受国会解散与否的影响。下议院由222位民选议员组成，每5年选举一次，可连任，下议院获得多数席位的政党获得组阁权。

2. 政局

马来西亚现有55个注册政党，但真正活跃和有影响力的政党较少。由巫统、马华公会和印度人国大党等组成的国民阵线曾长期执政。2018年大选后，由人民公正党、民主行动党、国家诚信党和土著团结党组成的希望联盟取代国民阵线上台执政。2020年2月底3月初，部分人民公正党成员和土著团结党宣布退出希望联盟，并联合国阵、伊斯兰教党等组成"国民联盟"，取代希望联盟上台执政，穆希丁·亚辛（Muhyiddin Yassin）就任第8任总理。2021年8月16日，穆希丁辞去总理职务。8月21日，前副总理巫统党副主席伊斯迈尔·沙必里宣誓就任第9任总理。

2022年11月19日，马来西亚举行第十五届大选，首次出现无政党或政党联盟获过半议席情况。人民公正党、民主行动党、国家诚信党组成的"希望联盟"同国民阵线、东马各政党组成联合政府上台执政。11月24日，"希望联盟"主席、前副总理安瓦尔以拥有最多议席的政党领袖身份宣誓就任第10任总理。

近五年，马来西亚政局动荡，先后经历马哈蒂尔、穆希丁、伊斯迈尔和安瓦尔四任政府。若政党林立，实力相近，政治纷争分歧难以消除的情况将延续，马来西亚政局动荡，政府频繁更迭的情况难以避免。

3. 安全形势

马来西亚是基地组织、"伊斯兰国"组织等恐怖主义的中转站和聚集地，面临一系列海上恐怖主义活动的威胁。马来西亚前总理纳吉布曾于2018年表示，95名马来西亚公民参加了叙利亚和伊拉克的恐怖组织中，其中至少34人死于武装冲突，9人成为人体炸弹。2019年到2020年，尽管马来西亚国内并没有发生与"伊斯兰国"组织有关的恐怖袭击，但是经常出现渔民在沙巴州等沿海地区被绑架和杀害的事件。2020年1月，5名印度尼西亚渔民在马来西亚沙巴州拿督海岸被阿布沙耶夫组织成员绑架。海上恐怖行动危及东南亚海上通道与马来西亚国土安全。

马来西亚存在民族与宗教冲突。马来西亚是多民族国家，马来半岛以马来人、华人、印度人为主；沙捞越以达雅克人、马来人、华人为主；沙巴以卡达山人、华人、马来人为主。在宗教方面，伊斯兰教为国教，还有佛教、印度教和基督教等。马来西亚政府向来重视各民族均衡发展，并将多元化的民族思想融入国家观念体系中。因此，历史上马来西亚虽然发生过民族宗教矛盾，但大多是为了表达政治诉求，尚未发生过大规模宗教暴力冲突，未来发生的可能性也不大。

马来西亚与邻国菲律宾、新加坡、文莱、印尼、中国都存在领土争端，但多数能以和平的方式处理，唯独与菲律宾爆发过两次流血冲突。沙巴州在马来西亚的管辖下，菲律宾自1962年起宣布对其拥有主权。2013年以来，马来西亚警方与疑似入侵沙巴州的菲律宾武装分子爆发两次枪战，造成双方多人死亡。该领土争端尚未建立起有效的管控机制，存在产生局部武装冲突的风险。

若马来西亚国内党派斗争激化，将引发社会对立情绪上升，不能排除继而演变为大规模抗议游行和社会冲突的风险；马来西亚社会中存在的排华势力可能对未来中资企业在马来西亚经营带来不安全影响。尽管存在以上风险，但总体讲，马来西亚投资安全风险较低，风险是局部的、可管控的。

三、经济形势

1. 总体形势

马来西亚在多数年份经济保持较高速的增长，其中，2020年受新冠疫情影响经济衰退，2021年恢复低速增长。马来西亚经济较为依赖国际市场，但近年来其经济应对来自外部和国内负面冲击能力有所增强，公共和私人投资增长的放缓速度低于预期。2015年以来，马来西亚政府公布第十一个马来西亚计划

（2016—2022），拟通过六大策略增加国民收入。2016年马来西亚政府提出2050国家转型计划（TN50），目标是30年后成为全球经济排名前20的国家。2018年，马来西亚人均GDP超过1万美元。2019年，马来西亚政府提出"2030共享繁荣"新愿景，通过重组和加强国家商业及工业生态系统、拓展新领域、改善就业市场及劳工薪资、巩固社会和谐、创造兼容国家、提升社会的思维、改革人力资源等方面努力，以提高各种族、阶级、地区国民的收入。

2022年，马来西亚经济增速为8.69%，创22年来新高，新冠疫情后经济复苏强劲，全球评级机构标准普尔2022年6月发布报告将马来西亚的长期主权信用评级展望从"负面"修改为"稳定"。但受乌克兰危机、美欧等发达经济体通胀压力攀升、全球经济面临下行风险等多重负面因素影响，马来西亚经济增速将有所放缓，"东盟+3"宏观经济研究办公室（AMRO）预计马来西亚2023年经济增速为4.2%，马来西亚央行也表示其2023年经济增速将在4.0%~5.0%之间。

2000年以来，马来西亚多数年份通胀率较低，但2022年受国际油气和粮食等大宗商品价格大幅攀升等影响，马来西亚通胀率上升至3.38%（表3-27）。马来西亚失业率较低，2020年和2021年受新冠疫情影响上升至4%以上，2022年回落至3.73%。政府财政相对稳定，外汇储备充足，政府偿债能力较好。

表3-27　2000—2022年马来西亚主要经济指标

经济指标	2000年	2005年	2010年	2015年	2018年	2019年	2020年	2021年	2022年
GDP（亿美元，现价）	937.9	1435.3	2550.2	3013.6	3587.9	3651.8	3373.4	3729.8	4063.1
人均GDP（美元）	4087.6	5536.8	8880.2	9699.6	11074.0	11132.1	10160.8	11109.3	11971.9
GDP增速（%，不变价）	8.86	5.33	7.42	5.09	4.84	4.41	-5.53	3.09	8.69
通货膨胀率（%）	1.53	2.98	1.62	2.10	0.88	0.66	-1.14	2.48	3.38
失业率（%）	3.00	3.53	3.39	3.10	3.30	3.26	4.54	4.05	3.73
总储备（亿美元）	286.5	704.6	1065.3	952.8	1014.5	1036.3	1076.4	1169.2	1146.6
财政盈余（亿美元）	11.99	22.66	26.18	4.87	4.65	2.62	1.18	5.37	3.78
政府总债务（亿美元）	330.6	605.1	1330.2	1469.8	1790.6	1937.7	2191.8	2346.3	2416.5
外国直接投资净流入（亿美元）	37.88	39.25	108.86	98.57	83.04	91.55	40.59	185.96	151.14

数据来源：IMF，世界银行。

2. 经济结构

20世纪70年代以来，马来西亚政府不断调整产业结构，服务业得到迅速发展，目前，马来西亚经济结构以第二产业和第三产业为主，2022年服务业增加值占GDP的比重为50.82%，工业增加值占GDP的比重为39.20%，农业增加值占比较小，仅为8.93%。油气在马来西亚国民经济中占据重要地位，2022年，马来西亚采矿业在GDP中的占比为9.87%，采矿业以开采石油、天然气为主。

3. 货币政策

马来西亚货币为马币（也称林吉特或令吉，Malaysian Ringgit），马来西亚实施管理下的浮动汇率制，对外汇进出施加一定的管理。根据马来西亚外汇管制条例，在马来西亚注册的外国公司可以在当地商业银行开设外汇账户，用于国际商业往来支付。外汇进出需要核准，但汇出不需缴纳特别税金。外国公民在入境或离境时携带超过1万美元或等值的其他货币，需向海关申报。在马来西亚工作的外国人，其合法的税后收入可全部转往国外。

马来西亚货币汇率整体维持平稳，但近年来呈逐渐贬值趋势，马币兑美元汇率均值由2000年的3.8%贬至2022年的4.4%，鉴于美欧等发达经济体通胀压力高企、全球经济面临下行压力以及国际宏观形势发生重大变化等，未来马币仍存在缓慢贬值的可能性。作为能源出口国，马来西亚货币汇率与国际油价相关性较高，乌克兰危机等地缘政治事件扰乱国际油气市场，油气价格大幅波动，影响了马来西亚货币币值稳定性。

4. 外资吸引力

马来西亚对外资具有较强的吸引力，其竞争优势主要体现在五个方面：一是地理位置优越，是东南亚的核心地带，可成为进入东盟市场和前往中东澳新的桥梁；二是经济增长前景较好，经济形势稳定；三是油气等资源较丰富；四是人力资源素质较高，且工资成本相对较低；五是民族、宗教关系融洽，政治局势相对稳定。

近年来，马来西亚不断改善投资环境、完善投资法律、出台投资优惠政策，以吸引外资进入制造业、服务业等相关行业。目前，基本形成了完备的投资法律体系，规范了投资业务流程、与国际通行标准接轨，吸引了各国企业对马来西亚投资。世界银行《2020年全球营商环境报告》显示，马来西亚营商环境在全球190个经济体中排名第12位，在东盟地区仅次于新加坡。

马来西亚外国直接投资虽然有所波动，但整体呈增加趋势。2020年，受新冠疫情影响，FDI大幅下降至40.59亿美元，随后回升，2022年，流入马来西亚的资金增加了39%，达170亿美元，外国投资净流入为151.14亿美元，创该国的新纪录。

四、油气对外合作

1. 油气合作政策

马来西亚在油气领域采取积极的对外开放政策，实行全产业链对外合作。马来西亚的石油法律法规主要有《石油开发法》《石油规则》和《石油所得税法》。石油勘探和生产活动要遵守1974年10月1日颁布的《石油开发法》和1974年12月13日发布的《石油规则》。马来西亚国家石油公司（Petronas）代表国家以产量分成合同的形式与外国公司开展油气勘探开发合作。为促进深水或超深水海上区域的勘探活动投资，马来西亚国家石油公司于1993年引入深水产量分成合同，该合同模式基于深水领域油气勘探生产的风险较高，为PSC承包商提供包括加速成本回收和高产量分成比例等在内的财政和非财政激励，并延长勘探、开发和生产周期。2018年，马来西亚国家石油公司为深水油气项目引入新的财政条款，包括自我调整的成本回收机制和基于收入成本比指数的利润分享机制，使PSC承包商在盈利能力较低时享有更高的产量分成份额（最高可达石油的70%和天然气的80%），在盈利能力提高时则增加马来西亚国家石油公司的产量分成份额。该条款适用于泰国国家石油公司最近在马来西亚半岛收购的海上区块，也适用于2020年招标的一部分区块。针对近年油气产量不断下降，马来西亚试图对小型、待开发的边际油气田实行风险服务合同合作模式吸引投资，但收效不大。

马来西亚成品油市场经营采取许可证制度，允许外国公司经营成品油。马来西亚政府针对不同的营业类型，制定了不同的外资准入政策。炼油业允许外资 100% 控股和经营，壳牌、埃索等公司均在马来西亚拥有自己的原油加工企业。成品油运输与销售行业，限制外资入股比例，最高允许持股 30%，马来西亚本土企业必须占股 70% 以上。在加油站建设方面，只允许外资公司建立自己品牌的加油站，但须聘用马来西亚公民经营，外资石油公司只能作为油源供应商，而非经营商。

2. 油气合作监管

马来西亚油气资源的所有权和开发权均属国家所有，能源、水务及通信部是能源政策的制订者和服务管理者。马来西亚油气工业监管体系主要由内阁能源委员会、能源执行协调委员会和 Petronas 三个管理层面组成。其中，内阁能源委员会由总理任主席，负责协调能源计划，主要职责是审核现有资源基础，确保能源充分供应，研究评价能源政策，保证国家发展项目满足社会经济效益和环境的需要。能源执行协调委员会主要负责协调和监督由内阁能源委员会批准的能源计划/项目的执行情况，并向内阁能源委员会推荐能源项目。Petronas 直接向总理负责，全权负责马来西亚油气工业事务。

马来西亚对成品油市场管理十分严格，通过立法形式规范成品油市场，赋予相关监管机构强有力的执法权，以确保国家能源安全和成品油市场的健康发展。根据《石油开发法》和《石油规则》，贸易和工业部管理石化产品销售、储存和运输等经营活动。

3. 国际油气合作

（1）勘探开发

马来西亚油气勘探开发国际化水平较高，外国石油公司积极参与马来西亚的油气勘探开发活动，40% 的油气储量为外国公司所有。其中，壳牌和墨菲拥有的石油储量较多，分别占马来西亚石油探明剩余储量的12.5%和4.8%；埃克森美孚和壳牌拥有的天然气储量较多，分别占马来西亚天然气探明剩余储量的9.6%和13.2%。油气生产方面，外国公司石油产量占马来西亚石油总产量的42.8%，天然气产量占马来西亚天然气总产量的35.2%。其中，壳牌公司的油气产量分别占马来西亚油气总产量的13.1%和15.2%，埃克森美孚的油气产量分别占马来西亚油气总产量的10.0%和9.0%。

马来西亚国家石油公司管理并参与马来西亚境内的上游作业，油气勘探开发能力较强，中国企业在马来西亚没有油气勘探开发项目，仅有一家民企参与了马来西亚的炼厂合作（表3-28）。

表3-28 中国企业在马来西亚主要合作项目

项目名称	中国企业	签约年份	项目类型	备注（占股比例）
Port Dickson	山东恒源石油化工股份有限公司	2016	炼厂	恒源石化（51.02%）；其他48.98%

资料来源：Fitch Solutions。

（2）炼油化工

马来西亚共有8家炼厂，马来西亚国家石油公司是炼油行业的主要企业，运营三家全资炼厂，并参股其他炼厂。中国公司与马来西亚的一家炼厂合作。2016年2月山东恒源石油化工股份有限公司以6630万美元收购壳牌马来西亚炼油有限公司51%的股权。马来西亚恒源炼油厂项目位于马来西亚中部森美兰州的波德申港，距首都吉隆坡约80千米。马来西亚恒源炼厂（HRC）目前是马来西亚上市公司，炼厂产能为15.5万桶/日，约合775万吨/年，包括两个原油蒸馏装置，一套渣油催化裂化装置，两套石脑油处理装置，脱硫醇装置，两套重整装置和一套汽油处理装置。

（3）技服装备

马来西亚具有一定水平的油气田工程技术服务能力，当地公司可独立解决一般性工程技术问题,而难度大的工程技术服务需要依靠外国公司。马来西亚油气田工程技术服务领域在专业技术、管理人员和劳务人员等方面均不足,劳务主要依靠来自印尼和孟加拉国的劳工,工程技术服务效率相对较低。

由于马来西亚的油气田主要为马来西亚国家石油公司、壳牌和埃克森美孚所有,因此油田技术服务市场最具影响力的外国公司是壳牌和埃克森美孚,中国企业主要参与马来西亚的油气工程建设和服务业务。

五、油气工业

1. 油气生产

（1）油气资源

在"海上丝绸之路"国家中,马来西亚是油气资源相对丰富的国家,分布在六大沉积盆地,其中,约有38%的石油储量位于沙巴,主要位于近海和深水区域;约有54%的天然气储量位于沙捞越近海。根据已投入的勘探实物工作量,马来西亚的油气勘探程度不高。2021年,马来西亚剩余石油探明储量为6.2亿吨,较2000年增长30.0%,占世界石油探明储量的0.2%,居世界第22位,亚太地区第2位,储采比20。剩余天然气探明储量2.3万亿立方米,与2000年持平,占世界天然气探明储量的1.2%,居世界第16位,亚太地区第4位,储采比33。

近十年,马来西亚共有97个油气发现,新增2P可采储量60.4亿桶油当量。油气新发现全部位于海上,且以天然气为主,占比近90%。目前的勘探开发区域集中于马来西亚半岛和沙捞越浅水区的油气田,随着这些区域生产逐渐成熟,未来将逐渐转向沙捞越和沙巴的深水区域。

（2）油气生产

马来西亚石油工业历史较长,现已进入生产高峰期。石油产量主要来自海上,其中东马北部和西马半岛陆架是主要的石油生产区,产量占全国石油产量的80%。2000—2004年，马来西亚石油产量呈增长态势，2005年之后则呈下滑态势，2022年，马来西亚石油产量为2550万吨，占世界的0.58%，居亚太地区第4位（表3-29）。马来西亚天然气产量呈增加趋势，2022年天然气产量为824亿立方米，占世界的2.04%，居亚太地区第3位，世界第11位。

表3-29 2000—2022年马来西亚油气产量

类别	2000年	2005年	2010年	2015年	2018年	2019年	2020年	2021年	2022年
石油（万吨）	3360	3420	3310	3220	3250	3060	2830	2600	2550
天然气（亿立方米）	497	677	651	768	761	775	722	780	824

数据来源：英国能源研究所（Energy Institute）。

马来西亚主要油气田位于沙巴州和马来半岛近海，包括SB-J、Balingian、Baram Delta、Kinabalu、PM3 CAA、SB-G、SB-K（Kikeh）、Terengganu等油田，这些油田产量占马来西亚总石油产量近70%。马来西亚主要气田位于沙捞越州近海，包括Kebabangan、MLNG Dua气田群、MLNG、SK10、SK308、SK309、SK311、SK8、SK316、Terengganu等气田，这些气田产量占马来西亚天然气总产量的75%。

为遏制石油产量下滑，马政府正采取积极措施吸引外资和引进技术，加大边际油田的开发和提高老油田采收率，现有油田产量可能有所增加。此外，随着深水项目的开发，可能提高原油和凝析油的产量，但未来石油产量增长前景仍具有不确定性。马来西亚天然气产量将维持小幅增长态势，其中，Kasawari和Timi天然气项目预计将使马来西亚的天然气产量增加100亿立方米，增长14%。Jeurn气田计划于2024年投产，预计产量为52亿立方米。Rosmari-Marjoram气田产量预计2026年可达83亿立方米，成为马来西亚天然气产量增长最主要来源，上述四个新建天然气项目预计将增加约230亿立方米的天然气产量，使马来西亚的天然气总产量在2027年提高到约960亿立方米。随着勘探和生产活动转向海上区域，未来天然气产量的增长预计将来自深水项目。

2. 基础设施

（1）油气管道

马来西亚的油气消费市场主要分布在沿海城市，原油和成品油主要依赖海上运输，通过油轮直接送到炼厂和港口，不需要通过陆路长途运输。

马来西亚国内天然气管网发达，主要是半岛天然气利用（PGU）管道，由马来西亚国家石油公司的子公司运营，覆盖整个马来半岛，全长1690千米，天然气输送能力207亿立方米（表3-30）。PGU一期全长35千米，于1984年完工，连接Tok Arun和位于该国东北部Kerteh港的产能为25.8亿立方米的天然气处理厂。PGU二期分为两个分支，于1992年完工，其中一个分支将这条管道继续向南延伸，途经柔佛州的Segamat镇继续向东南延伸至Pasir，并在Pasir分为两段，分别连接巴西古丹和新山市，最后经柔佛海峡向新加坡出口；另一个分支是沿着马六甲海峡向西北延伸至吉隆坡北部的Serdang，与三个产能为25.8亿立方米的天然气处理厂相连接，全长714千米。PGU三期将PGU二期的西北分支延伸至加央附近，包括两个产能为51.6亿立方米的天然气处理厂及51.6亿立方米的露点控制单元。PGU管道的三个部分由另外两个环路支持，分别是PGU环路1和PGU环路2，从Kertih到Segamat（265千米）和Segamat到Meru（227千米）。此外，还有一条被称为PGU四期的多产品管道，从北部的Dengkil经波德申延伸到南部的马六甲，并与PGU二期相连。

表3-30 马来西亚主要天然气管道

管道名称	起点	终点	管道长度（千米）	管输能力（亿立方米）
马来半岛天然气利用项目			1690	207
跨泰国—马来西亚天然气管道系统	吉打州樟仑市	泰国宋卡	329	44
马来西亚—新加坡天然气管道	新山市	新加坡		15.5
马来西亚—印尼管道	印尼	马来西亚	96	26

马来西亚的国际管道主要目的地有泰国、新加坡和印尼等国，其中，"跨泰国—马来西亚天然气管道系统"由马来西亚吉打州樟仑市至泰国宋卡，马来西

亚—新加坡管道是PGU二期支线新山市的南延段,也是东盟的首条跨境管道。

(2)石油港口

马来西亚海上运输发达,港口众多,拥有可输送石油和天然气的港口36个,泊位113个。其中39个泊位可停靠5万吨以上油轮,16个泊位可停靠10万吨以上油轮。以位于沙巴州西南部的拉布安SBM码头(可停靠35万吨油轮)、马来半岛东南部的柔佛港(可停靠32万吨油轮)、沙捞越州中西部的宾图卢码头(可停靠32万吨油轮)、马六甲海峡的双溪乌当码头(可停靠30万吨油轮)最为著名。未来随着马六甲海峡皇京港建设的推进,其配套设施原油和成品油港口建设也会同步推进。

(3)LNG

马来西亚是世界第三大LNG出口国,也是"一带一路"沿线重要的LNG生产国。马来西亚天然气主要生产地区是东部沙捞越和沙巴州,主要消费地区是西部马来半岛,LNG供需面临不平衡问题。近年来西部天然气消费大幅增长,为满足消费需求马国油从现货市场购买LNG,并建设LNG再气化终端。目前,马来西亚有两座LNG再气化终端,再气化能力合计为730万吨。由于现阶段没有新项目建设计划,预计2030年前马来西亚LNG气化能力将保持现有水平。马来西亚有6个运营的LNG液化终端,液化能力合计为3200万吨,1个在建的液化终端,液化能力为200万吨,预计于2026年投入使用(表3-31)。

表3-31 马来西亚现有和计划建设的LNG项目

LNG项目	位置	项目类型	生产能力(万吨)	状态	投产年份
MLNG-1(Tiga)	Bintulu	液化	840	运营	1983
MLNG-2(Dua)	Bintulu	液化	960	运营	1995
MLNG-3(Tiga)	Bintulu	液化	770	运营	2003
MLNG T9	Bintulu	液化	360	运营	2016
PFLNG-1	Sarawak	液化	120	运营	2017
PFLNG-2	Sarawak	液化	150	运营	2020
PFLNG-3	Sabah	液化	200	在建	2026
Tenaga Satu & Empat	Melaka	再气化	380	运营	2013
RGTP	Pengerang	再气化	350	运营	2017

（4）仓储设施

马来西亚有大量石油存储设施，并利用新加坡缺乏扩张空间增加其存储能力。马来西亚的石油码头共建有 155 个石油储罐，成品油储存能力 247 万吨，原油储存能力 36 万吨。马来西亚地处亚太地区的中心，地理位置优越，希望将本国打造成区域的油气储运和贸易中心，目前存储能力还不能满足这一要求。根据金融时报分析，与新加坡 5% 的税率相比，马来西亚向贸易公司实施 3% 税率、向公司实施零税率政策以促进储油能力建设，与新加坡争夺地区储油中心的头衔。

3. 炼油工业

随着大型综合炼化项目投产，马来西亚原油加工能力得到较大提升。截至 2022 年，马来西亚炼厂总的原油一次加工能力 126.9 万桶／天（约合 6345 万吨／年），较 2015 年增长了 63.2 万桶／天。除 RAPID 炼厂外，其他炼厂规模不大、装备工艺水平相对较低，设备存在不同程度的老化现象，有较大的改善和提升空间。但目前成品油产量可以满足国内消费需求，并且从新加坡进口成品油的经济性优于在国内投资建炼油厂，因此马来西亚没有新炼厂建设计划，也没有明确的炼厂改扩建计划，预计中短期内马来西亚原油加工能力不会有大的变化。

RAPID 炼厂在 2019 年因火灾事故关闭两年后，于 2022 年重新启动，此外，Tanjung Bin 炼厂也于 2022 年开始运营，RAPID 和 Tanjung Bin 两个炼厂合计产能 33.5 万桶／日，约合 1675 万吨／年，推动了 2023 年成品油产量的增加（表 3-32）。马来西亚生产的成品油主要包括柴油、汽油、LPG 和煤油等，2022 年产量占比分别为 46.8%、19.6%、8.4%、9.6%，RAPID 炼厂重新运营也改变了成品油生产结构，柴油产量占比由 2018 年的 38.2% 上升至 2022 年的 46.8%。

马来西亚从 2009 年开始淘汰 92 号汽油，生产 95 号汽油。壳牌等大公司在马的加油站还供应标号为 97 的 V-Power 汽油。马国内车辆的排放标准相当于欧

Ⅳ标准。马来西亚的炼油水平与中国的炼油水平相当，炼油厂建设以招标方式确定工程设计和施工建设，欢迎中国的炼油设计工程施工公司参与，无附加条件。

表 3-32 马来西亚主要炼厂

序号	炼厂名称	投产年份	炼油能力（万桶/日）	股份构成
1	Melaka Ⅰ	1994	10	Petronas：100%
2	Melaka Ⅱ	1999	17	Petronas：100%
3	Port Dickson	1963	8.8	Petron：100%
4	Port Dickson	1963	15.5	恒源石化：51.02%；其他：48.98%
5	Kerteh	1983	12.1	Petronas：100%
6	Kemaman	2005	3	Tipco Asphalt：100%
7	RAPID	2002	30	Petronas：50%；Saudi Aramco：50%
8	Tanjung Bin	2002	3.5	Vitol：100%

4. 石化工业

马来西亚的石化工业始于20世纪90年代初，因吸引大量外资，发展较快，已成为马来西亚国民经济的支柱产业之一。马来西亚石化工业的迅速发展主要得益于该国丰富的天然气资源、较为完善的基础设施、宽松的对外开放政策，以及邻近西亚和东南亚的市场优势。目前，马来西亚石化工业已初具规模，初步形成了工业体系，能生产多种类石化产品，但产业结构与加工深度有待完善。马来西亚的石化产品主要有氨、乙烯、聚乙烯、丙烯、聚丙烯和甲醇等，2022年产能分别为206万吨、313.2万吨、193.5万吨、242.5万吨、154万吨和243万吨。

马来西亚石化工业由Petronas和私营的Lotte Chemcial Titan公司主导，还有40余家外资企业参与其中。由于Petronas自身缺乏石化技术，因此十分重视与欧美日等外国大公司的合作，引进先进工艺技术和管理经验。参与该国石化工业合作的外国公司包括巴斯夫、bp、陶氏化学、壳牌、埃克森美孚，以及日本的出光兴产、三井化学、东丽、信越化学等，其中大多数公司采取与Petronas合资经营的模式。

马来西亚的石化工业集中在马来半岛东海岸的克尔蒂赫、彭亨州的格宾、南部的巴沙古当—丹绒浪塞（巴丹）三大石化工业园区。工业园区的基础设施共用、熟练劳动力充裕、政府政策优惠，吸引了许多跨国企业进驻。马来西亚石化行业处于进一步发展的调整阶段，正在集中开发宾图卢（沙捞越）、丹戎贝莱柏（柔佛）和拉布安岛三个新的石化园区，石化工业上中下游的关联程度正在不断提高，因此政府积极吸引外资，并欢迎中国公司参与。2014年，中国石化中标当时马来西亚国内规模最大的炼化一体化项目，项目包括1500万吨常压蒸馏、880万吨渣油加氢等核心工艺装置，采用设计、采购、施工、试车工程总承包合同，合同金额超过13亿美元。

马来西亚还有两座未建成投产的石化项目，其中，沙捞越石化甲醇厂项目预计将于2023年建成，甲醇产能为182.5万吨，Pengerang Energy Complex项目预计将于2026年建成，主要生产对二甲苯，产能为200万吨。随着马来西亚石化工业体系的进一步扩充和完善，在产能进一步增长的同时，马来西亚石化产业链将向高附加值产品延伸。

六、油气消费与进出口

1. 原油

近年来，马来西亚的原油加工量整体呈增加趋势，2022年原油加工量为2920万吨（表3-33）。马来西亚既进口原油也出口原油。2019年，大型综合炼化项目投产后，原油出口大幅减少，原油净出口不足200万吨。中东是马来西亚最大的原油进口地区，2020—2022年间，从中东地区进口原油占总进口量的50%以上，其中85%以上来自沙特阿拉伯和阿联酋。亚洲是马来西亚第二大原油进口来源地，占其原油进口总量的13%～15%，其中，从澳大利亚进口凝析油的占比较高，随着越南增加炼油产能，挤占了其可供出口的原油，马来西亚从越南进口的原油数量下降。马来西亚从委内瑞拉进口的原油数量呈下降趋势，从俄罗斯进口的原油数量也相对较小，乌克兰危机爆发后俄罗斯受到制裁，对马来西亚原油供应的影响较小。马来西亚以高于基准原油的价格出口轻质低硫原油，出口国家大多是亚太国家，其中，澳大利亚、印度和泰国是排名前三的出口目的国，约占总出口量的三分之二。由于炼油产能高于国内石油产量，马来西亚目前已成为原油净进口国。

表3-33 2000—2022年马来西亚油气供需平衡

类别	2000年	2005年	2010年	2015年	2018年	2019年	2020年	2021年	2022年
原油（万吨）									
产量	3360	3420	3310	3220	3250	3060	2830	2600	2550
加工量	2260	2545	2350	2570	2830	2930	2455	2855	2920
净出口量	1100	875	960	650	420	130	375	-255	-370
成品油（万吨）									
产量	2179	2211	2205	3209	3216	3275	2778	3215	3298
消费量	2170	2402	2675	3136	3094	3151	2969	2986	3140
净出口量	9	-191	-470	73	122	124	-191	229	158
天然气（亿立方米）									
产量	497	677	651	768	761	775	722	780	824
消费量	288	374	380	468	447	452	436	494	494
净出口量	209	303	271	300	314	323	286	286	330

数据来源：IEA，EIA，BMI。
注：原油包括天然气液和凝析油等。净出口量为产量减消费量/加工量。

2. 成品油

马来西亚成品油消费主要用于交通运输和工业，其他行业消费量较少，其中，交通领域成品油消费占总消费量的83%，工业消费占比为12%。2022年，马来西亚成品油消费总量达 3140 万吨（表 3-34），其中，汽油、柴油和煤油消费量分别为 1403 万吨、1161 万吨、94 万吨，合计占成品油总消费量的 85%。随着疫情后经济复苏叠加政府燃料补贴，成品油消费短期内将呈增加趋势。但长期来看，若政府逐渐削减燃料补贴并实施加速能源转型的举措，成品油消费增长速度将放缓。

表 3-34　2022 年马来西亚成品油消费结构　　　　　（单位：万吨）

品种	交通	工业	农业	其他	合计
汽油	1388	9	0	6	1403
柴油	805	232	22	102	1161
煤油	93	0	0	1	94
其他	31	99	1	351	482
总计	2317	340	23	460	3140

数据来源：ETRI。

大型炼化项目投产后，马来西亚已成为成品油净出口国。新加坡是马来西亚成品油出口的最大贸易伙伴，两国之间距离近且新加坡是区域燃料贸易和存储中心，但马来西亚力争成为石油储存中心，与新加坡开展竞争，未来可能减少向新加坡的出口。柴油、汽油和燃料油是马来西亚出口的主要成品油品种，马来西亚是亚洲市场主要的液化石油气出口国，但仍需进口汽油。

3. 石化产品

目前，马来西亚主要石化产品均为净出口，2022 年，马来西亚有机化工原料出口排名前五的国家分别是中国、印尼、印度、新加坡和泰国，出口量分别为 121.2 万吨、88.1 万吨、63.1 万吨、43.9 万吨和 41.7 万吨。塑料及其制品出口排名前五的国家分别是中国、印尼、新加坡、泰国和日本，出口量分别为 143.6 万吨、53.6 万吨、32.3 万吨、31.8 万吨和 25.7 万吨。橡胶及其制品出口排名前五的国家分别是中国、印度、德国、巴西和新加坡，出口量分别是 77.7 万吨、12.2 万吨、10.2 万吨、7.5 万吨和 5.6 万吨。合成纤维出口排名前五的国家分别是土耳其、印尼、巴西、印度和中国，出口量均相对较小。马来西亚石化产品出口市场以亚太地区为主，其中，中国是其有机化工原料、塑料和橡胶三大产品的第一大出口市场。随着RCEP的签署和生效，马来西亚石化产品可能利用RCEP关税等优惠条款，增加向成员国的出口，但另一方面RCEP也可能加剧马来西亚与其他成员国的石化产品出口竞争。

4. 天然气

马来西亚是东南亚第三大天然气市场，仅次于泰国和印度尼西亚。随着天然气发电的增加，作为LNG和石化生产原料的需求增加以及工业部门消费增加，马来西亚天然气消费维持增长，并且LNG的消费占比不断增长。目前，马来半岛是主要的天然气消费市场，沙捞越和沙巴的天然气市场尚处于早期发展阶段，未来呈增加趋势。不过，随着马来西亚政府推动能源转型，以可再生能源替代化石燃料，长期看可能对天然气消费增长产生负面影响。2022年，马来西亚天然气消费量为494亿立方米，主要用于工业和交通领域，二者合计占总消费量的50%，此外，非能源用途占比高达49%。

马来西亚是一个重要的LNG双向贸易国。鉴于亚洲的中国、印度、日本、韩国等亚洲国家的LNG进口商愿意支付溢价，亚洲是马来西亚LNG的主要出口市场。马来西亚国家石油公司的统计数据显示，约94%的LNG通过长期合同出口向日本、韩国和中国。马来西亚主要从文莱、沙特阿拉伯、印尼等国家进口LNG，三个国家的进口占比分别为90%、9%和1%。鉴于气源气田产量减少及未来马来西亚LNG国内消费增加，出口将减少。自2018年与东京天然气集团（Tokyo Gas Group）签署最后一份协议以来，马来西亚国家石油公司没有签署新的LNG出口长期协议。

马来西亚还向新加坡出口管道天然气，出口规模为20亿米^3/年，合同将于2025年到期，随着新加坡以LNG替代管道天然气的倾向，该合同续签的可能性较低。

七、合作风险评价

1. 政治风险

地缘政治风险中等。马来西亚虽与多国有海域争端,但采取务实的外交政策,发生大规模冲突的概率较低。马来西亚受到来自美国和中国的政治影响,美国希望马来西亚在其亚太再平衡战略中发挥更大作用,加强与美国的政治、经济、军事关系,尤其是配合美国在南海地区建立以美国为主导的"安全保障体系"。中国则希望马来西亚在妥善解决南海争端问题上为周边国家树立一个和平解决争端的样板,在油气搁置争议、共同开发上迈出实质性步伐,还希望马来西亚在关于解决南海问题,以及"一路一带"建设等重大政治问题上配合中国。中美对马来西亚的愿景可能存在矛盾,将对马来西亚的政策选择产生非同向影响。

马来西亚政治面临一定不确定因素。马来西亚政治体制处于过渡时期,国内党派之间以及党派内部争斗导致国内政局不确定性较高。2018年至2021年间马来西亚的三次政权更迭影响了其政局稳定性。

2. 安全风险

安全风险较低。马来西亚各民族和谐相处,恐怖势力、反对派和边界纠纷引起社会动荡的可能性较小,但马来西亚社会中仍然存在对华人的排斥和歧视问题。

3. 政策风险

政策风险较低。马来西亚法治化程度较高,投资法律体系完备、与国际通行标准接轨、各行业操作流程较为规范。实施积极的对外开放政策,通过财税优惠政策吸引国外资本、技术推动经济转型是马来西亚的既定政策,目前外商投资已成为推动马来西亚经济发展的重要因素。总体上,马来西亚政策相对稳定,但因政府更迭也会导致政策出现调整或变化。

4. 经济风险

经济风险较低。新冠疫情后,马来西亚实施了多项刺激经济的措施,经济强劲复苏，通货膨胀有所上升等处于可控水平，外汇储备充裕，外国投资较大，偿付能力较强。货币相对稳定，马币汇率保持稳定，出现货币大幅贬值的风险小。

八、产业发展重点

马来西亚油气行业实行对外开放政策，油气工业发展基本成熟，国内生产能力较强，但上中下游及相关产业链均存在一定的合作机会，特别是在提高采收率、管道建设、仓储贸易、炼油化工、工程技术服务、装备制造等方面合作空间较大。

提高采收率方面，2005年以来，马来西亚的石油产量呈下滑态势，产量下滑的主要原因是近年来没有重大发现，油田老化严重。为遏制产量下滑，马来西亚政府采取积极措施吸引外资和引进技术，以加大边际油田的开发力度和提高老油田采收率。因此，中国石油企业在马来西亚老油田提高采收率和边际油气田开发方面，存在较大合作空间。

在工程技术服务方面，当地公司具有一定的服务能力，但存在高端专业技术欠缺、管理人员和劳务人员不足等问题。

管道建设方面，马来西亚是东盟天然气管网的主要倡议国之一，一直以来力推该管网建设，中国可发挥自身在东盟的影响力，与马来西亚一起推进东盟天然气管网建设。

仓储贸易方面，马来西亚希望成为亚太地区的油气储运和贸易中心，但该国已有的油气存储能力远不能满足这一需要。油气存储设施建设存在合作机会。

炼油化工方面，马来西亚欢迎外国投资参与其炼化项目的建设和改造，特别是老炼厂升级改造项目存在合作机会。

装备制造方面，马来西亚正在建设的浮式LNG项目和海上油气田开发，需要模块化制造和海上作业平台装备，存在合作机会。

[本节撰写人：段艺璇]

第五节　印度

印度共和国（简称印度）是南亚次大陆最大的国家，东北部与中国、尼泊尔、不丹接壤，东部与孟加拉国、缅甸为邻，西北部与巴基斯坦交界，东南部与斯里兰卡隔海相望。面积约298万平方千米（不包括中印边境印占区和克什米尔印度实际控制区等），人口14.12亿人。

一、国际关系

1. 地缘政治

印度位居南亚次大陆的中心地带，东西南三面环海，北面由喜马拉雅山脉与亚洲分隔，形成一个相对独立、封闭的地理单元。从地缘上看，印度具有先天的海洋性地缘优势和陆上地缘劣势。位于印度洋中心的独特地理位置为印度发展海权、走海上强国之路提供了便利。相对封闭的陆地地形使印度的陆权扩张受到限制。印度是全球第三大石油消费国及重要的海上通道，在石油地缘政治格局中占据重要地位。

印度的崛起不仅改变了印度洋地区的大国力量对比，而且随着它的影响外溢，亚太地区出现大国关系复杂化的局面，其中最引人关注的是印度、俄罗斯、美国、中国之间复杂的关系。美印两国在历史上一直关系疏远，缺乏合作所需要的信任和理解。而印度与俄罗斯之间关系紧密。俄罗斯对印度核心利益的支持以及双方在政治、军事、经济等领域的广泛合作，使得印俄关系成为世界上最稳定的伙伴关系之一。印度作为大国，其地缘政治战略目标一是控制南亚次大陆，二是控制印度洋。印度希望美国对中国的影响不断扩大，但也不愿意看到美国成为左右南亚和印度洋地区的主导力量。但当前，美印都担心中国国力和国际影响力提升影响其战略利益，2017年美国提出"印太"战略，将印度作为美国制衡中国的重要支点，印度的不结盟政策正逐渐转变为次联盟政策。近年来，美国极力推动美日印澳"四国机制"不断升级。2021年3月至今，四国已举办四次领导人峰会，会晤成果涉及军事合作、经贸投资、技术竞争、全球治理等多领域议题。目前看来，"四国机制"已与美国"印太战略"下的多种安全架构相互对接，共同构成了美国多点状、网络化的联盟体系，成为美国在亚太地区维护霸权的重要机制。

中印之间摩擦与合作并存。21世纪以来，印度积极实施面向亚太的"东向"战略，加强与美日两国之间对话和合作机制，发展核打击能力，介入南海问题，与越南签署联合开发南海争议海域油气田协议，依步骤实现地缘政治战略空间由南亚向东南亚乃至亚太和世界拓展的大国梦，应对中国的崛起。但长期看，印度和中国同时作为崛起中的大国，在长远战略目标上有着重要的共同利益，两国在世界格局多极化、人权问题、环境保护、建立公正合理的国际政治经济新秩序等问题上有着相同或相近的看法，共同利益大于分歧。

与巴基斯坦关系较为紧张。巴基斯坦和印度于1947年、1965年和1971年三次爆发战争。1971年巴印断交，1976年复交。2004年以来，印巴启动全面对话进程，双边关系持续缓和。2008年上半年，两国启动第五轮全面对话，并首次开通跨克什米尔控制线贸易。2009年以来，印巴高级官员利用国际场合恢复会谈，并实现特使级互访。2011年2月，两国就克什米尔、反恐、水资源等议题重启对话。2014年5月，巴基斯坦总理谢里夫受邀出席印度新一任总理莫迪的宣誓就职仪式，向印度释放善意，推动双方经贸合作。2016年以来，因克什米尔问题、民族宗教冲突等影响，两国关系持续紧张。2019年，巴基斯坦降级与印度的外交关系，并暂停与印度的双边贸易。2021年2月25日巴印陆军作战部门负责人发表联合声明，同意自2月25日零时起在两国边境地区实现停火，并将通过现有热线联系和边境会议机制应对意外情况或误解。未来，印巴两国紧张关系难有根本性转变。

2. 外交政策

印度奉行不结盟、全方位的大国外交政策。印度是世界不结盟运动创始国之一，历届政府均强调不结盟是其外交政策的基础。印度与所有国家积极发展关系，力争在地区和国际事务中发挥重要作用。冷战结束后，印度政府调整了过去长期奉行的倾向苏联的外交政策，推行全方位务实外交，营造有利于自身发展的持久稳定的地区环境。近年来，印度政府继续推行全方位大国外交战略，优先发展与美国的关系，巩固印俄传统关系，重视印中关系，推进与欧、日等主要发达地区和国家的关系。同时，印度重视能源安全，着力拓展同中东海湾、中亚等能源供应国的交往与合作。

印度是第一个同中国建交的非社会主义国家，两国关系发展一波三折。1950年中印两国建交；1954年共同倡导了著名的和平共处五项原则；1962年，中印发生边界冲突，此后两国关系冷淡；1976年，两国恢复互派大使，双边关系逐步改善和发展。近年来，在美国印太战略的影响下，印度与中国的关系再起波澜，时而陈兵边境高限摩擦，时而在两国领导人共同努力下恢复良性互动。印度密切关注中国的"一带一路"建设，但并不把这一倡议作为"机会"，而是当作同印度的竞争。莫迪政府提出实施"21世纪海上丝绸之路"的"四季"（Mausam）计划，并拒绝接受修建"云南—缅甸—孟加拉—印度东部"通道。印度拒绝签署RCEP协定。

印度积极开展能源外交。作为当前仅次于中国和美国的世界第三大石油进口国，印度近90%的石油和50%以上的天然气需要进口。能源短缺正日益成为莫迪政府"5万亿美元经济体"目标道路上的障碍。对此，印度政府积极寻求油气进口来源和通道的多元化，已形成了以中东为内核，以西非、北非、俄罗斯为中层，以周边和其他能源行为体为外层的同心圆能源外交体系。北向上，印度积极与俄罗斯、中亚和高加索地区国家进行合作，参与油气资源的勘探开发与推进油气管道建设。乌克兰危机升级以来，俄罗斯遭受美西方制裁，印度以折扣价从俄罗斯大量进口石油和液化天然气。西向上，印度与沙特阿拉伯、伊朗、科威特等国均建立了良好合作关系，并通过"援助换石油"的方式，发展与北非国家合作。东向上，印度加大对东南亚地区油气资源的开发和投资力度。此外，印度还寻求构建全球能源网络。2018年，印度与美国在德里签署了《美印战略能源伙伴关系》，印美在能源贸易方面合作潜力巨大，将在页岩气和液化天然气领域加强合作。2023年，印度总理莫迪访问美国，访问期间双方发表了《美印联合声明》，称美印将在科技、防务、清洁能源转型、公共卫生等领域加强合作。

二、政治社会形势

1. 政体

印度是联邦制国家，采取英式议会民主制。总统是象征性职位，实权在总理。以总理为首的部长会议是最高行政机关，总理由人民院多数党议会党团领袖担任。联邦议会是印度的立法机构，由总统、联邦院（上院）和人民院（下院）组成。人民院是主要立法机构，主要职能是制定法律和修改宪法，控制和调整联邦政府的收入和支出，对联邦政府提出不信任案，有权弹劾总统。

2. 政局

印度政局相对稳定。长期以来，印度形成了以国大党和印人党领导的两大联盟、左翼和部分地方政党组成第三势力的政治格局。上届国大党领导的团结进步联盟政府腐败丑闻缠身，深受经济滑坡、物价上涨、民怨上升、治安不稳等难题困扰，百姓怨声载道，政治局势勉强维持。自2014年6月莫迪上台执政以来，其领导的印度人民党政府积极推进国内改革，促进经济增长，整体执政成绩获得了选民肯定。2019年大选，莫迪所在的印度人民党在人民院542议席中赢得342席，成为议会最大党，无须和其他小党派联盟就可直接组建政府。印度人民党在人民院中的优势，意味着莫迪执政更加顺畅，将继续推行商业友好政策、推行印度教民族主义，并采取强硬的国家安全战略。

3. 安全形势

印度是犯罪率较低的国家，但不同地域差别很大。治安较好的有德里、孟买、加尔各答、金奈、班加罗尔等大城市中心区，治安较差的地区为西北、东北和东部地区，盗窃案、抢劫案和凶杀案经常发生。印度面临的主要安全问题是由民族、宗教矛盾引发的暴力冲突。同时，社会贫富差距扩大与宗教、种族等因素交织纠缠，滋生暴力活动。

印度与巴基斯坦之间在领土、宗教、资源分配等领域的冲突形势严峻。2019年2月14日，印控克什米尔地区发生恐怖袭击，26日，印度轰炸了巴控克什米尔地区，28日，两国爆发空战，印度2架战机遭击落。近期的印巴冲突是近十年来两国最严重的军事冲突。在军事冲突期间，印度取消了对巴基斯坦的最惠国待遇，召回了驻巴基斯坦大使。短期内，印巴仍将保持对峙。印巴之间的核心矛盾难以缓解，对南亚地区安全形势构成挑战。

中国与印度边境对峙或将持续。自2020年6月中印边境加勒万河谷地区持续对峙以来，无论是双方军长级谈判还是双方国防部长的会晤，印方立场都非常强硬，希望中方按照他们的意愿来解决问题，不想做任何让步，甚至一直违反双方已经达成的协议。印度认为中美紧张关系会持续并对多极世界格局构建产生影响，对其自身既是挑战更是机遇。印方据此出台了一系列应对措施，包括加强与美国在印度洋合作、效仿美国对中国实行贸易保护主义等，以应对中国的崛起。中印边界形势受国际大环境影响，若中美之间长期陷入战略竞争状态，中印边界地区的形势也将不会再平静。

三、经济形势

1. 总体形势

印度宏观经济形势良好，经济增速在世界主要经济体中位居前列，未来经济发展将保持较快增长。自2014年莫迪执政以来,推出了一系列法律和税务领域改革,改善了印度的营商环境,外资流入规模大幅上升。农业由严重缺粮到基本自给,工业已形成较为完整的体系,自给能力较强。除了2020年因受新冠疫情影响,GDP增速出现负增长外,近年来印度经济增速强劲。2022年GDP增速为7.0%,GDP达到33851亿美元(表3-35)。尽管经济增速快,规模庞大,2022年印度人均GDP仅2389美元,在亚洲地区48个国家中排名35位,处于较低的水平。印度汽车销量、采购经理人指数(PMI)调查和信贷增长都保持强劲,预计未来印度经济发展增长将保持强劲。

表3-35　2000—2022年印度主要经济指标

经济指标	2000年	2005年	2010年	2015年	2018年	2019年	2020年	2021年	2022年
GDP(亿美元,现价)	4766	8342	17085	21024	27029	28356	26716	31503	33851
人均GDP(美元)	472	747	1417	1639	1974	2050	1913	2238	2389
GDP增速(%,不变价)	4.0	9.3	10.3	8.2	6.5	3.9	−5.8	9.1	7.0
通货膨胀率(%)	2.1	4.9	9.2	5.3	3.9	3.7	6.6	5.1	6.0
失业率(%)	2.0	2.1	2.2	5.0	5.2	5.3	7.1	7.0	6.9
外汇总储备(亿美元)	411	1378	3003	3533	3992	4635	5902	6385	5673
财政盈余(亿美元)	−394	−615	−1474	−1478	−919	−1304	−2458	−2111	−2166
外债总额(亿美元)	1011	1212	2904	4788	5210	5609	5642	5672	5734
外国直接投资净流入(亿美元)	36	73	274	440	421	506	644	447	499

资料来源:世界银行,IMF,中国商务部。

2022年9月,国际信用评级机构穆迪对印度主权信用评级为Baa3,展望为"稳定"。2023年5月,惠誉对印度主权信用评级为BBB-,展望为"稳定"。

印度的外汇储备持续增长。近十年来,印度外汇储备增长了近一倍,自2013年的2980亿美元增长至2022年的5673亿美元,外汇储备可满足8.5个月的进口用汇。但印度外债水平较高,偿付压力较大。印度需要不断借新债来还旧债,如果借不到新债,就可能发生债务危机。

2. 经济结构

服务业是印度的重要产业。自20世纪90年代以来，印度经济发展模式下的经济结构实现转变，产业结构调整迅速，印度第一产业占GDP的比重迅速下降，第二、三产业占GDP的比重迅速上升。2022年，印度第一、二、三产业占GDP的比重依次为16.6%、25.6%和57.8%。印度经济结构呈现农业、工业比重小，服务业比重大的特点。

对外贸易获得重大突破。2021—2022财年，印度货物进出口商品总额10345亿美元，首次突破了1万亿美元。其中，出口总额4218.9亿美元，同比增长52.9%，创历史新高；进口总额6126.1亿美元，同比增长64.3%。2021—2022财年，美国超越中国，重新成为印度最大的贸易伙伴，中国与阿联酋分别为印度第二与第三大贸易伙伴。2021—2022财年，印度前十大进口来源地依次为中国、阿联酋、沙特阿拉伯、美国、伊拉克、俄罗斯、印尼、澳大利亚、新加坡、卡塔尔。前十大出口市场依次为美国、阿联酋、中国、孟加拉国、荷兰、新加坡、比利时、德国、英国和沙特阿拉伯。

2022年，中印双边贸易额1359.8亿美元，同比增长8.4%。其中，中国对印度出口1185亿美元，同比增长21.7%，中国自印度进口174.8亿美元，同比下降37.9%。中国对印度主要出口商品有机电产品、化工产品和贱金属及其制品等。中国自印度主要进口商品有矿产品及原料和化工产品等。

3. 货币政策

印度政府已放开外汇管制，经常账户和非居民资本账户下的卢比可以自由兑换。但在实际操作中，外汇管制仍较为严格，在外币兑换、汇出、账户开立等方面有诸多限制，一旦违反可能涉及经济处罚乃至刑事处罚。人民币与印度卢比不能直接结算，仅在部分市场非正式接受人民币支付或兑换。

卢比汇率基本保持稳定。印度央行继续通过外汇政策保持卢比汇率稳定。2022年，包括美联储在内的全球主要经济体的货币政策出现转向，货币政策转为加息以抑制通胀。同时，印度央行的加息政策一定程度上抵消了印度卢比的贬值压力，卢比兑美元的汇率保持在 78 卢比兑 1 美元左右。较 2021 年卢比兑美元的汇率保持在 74 卢比兑 1 美元相比，小幅贬值 5%。预计，未来卢比汇率将保持基本稳定或小幅贬值的状态。

4. 外资吸引力

在吸引外资方面，印度有以下几大竞争优势：政治相对稳定；经济增长前景良好；人口接近 14 亿，市场潜力巨大；地理位置优越，辐射中东、东非、南亚、东南亚市场。世界银行发布的 2020 年《营商环境报告》显示，印度在 190 个国家/地区中排名第 63 位。印度已连续第三年跻身 10 个发展最快的经济体之列。世界知识产权组织发布的《2022 年度全球创新指数》显示，在 132 个国家和地区中，印度综合指数排名第 40 位。

外国直接投资出现波动。最近 5 年，印度获得的外国直接投资年均维持在 400 亿美元以上。2018 年为 421 亿美元，2020 年创历史新高达到 644 亿美元。受新冠疫情影响，2021 年下降至 447 亿美元。2022 年回升至 499 亿美元。外国直接投资的主要领域包括金融服务业、建筑业、电信、电脑软硬件、制药、化学品、汽车、电力、酒店与旅游等行业。近年来，中国企业在印度的电力、交通运输、医疗、能源、电商、互联网等领域进行投资。

印度政府积极采取措施吸引外国投资，财政部正在制定外国投资自由化框架，提议"外资占股不超过 49% 的投资不再要求政府审批"，整体合作政策朝放松的趋势发展。但针对中国投资壁垒加大，2020 年 4 月印度修改投资政策，将与印度有陆上接壤的国家的实体和公民的投资程序由自动审批转变为政府审批，矛头直指中国。

四、油气对外合作

1. 油气政策

印度油气全产业链对外开放，油气相关法律主要包括 1948 年颁布的《油田（管理和开发）法》和1959年颁布的《石油和天然气条例》。

上游领域采取收入分成模式对外合作，陆上区块在联邦政府批准后，由各邦政府授予；海上区块由联邦政府授予。目前，印度致力于优化政策，吸引更多外国投资。实施的政策包括降低油气勘探开采中的政府参与度；开采的油气可以由投资者自主定价和销售；区块授标将主要根据投标人对勘探工作的承诺来确定，以鼓励勘探；针对二、三类盆地的开发，政府只收取矿税，公司所得利润不征税；低油价下，针对国内原油生产商征收的固定税率制度也转换为从价税制度；鼓励外资开发煤层气、投资煤层气液化、煤制油等项目；外资可直接参与LNG进口、运输和销售，若与印度国有公司合资成立LNG进口公司，后者持股不得超过50%。

中下游均采用合资公司的模式对外合作。在炼油领域，外国资本和私有资本可以持有印度私营炼厂100%的股权，也可以和印度国有公司成立合资炼厂，如果外国资本持有印度国有炼厂股权超过49%，须经印度政府批准。如果外国资本和私有资本在印度的勘探、开发、炼厂、管线、码头项目投资超过3亿美元，就可以对加油站、码头、管线、仓储等项目享有100%股权。目前，印度限制外国资本和私有资本进入液化石油气和煤油销售市场，以避免价格上涨给居民生活带来影响。在石化领域，已放松原有的管制，允许外资100%控股。此外，印度政府在安得拉邦、古吉拉特邦等4个邦设立了石油、化工和石化投资区，以吸引外资。

印度成品油市场化程度较高，2015年已取消所有补贴。天然气市场价格包括政府定价和市场定价，国内生产天然气由政府定价，价格相对较低；进口的LNG则由市场定价，价格较高。

2. 油气监管

石油天然气工业部是印度石油工业的主管部门，负责油气行业规划、管理、监管和服务，也是勘探开发许可证颁发机构。石油天然气工业部下设多个职能部门，其中，石油工业理事会（DGH）负责许可证发放，并对石油公司上游业务中的环境、安全、经济、技术等事项进行监管；石油工业发展委员会（OIDB）负责为石油工业各领域发展提供财政和信贷服务，促进本国石油行业发展；石油规划和分析办公室（PPAC）负责分析国际和国内石油市场的价格走势，评估石油进出口趋势；石油工业安全理事会（OISD）负责石油工业制定行业标准、安全评估和培训（图3-2）。

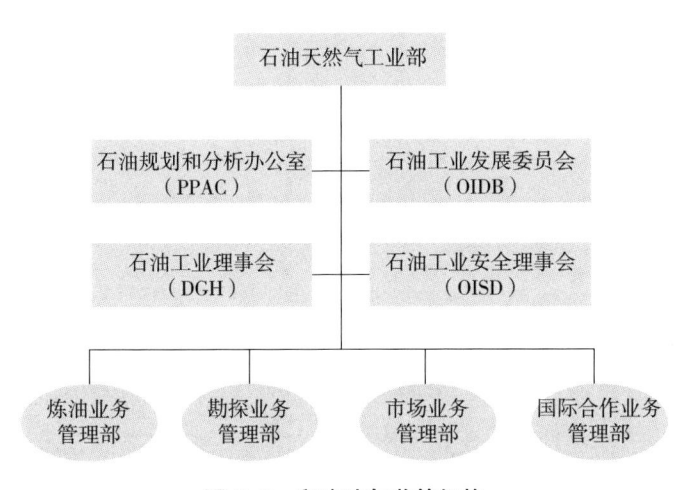

图3-2 印度油气监管机构

印度油气产业链共有11家国有资本占多数股权的公司。各家公司业务各有侧重。其中，印度石油天然气公司（ONGC）是最大的国家石油公司，业务范围较广，但以上游为主；石油印度有限公司（OIL）是另外一家主要的上游国家石油公司；印度石油公司（IOCL）、印度斯坦石油公司（HPCL）以及巴拉特石油公司（BPCL）等是专注于下游业务的国家石油公司；印度国营天然气公司（GAIL）主要负责天然气业务（表3-36）。

表3-36 印度主要的石油公司

公司名称	业务范围	政府持股比例（%）
印度石油天然气公司（ONGC）	一体化	68.07
印度石油公司（IOCL）	下游	57.34
印度斯坦石油公司（HPCL）	下游	29.31
巴拉特石油公司（BPCL）	下游	54.93

续表

公司名称	业务范围	政府持股比例（%）
印度国营天然气公司（GAIL）	天然气配送	54.43
印度工程师有限公司（EIL）	炼油工程	57.02
石油印度有限公司（OIL India Ltd.）	上游	66.60
Balmer Lawrie 有限责任公司	化工	59.67
Chennai 石油公司	下游	57.34
Numaligarh 炼油公司	下游	54.93

资料来源：印度油气部。

3. 国际合作

（1）勘探开发

① 国内油气合作。

印度油气生产主要由 ONGC 和 OIL 两家国家石油公司控制。1997 年以前，油气勘探和生产区块直接分配给 ONGC 和 OIL。1997 年以后，政府开放上游领域，引入新的勘探许可证政策（NELP），鼓励私有企业参与。2022 年，国家石油公司、私营公司和合资公司分别占印度石油产量的 75%、12% 和 13%，占天然气产量的 62%、8% 和 30%。信实工业公司（RIL）是印度油气行业主要的私营公司，于 2009 年 4 月开始油气生产，经营的 KG-D6 气田是印度最重要的天然气田，2010 年天然气产量达到 210 亿立方米，占当年印度天然气产量的 40%。2023 年，RIL 在印度东海岸 KG-D6 区块运营的三个主要天然气田已全部投产，RIL 拥有 66.67% 的权益，bp 拥有 33.33% 的权益。其中，R-Cluster 气田于 2020 年 12 月投产，Satellite Cluster 气田于 2021 年 4 月投产，MJ 油气田于今年 6 月投产。MJ 油气田是一个高压高温油气田，有 8 口生产井，天然气产量峰值约为 1200 万米^3/日，凝析油产量为 2.5 万桶/日。当 MJ 油气田产量达到峰值时，这三个气田预计每年可生产约 110 亿立方米天然气。

上游对外合作水平低，对油气产量贡献不大。国内油气产量主要来自国家石油公司，2022 年国家石油公司石油和天然气产量分别为 2204 万吨和 205 亿立方米，占总产量的75%和62%；私企和合资企业石油和天然气产量分别为734万吨和125亿立方米，占总产量的25%和38%。外国公司主要是欧洲和加拿大公司，如bp和壳牌。投资项目主要位于东部深海和西北部拉贾斯坦地区。中国石油企业在印度至今没有参与油气勘探开发项目。

② 海外油气合作。

印度参与海外油气合作主要由ONGC全资子公司ONGC Videsh（OVL）负责，海外资产主要分布在拉美、非洲、中东、东南亚、中亚及俄罗斯萨哈林地区（表3-37和表3-38）。近年来，印度海外油气业务发展迅速，已在27个国家拥有56个投资项目。海外产量主要来自俄罗斯、越南、苏丹和南苏丹、阿塞拜疆。

表3-37 印度主要海外油气项目

国家	项目个数	项目类型	参与的印度油气公司
俄罗斯	5	勘探开发、油气生产	ONGC、IOCL
委内瑞拉	2	勘探开发、油气生产	ONGC、OIL、IOCL
苏丹	2	勘探开发、管道	ONGC、OIL
南苏丹	2	油气生产	ONGC
缅甸	5	勘探开发、油气生产、管道运输	ONGC、OIL、GAIL
莫桑比克	1	油气生产	ONGC、OIL、BPRL（BPCL全资子公司）
哥伦比亚	7	勘探开发、油气生产	ONGC、OIL、IOCL
巴西	5	勘探开发、油气生产	ONGC、IBV（印度Videocon工业公司和印度巴拉特石油公司组成的合资公司）
哈萨克斯坦	1	勘探开发	ONGC
阿塞拜疆	2	勘探开发、管道运输	ONGC
加拿大	1	LNG	IOCL
叙利亚	2	勘探开发、油气生产	ONGC
尼日利亚	1	勘探开发	OIL、IOCL
越南	2	勘探开发	ONGC
澳大利亚	3	勘探开发	BPRL

资料来源：IHS。

表 3-38 印度与中国合作的主要海外项目

序号	所在国家	项目名称	中方公司股份占比	印方公司股份占比
1	缅甸	中缅天然气管道	中国石油：50.9%	ONGC Videsh：8.347%；GAIL：4.1735%
2	苏丹	GNPOC，Block 1、2 & 4,	中国石油：40%	ONGC Videsh：25%
3	南苏丹	GNPOC，Block 1、2 & 4,	中国石油：40%	ONGC Videsh：25%
4	哥伦比亚	Mansarovar 能源公司	中国石化：50%	ONGC Videsh：25%
5	哥伦比亚	LLA-69 区块	中国石化：50%	ONGC Videsh：25%
6	加拿大	Pacific Northwest LNG	中国石化：15%	Indian Oil：10%

资料来源：IHS。

OVL 不断扩大海外业务。OVL 通过与美国、非洲和中亚俄罗斯强化合作，建立海外合作的核心区域。公司计划在全球建成 4~5 个生产基地，涉及常规、非常规、LNG 等多个领域，稳固和扩大在阿塞拜疆和哈萨克斯坦油气业务和管道业务，到 2030 年国外油气产量将提高到 6000 万吨油当量。

（2）炼油化工

炼油行业对外合作程度不高。印度现有炼厂 23 座，总炼油能力近 2.5 亿吨/年。炼厂主要由国家石油公司控制，拥有炼油能力 1.84 亿吨，占比 60.4%。其次为私有企业信实工业（RIL），拥有炼油能力 0.68 亿吨，占比 27.1%。两家合资企业的炼油能力为 0.31 亿吨，仅占 12.5%（表 3-39）。

表 3-39 印度下游外资合作项目

合资炼厂	经营公司	产能（百万吨/年）	合作伙伴
Bathinda	HPCL Mittal 能源公司	11.3	Mittal 能源公司
Vadinar	Nyara 能源公司	20	俄罗斯石油

资料来源：印度油气部。

（3）工程技术服务

印度工程技术服务和装备市场采取公开招标的方式对外合作。在油气田工程技术服务领域，西方公司参与较多，最具影响力的是 bp，主要提供深海开发技术服务。印度最紧缺的是深海油气开发、老油田提高采收率和非常规油气资源开发等工程技术服务，中国企业参与较少。在油气物资装备领域，印度的石油装备研发能力和制造能力不强，几乎所有石油设备都需要进口，价格通常是决定供货商是否中标的主要因素。因此，采购地集中在第三世界国家，如中国、罗马尼亚等石油装备价格较低的国家。

五、油气工业

1. 油气生产

（1）油气资源

印度油气资源较为丰富，常规油气资源量分别为 22.5 亿吨和 4.54 万亿立方米。全国已有 15 个盆地发现油气，主要在西部海上的孟买高盆地、古吉拉特邦盆地、孟加拉湾的安得拉邦，以及东部的奥里萨邦盆地和阿萨姆盆地等地区。印度的非常规油气资源也较丰富，其中页岩油气储量分别为 5.2 亿吨和 2.7 万亿立方米，主要分布于坎贝、克里希那－戈达瓦里（Krishna-Godavari）、科佛里（cauvery）等盆地；煤层气储量为 3.6 万亿立方米，主要分布于贾坎德邦、拉贾斯坦邦、古吉拉特邦等。

2022 年印度石油剩余探明储量为 6.5 亿吨，占世界石油探明储量的 0.3%，居全球第 22 位，亚太地区第 2 位；天然气剩余探明储量 1.14 万亿立方米，占世界天然气探明储量的 0.6%，居亚太地区第 5 位。

常规石油待发现资源量为 5.1 亿吨，地区排名第 4 位；常规天然气待发现资源量为 2.3 万亿立方米。待发现油气资源主要分布于南部的科佛里盆地、东部的孟加拉和阿萨姆盆地，以及西部的孟买盆地。

印度的油气勘探程度不高，平均探井密度远低于全球平均水平。勘探潜力地区之间差异大，西部的坎贝、孟买、巴尔梅尔盆地和东部的阿萨姆和克里希那－戈达瓦里盆地探井密度远高于印度其他地区，勘探程度较高；安达曼海、恒河等盆地探井密度较低，有较大勘探潜力。

（2）油气生产

印度石油产量不高，近年持续小幅下滑。印度石油工业始于1889年，直到1960年才开始生产石油（初始产量25万吨），此后产量缓慢上升，1977年突破1000万吨，1983年突破2000万吨，2010年接近4000万吨，2011年达到4300万吨的峰值，之后持续缓慢下降，2022年降至2938万吨。

印度天然气产量较低，近年产量波动不大。印度天然气工业起始于20世纪60年代，1975年天然气产量达到10亿立方米，后经过10年的缓慢发展，产量达到50亿立方米，1990年突破100亿立方米，1997年达到200亿立方米，之后持续增长，于2010年达到461亿立方米的峰值，后因东部海上气田大幅减产，导致产量持续下滑，2020年产量下滑至285亿立方米。2021年后，天然气产量有所回升，2022年印度天然气产量为330亿立方米（表3-40）。

表3-40 2000—2022年印度油气产量

类别	2000年	2005年	2010年	2015年	2018年	2019年	2020年	2021年	2022年
石油（万吨）	3275	3251	3805	3730	3469	3264	3078	2989	2938
天然气（亿立方米）	279	313	461	253	326	320	285	332	330

数据来源：ETRI。

印度主力油田为西部陆上拉贾斯坦邦的Mangala、Aishwariya、Bhagyam油气田，2022年石油产量分别为452万吨、96万吨、66万吨，东部海上RAVVA油田和西部海上Lakshmi油田，2022年石油产量分别为52万吨和38万吨。

主力气田分别是西部海上的Mumbai High油气田和PANNA-MUKTA油气田，以及东部海上的Dhirubhai-34（R-Cluster）气田和KG-DWN-U-3气田，四个气田2022年的天然气产量分别为52亿立方米和15亿立方米，69亿立方米和5亿立方米。此外，西部陆上有拉贾斯坦邦Raageshwari Deep气田，2022年天然气产量达14亿立方米。

2. 基础设施

（1）油气管道

印度国内油气管网主要分布于西北和东北部地区，布局平衡。2022年，印度原油和成品油管道长度分别为1.04万千米和1.90万千米，年输送能力分别为1.59亿吨和1.16亿吨。天然气管道2.06万千米，年输送能力1280亿立方米。

印度没有跨国油气管道，多条跨国管道的规划因地缘政治原因久拖不决。其中，伊朗—巴基斯坦—印度天然气管线全长2775千米，设计管输能力219亿立方米，因印巴两国关系紧张，长期未能付诸实施；土库曼斯坦—阿富汗—巴基斯坦—印度天然气管线（TAPI），全长1680千米，设计管输能力198亿立方米，受阿富汗和巴基斯坦国内安全局势影响，项目一再拖延。此外，印度和俄罗斯计划修建一条连接两国的石油管道，以实现印度从俄罗斯进口石油。该管道计划途经哈萨克斯坦和乌兹别克斯坦，再与TAPI并行进入印度。

管道建设宏伟计划很难实现。印度石油部长曾宣称，印度将投资600亿美元建设国家天然气管网和进口终端。预计到2030年，天然气在印度能源结构中的比重将达到15%。诸多印度公司将参与天然气管网的投资并建设新的天然气进口设施。印度政府已经开始建设连接印度东北部8个邦的东北天然气管网，该地区与不丹、缅甸、孟加拉国接壤，预计2023年以后才能建成。

（2）油气码头

印度油气进口完全依赖海上运输，码头接卸能力初具规模。全国有石油和天然气港口41个，泊位94个。其中39个泊位可停靠10万吨以上油轮，13个泊位可停靠30万吨以上油轮，4个泊位可停靠35万吨以上油轮。

（3）LNG

至2022年底，印度现有运行LNG再气化终端7座，其中西海岸5座，东海岸泰米尔纳德邦2座，总气化能力为4540万吨/年（合622亿米^3/年），见表3-41。在建的LNG接收终端的再气化能力为1310万吨/年（合179亿米^3/年），计划项目的再气化能力为5330万吨每年（合730亿米^3/年）。随着LNG气化站的新建、扩建项目投产，印度 LNG 进口量将会继续上升。

表 3-41 印度现有和在建的 LNG 气化项目

LNG 项目	位置	运营商	生产能力（万吨/年）	状态	投产运营年份
Dahej	古吉拉特	Petronet	1750	运营	2004
Ennore	泰米尔纳德	IOC	500	运营	2019
Hazira	古吉拉特	壳牌	500	运营	2005
Kochi	喀拉拉	Petronet	500	运营	2013
Mundra	古吉拉特	Adani Group	500	运营	2020
Ratnagiri	马哈特斯特纳	GAIL	290	运营	2013
Dhamra	奥里萨	道达尔能源	500	运营	2021
Chhara	古吉拉特	HindustanPetroleum	500	在建	2025
Jafrabad	古吉拉特	Swan Energy	500	在建	2025
Ratnagiri	马哈拉施特拉	H-Energy	210	在建	2024
Karaikal	泰米尔纳德	AGP	100	在建	2025

资料来源：印度油气部。

（4）仓储设施

2022 年，印度炼厂油库和国内管网的石油存储能力为 3082 万吨，东西海岸是主要的炼厂所在地。石油战略储备能力 530 万吨，储备港分别位于卡纳塔克邦的芒格洛尔（Mangaluru）和帕杜尔（Padur）以及安得拉邦的维萨卡帕特南（Visakhapatnam）。港口有 152 个储罐，存储能力 91 万吨，其中成品油存储能力 34 万吨，原油存储能力 57 万吨，主要分布于西海岸古吉拉特邦的坎德拉港，马哈拉施特拉邦的孟买港和那瓦舍瓦港，果阿邦的帕纳吉港和莫尔穆冈港，卡纳塔克邦的芒格洛尔港，喀拉拉邦的科钦港；东海岸泰米尔纳德邦的杜蒂戈林港、金奈港、印诺尔港，安得拉邦的维沙卡帕特南港，西孟加拉邦的霍尔迪亚港和加尔各答港。目前，印度有 22 个 LNG 储罐，容积 250 万立方米。

3. 炼油工业

印度的炼油能力位居世界前列，但炼油能力过剩。印度的炼油工业起步较早，近年发展较快。截至 2022 年底，印度有 23 座炼厂，原油一次加工能力为 2.48 亿吨 / 年，居美国、中国和俄罗斯之后，排名世界第 4 位（表 3-42）。炼厂主要分布于东西海岸，但大多数炼厂规模较小，加工能力超过 1000 万吨的只有 11 座，其中最大的炼厂为印度信实工业的贾姆纳格尔（SEZ）炼厂，该炼厂扩能后的加工能力已达到世界级规模（3520 万吨 / 年）。

表 3-42 印度主要炼厂的加工能力

炼厂名称	炼油能力（万吨/年）	经营者	投产年份	股份构成
Barauni	600	印度石油公司	1964	IOCL：100%
Bathinda	1130	HPCL Mittal Energy Ltd.	2012	Mittal：49%；HPCL：49%；Indian financial：2%
Bina	600	巴拉特阿曼炼油公司	2011	BPCL：49%；OOC：26%；financial institutions：25%
Bongaigaon	235	印度石油公司	1974	IOCL：100%
Digboi	65	印度石油公司	1901	IOCL：100%
DTA-Jamnagar	3300	信实工业公司	1999	IOCL：100%
Guwahati	100	印度石油公司	1962	IOCL：100%
Haldia	750	印度石油公司	1975	IOCL：100%
Kochi	1550	巴拉特石油公司	1963	IOCL：100%
Koyali	1370	印度石油公司	1965	IOCL：100%
Manali	1050	Chennai Petroleum	1965	Reliance：100%
Mangalore	1500	Mangalore Refinery	1996	BPCL：100%
Mathura	800	印度石油公司	1982	ONGC：71.62%；HPCL：16.95%；Bodies：11.43%
Mumbai	750	印度斯坦石油公司	1954	IOCL：100%
Mumbai	1200	巴拉特石油公司	1955	BPCL：100%
Nagapattinam	100	Chennai Petroleum	1993	HPCL：100%
Numaligarh	300	Numaligarh Refinery	2000	BPCL：61.65%；Assam：12.35%；OIL：26%
Panipat	1500	印度石油公司	1998	IOCL：100%
Paradip	1500	印度石油公司	2016	IOCL：100%

续表

炼厂名称	炼油能力（万吨/年）	经营者	投产年份	股份构成
SEZ	3520	印度信实工业公司	2008	Reliance：100%
Tatipaka	6.6	Oil& Gas Commission	2001	ONGC：100%
Vadinar	2000	Essar Oil Limited	2006	Rosneft：49%；Trafigura：49%；Essar：2%
Visakhapatnam	830	印度斯坦石油公司	1957	HPCL：100%

资料来源：印度油气部。

印度的炼油能力主要来自国家石油公司，仅8%的产能来自合资企业。现有的炼油能力为2.51亿吨/年。其中，国有石油公司的炼油能力为15200万吨/年，占比61%；合资企业炼油能力3130万吨/年，占比12%；私人企业6820万吨/年，占比27%。私有企业开工率最高，为110%，国有企业开工率为95%，合资企业为93%。

深加工能力不足。催化重整和加氢处理能力仅占一次加工能力的1.8%和10%。主要加工中质原油，约占47%；其次为轻质原油，占37%，重质原油占16%。2022年印度生产成品油2.50亿吨，主要产品包括柴油、汽油、石脑油、石油焦、燃料油等，分别占42%、15%、8%、6%和4%。

炼厂产能扩张较快。目前，印度多个炼厂正在新建、改（扩）建，其中，位于Koyali的印度石油公司炼厂，新增加工能力850万吨/年。如果这些炼厂能按期投产，印度炼厂加工能力将在2025年前增长3500万吨/年，届时印度炼油能力将增至2.82亿吨/年。此外，印度计划新建2座大型炼厂：印度石油公司计划在古吉拉特邦新建产能为3000万吨/年的Mundra炼厂，沙特阿美与印度国油计划在马哈拉施特拉邦新建产能为6000万吨/年的Ratnagiri炼厂。

4. 石化工业

石化市场发展相对滞后。印度石化工业起步较早，以30万吨乙烯装置建成投产为标志，1991年进入规模化发展阶段，20世纪90年代后期进入快速发展阶段，生产规模和生产能力迅速提升，但与炼油工业相比仍相对滞后。目前，印度化工行业在全球排名第6，市场规模为1780亿美元，预计2025年市场规模将达到3000亿美元。由于允许进行占股高达100%的外国直接投资，印度吸引了大量外资流入。印度的化工行业在各个细分领域实现了强劲的增长。具体而言，石化产品预计将以7.5%的复合增长率增长，农用化学品复合增长率8%、专用化学品增长率12%。

印度石化工业主要包括基础石化产品和终端石化产品两大领域，这两大领域在其经济中占十分重要的位置。其中基础石化产品主要包括烯烃（乙烯、丙烯等）和芳烃（苯、甲苯、二甲苯等），终端石化产品主要是聚合物（聚乙烯、聚丙烯）、合成纤维（聚酯纤维）、弹性体等。目前印度国内已投产的主要基础石化产品产能达到了1613万吨/年，终端石化产品产能达到1441万吨/年。

印度石化工业由国有石化公司和民营的信实工业公司等共同主导，石化工业规模相对较小，石化和化工产品产量仅占全球的3.5%。未来几年，随着石化产品需求的高速增长，印度将吸引更多的投资者参与到更多的石化项目的建设。未来，印度有望成为亚洲石化工业发展的新引擎。

六、油气消费与进出口

1. 原油

印度是原油进口国，不出口原油。近年来，印度原油进口保持增长。2022年原油进口量2.42亿吨，进口依存度达到92.6%（表3-43）。其中，来自中东的进口量为1.42亿吨，占印度原油进口总量的59%，其他地区的进口量分别为俄罗斯3700万吨、美洲3100万吨、非洲2400万吨、亚太200万吨、欧洲500万吨。因炼厂装置设计的主力加工油种为中东原油，中东为印度的主要进口来源地，伊拉克、沙特阿拉伯、伊朗、尼日利亚、委内瑞拉是印度前五大原油进口国。自俄乌冲突发生以来，以美国为首的西方国家纷纷呼吁减少对俄罗斯能源的依赖，陆续减少从俄罗斯进口原油等各种能源。然而，印度却相反，不断以更优惠的价格从俄罗斯进口原油。由于失去了部分欧洲市场，俄罗斯选择以更优惠的价格向印度出口原油。而印度则利用进口的原油进行国内生产，以降低生产成本，同时还可以将其转售给其他国家，从而赚取中间的差价。近十年来，印度原油加工量持续增长，年均增长约4.9%。2022年原油加工量为2.61亿吨，同比增长9.3%。未来原油进口量将随着在扩建炼厂相继投产而继续增长，预计2035年将增至2.86亿吨。

表3-43 2000—2022年印度油气供需平衡

类别	2000年	2005年	2010年	2015年	2018年	2019年	2020年	2021年	2022年
原油（万吨）									
产量	3275	3251	3805	3746	3469	3264	3078	2989	2938
加工量	10344	13011	20600	22689	26132	25727	23245	23922	26152
进口量	7410	9941	16360	18943	22663	22463	20167	20933	24214
出口量	0	0	0	0	0	0	0	0	0
成品油（万吨）									
产量	5983	7445	12219	22113	26216	26113	23655	25037	26236
消费量	5953	6256	8881	17850	23032	23850	22376	23093	23461
进口量	192	210	507	2130	3161	4165	4493	4126	3335
出口量	296	1364	3845	6393	6345	6428	5772	6070	6110
天然气（亿立方米）									
产量	279	313	461	253	326	320	285	332	330
消费量	279	382	586	467	631	644	651	667	614
进口量	0	69	125	214	305	324	366	335	284
出口量	0	0	0	0	0	0	0	0	0

数据来源：ETRI。

注：原油包括天然气液和凝析油等。原油与成品油部分数据不平衡是因为有库存数。

2. 天然气

天然气消费下滑。2022年，印度天然气消费量为614亿立方米，较上年减少53亿立方米。这是由于气价高，进口减少所致。印度天然气消费中，国产气消费占54%，进口气占46%。印度的天然气消费主要用于发电、工业、民用、化肥等，其中发电和化肥行业分别占20%和30%。国内生产的天然气主要用于发电、化肥、城市居民、交通及商业等领域，而工业用气很少；由于进口气价格高，主要用于生产化肥和民用。

未来，印度的天然气消费将保持增长，但受基础设施和进口量制约。印度人口众多，天然气消费水平较低，人均年消费只有38立方米，远低于世界平均水平。因国内天然气产量难以大幅提升，加之没有进口管道气，印度天然气消费增长完全依赖LNG进口。随着莫迪政府清洁能源政策的逐步实施，未来发电用气有很大的上升空间。同时，考虑到印度天然气基础设施建设进度迟缓，未来印度的天然气消费难以出现快速增长。

3. 成品油

成品油供过于求。2022年，印度成品油消费量2.35亿吨（表3-44），其中，汽油、柴油、煤油占比分别为15.1%、38.0%、3.2%。

表3-44　2022年印度成品油消费结构　　　　　　　　（单位：万吨）

品种	交通	工业	农业	其他	合计
汽油	3257	125	150	11	3543
柴油	8078	318	74	445	8915
煤油	532	6	7	206	751
其他	5842	1159	577	2674	10252
总计	17709	1608	808	3336	23461

资料来源：印度油气部。

民用煤油消费份额小，航空煤油消费份额大。印度煤油消费主要用于航空运输，少部分用于民用餐饮和照明。2022年，印度民用煤油消费量206万吨，占成品油消费总量的0.9%，主要用于居民照明和餐饮；航空煤油消费量532万吨，占成品油消费总量的2.3%，主要用于航空运输。随着经济发展和人员往来的增加，未来煤油消费量将不断增长，预计到 2035 年将达 4000 万吨。

汽油和柴油消费量占比较高。2022 年，印度汽油消费量 3543 万吨，占成品油消费总量的 15.1%，主要用于国内客车、出租车和两轮和三轮摩托车燃料；柴油消费量 8915 万吨，占成品油消费总量的 38.0%，主要用于国内铁路公路运输、农业和发电。随着印度汽车工业发展和道路建设不断完善，未来汽油和柴油消费量将不断增长。预计到 2030 年，汽油和柴油消费量将分别达 5950 万吨和 1.14 亿吨。

值得关注的是，工业化的快速发展以及机动车的迅速普及给印度带来了严重的空气污染问题，印度政府宣布将跳过 BS-5 标准，自 2020 年 4 月所有新车必须符合巴拉特第六阶段的燃料质量规定（BS-6，相当于欧Ⅵ标准），2022 年将每辆汽车的二氧化碳排放量降至 113 克/千米，2030 年电动车的市场份额将提高至 30%。预计 2030 年后成品油需求增量会进一步放缓，2035 年消费总量将为 3.30 亿吨，与中国目前的消费水平相当（2019 年中国成品油消费量 3.3 亿吨）。

印度是亚太地区主要的油品出口国。2022 年，印度成品油产量 2.62 亿吨，出口总量 6110 万吨，主要出口柴油、汽油和石脑油。净出口 2775 万吨，柴油、汽油和石脑油的净出口量分别为 3240 万吨、1296 万吨和 560 万吨。液化石油气需求则供不应求，需要大量进口。印度新增炼油产能大多在 5 年之后投产，为满足国内快速增长的石油需求，预计未来五年印度的成品油出口量将呈现逐年下降趋势。

印度油品进口主要为液化石油气、燃料油、石脑油和石油焦，汽煤柴油进口量很少。2022 年，印度成品油进口量为 3335 万吨，其中 LPG 为 2050 万吨，燃料油 600 万吨，石脑油 120 万吨。

4. 石化产品

2022 年，印度石化原料生产能力为 2244 万吨/年，石化产量为 1863 万吨。印度国内石化产品供不应求，预计未来十年，印度石化行业将以年均 8%~10%

的速度快速扩张，到2030年产量将达到3800万吨。

合成树脂和合成橡胶无法满足国内需求。2022年合成树脂产量1193万吨，包括聚乙烯（PE）、聚丙烯（PP）、聚氯乙烯（PVC）、聚苯乙烯（PS）和ABS树脂，消费量1752万吨，净出口量585万吨，主要进口聚乙烯、聚丙烯和聚氯乙烯，出口少量苯乙烯共聚物树脂。根据现有产能和未来发展计划，未来两年仍需大量进口合成树脂和合成橡胶以满足消费需求。2022年合成橡胶产量为42万吨，消费量为75万吨，需要大量进口以满足消费。2022年合成纤维产量为855万吨，消费量为832万吨，产量能够满足消费，并可少量出口（表3-45）。

表3-45　2022年印度石化产品市场平衡情况　　　（单位：万吨）

品种	产量	消费量	出口量	进口量	净出口量
石化原料	1863	1948	78	164	-86
其中：乙烯	731	731	3	5	-2
丙烯	591	592	0	1	-1
合成树脂	1193	1752	49	634	-585
其中：聚乙烯	465	685	16	241	-225
聚丙烯	540	637	30	174	-144
合成橡胶	42	75	3	34	-31
其中：丁苯橡胶	20	29	1	9	-8
聚丁二烯橡胶	13	22	0	10	-10
合成纤维	855	832	66	46	20
其中：涤纶	206	151	65	10	55

资料来源：印度石化协会（CPMA）。

七、合作风险评价

1. 政治风险

地缘政治风险中等。印度和中国存在制度差异、领土争端等不利因素，中印之间的矛盾与摩擦将长期存在。印度和中国作为同时崛起中的大国，在长远战略目标上有着重要的共同利益，两国在世界格局多极化、人权问题、环境保护、建立公正合理的国际政治经济新秩序等问题上有着相同或相近的看法。因此，中印共同利益大于分歧，走向全面对抗的概率较低。

2. 安全风险

安全风险较高。民族、宗教矛盾始终是印度社会主要的不安定因素，分裂势力也成为其国内暴力冲突产生的根源之一。同时，社会贫富差距扩大与宗教、种族等因素交织纠缠，滋生出更多的暴力活动。此外，印度与巴基斯坦之间在领土、宗教、资源分配等领域的冲突长期存在，未来仍难彻底解决。

3. 政策风险

政策风险中等。印度的法律体系基本完备，但存在法律繁琐、部分法律过时而没有得到及时修订等问题。印度的法制程度较高，但执法效率较低，出现拖延的情况较为普遍。总体上，印度政府的各项政策相对稳定、政府更迭不会导致政策出现较大变化。然而，近期印度修改投资政策，将与印度有陆上接壤的国家的实体和公民的投资程序由自动审批转变为政府审批，明显增加了中国公司的投资壁垒。

4. 经济风险

经济风险较高。印度是市场化国家，政府放开了外汇管制，但其市场化程度远没有达到发达国家的开放程度，政府管制较多。外汇储备相对不足，外债水平较高，偿付压力较大。个别企业信誉不佳，实施欺诈，如当货物抵达港口后，印商以各种理由不按时提货，导致货物被海关按无货主货物没收并拍卖，印商再以低价从海关将货物购回，造成供货商损失等。

八、产业合作重点

印度是油气消费大国，油气对外开放程度高，增加国内供应、拓展油气进口渠道、保障油气供应是其未来的发展重点。主要合作领域包括：勘探开发、管道建设、LNG设施建设、化工、交易市场。

勘探开发方面，印度油气资源丰富，但勘探程度和采出程度较低，新区勘探、老油田提高采收率和非常规油气资源开发等领域具有广阔的合作空间。

管道建设方面，印度国内油气管网建设滞后，国际油气管道计划多年，但难有进展，仍不能满足国内日益增长的油气需要。在进口通道方面，印度致力于推动TAPI、IPI等管道建设，中国可借助在中亚、巴基斯坦、伊朗等国家和地区的影响力，协调各方利益，择机参与管道建设。

基础设施建设方面，未来印度油气消费将继续快速增长，对原油码头、LNG进口设施的需求长期存在。

化工方面，印度技术较落后、工艺较简单、产业链较短、深加工精加工程度不高、产品主要集中在大宗石化品，且品种不够齐全，需要大量进口。印度已制定了加快石化领域扩能、改造发展的计划，合作空间广阔。

[本节撰写人：余功铭]

第六节　蒙古国

蒙古国（简称蒙古）为位于亚洲中部的内陆国，东、南、西与中国接壤，北与俄罗斯相邻。面积156.65万平方千米，为世界第二大内陆国，约345.8万人。

一、国际关系

1. 地缘政治

蒙古地处亚洲大陆腹地，完全为中俄两个大国所封闭，是一个典型的内陆国家。这一地缘要素决定了蒙古的国家安全战略和对外政策选择与大国关系密切相关。特别是中俄关系的走向，对蒙古的稳定与发展有着决定性的影响。

现如今中俄已经达成"全面战略协作伙伴关系"，且仍在不断深化与升温。中俄签署关于丝绸之路经济带建设和欧亚经济联盟建设对接合作的联合声明，进一步彰显中俄伙伴关系在政治层面达到的空前高度。中俄关系的友好，也预示着蒙古所面临的区域地缘政治环境相对稳定。

俄罗斯视蒙古为其亚洲地区的安全屏障和拓展势力的基地。历史上，俄罗斯基于地缘政治方面的考量，维护其亚洲地区安全及建立欧洲方向的最大纵深是其主要地缘战略目标，设置外围安全屏障意义重大。蒙古是俄罗斯在亚洲地区的主要邻国之一，俄罗斯将其视为拓展势力空间的战略要地。俄罗斯不断加强与蒙古的传统睦邻伙伴关系。

中国视蒙古为友好邻邦并建立了全面战略合作伙伴关系。多年来，中国政府坚定不移地对蒙古奉行睦邻友好政策，蒙中关系在各领域及战略高度上得到长足发展。中方尊重蒙古的独立与主权，尊重蒙古人民自己选择的发展道路，尊重蒙古的无核区地位。近年来，两国互利合作不断扩大，中国已连续多年成为蒙古最大的贸易伙伴和投资国。在国际事务中，双方在许多问题上有着相同或近似的看法，保持密切沟通与合作。2014年8月21日至22日，国家主席习近平对蒙古进行国事访问，期间两国领导人决定将中蒙战略伙伴关系提升为中蒙全面战略伙伴关系。中国与蒙古合作关系不断增强，合作水平空前提升。

美国不断加强对蒙古的渗透与拉拢。蒙美关系特别是双方的政治合作、军事合作呈现出新的态势。近年来，美国试图利用蒙古地处中俄两个大国之间的有利地缘战略位置，控制东北亚战略要地，将蒙古纳入其军事同盟，既可牵制俄国，需要时也可从背后对付中国。美国将蒙古看作其亚太战略中的重要筹码，日益加强的蒙美军事合作就是美国对中国实行遏制战略的重要组成部分。显然，美国在蒙古的军事影响无疑会对中俄安全产生挑战和压力。

欧盟则拉拢蒙古参加欧安组织，使其成为北约的战略合作伙伴。日本和韩国利用扩大对蒙投资，强化其在蒙古的存在。

中国、俄罗斯、美国、欧盟、日本、韩国在蒙古的竞争将会在长时期内持续，并可能对"一带一路"倡议的实现构成一定影响。

2. 对外关系

蒙古奉行开放、不结盟的外交政策。强调"同中国和俄罗斯建立友好关系是蒙古外交政策的首要任务"，主张同中国和俄罗斯"均衡交往，发展广泛的睦邻合作"。2011年蒙古发布《对外政策构想》，提出"爱好和平、开放、独立、多支点"的外交政策，明确对外政策首要任务是发展中国、俄罗斯两大邻国友好关系，并将"第三邻国"政策列入构想，注重发展与美国、日本、欧盟、印度、韩国、土耳其等国家和联盟的关系。2013年3月蒙古与北约建立"全球伙伴关系"，11月加入欧安组织。

平衡发展与各国的关系是蒙古外交的首要方向。蒙古夹于中俄之间的特殊地理位置使其成为平衡大国关系的重要砝码。蒙古的《新国家安全构想》，将"第三邻国"作为一大外交政策。蒙古的"第三邻国"含义广泛，从最初的美国演变到西方国家，再到后来的援蒙国家，如日本、韩国等国。近年来，《第三邻国》的范围又有着向国际组织发展的趋势，如欧安组织等。"第三邻国"的理念使得中国在发展同蒙古关系上面临了更大的竞争。

蒙古对"一带一路"倡议持支持的态度，并已成为亚投行 57 个意向创始成员国之一。近年来，中蒙两国领导人通过各种渠道保持经常性会晤，加强战略沟通，巩固政治互信。2017 年 5 月，蒙古国总理额尔登巴特来华出席"一带一路"国际合作高峰论坛，期间与习近平主席、李克强总理等领导人会见。2018 年 4 月，蒙古国总理呼日勒苏赫访华并出席博鳌亚洲论坛年会，期间同习近平主席、李克强总理、栗战书委员长分别举行会见会谈。同年 6 月，蒙古国总统巴特图勒嘎来华出席上海合作组织成员国元首理事会青岛峰会，同习近平主席举行双边会晤，中国、蒙古、俄罗斯还举行了三国元首会晤。2021 年 7 月，习近平主席同蒙古国总统呼日勒苏赫通电话。2022 年 2 月，习近平主席同来华出席北京 2022 年北京冬奥会的蒙古国总理奥云额尔登会见并达成重要共识。2022 年 11 月，习近平主席同来华进行国事访问的蒙古国总统呼日勒苏赫举行会谈。在两国领导人带领下，中蒙持续加强立法机构、政府、政党间交流，在各层面建立定期交流机制，规划并推动两国各领域关系发展，为两国深入合作提供保障。2023 年 6 月，蒙古国总理奥云额尔登访华，期间与习近平主席举行正式会谈，双方就充实蒙中全面战略伙伴关系新内涵、敲定两国对话层面的建设项目等问题广泛地交换了意见。

中蒙互为重要伙伴，持续加强战略对接。在发展方面，中国正在以中国式现代化全面推进中华民族伟大复兴，蒙古也正在致力于国家改革和经济社会发展。未来，中蒙将推进"一带一路"倡议同蒙古"草原之路"发展战略、全球发展倡议同蒙古"新复兴政策"、中国"两步走"发展战略目标同蒙古"远景 2050"长期发展政策深入对接，打造双边关系发展的三大引擎。在国际事务方面，奥云额尔登总理表示蒙方坚持一个中国原则，支持中方在涉台、涉藏、涉疆等问题上的立场，支持习近平主席提出的全球发展倡议、全球安全倡议、全球文明倡议，愿同中方密切合作，继续相互尊重并支持彼此选择的发展道路。中蒙同为发展中国家，在国际和地区事务中拥有广泛共同利益和相近立场主张，中蒙将坚定捍卫多边主义，共同构建相互尊重、公平正义、合作共赢的新型国际关系。

二、政治社会形势

1. 政体

蒙古的政治制度是宪政共和国。国家最高权力机构为大呼拉尔（议会），行使立法权。大呼拉尔的成员由蒙古公民投票选出，任期4年。本届国家大呼拉尔于2020年6月产生，共76个席位，议席分布为：人民党62席、民主党11席、其他党派3席。国家大呼拉尔主席为贡布扎布·赞登沙特尔（GOMBOJAV ZANDANSHATAR）（人民党），2020年7月就任。总统是国家元首兼武装力量总司令，由公民不记名投票直接选出，任期6年，不得连任、不得重复参选，由于蒙古实行议会制，故其主要行使国家礼仪的角色。现任总统乌·呼日勒苏赫于2021年6月当选。总理是蒙古最高行政部门的首长和蒙古国家大呼拉尔（即议会）多数党领导人。蒙古总理由大呼拉尔（议会）任命，议会也可以通过针对总理的不信任案来解除总理职务。现总理罗·奥云额尔登于2022年1月就任。

2. 政局

蒙古政局维持稳定。2021年6月，来自人民党的乌·呼日勒苏赫任总统，目前人民党主席罗·奥云额尔登任总理。本届国家大呼拉尔（议会）共76个席位，而执政的人民党就占据62席，占绝对优势，因此本届政府在执行力方面将有大幅改善。蒙古地广人稀，客观上举行政治游行示威活动的影响受到限制，目前蒙古政局保持稳定。

本届政府提出四项主要工作目标：积极应对新冠疫情；使遭受重创的经济尽快得到恢复；支持和培育中产阶层，强化扶贫工作力度，使国家和人民加速脱贫致富；加强反腐，建设公正公平社会。此外，本届政府希望蒙中双方加强矿产、基础设施建设、沙漠化防治等领域合作，提高边境口岸过货量，推动蒙中关系实现更大发展。

3. 安全形势

社会秩序稳定。蒙古社会秩序较为稳定，不存在明显的民族和宗教矛盾，尚未发现恐怖组织活动，也不存在恐怖组织袭击的目标。2006年以来，民众对政府矿产资源管理不善和腐败问题日渐不满，抗议示威等活动有所增加。

社会治安事件频发。近年来，蒙古社会治安事件日渐频繁，外国人被殴打、抢劫的事件时有发生，盗窃案件日趋频繁，城市犯罪率有所升高，首都乌兰巴托犯罪率居全国之首。

民粹主义日益膨胀。蒙古政府为迎合全国民众的民族主义情绪，提出《全世界蒙古人回归祖国》等口号，民粹主义倾向凸显。对外合作中，政府标榜捍卫蒙古利益，推动修改相关法律，走民粹主义路线，尤其在矿产资源领域最为明显。蒙古民族主义情绪日益膨胀，给中俄境内的少数民族地区的稳定和蒙古的对外合作带来一定的消极影响。

三、经济形势

1. 总体形势

蒙古经济发展受国际市场矿产品价格波动影响，总体上保持较快增长。2008年国际金融危机使蒙古经济受挫，曾出现负增长。2010年后，受益于国际市场矿产品价格不断上升，蒙古经济快速复苏，2011年GDP增长达到创纪录的17.3%，成为全球经济增速最快的经济体之一。受蒙古国内政策和投资环境不稳定等内部因素，以及国际市场大宗产品价格持续走低等外部因素影响，

2013年以来蒙古经济形势恶化，国民经济增速明显放缓。2017年开始又有明显回升。2020年，受新冠疫情、口岸关闭等不利因素影响，蒙古经济受到较大冲击，GDP降至133亿美元，GDP增速为-4.6%（表3-46）。随着蒙古疫情得到一定控制，以及国际市场的转暖，2021年煤炭出口量达到4200万吨，GDP增速由负转正。2022年蒙古经济继续保持增长，GDP增速升至4.8%。

表3-46 2000—2022年蒙古主要经济指标

经济指标	2000年	2005年	2010年	2015年	2018年	2019年	2020年	2021年	2022年
GDP（亿美元，现价）	13	29	72	118	132	142	133	153	168
人均GDP（美元）	556	1150	2608	3943	4165	4395	4041	4566	4947
GDP增速（%，不变价）	1.2	6.5	7.3	2.5	7.7	5.6	-4.6	1.6	4.8
通货膨胀率（%）	11.6	12.7	10.0	5.7	6.8	7.3	3.8	7.4	15.2
失业率（%）	6.1	7.0	6.6	4.9	5.4	5.4	6.6	7.8	8.2
外汇总储备（亿美元）		6.9	20.9	13.2	35	44	45	44	34
财政盈余（亿美元）	-0.7	0.6	0.3	-5.8	4.6	3.4	-11.5	-11.2	-12.1
外债总额（亿美元）	9.6	14	59	210	298	316	324	339	333
外国直接投资（亿美元）	5	19	17	9	20	24	17	22	25

资料来源：世界银行，中国信保，IMF。

外债规模不断上升。2022年蒙古外债总额为333亿美元，短期外债与国际外汇储备之比升至189%。蒙古外债总额为本国国内生产总值的近两倍。近年来，蒙古国外债水平持续走高，随着还款日期的来临，财政还款压力逐渐显现，应当防范因债务而出现的投资风险。

未来，蒙古经济发展将保持稳定。2023年5月15日，惠誉国际信用评级机构宣布维持蒙古主权信用评级为B，展望为"稳定"。惠誉指出，蒙古经济形势稳定，经济增长强劲，外部脆弱。蒙古的人均收入高于其他评级为B的国家。因矿业走强国内需求稳定，惠誉预测2023年蒙古GDP将增长5%，2024年增长加速。中国调整边境防疫政策后，蒙古煤炭出口正在恢复。2023年3月，奥玉陶勒盖铜矿启动深矿开采。未来1~2年内，随着跨境铁路全面投入使用，出口能力将进一步提升。高额外债，低外汇储备，向中国出口原材料等高度依赖外部资金，评级受限。

2.经济结构及贸易

蒙古的主要产业为矿业、农牧业、交通运输业。2022年，工业在产业结构中所占比重为37.0%，农业所占比重为13.2%，服务业所占比重49.8%。矿业是蒙古经济发展的重要支柱产业，2022年矿业产值占工业总值的70%以上，矿产品出口占出口总额比重达近80%，并有逐年增加的趋势。总体上，蒙古经济结构呈现农业比重小，工业和服务业比重较大的特点。

进出口贸易快速增长。2022年，蒙古与世界160个国家和地区贸易总额为212亿美元，同比增长32.1%。其中，出口总额125亿美元，同比增长35.7%；进口总额87亿美元，同比增长27.2%；贸易顺差38亿美元，同比增长60.1%。2022年，对蒙古贸易前五位国家分别是中国、俄罗斯、瑞士、韩国、日本，贸易额分别为136.4亿美元、27.0亿美元、10.3亿美元、6.9亿美元、6.7亿美元。

对华贸易额再创新高。2022年中蒙贸易额达136亿美元，连续两年破百亿美元。同比增长34.3%，占蒙古同期外贸总额的64.3%。其中，对华出口额105.7亿美元，同比增长38.5%；自华进口额30.7亿美元，同比增长21.8%。中国连续多年是蒙古最大贸易伙伴。蒙古煤炭、铜精粉、铁矿石等矿产品绝大部分出口中国。

煤炭出口量大幅增长。2022年，蒙古煤炭出口3168万吨，同比增长101.7%，金额64.9亿美元，同比增长135%；铜精粉出口145万吨，同比增长13.2%，金额27.3亿美元，同比减少5.5%；铁矿石出口473万吨，同比减少33.3%，金额3.9亿美元，同比减少58.9%；原油出口260万桶，同比下降40%，金额2.4亿美元，同比下降11.1%；锌精矿粉出口14.1万吨，同比增长25.8%，金额2.8亿美元，同比增长64.7%。

推进各领域合作，拓展经贸互利共赢。2023年蒙古国总理奥云额尔登访华，重点参观了天津港，目的是在"新复兴政策"口岸复兴框架内通过公路和铁路连接边境口岸，为蒙古提供出海通道。当前，蒙古扎门乌德、嘎顺苏海图、毕其格图等口岸90%以上的货物运输均通过天津港运输。蒙古在天津港的租用土地投入运营后，集装箱运输瓶颈将被解除，货物周转加速，为蒙古提供与180多个国家的约500个港口建立联系的机会。另外，中蒙还就发展杭吉—满都拉铁路口岸和中蒙边境最大的陆路口岸24小时开放进行磋商，未来，中蒙互联互通将更加便利。

3. 货币政策

蒙古对投资汇款汇兑实行有限监管，对外汇转移实行高度自由化政策。除蒙古中央银行及其批准的实体外，所有交易都要以蒙古货币图格里克结算。依据蒙古《外国投资法》，投资者可将股票收入和红利、出售财产和有价证券所得、产权转让收入、从企业撤股和企业撤销后应得的收入等无障碍地汇往国外。蒙古对外资利润、债息、资本、知识产权资本收益、进口投入回报等汇款的流入与汇出不加限制。

蒙币汇率持续贬值。最近一段时间以来，受乌克兰局势等影响，蒙古国外汇储备进一步缩水，导致蒙币图格里克对主要国际货币汇率持续贬值。因市场需求旺盛，美元和人民币对图格里克汇率价格持续走高。近五年，图格里克兑美元贬值近30%。2018年年均汇率约1美元兑换2472.5图格里克，2022年年均汇率1美元兑换3143.4图格里克。

4. 劳工供需及薪金

技术工人短缺。蒙古劳动力供求市场存在结构性失调问题，整体呈现劳动力资源短缺现象。其普通劳动力基本能满足需要，但技术岗位劳动力供应不足，尤其是高水平技术岗位。因此，蒙古劳动力市场虽然供应紧张，但存在结构性失业问题。

劳动力价格低。蒙古国家劳动与社会三方磋商委员会2018年发布第5号决议，规定自2020年1月1日起将最低工资标准提高至42万图格里克/月。

劳工保护。对外籍劳工采取许可证制度。蒙古当地企业雇用外国员工需向政府部门申请工作许可证，工作许可证有效期限为1年。不同行业分配工作可配额不同，矿业和建筑部门用工单位外国劳务人员比例分别限制在五分之一和七分之一以下。

5. 外资吸引力及环保减排责任

蒙古政治环境整体稳定，但受政治选举周期和政党轮替影响，政策连续性和稳定性时有波动。受制于矿业法频繁变动，蒙古的投资环境曾一度恶化，2013年外国直接投资流入同比大幅下降51.5%。2013年蒙古修订《投资法》，为外国公司提供了相对优惠的投资条件，规定同等对待内、外投资，外国投资享受同等法律保护；对投资额超过900万美元的投资者，蒙古政府给出的所得税、关税、增值税、特别税等税收稳定，不在合同有效期内调整税率。目前，蒙古的外国投资形势明显好转。但长期看，矿业法规不稳定仍是阻碍外国投资增长的主要因素。世界经济论坛《2019年全球竞争力报告》显示，蒙古在全球最具竞争力的141个国家和地区中，排第102位。世界银行《2019年营商环境报告》显示，蒙古在全球190个经济体营商便利度排名中，排第74位。

对环境保护有较为详细的法律约束。蒙古绿色发展和环境保护领域法律法规较多，特别是在矿业方面进行严格规范，企业申请矿产开采许可证时需提供详细的环境评估报告。同时，根据蒙古《环境保护法》与《环境影响评估法》，矿山开发及与其相关的建设项目均需进行环境评估。法律规定禁止对水源和森林地附近的矿产进行勘探和开发。投资企业在涉及矿产开发项目时须聘请蒙古具有环境评估资质的公司对其可能给环境造成的影响进行评估，并将报告提交蒙古自然环境部审批。

承诺履行减排责任。蒙古是《联合国气候变化框架公约》缔约方和《巴黎协定》缔约方，承诺将控制温室气体排放，并实施缓和气候变化的相关举措。同时，蒙古也是《联合国防治荒漠化公约》的缔约方，对本国防治荒漠化有突出诉求。由于蒙古工业发展水平不高，碳排放总体规模相对较低，根据国际能源署（IEA）的统计，蒙古2018年碳排放总量为0.2亿吨（二氧化碳排放量），人均碳排放量为6.7吨。蒙古政府正积极配合联合国及其专门机构推进节能减排计划，并根据生态系统状况制定了地方发展计划，以控制碳排放水平。

目前中国对蒙古投资主要集中在矿产勘探开发、能源、建筑建材、旅游、餐饮服务、畜产品加工和纺织服装等领域。蒙古对中国出口主要集中在矿产品、动物毛皮原料及其制成品等方面。未来，中蒙将继续推进经贸、投资、矿能、科技、农牧业等领域的合作，打造基础设施、能源等重大示范性项目，致力于实现两国协同发展、共同繁荣。另外，中蒙还将联合防治荒漠化，就蒙古国"十亿棵树"国家计划开展合作。

四、油气对外合作

1. 对外合作政策

蒙古油气工业上下游均对外开放。油气上游勘探开发合作采用产量分成合同，政府没有持股比例要求。下游合作主要采用合资方式。

蒙古政府正加大政策改革力度，逐步推出新的法规和优惠财税政策。2014年7月蒙古颁布新石油法，将常规和非常规油气的产量分成合同的勘探期分别延长至最多12年和15年，开发期延长至最多35年，并制定了免交所得税、关税、增值税、特别税等相关优惠政策。

2. 对外合作监管

工业和贸易部是蒙古石油工业的主管机构，下设有地质矿产重工业局、矿产和石油管理局。地质矿产重工业局主要负责制定矿产资源开发利用的政策法规，并负责监督实施和管理协调等工作。矿产和石油管理局负责蒙古石油和矿产资源的勘查和开发管理，包括发放矿业许可证、组织地质调查和研究、建立并管理地质和矿业数据库等。

3. 对外合作现状

蒙古不具备油气勘探开发能力，油气活动主要依赖外国公司。截至 2021 年底，蒙古共划分了 30 多个油气勘探区块，其中 28 个已签订合同，有近 20 家外国公司参与，外国公司主要来自亚洲国家，其中投资额最大的是中国石油。中国石油企业在蒙古有 2 个油气生产项目，2 个油气勘探项目（表 3-47）。中国石油于 2005 年进入蒙古进行油气投资和工程技术服务业务，是蒙古最大的石油生产商。

表 3-47 中国石油企业在蒙古项目情况

项目名称	中国企业	签约年份	项目类型	备注
塔木察格盆地 19、21 和 22 区块	塔木察格公司（大庆）	2005	油气生产	石油储量 536 万吨，产量 36 万吨，持股 81.03%
II & III JEA 项目	东胜石油公司	2004	油气勘探	持股 50%
PSC 1997 项目	东胜石油公司	1997	油气生产	持股 100%，产量 4 万吨
PSCA XV-Tariach 项目	金海石油公司	2007	油气勘探	持股 100%

资料来源：ETRI。

蒙古石油工业处于初始阶段，勘探开发能力弱，不具备油气地质、油气田开发生产的综合研究与方案设计能力。油气田工程技术服务水平和装备制造能力很低，当地的工程技术服务公司缺乏从事油气钻探、采油和井下作业服务的能力，不能生产相关的油气物资装备，中国石油企业主导该国的油气田工程技术服务市场。

五、油气工业

蒙古石油工业发展落后，油气勘探程度低，资源量尚不明确，储量规模小，石油产量低。

目前，蒙古尚未做过全国性的油气资源评价。2021 年蒙古石油局长阿玛尔赛汗表示，蒙古石油资源储量达16亿吨。IHS Markit评估该国石油可采储量（2P）为4096万吨，天然气可采储量为56亿立方米。近年来，该国虽然不断加大勘探力度，但收效甚微，仅在东戈壁盆地发现小型油气田，在塔木察格盆地钻遇商业油气流。

蒙古的石油产量主要集中在东戈壁盆地和塔木察格-海拉尔盆地。长期以来，蒙古的石油产量低，最高产量也就110万吨。2005年以前石油产量很低，年产不足5万吨；2009年产量增至25万吨；2009—2011年基本保持在25万～30万吨规模；2015年石油产量突破100万吨，2016年达到109万吨。2017—2020年产量下滑，2020年石油产量55万吨。2021年石油产量有所上升，2022年又大幅下滑（表3-48）。

表3-48　2013—2022年蒙古油气产量

类别	2013年	2014年	2015年	2016年	2017年	2018年	2019年	2020年	2021年	2022年
原油（万吨）	60	85	101	109	102	84	89	55	59	36
天然气（亿立方米）	0	0	0	0	0	0	0	0	0	0

数据来源：GTT，蒙古国家统计局数据。

蒙古没有天然气生产，预计中短期内也不会有天然气产量。没有油气管道，蒙古希望成为油气过境国，为中国运送俄罗斯油气，希望中国能投资建设一条跨境天然气管道，为首都乌兰巴托提供取暖用天然气。

蒙古的炼油工业落后，仅在东戈壁省建有一座小型炼油厂，加工能力为1000桶/日，但已停产多年。前些年，政府正考虑在东戈壁省赛音山达工业园区新建一座炼厂，计划加工能力为100万吨/年，但一直没有实质性进展。2017年2月，蒙古政府与印度进出口银行签署优惠贷款协议，计划在东戈壁省阿拉坦希热县境内建设一座年加工量150万吨的炼油厂。根据计划，待建炼油厂将于2025年全面投入生产，主要生产以下产品：液化石油气（4.3万吨）、汽油（33.9万吨）、柴油（82.4万吨）、航空燃油（8万吨）、锅炉燃料（4.7万吨）。

六、油气消费与进出口

蒙古人口少，经济落后，油气消费低。2022年，蒙古成品油消费量为135万吨（表3-49），消费品种主要是汽油和柴油，分别为52万吨和83万吨（表3-50）。蒙古生产的原油出口到中国，需要的成品油完全依赖进口。

表3-49　2000—2022年蒙古油气供需平衡　　　　（单位：万吨）

类别	2000年	2005年	2010年	2015年	2018年	2019年	2020年	2021年	2022年
原油									
产量	2	3	27	101	84	89	55	59	36
加工量	0	0	0	0	0	0	0	0	0
进口量	0	0	0	0	0	0	0	0	0
出口量	2	3	27	101	84	89	55	59	36
成品油									
产量	0	0	0	0	0	0	0	0	0
消费量	42	63	87	112	129	130	132	133	135
净进口量	42	63	87	112	129	130	132	133	135

数据来源：ETRI。

表3-50　2020年蒙古成品油消费结构　　　　（单位：万吨）

品种	交通	工业	农业	合计
汽油	52	0	0	52
柴油	27	49	7	83
煤油	0	0	0	0
总计	79	49	7	135

数据来源：IEA。

随着经济发展和人口增长，蒙古成品油消费将稳定增长，预计2030年达到144万吨，2035年达到148万吨。

蒙古石化产品消费主要依赖进口。消费品主要包括石化原料、塑料及其制品和橡胶及其制品，人为短纤纤维消费量较少（表3-51）。消费品进口主要来自中国、俄罗斯、日本、韩国、美国、马来西亚、泰国、印度尼西亚等国。蒙古没有石化产品出口。

表3-51 2022年蒙古主要石化产品进口来源地　　（单位：万吨）

品种	中国	俄罗斯	日本	韩国	美国	马来西亚	泰国	其他	合计
塑料及其制品	4.761	0.607	0.020	0.457	0.013	0.029	0.014	0.429	6.33
橡胶及其制品	1.577	0.122	1.188	0.053	0.114	0.047	0.028	0.235	3.364
有机化工原料	0.195	0.558	0	0	0	0.002	0.001	0.113	0.869
人为短纤纤维	0.022	0.003	0.004	0	0	0	0	0.015	0.044

数据来源：GTT。

七、合作风险评价

1. 政治风险

地缘政治风险低。蒙古认识到了战略利益的重要性，采取大国平衡策略。国内各民族和平相处，不存在宗教矛盾，政局不会出现大的动荡。但美西方出于战略牵制考虑，对蒙古的不断渗透和拉拢，也会给地缘政治投下阴影。

2. 安全风险

安全风险较低。蒙古社会秩序较为稳定，不存在明显的民族和宗教矛盾，尚未发现恐怖组织活动，也不存在恐怖组织袭击的目标。但民粹主义有不断滋生和蔓延的倾向，给当地社会环境带来潜在危害。

3. 政策风险

政策风险较高。蒙古国内油气政策法规变更频繁，缺少透明度，且不可预测，是影响国际合作的主要因素。

4. 经济风险

经济风险较高。蒙古 2022 年外债总额达到 333 亿美元，是当年 GDP 的近两倍，世界银行、国际货币基金组织等国际金融机构多次对蒙古不断增长的债务风险做出提醒，要求蒙古政府采取措施，控制债务规模，并提出若蒙方继续执行扩张型宏观经济政策，将提高蒙古债务风险等级。

运营风险较高。尽管蒙古的沉积盆地面积大，但资源贫乏，且勘探程度低，投资沉没概率高，属于油气资源合作的高风险地区。另外，蒙古国内交通运输基础设施落后，工业基础薄，支撑条件差，可能加大油气投资成本；蒙古国内劳动力市场结构性矛盾突出，尤其是高水平技术工人短缺，也将对油气合作造成负面影响。

八、产业合作重点

目前，中蒙关系处在历史最好时期，中蒙两国通过各种渠道加强沟通，巩固政治互信，为中蒙油气合作奠定了良好基础。未来，中蒙两国在资源普查、风险勘探、管道建设、炼油化工、油气及石化产品贸易等方面有较大合作空间。

资源普查方面，蒙古尚未进行该项工作，目前也无能力进行该项工作，但有摸清资源家底的意愿。

风险勘探方面，蒙古沉积盆地面积较大，勘探程度低，有一定的发现潜力。

管道建设方面，蒙古希望建设从俄罗斯到其首都的油气进口管道，满足其国内消费，但缺乏资金。中国可推动建立中蒙俄油气管道，从俄罗斯进口油气的同时，供蒙古下载油气。

炼化和油气贸易方面，蒙古的炼化工业几乎空白，成品油和化工产品消费全部依靠进口，没有天然气消费来源，蒙古有发展本国炼化工业的计划，中国可帮助其建设炼厂、化工厂。

[本节撰写人：余功铭]

第七节　新加坡

新加坡位于马来半岛南端、马六甲海峡出入口，北隔柔佛海峡与马来西亚相邻，南与印度尼西亚隔海相望，是连接太平洋和印度洋的交通要冲，由新加坡岛及附近63个小岛组成。经过多年填海造地后，国土面积为733.2平方千米，人口约564万人。

一、国际关系

1. 地缘政治

新加坡面积狭小，资源匮乏，缺乏足够的资源成为地区大国或全球大国，其在外交政策上内敛谦虚，以实现本国利益最大化为目标，与美国和多个亚太地区大国开展经济、军事等领域合作。同时，新加坡扼守马六甲海峡，拥有闻名于世的天然良港，独特的地理位置使其成为国际海运贸易和商业的战略枢纽，起着连接欧洲、亚洲、非洲和大洋洲海上交通的作用。

新加坡依赖美国提供军事保护，美国对新加坡具有较强的地缘政治影响力。新加坡依赖美国所维持的国际和地区秩序，并与美国开展国防领域合作。2019年，美新更新了两国于1990年签署的防务合作谅解备忘录，将美国使用新加坡军事设施的期限延长至2035年，是美国在东南亚维持军事力量的基础，谅解备忘录的更新显示了新加坡对美国在东南亚地区发挥作用的支持。此外，美新两国签署了自由贸易协定，美国也是新加坡重要的贸易和投资合作国，美国对新加坡经济也有较大影响。

随着中美地缘政治对抗加剧以及印度在亚太地区的崛起，新加坡面临大国竞争的威胁。一方面，中国是新加坡第一大货物贸易伙伴、出口市场和进口来源地，中国对新加坡经济有较大影响力。但随着中美竞争加剧，新加坡面临的在中美两国间"选边站"的压力增加；另一方面，新加坡与印度也在经济、军事等多方面开展合作，随着印度的崛起，中印两国间的竞争和利益冲突可能使新加坡面临不稳定性风险。

新加坡是重要的油气通道国和燃料油消费国。新加坡地处西亚北非油气产区和东亚油气消费区之间，全球25%的石油运输经过马六甲海峡，也是来自波斯湾和非洲供应国特别是卡塔尔的液化天然气进入东亚国家的重要运输路线。新加坡是世界三大炼油中心之一，凭借强大的炼油能力和集散交易能力，成就了其在亚洲油品市场上的话语权，新加坡成为亚洲石油定价中心和继纽约、伦敦之后的世界第三大石油贸易中心。新加坡是世界主要的燃料油消费市场。新加坡港口贸易发展使船舶和飞机等对燃料的需求不断增加，促使其成为全球重要的燃料油市场。

2. 外交政策

新加坡是不结盟运动成员国，奉行和平、中立和不结盟的外交政策，在独立自主、平等互利和互不干涉内政的基础上，同不同社会制度的国家发展友好合作关系，外交政策呈现"小国大外交"特征。

新加坡于1967年与印度尼西亚、马来西亚、菲律宾和泰国组成东南亚国家联盟（ASEAN，简称东盟）。作为发起国之一，新加坡在东盟内部发挥重要作用。新加坡的主要外交思路是：立足东盟，致力于维护东盟的团结与合作、推动东盟在地区事务中发挥更大作用；面向亚洲，注重发展与亚洲国家特别是中国、日本、韩国、印度等重要国家的关系；奉行"大国平衡"原则，主张在亚太建立美国、中国、日本、俄罗斯战略平衡格局；突出经济外交，积极推进贸易投资自由化，已与多国签署双边自由贸易协定，目前，已加入"全面和进步跨太平洋伙伴协定"（CPTPP）和"区域全面经济伙伴关系协定"（RCEP）。新加坡也是联合国、世界贸易组织、世界卫生组织、英联邦、亚太经济合作组织（APEC）、亚欧会议以及东亚—拉美论坛成员国之一。

新加坡是亚投行创始成员国之一，是"21世纪海上丝绸之路"合作伙伴。新加坡各界对"一带一路"倡议积极响应，希望凭借新加坡在贸易、航运、金融中心等方面的优势，在"一带一路"建设中发挥重要的平台支点作用。中新"一带一路"合作已取得丰硕成果，主要体现在以下四个方面：互联互通方面，中新互联互通海陆新通道正在逐步形成；金融支持方面，中国的商业银行、证券公司在新加坡设立分支机构，发行"一带一路"支持债券、贷款，设立离岸人民币清算行等；合作方面，中新双方企业展开合作，建立园区、开发矿产等；专业服务方面，中新双方合作建立解决"一带一路"跨境合作相关争议的机制，高校之间展开"一带一路"相关的短期培训课程。

二、政治社会形势

1. 政体

新加坡实行议会共和制，政府由总统和内阁组成。总统为国家元首，由全民选举产生，任期6年。前任总统为哈莉玛·雅各布（Halimah Jacob），于2023年9月13日卸任，现任总统是前国务资政、前副总理尚达曼。总统委任议会多数党领袖为总理，并根据总理推荐委任部长，组成内阁，内阁包括总理、副总理及各部部长，对国会负责。国会实行一院制，任期5年。新加坡司法机关包括最高法院和总检察署，最高法院由高庭和上诉庭组成，上诉庭为终审法庭，最高法院大法官由总理推荐、总统委任。总统在行使主要公务员任命等职权时，必须先征求总统顾问理事会的意见。新加坡总统为三军统帅，对军队控制力强。

2. 政局

新加坡国内政治局势稳定，政府具有较强控制力。新加坡目前登记政党共39个，人民行动党自1959年至今一直保持执政党地位，充分保障了国内政策的延续性。人民行动党的纲领是维护种族和谐，树立国民归属感；建立健全民主制度，确保国会拥有多元种族代表，努力建立一个多元种族、多元文化和多元宗教的社会。

前任总统哈莉玛·雅各布的6年任期届满后，新加坡现任总理尚达曼上台，新加坡仍是世界上政治最稳定的国家之一。新加坡政治体制中，总统的自由裁量权有限，总统换届对政策的实施和执行的影响较小，能够保证政策连续性。

3. 安全形势

新加坡的社会治安状况总体良好，是世界上犯罪率最低的国家之一。新加坡无反政府武装组织。新加坡法律规定，私人不得持有枪支。多年来未发生直接针对中资企业或中国公民的恐怖袭击及绑架案件。

新加坡邻近印度尼西亚和马来西亚，是伊斯兰祈祷团（Jemaah Islamiyah）等东南亚伊斯兰激进组织的潜在目标。虽然该组织自2001年12月以来没有发动过针对新加坡的恐怖袭击，鉴于新加坡的主要国际金融中心和贸易中心的地位，其仍可能成为该组织的袭击目标。另外，马六甲海峡、新加坡海峡也存在遭受恐怖袭击和过往船只被劫持的风险。根据亚洲反海盗信息共享中心统计，2023年1月至8月初，马六甲海峡和新加坡海峡共报告了55起海上抢劫事件，其中，51起发生在新加坡海峡，4起发生在马六甲海峡。

新加坡多元种族和宗教共存，政府提倡不同宗教与种族之间的互相容忍和包容精神，实行宗教信仰自由政策，民族和宗教和谐。新加坡与邻国马来西亚在海上边界、供水和佩德拉布兰卡岛（在马来西亚被称为巴都普提岛）方面存在一些小争端，但争议没有引发冲突的风险。

三、经济形势

1. 总体形势

新加坡属外贸驱动型经济，极易受区域及全球经济波动的影响。近年来，受新冠疫情、中美贸易摩擦、中国经济增速放缓、全球经济不景气、大国博弈加剧、英国脱欧等国际事件和环境影响，新加坡经济增速放缓，2019年GDP增速为1.33%（表3-52）。2020年，新冠疫情的冲击使新加坡GDP增速降至-3.90%，疫情好转叠加2020年低基数因素影响，2021年新加坡经济快速增长。但受乌克兰危机、通胀压力增加、美欧等发达国家实施紧缩的货币政策以及全球经济衰退风险等多重负面因素影响，新加坡2022年GDP增速回落至3.65%。新加坡经济增长面临挑战，多家机构下调对新加坡经济增长的预测，亚洲开发银行7月19日发布的《亚洲发展展望》将新加坡2023年经济增长率预期由2.0%下调至1.5%，鉴于新加坡2023年上半年经济表现弱于预期，惠誉评级认为其在2023年经济增长将放缓至1.1%。

表3-52 2000—2022年新加坡主要经济指标

经济指标	2000年	2005年	2010年	2015年	2018年	2019年	2020年	2021年	2022年
GDP（亿美元，现价）	960.77	1278.08	2398.08	3079.99	3768.70	3768.37	3484.92	4237.97	4667.89
人均GDP（美元）	23853	29961	47237	55646	66837	66070	61274	77710	82808
GDP增速（%，不变价）	9.04	7.37	14.52	2.98	3.58	1.33	-3.90	8.88	3.65
通货膨胀率（%）	1.36	0.43	2.82	-0.52	0.44	0.57	-0.18	2.30	6.12
失业率（%）	3.70	5.59	4.12	3.79	3.64	3.10	4.10	3.54	2.76
总储备（亿美元）	810.85	1180.61	2312.60	2518.76	2927.16	2854.78	3698.34	4250.98	2966.29
财政盈余（亿美元）	14.99	-5.21	5.26	-19.10	78.87	105.65	-248.23	9.14	14.03
政府总债务（亿美元）	776.2	1205.4	2495.5	2979.7	4005.7	4758.8	5330.2	5755.4	7994.9
外国直接投资净流入（亿美元）	155.15	193.16	553.22	697.75	811.61	1052.93	784.48	1385.44	1412.22

数据来源：IMF，世界银行。

2000年以来，新加坡多数年份的通胀率较低，但2022年受国际油气价格和粮食价格大幅攀升的影响，新加坡通货膨胀率大幅增加至6.12%，政府采取了包括收紧货币政策、从多个来源进口保证充足供应等多种应对方式，通胀压力有所缓解，但仍未到低通胀水平，面临一定通胀风险和压力。新加坡失业率较低，2020年新冠疫情冲击使新加坡失业率上升至4.10%，随后逐渐回落。政府财政相对稳定，仅在部分年份出现赤字，并且外汇储备充足，政府偿债能力较高。

2. 经济结构

新加坡经济结构以第三产业为主，2022年服务业增加值占GDP的比重为70.85%，工业增加值占GDP的比重为24.16%，第一产业占比很小，其中，工业主要包括采矿业、储运业、建筑业、电力、水和天然气，服务业主要包括批发和零售贸易（包括酒店与餐饮）、运输、政府、金融及专业和个人服务等。石化产业在新加坡经济中占据重要地位，2021年化工行业产值为562亿新元，约占制造业总产值的16.6%。

3. 货币政策

新加坡货币为新加坡元，简称"新元"，是可自由兑换货币。新加坡无外汇管制，资金可自由流入流出，外资企业可在新加坡各大银行申请开立多币种外汇账户，企业利润汇出无限制，也不需要缴纳特殊税费。但为保护新元，新加坡实施了新元非国际化政策，主要对非居民持有新元的规模和个人携带现金出入境有一定限制。

新加坡实施有管理的浮动汇率制度，通过将新元的贸易加权汇率维持在一定合理区域内实现货币政策目标。新加坡本国的外汇管理分属三大机构：金融管理局负责固定收入投资和外汇流动性管理，用于干预外汇市场和作为外汇督察机构发行货币；新加坡政府投资公司（GIC）负责外汇储备的长期管理；淡马锡控股利用外汇储备投资国际金融和高科技产业以获取高回报。

近年来，新元波动幅度较大。2020年，新加坡实行疫情防控政策，国内经济形势较好，新元升值，2021年，新元币值回落。为抑制通胀压力，新加坡金管局自2021年10月以来连续5次加息，收紧货币政策，使新元快速升值。目前，由于新加坡经济增长放缓、进一步紧缩政策停止，叠加全球经济下行压力，新元呈震荡态势。

4. 外资吸引力

新加坡国土面积小，人口少，资源匮乏，吸引外资是其经济增长的重要保障。新加坡对外资企业实行无差别的国民待遇，外资在新加坡设立企业，注册手续简便，对外资进入新加坡的方式无限制，除银行、金融、保险、证券等特殊领域需向主管部门报备外，绝大多数产业领域对外资的股权比例等无限制性措施，外汇自由进出，政府对内外资企业的监管一视同仁。

根据联合国贸发会议《2023年世界投资报告》，除2020年受疫情冲击、外国直接投资（FDI）有所下降外，新加坡FDI流入维持增长趋势。2022年新加坡FDI流入金额为1412.22亿美元，较上年同比增长7.67%，约占东盟FDI流入金额比重的三分之二。新加坡外资主要来源于美国、日本、英国、中国（包括香港）等，外资多集中于金融保险业、批发零售业和制造业。新加坡具有较高的外资吸引力，外国直接投资将维持上升趋势。

新加坡经济发展局是专门负责吸引外资的机构，其愿景目标是将新加坡打造成具有强烈吸引力的全球商业与投资枢纽，并提出各种吸引外资的优惠政策，如新企业发展计划、企业家投资奖励计划、全球贸易商计划、地区总部奖等，企业可根据自身条件申请，以获得税收优惠或手续便利等。

四、油气对外合作

1. 油气合作政策

新加坡是油气进口依存度100%的国家，保障能源供应是新加坡能源战略的核心。根据新加坡政府公布的2010年长期战略发展计划，石油化工是9个鼓励投资领域之一。新加坡鼓励海外企业投资国内中下游项目，不设定外国企业的持股比例限制，简化政府审批流程，不干预石化产品市场。为稳定吸引外资，发展本国油气工业，新加坡还推出了一系列行业鼓励政策，对先锋企业、一定规模基数以上的企业、在新加坡设立区域或国际总部的企业实行税收优惠，具体如下。

先锋企业奖励：享有"先锋企业"（包括制造业和服务业）称号的公司，自生产之日起，其从事先锋活动取得的所得可享受免征不超过15年所得税的优惠待遇，"先锋企业"由新加坡政府部门界定，通常是从事新加坡还未大规模开展并且经济发展需要的生产或服务的企业，或从事具有良好发展前景的生产或服务的企业，"先锋企业"资格由企业自行提出申请。

发展和扩展奖励：一定基数以上的公司所得可享受5%～15%的公司所得税率，为期10年，最长可延长至20年，曾享受过"先锋企业"奖励的企业以及其他符合条件的企业均可申请享受此项优惠。

区域/国际总部计划：将区域总部或国际总部设在新加坡的跨国公司可享受较低的企业所得税税率，区域总部税率为15%，期限为3—5年，国际总部的税率为10%或更低，期限为5—20年。

新加坡没有针对油气部门的独立财政制度，公司收入税、利息税、商品服务税等主要税种适用于所有行业，没有出口关税，但是对进口的石油产品征收进口关税。从2019年开始征收碳排放税（每吨温室气体征收10～20美元），这可能会推高国内生产商和炼油厂的成本，挤压企业利润。从2019年开始对汽车行业、工业和生物柴油征收每升0.1新加坡元（0.07美元）的柴油税，以降低柴油消费。

2. 油气合作监管

新加坡的油气监管部门都隶属于贸易和工业部（Ministry of Trade & Industry，MTI）。其中，新加坡能源政策小组负责新加坡能源发展框架的整体设计，制定了在经济持续增长、新加坡能源安全和自然环境保护之间保持平衡的国家能源政策框架；能源部负责起草和制定包括价格机制在内的能源市场政策；新加坡能源市场管理局（Energy Market Authority，EMA）负责确保可靠和安全的能源供应，促进能源市场有效竞争，并负责管理国家的电力和天然气行业。

3. 国际油气合作

在新加坡参与合作的外国公司主要有埃克森美孚、壳牌等西方国际公司和中国石油、中国石化等中国国有能源企业，合作以炼化和储运设施投资等为主。

（1）勘探开发

新加坡油气资源匮乏，主要参与海外油气合作，未成立国家石油公司。新加坡石油公司（SPC）是参与油气勘探开发并经营原油和成品油产品集散、分销和贸易的私营企业。

在被中国石油收购前，新加坡石油公司参与多项国际油气勘探项目。这些项目包括：2000年在印尼KAKAP原油和天然气油田取得15%股份，并以42.5%的份额入股韩国虎牌石油公司，取得印尼PT天然气输送项目的承建资格；2004年投资越南102和106油气源板块的勘探开发项目，投资印尼的Sampang，开采印尼油气田；2005年控股柬埔寨离岸B板块油田开发勘探项目，取得30%股份；2007年与中国海油合作，勘探中国珠江口的油田，并开始在中国渤海开采石油。2009年新加坡石油公司被中国石油收购。

（2）炼油化工

新加坡共有3家炼厂，原油加工能力总计约为123万桶/日，其中，由于壳牌在2021年削减了Pulau Bukom炼油厂的产能，总产能降低。埃克森美孚运营的Pulau Ayer Chawan炼厂产能为59.2万桶/日，壳牌运营的Pulau Bukom炼厂产能为25万桶/日，中国石油和雪佛龙合资运营的新加坡炼油公司（SRC）产能为29万桶/日。此外，埃克森美孚还在裕廊岛运营一个芳烃综合设施，可生产乙烯190万吨/年，并具有约10万桶/日的凝析油裂解能力。

中国企业在新加坡的投资合作以炼化和储存设施为主。中国石油与雪佛龙合资经营Pulau Merlimau炼厂，中国石化在新加坡投资建设润滑油厂，中国石油国际事业（新加坡）有限公司参股建设了东南亚地区最大的独立商用油库——环宇油库（表3-53）。此外，国际事业公司在收购新加坡石油公司100%股权后，获得其11个勘探开发区块，已退出6个，剩余5个区块委托CNODC管理。5个区块总面积2977.04平方千米，分布于中国、印尼和越南3个国家，截至

2020年底，剩余油气技术可采储量分别为1305万吨和118亿立方米。

表3–53 中国企业在新加坡主要合作项目

项目名称	中国企业	签约年份	项目类型	备注
Pulau Merlimau炼厂项目	中国石油	2009	炼厂	中国石油持股50%，雪佛龙持股50%；炼厂产能为1444万吨/年
环宇油库	中国石油	2006	存储设备	中国石油持股25%，新加坡兴隆集团持股41%，澳洲投行麦格理持股34%；库容226万立方米
新加坡润滑油工厂项目	中国石化	2011	润滑油厂	中国石化持股100%；产能为10万吨/年

资料来源：Fitch Solutions。

（3）技服装备

新加坡主要依靠国外先进技术发展石化工业，欧美大型国际石油公司如壳牌、雪佛龙、埃克森美孚以及日本一些大型综合商社和工程技术公司均参与其中。在油气下游产业发展过程中，新加坡对装置制造和装备采购需求较大，对技术要求较高，欧美和日本产品具有较大优势。下游炼化项目采用总包形式，大多数由国际知名工程公司设计和建造，所需设备和材料主要从欧美和日本进口。

新加坡在海洋工程装备制造研发设计和建造能力方面处于世界领先地位，是主要的海工装备及船舶建造国之一，其在自升式钻井平台和半潜式钻井平台建造领域具备全球领先优势。2021年，新加坡海事工程业约占制造业总值的4%。新加坡主要的海事工程企业是胜科海事（Seatrium Limited）和吉宝集团（Keppel Corporation），主要产品为造船、石油钻井平台等。

五、油气工业

1. 油气生产

新加坡不生产油气，是油气消费国和主要的转口贸易国。

2. 基础设施

（1）油气管道

新加坡国土面积狭小且三面环海，石油运输主要依靠船运，管道主要用于炼化基地内工厂之间的运输。天然气依靠管道从马来西亚和印尼进口（表3-54）。2001年，新加坡与印尼签署期限为22年的天然气供应协议，每年通过West Natuna–Singapore管道进口约33亿立方米天然气。2003年，新加坡与印尼签署期限为20年的天然气销售协议，新加坡通过Grissik–Singapore管道从印尼南苏门答腊气田每年进口约32亿立方米天然气。2023年，新加坡与印尼续签管道天然气供应合同。此外，新加坡也每年从马来西亚进口约14亿立方米的管道天然气，合同有效期至2025年。

表3-54 新加坡主要天然气管道

管道名称	起点	终点	管道长度（千米）	管输能力（亿米^3/年）
West Natuna–Singapore管道	印尼纳土纳群岛	新加坡	654	35
Grissik–Singapore管道	印尼苏门答腊岛	新加坡	468	66
Malaysia–Singapore管道	马来西亚Segamat	新加坡		46

为了降低对马来西亚和印尼管道天然气的依赖，提高能源供应的灵活性和安全性，新加坡倾向于增加液化天然气供应，以液化天然气替代管道天然气，但是就中短期而言，新加坡将维持相对稳定的管道天然气供应。长期而言，新加坡管道天然气进口将逐渐减少。

新加坡根据天然气用途形成了两个独立的天然气管道网络，分别是用于做饭和取暖等的城镇燃气供应网络、用于发电和工业原料的天然气供应网络。

（2）石油港口

新加坡港西临马六甲海峡的东南侧，南临新加坡海峡的北侧，扼守太平洋和印度洋之间的航运要道，战略地位十分重要。该港口位于全球供应链的中心，是世界最繁忙的港口和亚洲主要转口枢纽之一，每年有三分之一的全球集装箱贸易和四分之一的全球海上石油贸易通过马六甲海峡和新加坡。新加坡港已开通200多条航线,连接123个国家和地区的600多个港口,有5个集装箱码头,集装箱船泊位54个,为全球仅次于中国上海的第二大集装箱港口。新加坡港最大可泊35万吨载重的超级油轮。

(3) LNG

为增加国内LNG供应,新加坡2013年建设了首个LNG进口终端(表3-55)。新加坡已建成2个LNG进口终端,再气化能力合计为1100万吨/年,并计划于2026年建成第3个LNG进口终端SLNG4,设计再气化能力为400万吨/年。

表3-55 新加坡现有和计划建设的液化(气化)天然气项目

LNG项目	位置	运营商	生产能力(万吨)	状态	投产年份
SLNG 1、2	句容岛	SLNG	600	运营	2013
SLNG 3	句容岛	SLNG	500	运营	2017
SLNG 4	句容岛	SLNG	400	拟建	2026

资料来源:Fitch Solutions。

此外,由于新加坡的地理和战略地位、国内高度发达的LNG和港口基础设施以及贸易市场,新加坡也是世界上最大的LNG再出口中心之一,LNG再出口的主要国家和地区为日本,还包括中国台湾、马来西亚、巴基斯坦和韩国等。

(4) 仓储设施

新加坡有16个石油储存终端,大多数主要经营者为国际石油公司,储存能力合计为2090万立方米。新加坡石油仓储设施领域的公司包括埃克森美孚、壳牌、孚宝公司、环宇油库、新加坡炼油公司、欧德油储、Horizon Singapore 公司、Tankstore 公司等,其中,埃克森美孚和壳牌是新加坡石油储存领域最大的参与者,合计占新加坡可用石油储存总容量的近40%,Vopak 和 Universal Terminal 在裕廊岛和西芭罗岛的石油存储容量合计约500万立方米。

3. 炼油工业

20世纪70年代后期,新加坡抓住亚洲发展中国家石油产品需求快速扩大的时机，利用本国良好的地理位置、港湾设施以及税收优惠政策吸引外国石油公司在新加坡投资建厂，炼油工业迅速发展成为新加坡制造业三大支柱之首，并于20世纪80年代发展成为世界第三大炼油中心和石油贸易枢纽之一。新加坡炼厂炼油水平高、规模大，综合加工能力强。

新加坡目前有4座正在运营的炼厂（表3-56），总炼油能力为7378万吨/年，随着疫情后经济恢复，2022年炼厂开工率提高至74.3%，2020年和2021年炼厂开工率分别为56.4%和59.6%。新加坡炼油能力在亚洲仅次于中国、印度、日本和韩国，排名第五。2019年，埃克森美孚宣布炼厂扩建计划，预计到2025年额外增加产能4.8万桶/日。除此之外，其他炼厂的扩建空间有限，未来新加坡炼油产能进一步大幅增加的可能性较低，炼油产量将保持稳定。

表3-56 新加坡正在运营和计划运营的主要炼厂

序号	炼厂名称	投产年份	炼油能力（万吨/年）	股份构成
1	Pulau Ayer Chawan	1970	2947	埃克森美孚（100%）
2	Pulau Merlimau	1979	1444	中国石油（50%）和雪佛龙（50%）
3	Exxon Aromatics	2014	498	埃克森美孚（100%）
4	Bukom	1961	2489	壳牌（100%）
5	Pulau Ayer Chawan Expansion	2025（计划运营）	239	埃克森美孚（100%）

资料来源：Fitch Solutions。

新加坡炼化产品以轻质油为主，主要是汽油和航空燃料，二者合计约占新加坡成品油产量的一半。随着地区内新兴市场对运输燃料需求的强劲增长，二者的市场份额短期内有望维持稳定。但由于部分国家收紧燃油规则，由燃油汽车逐渐转向电动汽车和混合动力汽车，成品油的长期需求面临不确定性。

2018年起，新加坡所有机动车强制执行欧盟Ⅵ排放标准，并且基于周边国家地区炼化产业的发展以及严格的环保政策，新加坡炼油业需要进行升级改造，发展可以生产更高附加价值的、具有差异化炼化产品的炼厂，例如大型综合性复杂类炼厂，进行炼化行业的产业升级。此外，在应对气候变化的背景下，全球市场需求将逐渐转向低碳燃料，并且非化石燃料消费也是降低碳排放的重要方式，新加坡炼厂面临升级和调整产能的压力。下游炼化项目采用总包方式，建厂可以由投资者的工程设计和建设队伍为主来承担，没有限制，但对技术要求较高。

4. 石化工业

新加坡石化工业起步于20世纪70年代，90年代进入快速发展期，目前已经形成了相对成熟和饱和的石化市场，石化工业发展规模大、水平高、门类齐全。石化原料和合成树脂领域规模较大，2022年石化原料产能为773.9万吨/年，其中，主要品种乙烯、丙烯和二甲苯的产能分别是400万吨/年、181.5万吨/年和92.9万吨/年。二甲苯的产能在疫情后下降，由2019年的208.5万吨/年降至目前的92.9万吨/年。合成树脂产能为734万吨/年，主要品种是聚乙烯，产量为294.5万吨/年。

新加坡石化工业发展模式为炼油—化工一体化园区模式，投资建设裕廊化工岛整合聚集石油化工产业链，发挥了高效的集群和一体化产业优势，降低了企业的投资成本和物流成本，创造了生产协同效应，裕廊岛成为新加坡新能源与油气石化产业的重要基地与核心枢纽。

新加坡石化企业以外资企业为主，包括埃克森美孚、壳牌、三井集团、住友化学株式会社全资持有的新加坡子公司和Eastman化学新加坡公司等，其中投资规模较大的企业主要是埃克森美孚和壳牌，二者均在新加坡建设炼厂，参与多种石化产品的生产，并将新加坡视为其在亚太地区开展下游和石化业务的中心地区。中国对新加坡石化产业的投资主要为收购、建设炼厂、润滑油厂，建设仓储设施等。

随着中国、马来西亚等亚洲邻国石化产业的发展，出口导向型的新加坡石化产业面临出口压力，产能过剩问题逐渐暴露，未来石化产业的发展方向为进行技术革新，加大对高附加价值产品的投资，进行石化产品供给的产业链升级，未来石化工业的发展方向为下游高端衍生物产品的生产。

六、油气消费与进出口

1. 原油

新加坡是原油进口国，主要依赖进口满足原油需求，大部分原油从中东地区进口，主要来自阿联酋、沙特阿拉伯以及其他中东国家。在进口来源多元化的政策背景下，2021年从中东地区进口的原油比例由2016年的88%下降到63%。除中东国家外，美国、澳大利亚也是新加坡重要的原油供应国，这两个国家的原油进口占比分别为6%和5%。2022年乌克兰危机爆发后，埃克森美孚、雪佛龙和壳牌等在新加坡开展炼油业务的国际石油公司停止从俄罗斯购买原油，但由于新加坡从俄罗斯进口原油的比例低于1%，对新加坡的原油进口影响较小。

新加坡原油主要用于国内原油加工，进口数量取决于国内的炼化加工需求，随着全球经济放缓和多数国家采取紧缩性货币政策应对通货膨胀压力，成品油、石化产品的需求降低，原油加工所需原油数量下降，未来新加坡进口原油数量增速可能放缓（表3-57）。

表3-57　2000—2022年新加坡油气供需平衡

类别	2000年	2005年	2010年	2015年	2018年	2019年	2020年	2021年	2022年
原油（万吨）										
产量	0	0	0	0	0	0	0	0	0
加工量	35.3	809.2	982.6	1128.8	1609.7	1588.9	2013.8	2043.7	1292.1
进口量	35.3	818.1	1036.3	1192.8	1656.0	1610.2	2013.8	2043.7	1310.1
出口量	0.0	8.9	53.7	64.0	46.3	21.3	0.0	0.0	18.0

续表

类别	2000年	2005年	2010年	2015年	2018年	2019年	2020年	2021年	2022年
成品油（万吨）									
产量	3299.7	4661.2	3966.6	3487.7	3498.1	3588.9	3091.8	3177.5	3282.7
消费量	3353.4	3613.1	5606.0	5911.5	6496.9	6738.4	5770.1	6228.4	5993.2
净出口量	−53.7	1048.1	−1639.4	−2423.8	−2998.8	−3149.5	−2678.3	−3050.9	−2710.5
天然气（亿立方米）									
产量	0	0	0	0	0	0	0	0	0
消费量	15.0	66.1	84.0	121.2	131.0	133.7	134.4	140.0	144.9^e
进口量	15.0	66.1	84.0	123.7	135.8	137.5	147.3	153.3	158.33^e
出口量	0	0	0	2.5	4.8	3.8	12.9	13.3	13.43^e

数据来源：GTT，EIA。

注：原油包括天然气液和凝析油等。e表示预估值。

2. 成品油

新加坡成品油消费主要包括汽油、柴油、煤油和其他石油产品（表3-58）。2022年，成品油消费为5993.3万吨，其中，柴油、汽油和煤油的消费量分别为572.7万吨、72.9万吨和184.2万吨。2020年成品油消费主要用于工业和交通领域，分别占总消费量的74%和25%。在全球应对气候变化背景下，能源领域将逐渐向低碳排放、更清洁燃料转变，尤其是交通运输领域的电动汽车消费增加，将减少汽油和柴油消费需求。航运燃料也将逐渐向净零燃料过渡。新冠疫情冲击使2020年新加坡成品油消费小幅下降，为5770.1万吨，2021年反弹，达到6228.4万吨，但2022年乌克兰危机、全球通胀高企和经济下行压力等使消费量回落至5993.2万吨。

新加坡既是成品油的进口国，也是成品油的出口国。成品油进口主要来自亚太地区、俄罗斯、阿联酋、伊拉克。其中，亚太地区是新加坡成品油的主要进口来源。新加坡成品油出口市场主要也是亚太地区（占86%），新加坡成品油出口国主要包括马来西亚、印度尼西亚、澳大利亚、中国。此外，新加坡成品油也出口至北美、欧洲等地区。鉴于新加坡进口大量燃料油供其航运部门使用，因此新加坡将维持成品油净进口国的地位。

表 3-58　2022 年新加坡成品油消费结构　　　（单位：万吨）

品种	交通	工业	农业	其他	合计
汽油	72.9	0	0	0	72.9
柴油	558.9	13.8	0	0	572.7
煤油	184.2	0	0	0	184.2
其他	4431.3	234.3	0	497.9	5163.5
总计	5247.3	248.1	0	497.9	5993.3

数据来源：ETRI。

3. 石化产品

2022 年，新加坡有机化工原料出口排名前五的国家分别是中国、印度、印度尼西亚、马来西亚和泰国，出口量分别为 184 万吨、128.9 万吨、92.3 万吨、56.7 万吨以及 45.6 万吨。塑料及其制品出口排名前五的国家分别是中国、印度、印度尼西亚、马来西亚和越南，出口量分别是 220.8 万吨、73.2 万吨、66.3 万吨、42.7 万吨以及 19.0 万吨，对中国的出口量在其总出口量中占据较高比例。橡胶及其制品出口排名前五的国家分别是中国、印度、美国、泰国、日本，出口量分别为 7.9 万吨、7.4 万吨、4.1 万吨、3.5 万吨以及 3.1 万吨。合成纤维出口排名前五的国家分别是印度、肯尼亚、哥伦比亚、印度尼西亚和泰国，中国不是新加坡合成纤维的主要出口市场。

中国是新加坡石化产品出口的重要市场，随着中国石化产业的发展，石化产品产能增加，叠加新冠疫情对中国经济的冲击，中国对新加坡石化产品的进口需求下降。合成纤维、合成橡胶、石化原料等石化产品的对华出口量均出现减少。有机化工原料出口量由 2017 年的 299 万吨下降至 2022 年的 184 万吨，橡胶及其制品出口量由 2017 年的 14 万吨下降至 8 万吨。但是，塑料及其制品的出口量有所增加，由 2017 年的 215 万吨增加至 2022 年的 221 万吨。此外，新冠疫情后全球经济下行，新加坡石化产品出口量由 2019 年的 1438.6 万吨降至 2020 年的 1366.9 万吨，2022 年俄乌冲突影响使出口量进一步降至 1231.0 万吨，新加坡石化行业产能过剩问题加剧。

4. 天然气

新加坡天然气消费全部依赖进口，其中 60% 以上通过管道从邻国印尼和马来西亚进口。新加坡与印尼的管道天然气进口合同于 2023 年到期，其中，通过 Grissik-Singapore 管道从印尼进口天然气的合同延长了 5 年，通过 West Natuna-Singapore 管道从印尼进口天然气的合同续签了 4 年。与马来西亚的管道天然气进口合同将于 2025 年到期。

虽然新加坡计划以 LNG 完全代替管道天然气，但新加坡和印尼续签了管道天然气供应合同、LNG 价格处于高位，新加坡将在短期内维持管道天然气的进口，中长期而言，管道天然气进口量将逐渐下降。惠誉预测，到 2028 年，LNG 在新加坡天然气进口总量中的占比将由目前的不到 25% 增加至近 90%，并从 2029 年起完全代替管道天然气。

新加坡天然气消费量稳步增长，2022 年天然气实际消费量为 148 亿立方米。天然气消费主要集中于发电和工业部门，目前电力供应的 97% 来自天然气。2021 年，天然气消费中约有 85% 用于发电，15% 用于工业。

七、合作风险评价

1. 政治风险

新加坡政局稳定，未来有望长期维持稳定。从国内角度来看，在人民行动党的领导下，新加坡政局长期稳定，人民行动党自 1959 年以来一直保持执政党地位，难以动摇。从国际角度来看，新加坡基于和平、中立和不结盟的外交政策同 180 多个国家建立了外交关系，强化与中美两国的关系，但随着中美战略博弈加剧，未来被迫需要在两国间作选择时，可能影响其与中国的合作。

2. 安全风险

国内社会环境稳定，极端恐怖势力影响可控，安全风险较低。新加坡政府重视不同种族和不同宗教信仰之间的融合，种族、宗教矛盾较缓和。国内无反政府武装组织，失业率较低，犯罪率较低，社会稳定，治安总体状况良好。近年来面临的极端势力威胁有所增加，马六甲海峡、新加坡海峡过往船只遭受恐怖袭击和被劫持的风险增加，但反恐工作是新加坡安全工作的重要内容之一，极端势力形成风险可控。

3. 政策风险

政策稳定具有持续性，政策风险较低。首先，新加坡的外资准入政策宽松，除银行和金融服务、保险、电信、广播、报纸、印刷、房地产、游戏等行业外资进入需取得政府批准外，其他行业的准入限制较少。其次，新加坡法律法规体系健全，政策公开透明，政府廉洁高效，在全球营商环境排名中名列前茅。新加坡的外国投资者与本国投资者适用相同的法律法规，政府对商业活动的干预较少，国有化和征收风险较低。最后，新加坡的环保标准严格、反对商业贿赂等政策要求严格，投资要严格遵守新加坡的各项法律规定，新加坡油气投资面临的政策风险主要来自环保政策的高要求。

4. 经济风险

经济面临增长下行和通货膨胀等压力，但整体经济风险较低。新加坡经济对外依存度较高，由于"保护主义""单边主义"抬头和全球经济面临下行压力，新加坡经济增长面临一定挑战。全球能源和粮食等大宗商品价格上涨推高新加坡通货膨胀压力，政府采取了紧缩性货币政策，但目前通胀水平仍处于较高水平。新加坡实行有管理的浮动汇率制，对外汇市场波动的抗干扰能力强，抑制通胀的紧缩性货币政策使新元升值，但整体汇率风险较低。新加坡财政收支稳定，国际储备规模稳中有升，具有较高的偿债能力，偿付风险较低。

八、产业发展重点

新加坡是重要的石油通道国,是世界三大炼油中心之一、世界三大石油贸易枢纽之一、亚洲石油产品定价中心和亚洲最大的转口贸易港。中国和新加坡关系密切,在油气交易市场、化工产品贸易、油气仓储、装备制造、航道安全等方面具有很大的合作空间。

1. 石油交易市场建设合作

新加坡是全球重要的石油交易市场,具有多年的石油交易市场的运行和管理经验,中国建立石油交易市场,可以学习、借鉴新加坡的经验,甚至可以联合新加坡共建多地联动的亚洲油气交易市场。

2. 油气投资和贸易合作

新加坡炼化产业发达,并且裕廊岛的产业链聚集优势降低了炼厂的生产成本,中国可以在新加坡投资改扩建炼厂。此外,中国是新加坡石油化工产品的重要出口国之一,与新加坡存在广泛的油气贸易,随着中国石化产品产能和产量的提高,中国石油化工产品的自给自足能力提高,减少了对新加坡石油化工产品的进口需求。此外,《区域全面经济伙伴关系协定》(RCEP)有助于改善协议缔约国之间的地区投资环境和贸易环境,促进亚太地区的经济增长和共同繁荣,成品油需求增加,为中国和新加坡的油气投资贸易合作提供了更多机会。

3. 油气仓储合作

新加坡是东南亚石油贸易集散地,是世界三大石油贸易枢纽之一,中国油气企业可以在新加坡建立仓储基地。

4. 航道安全合作

新加坡扼守马六甲海峡咽喉,马六甲海峡是中东和亚洲市场之间的最短航线,也是太平洋和印度洋航运的"咽喉要道",是石油和天然气从供应国进入东亚国家的重要运输路线，对中国的油气供应安全具有举足轻重的作用，中新两国都希望保证马六甲海峡航道的安全，因此中新两国可以开展航道安全的务实合作。

［本节撰写人：段艺璇］